Klassiker der Sozialwissenschaften

Reihe herausgegeben von
K. Lichtblau, Frankfurt, Deutschland
S. Moebius, Graz, Österreich

In den Sozialwissenschaften gibt es eine ganze Reihe von Texten, die innerhalb der Scientific Community seit vielen Jahren immer wieder gelesen und zitiert werden und die deshalb zu Recht den anerkannten Status des „Klassischen" für sich in Anspruch nehmen können. Solche fraglos gültigen Bezugstexte sind nicht das Privileg einer einzelnen theoretischen Strömung, sondern im Gegenteil: Man findet sie in allen Fraktionen und weltanschaulichen Lagern innerhalb der modernen Sozialwissenschaften, so dass intersubjektiv anerkannte Klassiker die Möglichkeit eines ökumenischen Dialogs zwischen den oftmals verfeindeten Schulen eröffnen. Man kann diese Schriftenreihe auch so verstehen, dass konfessionelle Zugehörigkeiten den Zugang zur eigentlichen „Sache" nicht verstellen dürfen, aufgrund der prinzipiellen Standortgebundenheit aller kultur- und sozialwissenschaftlichen Erkenntnis aber selbstverständlich als jeweils besondere „Perspektive" bei der Klärung der entsprechenden Sachverhalte eingebracht werden müssen. Die Schriftenreihe ist deshalb darum bemüht, die unterschiedlichsten, oft zu Unrecht vergessenen Klassiker der Sozialwissenschaften anhand von ausgewählten Texten wieder einer breiteren Öffentlichkeit zugänglich zu machen.

Reihe herausgegeben von

Klaus Lichtblau
Goethe-Institut Frankfurt
Deutschland

Stephan Moebius
Karl-Franzens-Universität Graz
Österreich

Weitere Bände in der Reihe http://www.springer.com/series/12284

Heinrich Popitz · Hans P. Bahrdt
Ernst A. Jüres · Hanno Kesting

Das Gesellschaftsbild des Arbeiters

Soziologische Untersuchungen in der Hüttenindustrie

Herausgegeben von Jochen Dreher

Springer VS

Heinrich Popitz
Freiburg im Breisgau, Deutschland

Ernst A. Jüres
Hamburg, Deutschland

Hans P. Bahrdt
Göttingen, Deutschland

Hanno Kesting
Bochum, Deutschland

Die Originalausgabe ist in der 5. unveränderten Auflage 1977 bei Mohr Siebeck, Tübingen erschienen.

Diese Edition ist eine Lizenzausgabe.

Klassiker der Sozialwissenschaften
ISBN 978-3-658-13196-8 ISBN 978-3-658-13197-5 (eBook)
https://doi.org/10.1007/978-3-658-13197-5

Die Deutsche Nationalbibliothek verzeichnet diese Publikation in der Deutschen Nationalbibliografie; detaillierte bibliografische Daten sind im Internet über http://dnb.d-nb.de abrufbar.

Springer VS

Gedruckt auf säurefreiem und chlorfrei gebleichtem Papier

Springer VS ist Teil von Springer Nature
Die eingetragene Gesellschaft ist Springer Fachmedien Wiesbaden GmbH
Die Anschrift der Gesellschaft ist: Abraham-Lincoln-Str. 46, 65189 Wiesbaden, Germany

Die Industriearbeiterstudie von Popitz, Bahrdt, Jüres und Kesting konnte als „in mancher Hinsicht überlegenes Gegenstück" (Wiggershaus 1988: 547 f.) zur gleichzeitig am Institut für Sozialforschung in Frankfurt durchgeführten „Mannesmann-Studie" verstanden werden, in der im Auftrag von Horkheimer und Adorno professionelle Interviewer das „Betriebsklima" unter Arbeitern erforschten. Es war nicht nur die methodische Vorgehensweise der philosophischen Soziologen Popitz und Bahrdt und ihrer Mitarbeiter, die mit Hilfe der Feldforschung durch die konzentrierte Betrachtung der Arbeitsplätze und die Hermeneutik der Gesprächsentwürfe und -führung einen tieferen, fundierten Zugang zum Bewusstsein der Arbeiter erreichten, als dies in der Frankfurter Studie der Fall war. Auch die Ergebnisse der Studie zum *Gesellschaftsbild des Arbeiters* erwiesen sich inhaltlich als realistischer (Fischer 2010: 271). Wie Wiggershaus in seinem Kompendium über die „Frankfurter Schule" vermerkt, entsprang die Unbefangenheit und deshalb auch Qualität der Popitz-Studie „unverkennbar der Gewissheit der Autoren, über jeden Verdacht einer auch nur einigermaßen sozialistischen oder linken Einstellung erhaben zu sein" (Wiggershaus 1988: 547). Die „Mannesmann-Studie" hielt in ihrer Einleitung die Möglichkeit einer fortdauernden Gültigkeit der Marx'schen Klassentheorie immer noch offen, konnte jedoch in ihren Resultaten keine Ergebnisse über einen Machtkampf zwischen Arbeit und Kapital oder ‚oben' und ‚unten' präsentieren – die Hüttenindustriestudie konnte dazu explizit Erkenntnisse liefern.

Popitz und seine Mitarbeiter verwerfen mit der Präsentation ihrer Forschungsergebnisse die sozialistische Klassentheorie und bringen ihre Erkenntnisse auf den Punkt: „Der Arbeitgeber ist nicht nur in der Frage der Mitbestimmung ein Gegner, sondern überhaupt der Gegenspieler der Arbeiter. Die Mehrheit denkt sich das Verhältnis zwischen Arbeitern und Arbeitgebern polar, nicht als eine übergreifende Ordnung. Mit einem solchen Gegner kann man vielleicht aus beiderseitiger Einsicht einen Kompromiß schließen; wahrscheinlicher ist schon, daß man ihm etwas abtrotzen muß, wenn man überhaupt etwas erreichen will. Aber sehr viele Arbeiter haben auch diese Hoffnung aufgegeben. Sie sind der Meinung, daß die Polarität von einem „Oben" und „Unten" unaufhebbar ist." (S. 170). Die dezidierte Ablehnung der Klassentheorie erfolgte auf der Basis der Rekonstruktion gesellschaftlich relevanter Vorstellungen, Argumente und Stereotype der Arbeiter mit der Entwicklung einer differenzierten Typologie der Gesellschaftsbilder der Arbeiter und in diesem Zusammenhang einer Typologie der Arbeiter selbst. Die sechs im Sinne von Max Weber idealtypisch festgelegten Gesellschaftsbilder, nach denen die Arbeiter kategorisiert und prozentual zugeordnet werden konnten, beziehen sich auf die „statische Ordnung" (Typus eins, 14 %), die „progressive Ordnung" (Typus zwei, 34 %), die „Dichotomie als kollektives Schicksal" (Typus drei, 34 %), die „Dichotomie als kollektives Schicksal und als individueller Konflikt" (Typus vier, 14 %), die „Reform der Gesellschaftsordnung – eine Mission des Arbeiterbewegung" (Typus fünf, 3 %) sowie die „Konzeption des Klassenkampfes" (Typus sechs, 1 %) (S. 133–200). Diese differenzierte Kategorisierung des Gesellschaftsbildes der Arbeiter verdeutlicht, dass von einem einheitlichen Arbeitsbewusstsein bzw. Bewusstsein der Arbeiterschaft in Opposition gegen die Arbeitgeber und abhängig von Arbeitsverhältnissen und Klassenzugehörigkeit nicht ausgegangen werden kann. Die fundierten, phänomenologisch erzielten Erkenntnisse der Studie verdeutlichen vielmehr ein komplexes Selbstbild der Arbeiterschaft, deren Kollektivbewusstsein sich durch lebensweltliche, biographische, ideologische und politische Diversität auszeichnet.

In seinem biographischen Rückblick auf die Studie zum *Gesellschaftsbild des Arbeiters* beschreibt Bahrdt die Situation des damaligen Forschungskontextes folgendermaßen: „Söhne aus bürgerlichen Familien, versehen mit einer herkömmlichen bürgerlichen Bildung, die in ihrer Studienzeit allerdings auch Marx (vor allem die Frühschriften und das 13. Kapitel des 1. Bandes des „Kapital") studiert hatten, zudem politisch beunruhigt, im Vergleich zu ihren Elternhäusern eher nach links abdriftend, hatten eine Gelegenheit, dem damals stockbürgerlichen elfenbeinartigen Turm der Universität zu entrinnen und ‚vor Ort' zu gehen, d. h. dorthin, wo die Arbeiter, über die man soviel gehört hatte, leben und arbeiten." (Bahrdt 1985: 155). Dies war die Ausgangsposition für eine besonders innovative industriesoziologische Forschungskonzeption, die aufgrund ihrer originellen qualitativ-quantitativen Methodenkombination sowie ihrer philosophischen Fundierung Pioniercharakter erlangte und die an dieser Stelle neu veröffentlicht wird.

Literatur

Bahrdt, Hans Paul (1982): „Belehrungen durch Helmuth Plessner". In: *Kölner Zeitschrift für Soziologie und Sozialpsychologie,* 34, S. 533–537.

— (1985): „Das Gesellschaftsbild des Arbeiters. Ein Vortrag zur Entstehung dieser Studie". In: *Zeitschrift für Soziologie,* 14, 2, S. 152–155.

— (1989): „Nachkriegssoziologie in der Bundesrepublik". In: *Sozialwissenschaftliches Archiv Konstanz,* (unveröffentlicht), S. 1–5.

Deppe, Frank (1971): *Das Bewußtsein der Arbeiter. Studien zur politischen Soziologie des Arbeiterbewußtseins.* Köln: Pahl-Rugenstein Verlag.

Fischer, Joachim (2010): „Nachwort: Heinrich Popitz – ein Klassiker der bundesrepublikanischen Soziologie". In: Heinrich Popitz, *Einführung in die Soziologie,* hg. v. Jochen Dreher/Michael Walter. Konstanz: Konstanz University Press, S. 261–281.

Littek, W., W. Rammert und G. Wachtler (1983): *Einführung in die Arbeits- und Industriesoziologie.* Frankfurt: Campus Verlag.

Marx, Karl (1971) [1845/46]: „Die deutsche Ideologie". In: ders., *Die Frühschriften. Von 1837 bis zum Manifest der kommunistischen Partei 1848,* hg. v. Siegfried Landshut. Stuttgart: Kröner, S. 339–485.

Minssen, Heiner (2006): *Arbeits- und Industriesoziologie. Eine Einführung.* Frankfurt: Campus.

Müller-Jentsch, Walther (2001): „Das Gesellschaftsbild des Arbeiters. Soziologische Untersuchungen in der Hüttenindustrie". In: *Schlüsselwerke der Soziologie,* hg. v. Sven Papcke/Georg W. Oesterdiekhoff. Wiesbaden: Westdeutscher Verlag, S. 397–399.

Negt, Oskar (1968): *Soziologische Phantasie und exemplarisches Lernen.* Frankfurt a. M.: Europäische Verlagsanstalt.

Plessner, Helmuth (1953): „Über die Verkörperungsfunktion der Sinne". In: *Studium generale,* 6, S. 410–416.

Popitz, Heinrich (1980) [1953]: *Der entfremdete Mensch. Zeitkritik und Geschichtsphilosophie des jungen Marx.* Darmstadt: Wissenschaftliche Buchgesellschaft.

Popitz, Heinrich, Hans Paul Bahrdt, Ernst August Jüres und Hanno Kesting (1957): *Technik und Industriearbeit. Soziologische Untersuchungen in der Hüttenindustrie.* Tübingen: Mohr.

— (1977) [1957]: *Das Gesellschaftsbild des Arbeiters. Soziologische Untersuchungen in der Hüttenindustrie.* Tübingen: Mohr.

Wiggershaus, Rolf (1988): *Die Frankfurter Schule. Geschichte, Theoretische Entwicklung, Politische Bedeutung.* München: dtv.

Vorwort zur Originalausgabe

Hiermit legen wir – nach unserer Studie über „Technik und Industriearbeit" – die zweite unserer industriesoziologischen Untersuchungen vor, die wir 1953 und 1954 in der deutschen Hüttenindustrie durchgeführt haben.

Der Titel „Das Gesellschaftsbild des Arbeiters" *gibt das Thema des folgenden Berichtes an, enthält jedoch nicht den Anspruch, daß die dargestellten Ergebnisse ohne weiteres über den empirisch erfaßten Bereich hinaus verallgemeinert werden könnten.* Vor allem gilt dies für die quantitativen Angaben. Über die Fragestellung und über die angewandten Forschungsmethoden orientiert der einleitende Abschnitt.

Zu Dank für Hilfe und Verständnis sind wir wiederum verpflichtet: der *Rockefeller-Foundation,* die uns die finanziellen Mittel zur Durchführung der Untersuchung zur Verfügung stellte, ohne auf die Wahl des Themas einen Einfluß zu nehmen; Herrn Professor Dr. *Walther G. Hoffmann,* dem wissenschaftlichen Direktor der Sozialforschungsstelle an der Universität Münster, der wir zur Zeit der Untersuchung angehörten, und Herrn Professor Dr. *Carl Jantke;* der *Werksleitung,* dem *Betriebsrat* und der *Belegschaft* des Hüttenwerkes, in dem die Erhebung stattfand.

An der Befragung, die diesem Buch zugrunde liegt, haben neben den Verfassern mitgewirkt:

Edmund Bendix
Klaus Gollnick
Gerhard Krückeberg
Arne Musso
Leo G. Pünnel
Horst Rittei

Wenn es gelungen ist, offene und lebendige Gespräche mit den Hüttenarbeitern zu führen, ist dies wesentlich unseren Mitarbeitern zu verdanken.

Wir haben uns bemüht, ein lesbares Buch zu schreiben. Die Darstellung der Ergebnisse ist soweit wie möglich von dem methodischen Aufwand entlastet worden, den die Auswertung erforderte. Spezielle Fragen sachlicher und methodischer Art, deren Behandlung den Gedankengang zu sehr belastet hätte, wurden für spätere Veröffentlichungen zurückgestellt.

Im einzelnen schrieben: Abschnitt I (Fragestellung und Methodik der Untersuchung), Abschnitt V (Das Gesellschaftsbild des Arbeiters – Versuch einer Typologie) sowie die „Arbeitsmonographie der Umwalzer" (Anhang) *Heinrich Popitz,* der auch die Leitung der gesamten Untersuchung hatte; Abschnitt II (Stellungnahmen zum eigenen Arbeitsvollzug, zu technischen Neuerungen und zum technischen Fortschritt) *Hanno Kesting;* Abschnitt III (Stellungnahmen zu wirtschaftspolitischen Problemen) Heinrich Popitz und *Ernst August Jüres,* der das Material für diesen Abschnitt aufbereitete und auswertete, durch die Arbeit an anderen Forschungsaufgaben aber leider verhindert war, die Darstellung der Ergebnisse selbst auszuführen; Abschnitt IV (Stellungnahmen zur Mitbestimmung) *Hans Paul Bahrdt.*

Fräulein *Annelies Kunze* hat als ständige Mitarbeiterin und Sekretärin der Forschungsgruppe an der Untersuchung mitgewirkt; ihr gilt auch an dieser Stelle unser herzlicher Dank.

Abschnitt I
Fragestellung und Methodik der Untersuchung

1 Die Frage nach dem „Gesellschaftsbild"

Ein beschränkter Mensch mag sich besonders törichte oder besonders vage Vorstellungen von den Leuten machen, die hinter den Bergen wohnen. Aber auch er weiß, daß hinter den Bergen etwas geschieht – ein Gelage der Götter oder eine Intrige der Reichen. Er weiß es deshalb, weil offenkundig Ereignisse auf ihn einwirken, die aus dem eigenen Erlebnisbereich nicht zureichend zu erklären sind. Damit befindet er sich prinzipiell in der gleichen Situation wie der durch gesellschaftliche Herrschaftsverhältnisse oder individuelle Intelligenz Privilegierte: Beide sind gezwungen, sich Vorstellungen von Ereignissen zu bilden, die ihr Tun und Lassen bestimmen, ohne stets die Möglichkeit zu haben, den Realitätsgehalt dieser Vorstellungen kontrollieren zu können.

Weder der Medizinmann, von dem uns die Anthropologen berichten, noch der moderne „Planungsbevollmächtigte" sind in der Lage, die Geschehnisse ihrer Umwelt auf Grund ihrer alltäglichen Erfahrungen zu erklären. Zwar können sie durch Techniken aller Art versuchen, sich einen kleinen Ausschnitt der auf sie einwirkenden Welt hinter den Bergen zugänglich zu machen; oft erreichen sie dadurch eine erstaunliche Verfügungsgewalt und ein hohes Niveau der Vorausberechnung; zuweilen gelingt es ihnen sogar, die Sicherheit zu steigern, mit der sie die Vorgänge ihres persönlichen Lebens kontrollieren können. Aber die Spezialkenntnisse des Sternenlaufs oder der Expansionsrate befreien sie niemals völlig aus dem Dilemma, Vorstellungen von Sachverhalten entwickeln zu müssen, die sich selbst einer mittelbaren Prüfung weitgehend entziehen, obwohl sie für die eigene Existenz unmittelbar relevant sind.

So wenig wir unsere Kategorien der Erfahrung, Erklärung und Kontrolle auf frühere geschichtliche Verhältnisse übertragen können: Die Diskrepanz zwischen dem unübersehbaren Komplex von Wirkungszusammenhängen, durch die der

Einzelne determiniert wird, und dem engen Bereich, der ihm durch Anschauungen und Erfahrungen zugänglich werden kann, ist stets ein Kennzeichen des menschlichen Weltverhältnisses gewesen. Es ist eine wesentliche Leistung der gesellschaftlichen Institutionen und Normen, daß sie diese Diskrepanz objektivieren und ihr damit den Charakter der individuellen Zufälligkeit nehmen.

Diese Leistung kann, wie das heute der Fall ist, so weitgehend organisiert werden, daß die Undurchsichtigkeit und Unberechenbarkeit der Natureinwirkungen, die einstmals das Weltverhältnis des Menschen bestimmten, für das Bewußtsein des Einzelnen ihre Bedeutung verlieren. Die „natürliche" Welt steht dem Menschen gleichsam entschlackt zur Verfügung, sei es zur Erholung von der Gesellschaft, sei es als Verbrauchsanteil an ihrem Erfolg. Dafür ist das Gefüge der menschlichen Gesellschaft selbst so kompliziert und undurchsichtig geworden, daß die gesellschaftlichen Verhältnisse, die den Einzelnen bestimmen, wie die Reinkarnation einer überwundenen imaginären Welt erscheinen. Je rationaler jeder von Spezialisten geschaffene Teil dieses Gefüges gestaltet ist, um so enger ist der dem Einzelnen als Eingeweihtem durchschaubare Ausschnitt, um so partieller ist subjektiv die Rationalität des Ganzen geworden. Die Verfügbarkeit des Wissens läßt sich innerhalb der Gesellschaft – wie innerhalb der Wissenschaft – kaum mehr am Reichtum der eigenen Kenntnisse messen, sondern eher an den Chancen, sich der jeweils eingeweihten Instanzen bedienen zu können.

Diese Tatsache ist nicht ohne weiteres mit der viel beschriebenen Tendenz zur Spezialisierung gleichzusetzen, die meist einseitig und fälschlich als Verengung des individuellen Horizontes dargestellt wird. Zieht man soziologisch differenzierte historische Vergleiche, so erscheint der Erlebnisbereich des Menschen in der modernen Gesellschaft keineswegs besonders eng und monoton, sondern im Gegenteil relativ groß und vielseitig. Er ist nur eng im Vergleich mit dem *Erfahrbaren* überhaupt und vor allem im Vergleich mit den Sachverhalten, die auf den Einzelnen einwirken, ohne daß sie aus den Kenntnissen und Erfahrungen, die ihm zu Gebote stehen, zureichend zu erklären sind.

Damit ergibt sich für die Menschen in der modernen Gesellschaft der Zwang, „Meinungen und Gefühle gegenüber Realitäten auszubilden, die ihre intellektuelle und affektive Sphäre unendlich überschreiten"[1]. Arnold Gehlen, der diese Situation eindrucksvoll darstellt, weist im gleichen Zusammenhang auf Hegels Phänomen der Entfremdung hin, „welche eben darin besteht, in zweierlei Welten das Bewußtsein zu haben"[2]. Gehlen stellt fest – durchaus im Sinne Hegels –, daß die

1 *G. Thibon,* Retour au Reel, S. 53. Zitiert bei *A. Gehlen,* Sozialpsychologische Probleme der industriellen Gesellschaft, Tübingen 1949, S. 10.

2 *A. Gehlen,* ebd., S. 9 (vgl. *Hegel,* Phänomenologie des Geistes, hrsg. von *J. Hoffmeister,* sechste Aufl., Hamburg 1952, S. 350).

damit entstehende doppelte „Realität" zu einem Verlust des Realitätssinnes überhaupt führen kann. Denn je weniger der Erlebnisbereich ausreicht, das konkret zu erklären, was dem Menschen widerfährt, desto stärker wird die Gefahr, daß die Urteilsbildung ins Imaginäre, Phantastische und Programmatische abgleitet, während die Konturen der Erfahrung überhaupt zu verschwimmen drohen und sich immer mehr mit dem nur Vermuteten und Geglaubten durchsetzen.[3] Dies ist *eine* mögliche Konsequenz, die allerdings voraussetzt, daß sich der Mensch unbedingt und vorbehaltlos der beschriebenen Zwangssituation stellen muß, ohne die Chance zu haben, ihr von vornherein auszuweichen oder ihr mit Hilfe verfügbarer Denktraditionen zu begegnen.

Die Möglichkeit eines Ausweichens besteht zum Beispiel darin, daß sich die Vorstellungen des Menschen von der Gesellschaft prinzipiell jeder Erfahrungskontrolle zu entziehen vermögen. Sie können ein Eigenleben entwickeln und eine selbständige, zweite Welt über der zugänglichen und vertrauten schaffen, die als „soziale Bildwelt" sich gegenüber jeder Veränderung der eigenen Situation behauptet. Die Diskrepanz zwischen dem eigenen Erlebnisbereich und den gesellschaftlichen Wirkungszusammenhängen wird einfach dadurch beantwortet, daß überhaupt nicht mehr der Versuch unternommen wird, beide in einen Zusammenhang zu bringen. Wird diese Trennung wirklich konsequent vollzogen, so ergibt sich sogar eine ungewöhnliche Dauerhaftigkeit der gesellschaftlichen Verortung. Ein Paria-Bewußtsein, das sich eine „soziale Bildwelt" zurechtlegt, in der imaginäre, unangreifbare Mächte die Geschicke der Gesellschaft bestimmen, kann kaum noch durch die Beobachtung gesellschaftlicher Veränderungen im eigenen Erlebnisbereich korrigiert werden, – eben weil diese Beobachtung prinzipiell nicht für die Einstellung zur Gesellschaft zuständig ist. Andererseits braucht eine „soziale Bildwelt" den Einzelnen durchaus nicht daran zu hindern, diese Veränderung mitzumachen und sich im konkreten Fall situationsgerecht auf sie einzustellen. Unkontrollierte und phantastische Vorstellungen von imaginären gesellschaftlichen Mächten, die jenseits der Berge ihr Wesen treiben, sind durchaus vereinbar mit einem handgreiflichen Selbstbewußtsein in den Aufgaben des alltäglichen Lebens.

Hier ist also eine doppelte „Realität" vorhanden, ohne daß beide Sphären sich gegenseitig berühren oder durchsetzen.[4] Damit ist freilich auch der Verzicht vollzogen worden, die eigenen Erfahrungen in der modernen Gesellschaft rational zu reflektieren; und zwar in einer extremen und vielleicht irreversiblen Form.[5]

---

3 Ebd., S. 7ff.

4 Auch *Hegel* hat dieses Phänomen gesehen; für ihn ist es ein Stadium innerhalb der Welt des sich entfremdeten Geistes (vgl. z. B. Phänomenologie des Geistes, aaO, S. 406).

5 Vgl. im Abschnitt V das Gesellschaftsbild des dritten Typus (Dichotomie als kollektives Schicksal) S. 219ff.

Neben diesem Ausweichen und „Abschalten“ vor den inkommensurablen gesellschaftlichen Wirkungszusammenhängen, denen der Einzelne ausgeliefert ist, bietet sich aber auch die Möglichkeit eines *Teilverzichtes* der Urteilsbildung. Gerade die Mentalität des modernen Spezialisten – vom Manager bis zum angelernten Spezialarbeiter – ist empfänglich für die Einsicht, daß weite Bereiche des gesellschaftlichen Gefüges sich der eigenen Beurteilung entziehen. Sie können daher gleichsam ausgespart werden, Leerraum bleiben, ohne daß sich Affekte bilden müssen und ohne daß ihre prinzipielle rationale Durchschaubarkeit in Frage gestellt werden muß. Die grundsätzliche Hochachtung vor „Fachkenntnissen“ überhaupt führt viel eher zu dem entgegengesetzten, rationalistischen Vorurteil, nach dem alle Ereignisabläufe in der modernen Gesellschaft den Charakter des Zwangsläufigen und im Endeffekt auch Vernünftigen haben, wenn man sie nur „fachlich“ von der richtigen Seite her betrachtet. Ist man selbst nicht dazu in der Lage, fehlt lediglich die Kompetenz, nicht der Glaube.

Dieser Mentalität kommt nun die Tatsache zu Hilfe, daß sich mit der wachsenden Komplizierung des gesellschaftlichen Gefüges pseudorationale Hilfskonstruktionen gebildet haben, die Annäherungswerte zum Verständnis der gesellschaftlichen Wirkungszusammenhänge bieten. Die Ideologien des Jahrhunderts scheinen sich in einem Verwandlungsprozeß zu befinden, der sie zunehmend geeigneter macht, die Funktion solcher Hilfskonstruktionen zu übernehmen. Mit dem Schwinden ihrer utopischen Gehalte verlieren sie ihren Anspruch an die Person und ihre Suggestivkraft; mit dem Schwinden ihrer Realitätsgehalte verstärkt sich die Möglichkeit einer Umdeutung ihrer Begriffe und einer Anpassung der Wertvorstellungen an neue Gegebenheiten. Beide sich wechselseitig bedingenden Prozesse geben diesen Ideologien einen zunehmend instrumentalen Charakter. Sie sind in ihrer heutigen Form, wie uns die Erfahrung lehrt, sowohl zur Legitimation gesellschaftlicher Interessen wie zur Erklärung gesellschaftlicher Verhältnisse brauchbar. Es ist also sehr gut möglich, sich ihrer zu bedienen und sie mit dem Glauben an die Kompetenz der Fachkenntnisse so zu verbinden, daß die Begrenztheit der eigenen Einsicht bewußt bleibt. Dies kann zu einer verhältnismäßig verständigen Ausgewogenheit der Urteilsbildung führen, die sich weder der Korrektur durch Erfahrungen noch der Belehrung durch Informationen verschließt. Es bleibt allerdings fraglich, welcher Belastungsprobe diese Hilfskonstruktionen standhalten, ohne daß die Impulse zu einer „Endlösung“ aller unberechenbaren und undurchsichtigen Gesellschaftsverhältnisse ausgelöst werden, die allen pseudorationalen Konzeptionen inhärent sind.

Damit haben wir einige Reaktionsmöglichkeiten angedeutet, die heute angesichts der Abhängigkeit des Einzelnen von weitgehend inkommensurablen gesellschaftlichen Verhältnissen auftreten könnten. Wie diese Reaktionen praktisch und im einzelnen aussehen, ist die Frage unserer Untersuchung – in der notwendigen Beschränkung auf die Arbeiter eines bestimmten Hüttenwerks.

Aus mehreren Gründen scheint uns die Einstellung der Industriearbeiter zur Gesellschaft gerade unter dem Gesichtspunkt der Undurchsichtigkeit des gesellschaftlichen Gefüges und der Abhängigkeit des Einzelnen von überaus komplexen gesellschaftlichen Verhältnissen besonders interessant zu sein. Im einzelnen ist darauf im Laufe der Darstellung einzugehen. Hier sei nur auf einige Gesichtspunkte hingewiesen.

Erstens ist zu vermuten, daß die marxistische Ideologie in den verschiedensten Versionen eine jener Denktraditionen darstellt, mit deren Hilfe sich Erklärungsmöglichkeiten der übermächtigen gesellschaftlichen Determinationen ergeben können. Daher bietet sich für uns die Gelegenheit, die Verwandlungs- und Anpassungsprozesse einer Ideologie konkret zu verfolgen und zugleich ihre gegenwärtigen Funktionsmöglichkeiten für den Einzelnen zu prüfen.

Zweitens stellt sich die Frage, wie die Industriearbeiter auf den ungewöhnlichen Anspruch reagieren, der an die Aktivität ihrer Gesinnung gestellt wird. Für das öffentliche Bewußtsein ist ihre Einstellung zur Gesellschaft zu einem Sinnbild der politischen Aktion geworden. Man erwartet daher ständig von ihnen, daß sie Urteile fällen oder vielmehr gefällt haben, aus denen sich zwangsläufig dramatische Effekte von weitreichender Bedeutung ergeben werden. Es wird ständig versucht, sie davon zu überzeugen, daß sie etwas wollen, daß sie dagegen sind, daß sie eine Weltanschauung haben, daß sie Politik treiben, daß alles auf sie ankommt. Die Verfügungsgewalt über ihre Gesinnung – und das damit verbundene Interpretationsprivileg – ist als Machtquelle ebenso bedeutsam geworden wie die Verfügungsgewalt über ihre Arbeitskraft.

Daraus ergibt sich eine weitere, *dritte* Frage: Welche Chancen haben die Industriearbeiter auf Grund ihrer eigenen Erfahrungen und der ihnen zugänglichen Informationsquellen, sich über politische, wirtschaftliche und soziale Ereignisse zu informieren, – und wie nutzen sie diese Chancen? Gerade eine empirische Untersuchung muß in der Lage sein, die verbreitete Überzeugung nachzuprüfen, nach der die Industriearbeiter kaum über zureichende Erfahrungen und Einsichten verfügen, um ihre eigenen sozialen und politischen Probleme beurteilen zu können. Sind wirklich in allen grundsätzlichen Fragen nur Kurzschlußreaktionen zu erwarten? Ist das politische Handeln der Industriearbeiter wirklich nichts als ein Agieren in einer Sphäre, in der sie sich nicht auskennen, mit Wirkungen, die sie nicht abzuschätzen vermögen, und unter Voraussetzungen, über die sie nicht informiert sind? Jedenfalls besteht kein Widerspruch zwischen der üblichen Geringschätzung ihrer Urteilsfähigkeit und der äußerst optimistischen Beurteilung ihrer Gesinnungsaktivität. Beide Vorurteile ergänzen sich – und zwar keineswegs nur in Hinsicht auf den Industriearbeiter. Sie können hier lediglich in einer besonders ausgeprägten Form wirksam werden. Denn einerseits wird die Industriearbeiterschaft organisatorisch sehr effektvoll vertreten, wodurch die Beziehung zwischen politischer Aktion und Gesinnung suggestiv hervortritt; andererseits werden die spezifischen, vor allem wirtschafts- und sozialpolitischen Erfahrungen des Industriearbeiters besonders leicht unterschätzt, weil sein Erlebnisbereich für das öffentliche Bewußtsein durch die sozialen Mythen unserer zeitkritischen und kulturphilosophischen Literatur verstellt ist.

Ein wesentliches Kennzeichen dieser Mythen ist die Voraussetzung, daß alle sozialen und individuellen Differenzierungen jenseits des Bürgertums aufhören und in einem grauen Einerlei enden. In Erinnerung an die Gefährdung der bürgerlichen Gesellschaft durch die drohende Masse des kampfbereiten Proletariats, also an einen alten, schwer zu überwindenden Alptraum, wird eine Uniformität der Industriearbeiterschaft vorausgesetzt, die es heute längst nicht mehr gibt und vielleicht niemals gegeben hat. Es scheint uns daher eine wichtige Aufgabe zu sein, gerade die Unterschiede des Denkvermögens, der Urteilsfähigkeit, der Vorstellungskraft, des Erfahrungsreichtums, des politischen Interesses und der Selbstkritik innerhalb der Arbeiterschaft darzustellen. Dieser *vierte* Gesichtspunkt kann als ein Vorgebot unserer ganzen Untersuchung verstanden werden. Wir müssen uns von der Vorstellung gründlich freimachen, daß der Industriearbeiter ein einheitlicher „Typus Mensch“ sei, eine „Gestalt“, die am Horizont des bürgerlichen Weltbildes die Märtyrer- oder Vatermörderrolle spielt.

Die Betonung der Differenzierung darf jedoch nicht zu weit gehen. Sicherlich ist es auch heute zweckmäßig, die in der Industrie tätigen Lohnarbeiter von anderen Schichten der industriellen Gesellschaft zu unterscheiden. Selbst wenn man glaubt, daß die technischen und ökonomischen Voraussetzungen für eine Verwischung der Grenzziehung gegeben sind, sollte man doch die Reaktionsschnelligkeit gesellschaftlicher Umschichtungen nicht überschätzen und etwa das zweifellos noch vorhandene soziale Zusammengehörigkeitsgefühl der Arbeiter einfach als anachronistisch abtun. Die Einheitlichkeit der gesellschaftlichen Position der Industriearbeiterschaft ist noch immer verhältnismäßig groß. Jedenfalls läßt sich auch heute noch von keiner sozialen Schicht mit dem gleichen Recht sagen, daß eine Veränderung des ökonomischen und sozialen Niveaus für den Einzelnen weniger eine Chance des persönlichen Fortkommens als eine Chance der kollektiven Positionsveränderung darstellt. Den relativ geringen persönlichen Aufstiegsmöglichkeiten entsprechend, kommt ein Karriere-Denken unter den Arbeitern kaum auf; die relativ eindeutigen und anschaulichen Kriterien, an denen sich die Zuordnung zur eigenen Schicht orientieren kann, verhindern in der Regel eine Unsicherheit der Grenzziehung zu den „Anderen“, die nicht mehr dazugehören. Der Industriearbeiter, der erfahren hat, daß die Arbeiterschaft zusammenhalten muß, wenn sie etwas erreichen will, glaubt genau zu wissen, mit wem er in einem Boot sitzt und mit wem nicht. Dieses soziale Zusammengehörigkeitsgefühl, das noch immer ausreichende Grundlagen besitzt, ist für unsere Fragestellung vor allem deshalb von besonderer Bedeutung, weil es für die Industriearbeiterschaft einen gemeinsamen Bezugspunkt der Urteilsbildung herstellt:

Der einzelne Arbeiter wird etwa die Folgen einer Absatzkrise meist nicht nur isoliert auf sich und seine Familie beziehen, sondern auf die Arbeiterschaft als Ganzes. Wir erhalten damit eine verhältnismäßig eindeutige Vergleichsbasis zwischen den verschiedenen Werturteilen. Daher wirkt sich auch die methodische Notwendigkeit, die einzelnen Probleme in allen Gesprächen einheitlich anzuschneiden, weniger nachteilig auf die Erfassung des individuellen Vorstellungsbereiches aus, als das etwa bei den sozial und ideologisch labilen Zwischenschichten des Kleinbürgertums der Fall wäre.

Gerade weil dieses soziale Zusammengehörigkeitsgefühl sich an vergleichsweise eindeutigen Kriterien orientieren kann und sich nicht an Fiktionen oder Reminiszenzen zu klammern braucht, ergibt sich eine ungewöhnlich aufschlußreiche Perspektive für die von uns angedeutete Problematik der modernen Gesellschaft: Die Sicht, aus der die Industriearbeiter gesellschaftliche Zusammenhänge betrachten, mag im Einzelfall von Ressentiments bestimmt sein, häufiger noch von einem ungeschichtlichen Paria-Bewußtsein, – sie steht aber in der Regel nicht unter dem Bann einer individuellen Isoliertheit und sozialen Verlorenheit.[6] Sie ist daher auch, soweit sie sozialkritische Aspekte aufweist, viel unverhüllter interessengebunden als etwa die landläufige bürgerliche Zeitkritik, die schon deshalb ihre Interessen verbrämen muß, weil sie nie sicher sein kann, daß sich jeweils genug Leute finden, die zugeben, die gleichen zu haben. Die Seltenheit dieser Problematik in der Industriearbeiterschaft trägt wahrscheinlich viel mehr als etwa ein Mangel an differenziertem Urteilsvermögen dazu bei, daß die Vorstellungen von der Gesamtgesellschaft meist ein erstaunlich offenkundiges, ausgeglichenes und widerspruchsfreies Ganzes bilden. Daher kann auch die Darstellung dieses „Ganzen" weitgehend von individualpsychologischen Problemen entlastet werden. Die Gesellschaftsbilder der Arbeiter, in denen sich ihre soziale Verortung manifestiert, offenbaren uns eine Interpretation der modernen Gesellschaft, die ungewöhnlich frei ist von der nervösen Dynamik ausschließlich persönlicher Orientierungsversuche. Dies sei als *fünfter* und letzter der Gesichtspunkte genannt, die sich aus unserer speziellen Untersuchung der Industriearbeiter ergeben.

Es bleibt zu klären, was wir unter den verschiedentlich verwendeten Grundbegriffen „Verortung" und „Gesellschaftsbild" verstehen.

---

6 Eine Ausnahme bildet vor allem der im V. Abschnitt beschriebene Typus vier (Die Dichotomie als kollektives Schicksal und individueller Konflikt); vgl. S. 224 ff.

Das Wort „Verortung“ ist zunächst möglichst wörtlich zu nehmen: Der Mensch schafft sich seinen „Ort“, indem er die ihm zugänglichen Gegebenheiten einer natürlichen oder gestalteten Objektwelt in eine Rangordnung des für ihn Relevanten bringt. Mit dem Wechsel dieser Rangordnung wechselt auch seine Verortung. Das ist ein einfacher Sachverhalt, der im Leben jedes Fischers oder Bauern oder Buchhalters eine evidente Bedeutung hat. Die Unterschiedlichkeit der Verortung der Einzelnen innerhalb der natürlichen oder gestalteten Objektwelt ist nun offensichtlich durch einen entsprechenden Vorgang vermittelt, der sich innerhalb der Gesellschaft selbst vollzieht. Wir können diese gesellschaftliche Verortung vereinfachend ebenfalls als Herstellung einer Rangordnung gesellschaftlicher Sachverhalte beschreiben. Mit dieser Rangordnung ergibt sich eine Übersicht, eine *Ordnung* der Phänomene, die für die eigene Existenz bedeutsam sind; zugleich impliziert sie eine Wertung, eine Festlegung des *Ranges*, der im Guten und im Bösen den einzelnen gesellschaftlichen Phänomenen zugeschrieben wird, und schließlich eine *Distanzierung* gegenüber anderen Menschen, denen ein anderer gesellschaftlicher Ort zugebilligt oder zudiktiert wird.

Diese sehr formalen Merkmale der gesellschaftlichen Verortung sind, wie die eingangs dargestellte Problematik zeigt, noch durch ein viertes zu ergänzen: Der Versuch des Einzelnen, sich in eine Beziehung zu der Welt zu setzen, in der er lebt, kann sich niemals ausschließlich auf das Handgreiflich-Zugängliche beschränken. Es müssen Vorstellungen gebildet werden, die *über die eigenen unmittelbaren Erfahrungen hinausgehen.*

Für den Industriearbeiter bezeichnen zum Beispiel Worte wie „technischer Fortschritt“, „Absatzkrise“, „Mitbestimmung“ zweifellos Sachverhalte, die ihn etwas angehen. Handgreiflich sind für ihn aber nur eine Arbeitsplatzerleichterung, eine Lohnerhöhung, ein Nachlassen der Kaufkraft, eine Verbesserung des Verhältnisses zu den Vorgesetzten. Durch diese Gegebenheiten gewinnen der technische Fortschritt oder die Absatzkrise oder die Mitbestimmung eine Bedeutung. Zugleich weiß er aber auch, daß „technischer Fortschritt“ nicht identisch ist mit den technischen Veränderungen, die er an seinem Arbeitsplatz erlebt; daß die Absatzkrise mehr ist als das, was er zu spüren bekommt, wenn er nicht die Möglichkeit hat, Überstunden zu machen; daß die Mitbestimmung sich zum großen Teil hinter Türen abspielt, die ihm verschlossen sind, obwohl sie seine eigene Lage möglicherweise stark beeinflussen kann. Seiner eigenen Erfahrung haftet also unausweichlich etwas Teilhaftes, Partielles an. Sie verweist stets zugleich auf ein *„Mehr“*, das innerhalb des eigenen Erlebnisbereiches nicht greifbar ist.

Dieses „Mehr“ braucht nun keineswegs immer interpretiert, es braucht durchaus nicht in allen Fällen als Problem bewußt zu werden. Vielmehr wird in der Regel ein Vorstellungsschema bereitliegen, das dieses „Mehr“ gleichsam abdeckt und durch das es jeweils – der eigenen gesellschaftlichen Verortung gemäß – in eine bestimmte Ordnung eingefügt wird. Ähnlich wie wir unsere sinnlichen Anschauungen nicht jedesmal neu interpretieren, sondern uns auf ein feststehendes Interpretationsschema verlassen, dient uns auch ein mehr oder minder differenziertes Gesamtbild zur Interpretation und Bewertung unserer gesellschaftlichen Erfahrungen. Dieses Gesellschaftsbild muß zwar nicht ein für alle Mal festliegen, es muß auch nicht zu einer systematischen und reflektierten Konzeption werden, – aber es muß doch, um seine Funktion erfüllen zu können, den Charakter des Dauerhaften haben, eine gewisse Stimmigkeit einzelner Vorstellungen innerhalb eines Ganzen besitzen und jeweils ein „Mehr" gegenüber dem unmittelbar Erfahrenen enthalten.

Die Begriffe „Verortung" und „Gesellschaftsbild" setzen sich also wechselseitig voraus. Als Moment eines Gesellschaftsbildes werden nur Vorstellungen bezeichnet, aus denen eine bestimmte gesellschaftliche Verortung ersichtlich ist. Umgekehrt wird die eigene Verortung mit Hilfe eines Gesellschaftsbildes vollzogen – oder auch in Form eines Gesellschaftsbildes übernommen.

Damit ist in großen Zügen und mit einigen Vereinfachungen der Rahmen unserer Fragestellung Umrissen. Wir versuchten zu zeigen, daß die Frage nach dem Gesellschaftsbild der Arbeiter nicht mit dem Interesse für irgendwelches unverbindliche, freischwebende „Meinen" zu verwechseln ist, sondern eine konkrete anthropologische und soziologische Basis besitzt.

Aus der Fragestellung ergeben sich drei Konsequenzen für die Anlage der Untersuchung: Wir müssen jeweils von der Feststellung ausgehen, welche eigenen *Erfahrungen* vorliegen und wie diese verstanden und gewertet werden. Ferner ist zu ermitteln, welche *Kenntnisse* gesellschaftlicher Probleme jeweils vorhanden sind und wie groß die Aufgeschlossenheit für Informationen überhaupt ist. Erst wenn diese Voraussetzungen geklärt sind, kann die Frage gestellt werden, welche nicht erfahrungsbegrenzten *Vorstellungen* entwickelt werden, wie groß ihre Reichweite und Intensität ist und welche Bedeutung sie für die eigene gesellschaftliche Verortung besitzen.

Im Folgenden legen wir dar, welche methodischen Mittel wir zur Erfassung dieser Tatsachen verwendet haben.

2 Methodik der Befragung

a) Grundsätzliches zur Organisation und Anlage der Befragung

Unsere Darstellung beruht auf einer Befragung von 600 Arbeitern eines kombinierten Hüttenwerkes im Ruhrgebiet.[7] Die Organisation der Erhebung konnte in enger Verbindung mit der Werksleitung, dem Betriebsrat und den Vertrauensleuten des Werkes durchgeführt werden.

Die Befragungen fanden zum überwiegenden Teil im Betrieb statt, und zwar stets in abgeschlossenen Räumen, die uns in der Nähe der jeweiligen Arbeitsplätze zur Verfügung standen.[8] Die einzelnen Gespräche nahmen kaum weniger als zwei Stunden, oft jedoch erheblich länger in Anspruch. Für die Ausarbeitung der Protokolle benötigten wir durchschnittlich etwa vier Stunden.

Als Interviewer waren die Verfasser dieses Berichts tätig – die auf Grund einer vorangehenden Untersuchung die einzelnen Arbeitsplätze genau kannten und seit einem dreiviertel Jahr im Ledigenheim des Werkes wohnten –, sowie sechs wei-

7 Vergleichbare Untersuchungen, auf die wir unmittelbar Bezug nehmen könnten, liegen u. W. nicht vor. – Eine knappe, gut ausgewählte Übersicht über die internationale industriesoziologische Literatur findet sich bei *Ralf Dahrendorf*, Industrie- und Betriebssoziologie, Berlin 1956 (Sammlung Göschen). Ergänzende Angaben über die amerikanische Literatur enthalten: *D. C. Miller* und *W. H. Form*, Industrial Sociology, New York 1951 und *W. E. Moore*, Industrial Relations and Social Order, zweite überarbeitete Auflage New York 1951. Über die laufenden industriesoziologischen Forschungen in Frankreich orientiert *Alain Touraine* in der Zeitschrift Recherches Sociologiques, Juli 1955. Aus der englischen Literatur sind in diesem Zusammenhang vor allem die Forschungen des Department of Social Science der Universität Liverpool zu nennen, die von *A. S. Simey* herausgegeben werden. Zuletzt erschienen ist: *W. H. Scott, J. A. Banks, A. H. Halsey, T. Lupton*, Technical Change and Industrial Relations, Liverpool 1956. Von den größeren empirischen Untersuchungen, die in Deutschland durchgeführt worden sind, heben wir hervor: Bergmann und Zeche, Die sozialen Arbeitsverhältnisse einer Schachtanlage des nördlichen Ruhrgebiets in der Sicht der Bergleute, in Verbindung mit Wilhelm Kleiber, Otto Neuloh, Helmut Paul, Rudolf Schmitz bearbeitet von *Carl Jantke*, Tübingen 1953; die von *Helmut Schelsky* geleiteten Forschungen über Arbeitslosigkeit und Berufsnot der Jugend, 2 Bde, Köln 1952, und die ebenfalls von Schelsky herausgegebenen sozialwissenschaftlichen Untersuchungen von *Heinz Kluth, Ulrich Lohmar* und *Rudolf Tartler*, Arbeiterjugend gestern und heute, Heidelberg 1955; ferner die Untersuchungen von *Theo Pirker, Siegfried Braun, Burkart Lutz, Fro Hammelrath* (Arbeiter, Management, Mitbestimmung, Stuttgart und Düsseldorf 1955) und des Frankfurter Instituts für Sozialforschung (Betriebsklima, eine industriesoziologische Untersuchung aus dem Ruhrgebiet, Frankfurter Beiträge zur Soziologie, Bd. 3, Frankfurt a. M. 1955).

8 Ein kleiner Teil der Gespräche wurde in die Wohnungen der Befragten verlegt. Dadurch war es in einigen Sonderfällen möglich, die Mitglieder einer Arbeitsgruppe annähernd gleichzeitig zu befragen. Als Nachteil erwies sich jedoch die häufige Störung durch Verwandte oder Nachbarn. Einen Unterschied in den Ergebnissen gegenüber den Werksbefragungen haben wir nicht festgestellt.

tere Mitarbeiter, von denen vier schon vorher an soziologischen Untersuchungen beteiligt gewesen waren. Die hinzugezogenen Mitarbeiter wurden vor Beginn der Erhebung intensiv auf ihre Aufgabe vorbereitet, also vor allem in der Technik der Gesprächsführung geschult. Außerdem legten wir besonderen Wert darauf, daß jeder Interviewer die Arbeitsplätze der Arbeiter kennenlernte, mit denen er sich später unterhalten sollte.

Die Befragungsaktion dauerte insgesamt neun Wochen. Da der Leiter der Untersuchung vornehmlich mit der Organisation der Erhebung und der Kontrolle der täglich erstellten Befragungsprotokolle beschäftigt war, entfielen auf neun ständige Interviewer durchschnittlich sieben bis acht Befragungen in der Woche. Dies erwies sich als die oberste Leistungsgrenze, die von allen Beteiligten ein äußerstes Maß an Konzentration erforderte.

Das Fragen-Schema, das allen Gesprächen zugrunde lag, ist im Laufe eines dreiviertel Jahres aus zahlreichen Unterhaltungen an den Arbeitsplätzen, im Ledigenheim, in Privatwohnungen und an der Theke entwickelt worden. Diese Erfahrungen waren zweckmäßig, denn die notwendige Schematik – ohne die wir keine Vergleichsbasis zwischen den einzelnen Gesprächen gehabt hätten – mußte möglichst weitgehend auf die Erfahrungen und Vorstellungen der Arbeiter abgestellt werden. Sie war so einzurichten, daß die Arbeiter den Eindruck gewannen, ihre Gedanken freizügig darlegen zu können. Nur wenn dies gelang, konnten wir in den Gesprächen ohne jede Abfragerei auskommen. Nur dann konnte auch der Interviewer später das Gespräch so zurückhaltend lenken, daß er lediglich eine Art Hilfestellung durch Zwischenfragen und durch gelegentliche Überleitung zu neuen Themen zu leisten schien.

Das erste Drittel unseres Fragen-Schemas oder „Fragebogens“ beschäftigte sich ausschließlich mit dem Berufsweg jedes Einzelnen, mit den Aufgaben und Anforderungen seines Arbeitsvollzuges, den Bedingungen der Zusammenarbeit und seinen Erfahrungen mit technischen Neuerungen. Das eigentliche Thema unserer Untersuchung wurde hier also noch nicht direkt angeschnitten, sondern lediglich vorbereitet.[9] Dies hatte mehrere Vorteile.

Grundsätzlich ist es zweckmäßig, das Gespräch mit konkreten Themen beginnen zu lassen und nicht mit Fragen allgemeiner Art. Es muß für den Befragten möglichst lange den Charakter der Mitteilung von Erfahrungen behalten. Indem er merkt, wieviel Interessantes er zu sagen hat, überwindet er seine anfängliche Unsicherheit. Er sieht auch, daß der Interviewer die Probleme seiner Arbeit kei-

9 Dagegen hängen diese Fragen eng mit dem Thema unserer früheren Untersuchung über *Technik und Industriearbeit* (Tübingen 1957) zusammen; sie erbrachten eine gute Kontrolle der im Rahmen jener Untersuchung erstellten Arbeitsbeschreibungen und sind entsprechend berücksichtigt worden.

neswegs für belanglos hält und sich bemüht, die Dinge aus seiner Sicht zu verstehen. Damit schwindet das Mißtrauen, daß der Interviewer doch nur alles, was gesagt wird, in irgendwelche fremdartigen, abstrakten Zusammenhänge bringe und folglich sehr wahrscheinlich in die falsche Kehle bekomme. Ferner beginnt der Arbeiter, der ausführlich seine alltägliche Arbeit schildert, das Funktionieren seiner Maschine erklärt, seine besondere Verantwortung und Leistung hervorhebt, das Gespräch allmählich immer selbstbewußter zu führen. Er verliert mehr und mehr das hemmende Gefühl, sich irgendwie auf die Interessen und Erwartungen des Interviewers einstellen zu müssen. Schließlich macht ihm die Sache einfach Spaß. Wie jedermann, so informieren auch die Arbeiter den Außenstehenden ausgesprochen gern über die besonderen Schwierigkeiten gerade ihrer eigenen Arbeit, – sie tun dies im übrigen häufig auch erstaunlich gut.

Ein weiterer, sehr wichtiger Vorteil dieses konkreten Gesprächsbeginns besteht darin, daß der Befragte zunächst unbewußt, allmählich aber oft auch bewußt, eine Art Bilanz ziehen kann. Er macht sich vielleicht zum ersten Mal die für ihn wichtigen innerbetrieblichen Probleme im Zusammenhang klar. Eine Frage stützt und ergänzt die andere so, daß die Erinnerung und Vergegenwärtigung des Befragten unmerklich einen systematischen Charakter erhalten und damit in einer für ihn selbst überraschenden Weise produktiv werden. Es war häufig deutlich zu spüren, daß der Befragte von den vielen Aspekten, die ihm einfielen, selbst erstaunt war. Dabei blieb das Thema zunächst so erfahrungsgebunden, daß sich die Versuchung zu phantastischen Übertreibungen oder Erfindungen kaum ergeben konnte. Außerdem wußten die Arbeiter oder merkten es bald, daß wir auch etwas von der Sache verstanden. So begannen unsere Gespräche im Stil einer „Fachsimpelei", bei der jedoch die Arbeiter nicht nur fiktiv, sondern sachlich begründet die Führenden und Belehrenden blieben.

Eine produktive Systematik von aufeinander aufbauenden und sich ergänzenden Fragen wurde auch in den folgenden Gesprächsteilen über den technischen Fortschritt, die Mitbestimmung und verschiedene wirtschaftliche Probleme erstrebt. Die Gedanken der Befragten sollten schrittweise vom Besonderen zum Allgemeinen geführt werden, – und zwar in einer Abstufung, die wir vorher ausprobiert hatten und die den Gedankenverbindungen der meisten Arbeiter entsprach. Das bedeutet allerdings nicht, daß diese Abstufung um jeden Preis und in jedem Fall das Gespräch leicht und flüssig machen sollte: zum Beispiel ist das Thema „Mitbestimmung" absichtlich für die meisten Befragten ziemlich unbequem und anspruchsvoll eingeleitet worden. Außerdem haben wir einige Fragen gestellt, mit denen wir bewußt einen Teil der Befragten überforderten. Sie sind jeweils so in das Fragen-Schema eingefügt, daß sich im Einzelfall feststellen läßt, wann und wo der Befragte überfordert wird, wie weit seine Vorstellungskraft reicht, in welchem Grade er bereit ist, unverbindliche Spekulationen zu äußern, mit welchen Redewendungen er auszuweichen sucht usw. Über dieses Verfahren wie über den Aufbau und Zweck der verschiedenen Fragen geben die Erläuterungen zum Fragebogen im einzelnen Auskunft.

Wie diese allgemeinen Bemerkungen zeigen, hatten wir zwei entgegengesetzte Aufgaben miteinander zu vereinbaren: Während das Fragen-Schema notwendig allgemein verbindlich sein mußte, sollten die einzelnen Gespräche möglichst individuell geführt werden können. Darauf waren sowohl der Entwurf des Fragebogens wie die Art der Gesprächsführung abzustellen. Außerdem mußte aber noch mit einem dritten Faktor gerechnet werden, der sowohl die Vergleichbarkeit wie die individuelle Richtigkeit der Ergebnisse erheblich beeinträchtigen konnte: Die Beeinflussung der Aussagen durch die Individualität der einzelnen Interviewer.

Daß eine solche Beeinflussung stattfindet, kann schlechterdings nicht bestritten werden. Die Frage ist nur, wie weit sie geht und wie sie sich auswirkt.

Exakt vergleichen lassen sich lediglich diejenigen Ergebnisse der einzelnen Interviewer, die sich in den verschlüsselten und quantifizierten Befragungsaussagen niederschlagen. Wir haben die Namen der Interviewer jeweils mitverschlüsselt, so daß durch entsprechende Korrelationen Einseitigkeiten bestimmter Interviewer leicht festgestellt werden konnten. Die Kontrolle ergab, daß bei einem Interviewer das Informations- und Urteilsniveau der Befragten ziemlich gleichmäßig etwas unter dem Durchschnitt lag, während die Ergebnisse der übrigen Interviewer gut übereinstimmten.

Damit ist aber die Frage noch nicht beantwortet, wieweit die Niederschriften der Aussagen auch in denjenigen Einzelheiten zutreffend sind, die sich nicht durch Verschlüsselung, Quantifizierung und Korrelation fixieren lassen. Unsere Interpretation stützt sich ja nicht nur auf die verschlüsselten Ergebnisse, sondern auch auf den protokollierten Gedankengang, oft sogar, wenn sich genügend gleichartige Beispiele finden, auf den Wortlaut der Niederschrift. War es für die Interviewer möglich, diesen Wortlaut richtig wiederzugeben? Das Formular des Fragebogens durfte während der Gespräche selbstverständlich nicht in Erscheinung treten. Stenographische Notizen waren nur erlaubt, wenn sie den Befragten offensichtlich nicht störten. (Manchmal wurde der Interviewer allerdings ausdrücklich gebeten, „sich das ja gut aufzuschreiben, damit nichts unter den Tisch fällt!") In der Hauptsache war der Interviewer aber darauf angewiesen, sich die Stellungnahmen des Befragten möglichst wörtlich zu merken. Auf den ersten Blick erscheint das vielleicht unmöglich. Nach einiger Übung ist es aber doch in einem Grade zu erreichen, der für den Außenstehenden (ebenso wie für den Befragten selbst) überraschend sein muß. Selbstverständlich muß der Interviewer das Fragen-Schema wie im Schlaf beherrschen. Nur wenn er es völlig ungezwungen handhaben kann, wird ihm eine ungeteilte Konzentration auf den Gesprächspartner gelingen. Erfüllt er diese Vorbedingung, so kommt ihm zweierlei zu Hilfe. Erstens erweist sich das Fragen-Schema als ausgezeichnete Erinnerungsstütze. Es wirkt wie ein Gitternetz, auf das sich der Verlauf des Gesprächs eintragen läßt. Zweitens ist der Sprachschatz der meisten Befragten übersehbar. Durch die ständige Wiederholung bestimmter Wörter und Redewendungen prägt sich ein großer Teil der Aussagen recht gut ein. Hierin liegt natürlich auch eine Gefahr – der Interviewer kann nach vielen Befragungen allmählich dazu neigen, den Sprachschatz von sich aus zu reduzieren und damit sämtliche Aussagen in bestimmter Weise zu stilisieren. Wird jedoch auf diese Gefahr sorgfältig geachtet, werden die Befragungsprotokolle täglich kontrolliert, Unstimmigkeiten und auffallende Wiederholungen besprochen, so kann auch dieses „Einrasten" der Interviewer in eine bestimmte Schablone weitgehend vermieden werden. Hinzu kommt sein permanentes Training, das ungewöhnliche Konzentrations- und Gedächtnisleistungen ermöglicht.

Trotzdem schreibt der Interviewer natürlich nicht alles auf, was gesprochen wurde, und akzentuiert die Aussagen unwillkürlich in bestimmter Weise individuell. Das subjektive Moment ist nicht völlig auszuschalten, – und es sollte, glauben wir, auch gar nicht völlig ausgeschaltet werden.

Das Erhebungsmaterial muß im Laufe der Untersuchung ohnehin immer weiter konzentriert werden. Jede dieser Konzentrationen wirft Ermessensfragen auf, die bereits eine Teilinterpretation implizieren. Man hat zwar zahlreiche Methoden mit dem Ziel entwickelt, solchen Entscheidungen den Charakter von Ermessensfragen zu nehmen und sie möglichst naturwissenschaftlich-mathematischen Verfahrensweisen anzunähern. Diese führen unseres Erachtens aber meist nur zu einer Vertagung der eigentlichen Entscheidung auf ein späteres Stadium der Auswertung. Wird zum Beispiel das Gespräch auf Magnetophonbänder aufgenommen und später abgehört, so ist der Prozeß der Konzentration und Akzentuierung des Materials lediglich verschoben, nicht aufgehoben, lediglich indirekter geworden, nicht unbedingt objektiver. Hier scheint uns eine unglückliche Liebe zu einer Form der Evidenz vorzuliegen, die sich nun einmal nicht erreichen läßt, solange die Grundlage einer Untersuchung das Gespräch zwischen zwei Menschen ist. Wenn dieses Gespräch nicht an der Oberfläche bleiben soll, muß sich auch der Interviewer persönlich beteiligt und nicht nur als ein möglichst gut funktionierender Zwischenträger fühlen. Dazu gehört sowohl das Bewußtsein, daß er Entscheidungen trifft, die kaum mehr rückgängig gemacht werden können, wie eine gewisse Freizügigkeit des Handelns und Unterlassens, ohne die sich keine sinnvollen Gespräche führen und kein gegenseitiges Vertrauen herstellen lassen.

Wir haben folglich dem Interviewer mehr Freizügigkeit gelassen, als dies im allgemeinen üblich ist. Einige individuelle Stilisierungen, die uns auffielen, haben wir bewußt hingenommen. Es schien uns auch kein Fehler zu sein, wenn sich herausstellte, daß jeder Interviewer besondere Fähigkeiten entwickelte und daß er dementsprechend einzelne Arbeiter, deren Art ihm besonders lag, besonders gut zur Geltung brachte. So hatte ein Interviewer ein ausgesprochenes Sensorium für stark ideologisch bestimmte Arbeiter, ein anderer hatte zu dem Typus des „technischen Spezialisten" besonders guten Kontakt, ein dritter schien uns schließlich einzelne Aussagen etwas gemütvoller zu stilisieren, als sie wahrscheinlich gemeint waren. *Diese* Form der subjektiven Vermittlung durch den Interviewer halten wir nicht für ein Manko, sondern einfach für ein Zeichen, daß es in den Gesprächen mit rechten Dingen zuging.

Wir glauben nicht, daß prinzipielle Vorbehalte die Stellungnahmen der Arbeiter beeinflußt haben. Selbstverständlich wurden alle Arbeiter darauf hingewiesen, daß ihre Teilnahme an der Befragung freiwillig sei. Es gab aber nur in einem kleineren Betrieb anfänglich einige Verweigerungen. Von diesem Einzelfall abgesehen, sind – dank der Unterstützung durch den Betriebsrat – keine störenden Gerüchte über die Art unserer Befragung aufgekommen. Die Aufklärung über den Zweck der Untersuchung, die jedem Befragten vor Beginn des Gesprächs in der gewünschten Ausführlichkeit gegeben wurde, konnte daher meist auf den Hinweis beschränkt werden, daß wir uns für die Erfahrungen und Meinungen der Arbeiter interessierten: auch der einzelne Arbeiter solle einmal zu Worte kommen. Dies genügte, weil die überwiegende Mehrzahl der Arbeiter – auch abgesehen von den persönlichen Kontakten – von vornherein ein großes Vertrauen in die Unparteilichkeit und den guten Willen „der" Wissenschaft und „der" Universität mitbrachte. Außerdem herrschte ein ausgesprochenes Bedürfnis, einmal frei über die eigenen Probleme sprechen zu können. So ergab sich in der Regel sehr schnell ein offenes, für beide Teile interessantes Gespräch.[10]

Wenn wir selbst ein Bedenken nicht loswurden, so bezog sich dies weniger auf die erzielten Resultate als auf die Raffinesse der Methode, durch die wir zu ihnen

10 Vielleicht fällt es auf, daß wir die Worte „Befragung" und „Gespräch" hier weitgehend synonym verwenden. Es geschieht dies nicht nur, um ein unangenehmes Wort zuweilen durch ein freundlicheres zu ersetzen. Tatsächlich ergibt sich ein Gesprächs-Klima, wenn das Fragen-Schema so angeordnet ist, daß der Interviewer, ohne von sich aus ein Urteil abgeben zu müssen, stets an die Aussage des Befragten mit einer neuen Frage anknüpfen kann. Während er den Ablauf des Gesprächs zurückhaltend lenkt, geht er gleichzeitig auf den Gedankengang des Befragten ein und setzt ihn sogar in gewisser Weise fort. Der Fragesteller führt das Gespräch, der Befragte bestreitet es. Das ist zwar ein sehr artifizielles, aber auch, sogar in seiner systematischen Form, durchaus alltägliches Phänomen. Damit unterstellen wir nicht, daß es sich bei diesen gelenkten Gesprächen etwa um Versuche handele, eine möglichst „natürliche" Situation herzustellen. Die üblichen Abfrage-Methoden oder etwa eine schriftliche Befragung sind keineswegs „unnatürlicher". Sie sind nur in ihrer spezifischen Systematik leichter durchschaubar. Wir betonen dies ausdrücklich, um uns von heute üblichen Legitimationsversuchen zu distanzieren, die der Befragung als wissenschaftlicher Methodik romantische und quietistische Akzente verleihen, die ihr nicht zukommen.

gelangten. Die genau vorbereiteten und weitgehend schematisierten Gespräche mußten in den Augen der Arbeiter beinahe zufällig ablaufen. Oft glaubten sie am Ende, daß der Interviewer nicht sechzig, sondern zehn oder zwölf Fragen gestellt hätte, weil die übrigen sich unscheinbar in die Unterhaltung einfügten. Wir stellen das keineswegs mit einer ungeteilten Befriedigung fest, obwohl wir dieses Ziel erreichen wollten und mußten. Diese Methode ist – wie alle Befragungsmethoden – keine besonders glorreiche Errungenschaft, sondern ein notwendiges Übel, das selbst der gesellschaftlichen Situation verhaftet ist, die es zu klären helfen soll.

b) Das Fragen-Schema („Fragebogen")

Wir geben das festgelegte Fragen-Schema unserer Gespräche hier vollständig wieder. Einzelne Erläuterungen sind hinzugefügt. Sie beziehen sich teilweise auf den Verlauf der Gespräche, teilweise auch auf einige Resultate, die geeignet sind, den Sinn der Frage zu erläutern, und in der folgenden Darstellung nicht mehr angeführt werden. – Die einzelnen Fragen, die dem Interviewer vorlagen, sind jeweils kursiv gedruckt:

1. *Nr. der Befragung:*
2. *Nr. der Abteilung – Gruppe – Vollzug:*
3. *Arbeitsbezeichnung und Betrieb:*
4. *Geburtsort:*
5. *Alter:*
6. *Werkseintritt:*
7. *Familienstand, Kinderzahl:*
8. *Konfession:*
9. *Wohnort:*
10. *Wohnform:*
11. *Monatslohn:*
    Stundenlohn:
12. *Beruf des Vaters:*
13. *Eigene Schulbildung:*
14. *Lehre:*[11]

11 Zu den Fragen Nr. 1–14 ist Folgendes anzumerken. Nr. 1): Aus der dreistelligen Nummer jedes Fragebogens gehen hervor: die Woche, in der die Befragung stattfand (erste Ziffer, 0–9) und der Name des Interviewers (zweite Ziffer, 0–9); die dritte Ziffer dient zur fortlaufenden Zählung der Befragungen eines Interviewers innerhalb einer Woche. Diese Nummer wird bei jedem Zitat angeführt. (Außer der Fragebogennummer werden Beruf und Alter der Befragten angegeben, wenn Aussagen mehrerer Befragten zum gleichen Thema und mit glei-

15. *Berufsweg:*
Das Gespräch konnte in den meisten Fällen mit den Fragen zum Berufsweg beginnen. Die Formulierung dieser Fragen war dem Interviewer freigestellt. Es war also möglich, sie auf die jeweilige Situation zu Beginn des Gesprächs und auf die Persönlichkeit des Befragten abzustellen. Bestimmte Anhaltspunkte wurden allerdings vorher verabredet: So mußte z. B. darauf geachtet werden, daß die Beschäftigungen des Befragten unmittelbar nach der Schulentlassung, bei Kriegsbeginn und Kriegsende, vor und nach der Währungsreform und unmittelbar vor Werkseintritt aus dem Protokoll ersichtlich waren. Ferner sollte besonderes Gewicht auf die Auslandserfahrungen (Krieg, Gefangenschaft, Reisen, Aufenthalt als Fremdarbeiter) gelegt werden. Die Beschäftigungen in anderen Hüttenwerken waren genau festzuhalten usw. Falls der Befragte im Laufe des weiteren Gesprächs auf Erfahrungen seines Berufswegs abspielte, hatte der Interviewer an dieser Stelle ausdrücklich darauf zu verweisen.

16. *Flüchtling:*

17. *Berufsweg im jetzigen Werk:*
Das Gespräch ging vom allgemeinen zum innerbetrieblichen Berufsweg über. Der Interviewer mußte u. a. auch die Dauer der jeweiligen Beschäftigungen feststellen.

18. *Was haben Sie als (zweiter Schmelzer, dritter Konvertermann etc.) zu tun?*
Mit dieser Frage, deren Formulierung freigestellt war, begann der Bericht des Befragten über seine Arbeitsprobleme und innerbetrieblichen Erfahrungen. Der Interviewer sollte sich den Ablauf der Arbeit in allen Einzelheiten möglichst genau schildern lassen und sein Interesse zeigen. Die folgenden Fragen konnten zwanglos in den Bericht des Befragten eingefügt werden.

---

cher Tendenz zitiert sind. Ausnahmen von dieser Regel sind durch die Notwendigkeit bedingt, die Anonymität der Befragten zu wahren.) – Nr. 2): „Abteilung", „Gruppe", „Vollzug" beziehen sich auf eine Einteilung der Arbeitsvollzüge, die wir auf Grund unserer Arbeitsanalysen vorgenommen hatten. Dabei verweist die unter „Gruppe" angegebene Ziffer stets auf die Lohngruppe; die beiden anderen waren lediglich für vergleichende Korrelationen von Bedeutung, die in der vorliegenden Darstellung nicht verwertet wurden. – Nr. 3), 5), 6), 7), 8), 9), 11): Diese Sozialdaten waren aus einer Liste zu ersehen, die der Interviewer vor Beginn des Interviews einsehen konnte. Sie brauchten also nicht erfragt zu werden. – Nr. 4), 10), 12), 13), 14): Die Verschlüsselung für „Geburtsort" und „Wohnform" war vorher festgelegt, so daß der Interviewer keine unnötig speziellen Fragen zu stellen brauchte. Beides ging im übrigen – ebenso wie der Beruf des Vaters, die Schulbildung und die Lehre – in der Regel zwanglos aus dem Gespräch über den Berufsweg hervor.

19. *Wie lange sind Sie schon (zweiter Schmelzer etc.)?*

20. *Wie sind Sie an diesen Arbeitsplatz gekommen? (Wie ging das vor sich, daß Sie ausgerechnet an diesen Arbeitsplatz kamen?)*
Es sollte nicht nur über den Grund, sondern auch über den Vorgang der Zuweisung an den jetzigen Arbeitsplatz gesprochen werden. Wer spielte dabei eine Rolle, was wurde veranlaßt, was tat der Befragte selbst dazu? Unter anderem ergab sich, daß 53 % ohne eigene Mitwirkung einfach „eingeteilt" wurden, 20 % dagegen auf eigenen Wunsch an ihren jetzigen Arbeitsplatz gekommen sind. Ein recht erheblicher dritter Teil (15 % >) erklärte, den Arbeitsplatz auf Grund „guter Beziehungen", vor allem der Fürsprache durch Verwandte, erhalten zu haben. Zieht man in Betracht, daß einige Arbeiter über diesen Punkt wahrscheinlich nicht ausdrücklich gesprochen haben, so kann man wohl mit einiger Sicherheit schließen, daß etwa jeder fünfte Hüttenarbeiter innerhalb dieses „unpersönlichen, nivellierenden" industriellen Großbetriebs heute an einem Arbeitsplatz tätig ist, den er mit Hilfe persönlicher, meist familiärer, Beziehungen erhalten hat.

21. *Wie lange braucht man, um sich als (zweiter Schmelzer etc.) einzuarbeiten?*
21.' *Wie war das bei Ihnen?*
Es handelt sich hier um eine „Wechselfrage". Sie besteht aus zwei Teilfragen, deren Reihenfolge je nach dem Verlauf des Gesprächs ausgewechselt werden kann. Bezieht der Befragte den ersten Teil der Frage sofort auf sich selbst, so wird anschließend gefragt, wie lange die Einarbeit im allgemeinen – bei den Arbeitskollegen – dauere. Der Interviewer hat darauf hinzuweisen, wenn er die Frage auswechseln mußte oder wenn der Befragte beide Aspekte von sich aus unterschied. Die Wechselfragen haben vor allem den Sinn, den Befragten zu einer möglichst eingehenden Überlegung zu veranlassen. Sie sind besonders dann zweckmäßig, wenn sich eine Gewohnheits-Antwort allzu leicht anbietet. Ursprünglich hatten wir vor, solche Fragen durch ein „Zum Beispiel?" zu ergänzen. Die später gewählte Form der Wechselfrage erwies sich aber als geeigneter, weil sie das Gespräch weniger unterbrach als fortführte. – Außerdem ist es natürlich interessant festzustellen, wie individuell der Einzelne den „Leistungsanspruch" seiner Arbeit auf sich selbst bezieht; wieweit etwa sein Berufsstolz zu einer Distanzierung von den Arbeitskollegen führt oder umgekehrt diese Distanzierung gerade verhindert. Im allgemeinen zeigte sich bei dieser und den folgenden Fragen nur eine sehr geringe Tendenz, die eigene Überlegenheit über die anderen herauszukehren, – ein Ergebnis, das bei einer entsprechenden Befragung der Angestellten des Werkes vermutlich anders ausgefallen wäre.

22. *Was ist dabei am schwierigsten zu erlernen?*

22'. *Wie war das bei Ihnen?*

Wechselfrage wie oben. Die Antworten müssen selbstverständlich unmittelbar auf die Arbeitsvollzüge bezogen werden, die der Befragte ausführt.

23. *Wenn man sich nun eingearbeitet hat und auskennt, – was fällt einem dann noch am schwersten?*

Für Arbeiter, die erst kurze Zeit am Arbeitsplatz tätig waren, bezog sich diese Frage ausschließlich auf die älteren Kollegen. Sie konnte daher als Ergänzung zu dem allgemeinen Teil der vorhergehenden Wechselfrage formuliert werden. – Etwa 30 % der Befragten erklärten, daß sie sich an alles gewöhnt hätten. Schwer fiele ihnen eigentlich jetzt nichts mehr.

24. *Welche Eigenschaften muß man überhaupt haben, um die Arbeit als (zweiter Schmelzer etc.) zu beherrschen? (Wer ist dafür geeignet – wer nicht?)*

Das stärkste Selbstbewußtsein auf Grund der erforderlichen Qualitäten entwickelten die Gruppen der Aufseher, der qualifizierten Facharbeiter, der Reparaturschlosser und der Umwalzer. Doch wurde die Notwendigkeit der individuellen Begabung und speziellen Qualifikation häufig auch von Arbeitern betont, die besonders simple Aufgaben hatten. Dies gilt vor allem für die Gruppe der Blocklagerarbeiter. Hier handelt es sich allerdings nicht, wie sonst häufig, um eine Kompensation, sondern gleichsam um einen Wechsel auf die Zukunft: Das Blocklager ist meist die erste Station des Berufsweges im Walzwerk; man wartet dort ständig auf den Einsatz an besser bezahlten Arbeitsplätzen im „eigentlichen" Walzwerk und neigt folglich dazu, die eigene Befähigung besonders hervorzuheben.

25. *Auf wen sind Sie an Ihrem Arbeitsplatz angewiesen? (Auf wen alles, wie und wann?)*

Diese Frage war gegebenenfalls vom Interviewer zu erläutern, etwa im folgenden Sinne: „Ein Arbeiter hier in der Hütte arbeitet ja nicht ganz allein für sich wie in einem Glashaus. Jeder ist doch von der Arbeit anderer abhängig. Wenn die anderen ihre Arbeit nicht gut und rechtzeitig genug machen, kann man selbst seine Arbeit auch nicht gut und rechtzeitig genug ausführen. Auf wen sind Sie nun an Ihrem Arbeitsplatz so angewiesen?" Es kam darauf an, daß die Frage möglichst konkret auf den eigenen Arbeitsvollzug bezogen wurde. Das Gespräch sollte hier noch nicht zu allgemeinen Themen überleiten. Notiert und verschlüsselt wurden die Feststellungen, aus denen hervorging, von wem und bei welchen Gelegenheiten eine Abhängigkeit anerkannt und wie intensiv diese betont wurde. Die Aussagen stimmen mit unseren Arbeitsanalysen fast durchgehend überein. Die Frage wurde also von den Arbeitern nicht zu einer Prestigeangelegenheit gemacht.

26. *Und wer ist nun umgekehrt von Ihnen so abhängig?*
Die Antwort wurde meist schon im vorigen Zusammenhang gegeben. Auch hier bestand keine Neigung zur Übertreibung.

27. *Wenn nun bei einem etwas nicht ganz klappt, können (erlaubt es Ihre Arbeit, daß) Sie sich dann gegenseitig helfen?*

27'. *Tun das eigentlich alle?*
Wie die Formulierung des ersten Teils dieser Wechselfrage zeigt, sollte hier zunächst möglichst begrenzt nur über die objektive Möglichkeit des Helfens gesprochen werden. Diese Begrenzung wurde durch die vorhergehenden Fragen über die wechselseitige Abhängigkeit erleichtert, die einen sachgebundenen Aspekt nahelegten. Der zweite Teil der Wechselfrage (die hier nicht auf dem Gegensatz individuell – allgemein, sondern potentiell – real beruht) sollte sich eindeutig vom ersten Teil abheben. Wenn trotzdem eine Vertauschung der beiden Teile notwendig wurde, war vom Interviewer wie üblich darauf hinzuweisen.

28. *Halten Sie in Ihrer Arbeitsgruppe überhaupt richtig zusammen oder könnte das besser sein?*
In den meisten industriesoziologischen Untersuchungen wird diese Frage in irgendeiner Form gestellt. Uns kam es darauf an, daß der Befragte sich vorher alle Aspekte vergegenwärtigen konnte, die für eine Beantwortung wichtig sind. Die Frage mußte so sachlich aus dem Gespräch hervorgehen, daß der Interviewer sich nicht in die Rolle des Beichtvaters hineinzuspielen brauchte. – Interessant ist, daß von den Schmelzern jeder vierte erklärte, seine Arbeitsgruppe sei überhaupt die beste des Werkes: in keiner anderen sei der Zusammenhalt so gut. Wahrscheinlich ist das darauf zurückzuführen, daß bei den Schmelzern sowohl die Abgeschlossenheit und Selbständigkeit der einzelnen Gruppen wie die Möglichkeit zu wechselseitigen Hilfeleistungen ungewöhnlich groß sind. Starke Kritik äußerten dagegen vor allem die Platzablader. Hier war nur jeder vierte mit dem Zusammenhalt seiner Arbeitsgruppe ohne Einschränkungen zufrieden. Aber eigentlich kann man hier überhaupt nicht von einem „Zusammenhalt innerhalb einer Arbeitsgruppe" sprechen: Es handelt sich vielmehr um Kolonnen, die von Fall zu Fall zur Erledigung verschiedener Aufgaben zusammengestellt werden. Innerhalb dieser Kolonnen ist überdies die Unterteilung der Arbeit nicht evident bestimmbar – also vor allem nicht technisch eindeutig vorgegeben. Folglich kann sich ein Einzelner

leicht auf Kosten der anderen schonen, ohne daß dies jedesmal klar zutage tritt. Es entsteht dadurch leichter eine gegenseitige „Aufpasserei" als bei technisch eindeutig bedingter Zusammenarbeit.

28. a) *Wer gehört denn dazu (zur Arbeitsgruppe) – von wem sprechen sie jetzt?*
Diese Kontrollfrage soll klären, ob der Befragte noch von dem gleichen Personenkreis spricht, an den er bei seinen Urteilen über die Abhängigkeit dachte. Ihr Wortlaut mußte natürlich dem Gespräch angepaßt werden und konnte daher sinngemäß abgewandelt werden.

28. b) *Sehen Sie sich nur im Werk bei der Arbeit oder kommen Sie auch sonst zusammen? (Wo? Zum Beispiel?)*
Jeder zweite Befragte erklärte, daß er sich niemals außerhalb des Werkes mit anderen Arbeitskollegen träfe. Dies liegt teilweise – worauf auch ein Viertel der Befragten ausdrücklich hinwies – an den Wohnungsverhältnissen. Ein anderer, ebenso wichtiger Grund ist das verständliche Bedürfnis, nach Schichtende, wenn man durchs Werktor geht, auch die Arbeitsprobleme möglichst hinter sich zu lassen.

29. *Mit wem arbeiten Sie am liebsten zusammen – mit älteren, gleichaltrigen oder jüngeren Kollegen?*
Diese Frage brachte häufig Spannungen zutage, die beim Thema „Zusammenhalt" zunächst übergangen worden waren. Etwa jeder Vierte äußerte mit betonter Entschiedenheit Vorbehalte gegen die jeweils jüngeren oder älteren Kollegen. – Die Grenze zwischen den „Älteren" und den „Jüngeren" wird mit großer Regelmäßigkeit zwischen 30 und 35 Jahren gezogen.

30. *Wer ist Ihr nächster Vorgesetzter?*
Wir wollten feststellen, wer jeweils noch als Arbeitskollege und wer bereits als Vorgesetzter angesehen wird. Das ist keineswegs in allen Fällen eindeutig vorgegeben. Zum Beispiel wurde nicht immer der Meister, sondern manchmal erst der Obermeister als nächster Vorgesetzter bezeichnet. Dies liegt besonders dann nahe, wenn der Meister durch einen eigenen, speziellen Arbeitsvollzug noch unmittelbar in den Arbeitsablauf einzugreifen hat (vgl. die Arbeitsmonographie der Umwalzer, Anhang, S. 295 f.).

31. *Mit welchen Vorgesetzten haben Sie sonst noch zu tun?*
Es war zu klären, wie weit die Kenntnis der Betriebshierarchie reicht, bzw. welche Vorgesetzten noch mit der eigenen Arbeit in einen Zusammenhang gebracht werden. Im allgemeinen sind die Werksingenieure und Betriebsführer die letzte Instanz, höhere Vorgesetzte wurden so gut wie gar nicht genannt. – Auf die Herausforderung eines Urteils über die Vorgesetzten wurde verzichtet.

32. *Können Sie hier weiterkommen?*
Absichtlich schließt sich diese Frage an die Erwähnung der Vorgesetzten an und nicht an das Gespräch über die Zusammenarbeit mit den Arbeitskollegen. Es ist nämlich durchaus nicht selbstverständlich, daß ein Arbeiter zugibt, sich überhaupt Gedanken über einen möglichen beruflichen Aufstieg zu machen. In der Regel versucht man unter allen Umständen, unter den Arbeitskollegen nicht als „Streber" zu gelten. Daher war es zweckmäßig, das Gespräch zunächst von den Arbeitskollegen abzulenken und den „Reizeffekt" auszunutzen, den die Anknüpfung der Frage nach dem Weiterkommen an die Erwähnung der Vorgesetzten haben konnte: „Soviel wie meine Vorgesetzten kann ich schon lange" – dieser Gedanke liegt näher als das Zugeständnis, mehr werden zu wollen als die anderen, die heute noch gleichgestellt sind. – Trotzdem stritten mehr als die Hälfte der Befragten unbedingt ab, irgendwelche Chancen zu haben, häufig mit genauen und wahrscheinlich zutreffenden Begründungen. Auch die übrigen beurteilten ihre Aufstiegsmöglichkeit betont vorsichtig, eher skeptisch und resigniert als optimistisch. Mehr noch als das quantitative Ergebnis bestätigt der Tenor der Antworten, daß nur selten zureichende Grundlagen für ein ausgesprochenes Karriere-Denken vorhanden sind.

33. *Möchten Sie diesen Arbeitsplatz behalten oder einen anderen bekommen? (Weshalb?)*
Aus dem Gespräch über das Weiterkommen ergab sich meist von selbst die Frage, welche Möglichkeiten und Wünsche für ein „Wegkommen" bestehen. Die einzelnen Aussagen können auch hier nur in ihrem unmittelbaren Bezug auf die jeweiligen Arbeitsplätze gewertet werden.

33. a) *Wenn nein: An welchen Arbeitsplatz möchten Sie? (Weshalb?)*
Eine etwa gleichmäßig große Rolle spielen der Wunsch nach einem besser bezahlten Arbeitsplatz, nach leichterer oder interessanterer Arbeit, nach einer Tätigkeit, die der eigenen beruflichen Ausbildung entspricht, nach besseren Aufstiegschancen und schließlich die Erfahrung, daß der jetzige Arbeitsplatz gesundheitsschädlich ist. Dieses quantitative Ergebnis ist aber natürlich durch die Auswahl der Arbeitsvollzüge in unserer Stichprobe bestimmt.

34. *Wie haben sich die im Laufe der Jahre eingeführten technischen Neuerungen bei Ihrer Arbeit ausgewirkt? (Wie war das früher – was war anders?)*
Mit dieser Frage, die sich bruchlos an das Gespräch über die Arbeitsprobleme anschließen kann, beginnt die Überleitung zum Thema „technischer Fortschritt". – Der größte Teil der Antworten beruhte auf konkreten Erfahrungen: Etwa 60 % der Befragten konnten von technischen Neuerungen berichten, die sie selbst miterlebt hatten. Etwa weitere 15 % erzählten von den Auswirkungen

technischer Neuerungen, die sie an anderen Arbeitsplätzen beobachtet oder von Erfahrungen mit technischen Neuerungen am eigenen Arbeitsplatz, deren Einführung sie selbst nicht miterlebt hatten. Die übrigen 25 % konnten keine Einzelfälle nennen.

35. *Wie geht das überhaupt vor sich, wenn solche technische Neuerungen hier eingeführt werden? (Wer veranlaßt das und weshalb wird das überhaupt gemacht?)*
Falls der Befragte unsicher wurde, sollte *nicht* präziser (weshalb wird das überhaupt gemacht?) nachgefragt werden. Beabsichtigt war lediglich, die Erinnerung an die eigenen Erfahrungen weiterzuführen und festzustellen, ob sich der Befragte von sich aus Gedanken über die Herkunft der technischen Neuerungen gemacht hatte. (Daher wurde besonders auf Begriffe wie „Rentabilität", „Forschung", „Erfinder", „Konkurrenz" usw. geachtet.) Außerdem wollten wir wissen, ob in einzelnen Betrieben der Versuch unternommen worden war, die Arbeiter bei der Einführung von Neuerungen über Anlaß und Zweck zu informieren.

36. *Gibt es anderswo technische Neuerungen, die Ihre jetzige Arbeit beeinflussen würden?*
Eine weitere Erinnerungshilfe und Erweiterung des Themas, – auch hier nicht in der Absicht, Wertungen herauszufordern.

37. *Läßt sich so etwas für Ihren Arbeitsplatz überhaupt noch erfinden – was meinen Sie?*
37. a) *Haben Sie selbst irgendeine Idee dazu?*
37. b) *Was würde das wohl kosten?*
Wenn der Befragte keinerlei Vorstellungen von möglichen Neuerungen hatte, war das Gespräch ohne weitere Bemühungen über die Frage hinwegzuführen. Jedenfalls mußte (und konnte) es dem Interviewer gelingen, das Gespräch so zu lenken, daß die nächste entscheidende Frage sich sachlich aus der Thematik ergab.

38. *Was halten Sie überhaupt vom technischen Fortschritt?*
Die Frage war wörtlich zu stellen und sollte vom Interviewer nicht mehr weiter ergänzt werden. Hier mußte sich zeigen, daß die Hinführung auf das allgemeine Thema gelungen war und der Befragte sich genug Anhaltspunkte vergegenwärtigt hatte. Der Interviewer mußte sich jetzt gleichsam aus dem Gespräch zurückziehen. Dafür hatte er nicht nur auf den Inhalt der oft sehr umfangreichen Aussagen, sondern auch auf die Folge der Gedanken und ihren sprachlichen Ausdruck genau zu achten. Keineswegs durfte er von sich aus

die Wertungen des Befragten irgendwie beurteilen. Einige Arbeiter entwickelten übrigens so differenzierte Betrachtungen, daß es dem Interviewer sowieso schwergefallen wäre, noch etwas hinzuzufügen …

39. *Wie kommt der technische Fortschritt zustande?*
Das Thema wurde oft bereits vorweggenommen, wobei zwar eine Fülle systematischer Aspekte, aber nur sehr selten historische Gesichtspunkte auftauchten. Zu diesen regte erst die folgende Frage an, die häufig durch eine „Rückblende" beantwortet wurde.

40. *(Wohin führt der technische Fortschritt:) Was meinen Sie – wie sieht die Welt in 50 Jahren aus?*
Der Interviewer durfte natürlich nicht so tun, als erwarte er eine schlüssige Antwort oder als wüßte er selbst irgendetwas besser. Der Akzent der verabredeten Gesprächsführung läßt sich etwa so umschreiben: „Wenn das mit dem technischen Fortschritt so ist, wie wird es dann weitergehen? Das wäre doch einmal zu überlegen. Was meinen Sie – wie sieht die Welt in 50 Jahren aus?" – Damit schloß der zweite Abschnitt des Gesprächs ab. Der Übergang zu den nächsten Fragen sollte deutlich als Wechsel des Themas empfunden werden.

41. *Wissen Sie, wieviel Hüttenwerke – so etwa in der Größe dieses Werkes – es in Westdeutschland überhaupt gibt?*
Diese – leider nachträglich eingeschobene – Kenntnisfrage erwies sich als hemmend und stand überdies am falschen Platze. Sie wurde daher später hier nicht mehr gestellt. Dagegen stießen die beiden nächsten Fragen auf sehr lebhaftes Interesse. Es erwies sich als günstig, daß zwischen den ausführlich behandelten Themen „technischer Fortschritt" und „Mitbestimmung" einige Einzelfragen standen, die weder vom Befragten noch vom Interviewer die Konzentration verlangten, die bei einer Folge mehrerer Fragen zum gleichen Thema notwendig war.

42. *Sehen wir einmal von diesem Werk ab – würden Sie an sich lieber in einem Großbetrieb oder Kleinbetrieb arbeiten?*

43. *Sie haben ja im Herbst auf der Betriebsversammlung oder auch sonst schon mal (Werkszeitung, Tageszeitung, Radio) gehört, daß der Absatz der Hüttenindustrie nachgelassen hat. Haben Sie auch schon etwas darüber gehört, woran das liegt?*
43'. *Was halten Sie davon?*

44. *Wenn Sie nun so die Zeit von Kriegsende (bzw. Werkseintritt) bis heute zurückblicken: was ist hier im Werk in der Hauptsache anders geworden? Wie kommt das?*
Die Antworten hierzu sind nicht verschlüsselt worden: Es sollte lediglich ein Ansatz für das Thema „Mitbestimmung“ gefunden werden, – und zwar dadurch, daß der Befragte das Wort „Mitbestimmung“ selbst aussprach. Um dies zu erreichen, waren dem Interviewer auch Hilfsfragen erlaubt, die er allerdings mitprotokollieren mußte. (Zum Beispiel: „Und was hat sich besonders auf sozialem Gebiet verändert?“) – Übrigens ergab sich unabhängig von der eigentlichen Absicht der Frage, daß viele Arbeiter über die Entwicklung seit Kriegsende sehr kritisch nachgedacht hatten (vgl. zum Beispiel Abschnitt IV, S. 142).

45. *Was verstehen Sie unter Mitbestimmung? (Was soll das eigentlich heißen: „Mitbestimmung“?)*
Diese Frage nannten wir „Freilauffrage“. Sie verlangte vom Interviewer großes Geschick. Er mußte das Gespräch, ohne die Fragestellung zu ändern oder zu ergänzen, so lange wie irgend möglich ausdehnen. Als Hilfsmittel durfte er lediglich einzelne Wendungen aus den Aussagen fragend wiederholen und interessiert schweigen ... Es galt also, sich vom ersten Schwung der Frage solange weitertragen zu lassen, wie der „Freilauf“ reichte. – Der Sinn dieses Verfahrens ist einfach: Die oben formulierte Frage ist die einzige, die man stellen kann, ohne selbst einen Teil des Themas inhaltlich vorwegzunehmen. Alle folgenden Fragestellungen haben notwendig einen präjudizierenden und teilweise sogar einen suggestiven Charakter. Sie sind nur als Ergänzungs- und Kontrollfragen sinnvoll, d. h. auf Grund einer vorher gegebenen Vergleichsbasis. Ist diese vorhanden, so kann bei der Auswertung der Antworten berücksichtigt werden, ob der Befragte von allein auf die einzelnen Aspekte des Themas gekommen ist oder erst durch die späteren Fragen auf sie verwiesen wurde. Nur auf diesem Wege läßt sich mit einiger Sicherheit klären, wie die Mitbestimmung als Ganzes gesehen wird, welche Kenntnisse vorhanden sind, was als wichtig gilt und was nicht. Es wäre zum Beispiel nichtssagend oder irreführend, wenn wir lediglich feststellten, daß x Prozent die Mitbestimmung für eine gute Sache halten, ohne gleichzeitig zu ermitteln, was sie eigentlich darunter verstehen; für die Bewertung dieser positiven Stellungnahmen ist es notwendig zu wissen, wie viele von ihnen etwa mit der Kenntnis verbunden werden, daß die Mitbestimmung seit geraumer Zeit im eigenen Werk eingeführt worden ist ... Diese letzte Frage kann aber unmöglich abrupt gestellt werden: das wäre für diejenigen, die mehr oder minder ahnungslos sind, nur eine Aufforderung, das Nächstliegende zu raten.

46. *Ist die Mitbestimmung hier im Werk schon eingeführt?*
Nur ein Hinweis für den Interviewer. Die folgenden Ergänzungs- und Kontrollfragen sollten nach Möglichkeit jeweils an die Aussagen des Befragten angeschlossen werden. Die hier festgelegte Reihenfolge hatte sich als die günstigste erwiesen.

47. *Wie werden die Vertreter der Arbeiter eigentlich gewählt?*

48. *Sind auch die richtigen Leute da, um die Interessen der Arbeiter zu vertreten?*

49. *Kennen Sie die persönlich? (Wen – wieviele – woher?)*

50. *Was sollen sie eigentlich machen? Was ist ihre Aufgabe?*

51. *Was sagen denn die da oben dazu?*
„Die da oben": Die Wendung durfte nur durch eine konkretere ersetzt werden, wenn eine unmittelbare Anknüpfung an eine vom Befragten selbst gebrauchte Wendung möglich war. (Am häufigsten spricht man aber von „denen da oben".) Die folgende Erwähnung der Aktionäre ist mehr ein „Antippen" als eine Frage.

52. *Und die Aktionäre?*

53. *Und der Arbeitsdirektor – was hat der für eine Aufgabe?*

54. *Welche Folgen hat die Mitbestimmung für die Arbeiter?*

55. *Und wird sich das Ganze nun durchsetzen?*
Die letzte Frage mag auf den ersten Blick unnötig erscheinen. Wir wären auch nicht auf diese Formulierung gekommen, wenn sich nicht im Laufe früherer Gespräche herausgestellt hätte, daß viele Arbeiter, die der Mitbestimmung durchaus positiv gegenüberstehen und über gute Kenntnisse verfügen, die Chancen des „Durchsetzens" sehr skeptisch beurteilten. – Diese Erfahrung wurde durch die Antworten bestätigt, die wir im Laufe der Befragung erhielten.

56. *Die Angestellten haben ja auch ein Mitbestimmungsrecht. – Was halten Sie von der sozialen Lage der Angestellten?*
Damit ist das Thema „Mitbestimmung" abgeschlossen. Die Schlußfragen berühren wieder vorwiegend wirtschaftliche Probleme. (Der Ausdruck „soziale Lage" wurde meist im Sinne von „wirtschaftlicher Lage" verstanden.)

57. *Können Sie selbst Ersparnisse für größere Anschaffungen und Pläne machen? Was haben Sie gerade vor: Haus, Wohnung, Einrichtung, Motorrad, Waschmaschine, Ausbildung der Kinder, Aussteuer der Tochter, Reisen …?*
Eindeutig im Vordergrund stand (im Frühjahr 1954) das Sparen für Möbel und Hausrat (41 % aller Befragten). Allerdings gilt es auch als „Sparen", wenn vom Monatslohn eine bestimmte Summe für Abzahlungen verwendet werden muß. Sicherlich legen aber die 46 Arbeiter (8 %), die ein eigenes Häuschen haben wollen, und weitere 54 (9 %), die monatlich etwas auf die Sparkasse tragen, wirklich größere Summen selbständig zurück.

58. *Man träumt doch manchmal von einem großen Gewinn im Toto. Was würden Sie machen, wenn Sie DM 30 000 gewännen?*
Der Inbegriff der Wünsche bleibt das eigene Häuschen (53 %). 61 Arbeiter (10 %) wollen sich allerdings mit dem gewonnenen Geld selbständig machen und 43 (7 %) haben sogar – mehr oder minder präzise – Vorstellungen davon, daß man die 30 000 Mark „arbeiten" lassen könne. Weitere 28 (5 %) möchten den Gewinn einfach in einer Bank deponieren. Die übrigen Wünsche erstrecken sich (in der angegebenen Reihenfolge) auf Möbel und Hausrat, Reisen, Kleidung, Aussteuer und Ausbildung der Kinder. (Das letztere wäre wohl häufiger genannt worden, wenn der Gedanke in diesem Zusammenhang nähergelegen hätte. Wir haben von uns aus keine Möglichkeiten zur Auswahl genannt.)

59. *Was haben Sie in Ihrem letzten Urlaub gemacht?*
48 % waren verreist (und zwar 19 % zu Verwandten, 7 % waren vom Werk „verschickt" und weitere 7 % hatten eine Tour mit dem Fahrrad oder Motorrad unternommen; 15 % hatten sich in der üblichen Weise irgendwo erholt). Von den 52 %, die zu Hause blieben, wurden etwa gleichmäßig vorwiegend familiäre Gründe (Krankheit der Frau, Kinder und ähnliches) oder vorwiegend finanzielle Gründe angegeben.

60. *Was sollen Ihre Kinder werden? (Und was wollen Ihre Kinder werden?)*
Das Ergebnis ist denkbar eindeutig: Von den 221 Befragten, die glaubten, auf diese Frage eine sinnvolle Antwort geben zu können, erklärten nur fünf, daß ihre Söhne oder Töchter keine besondere Ausbildung erhalten würden. Nur acht Töchter sollen zunächst in den Haushalt, alle übrigen Kinder sollen entweder einen Facharbeiterberuf erlernen (58), kaufmännische Angestellte (35) oder Techniker (10) werden, zunächst auf die höhere Schule gehen (55) oder sonst irgendwie höher hinauf (50). Bei der Berufswahl spielen nach den An-

gaben der Väter die Neigung der Kinder, ihre Begabung und die finanziellen Möglichkeiten eine etwa gleich große Rolle.

Schlußfrage: *Was könnte hier im Werk Ihrer Ansicht nach besser werden?*
Die letzten Fragen (Anschaffungen, Totogewinn, Beruf, Kinder) ließen die Befragung bereits in eine persönliche Plauderei auslaufen. Auf die Schlußfrage haben wir kein Gewicht mehr gelegt. Sie diente lediglich dazu, dem Gespräch einen deutlichen und sachlichen Abschluß zu geben. Was an Kritik und Vorschlägen vorhanden war, kam in der Regel schon vorher ausreichend zur Geltung.

Abschließend hatte der Interviewer eine kurze Beschreibung des Gesprächsverlaufes und des Verhaltens des Befragten zu geben. Ferner waren Ort, Datum und Dauer der Befragung sowie die Zeit der Niederschrift des Protokolls zu notieren. (Mit der Niederschrift war regelmäßig sofort nach Abschluß der Befragung zu beginnen.) Der Name des Interviewers wurde, wie bereits erwähnt, stets mitverschlüsselt, um einen Vergleich zwischen den Ergebnissen der einzelnen Interviewer zu ermöglichen.

c) Die Auswahl der Befragten

Alle Überlegungen über das anzuwendende Auswahlprinzip hatten von der Tatsache auszugehen, daß unsere Befragung aus organisatorischen und finanziellen Gründen in *einem* Hüttenwerk durchgeführt werden mußte und daß die Gesamtzahl der Befragten eine bestimmte Größenordnung nicht überschreiten durfte. Diese Begrenzung scheint zunächst eine repräsentative Stichprobe aus der Gesamtbelegschaft des ausgewählten Werkes nahezulegen. Unsere Resultate wären dann – innerhalb feststellbarer Grenzen – auf die Belegschaft dieses Werkes übertragbar gewesen. Damit hätten wir eine formal eindeutige Bezugsmöglichkeit gewonnen.

Sachlich wäre aber eine monographische Orientierung der Erhebung bedeutungslos geblieben. Für unser Thema ist es ziemlich gleichgültig, ob wir die Befragungsergebnisse auf die Gesamtbelegschaft eines bestimmten Hüttenwerkes beziehen können oder ob dies nicht möglich ist. In beiden Fällen bietet sich kein Anhaltspunkt für eine Verallgemeinerung der Resultate über diese eine Belegschaft hinaus. Dagegen hätte uns eine repräsentative Stichprobe zwei Nachteile gebracht: Die einzelnen Arbeitsvollzüge – Schmelzer, Kranführer, Dreher usw. – wären in einer solchen Stichprobe jeweils nur mit einer sehr geringen Anzahl vertreten gewesen; wir hätten also niemals feststellen können, ob sich z. B. die Schmelzer auf Grund ihrer speziellen Arbeitserfahrungen von den Kranführern oder Drehern in ihren Aussagen unterscheiden. Eine genaue arbeitssoziologische Aufgliederung der Befragten wäre nicht möglich gewesen. Außerdem hätte eine repräsentative Stichprobe auch Arbeitsplätze und Berufe erfaßt, die wir nur oberflächlich kannten. Die Anlage unseres Fragen-Schemas war aber darauf abgestellt, daß wir die Gespräche über die Arbeit jedes Einzelnen auch von uns aus konkret und unterrichtet zu führen vermochten und daß wir die Aussagen der Befragten beurteilen konnten. Auf diese Chance wollten wir nicht unnötig verzichten.

Es erschien uns folglich zweckmäßiger, keine repräsentative Stichprobe, sondern eine Auswahl nach freiem Ermessen vorzunehmen. Dabei waren allerdings einige wichtige Bedingungen einzuhalten: Erstens mußten wir den wichtigsten Vorteil nützen, den uns ein kombiniertes Hüttenwerk für unser Thema bot, nämlich die außerordentliche Verschiedenartigkeit der hier zusammengefaßten Arbeitsvollzüge und beruflichen Qualifikationen. Diese breite Streuung durfte nicht etwa prinzipiell beseitigt werden. Zweitens mußten wir jeweils eine größere Anzahl Arbeiter mit gleicher oder ähnlicher Arbeitsaufgabe auswählen, um später über ausreichend große Gruppen für allgemeine Vergleiche verfügen zu können. Drittens durfte die Auswahl der einzelnen Befragten nicht dem Interviewer überlassen werden – auch nicht im Rahmen eines sog. „Quoten-Sample"[12] –, da die Gefahr einer einseitigen Berücksichtigung besonders interessierter und aufgeschlossener Arbeiter in unserem Fall natürlich besonders nahelag.

Diesen Überlegungen entsprechend haben wir 14 geschlossene Gruppen gebildet, von denen jede nur Arbeiten mit gleichen oder ähnlichen Arbeitsvollzügen enthält. Die einzelnen Gruppen sollten in der Regel aus 40 Befragten bestehen; doch mußte in einigen Fällen von dieser Leitzahl abgegangen werden. Alle Gruppen zusammen umfassen die Vielfalt der Arbeitsphänomene in einem Hüttenwerk. Sie reichen von den einfachsten Hilfsarbeiten bis zu den anspruchvollsten Spezial- und qualifizierten Facharbeiten. Die Befragten wurden aus Listen ausgewählt, auf denen alle Arbeiter verzeichnet waren, die einen für die Erhebung vorgesehenen Arbeitsvollzüge ausführten.[13]

Es handelt sich um die folgenden Arbeitsvollzüge, die uns sämtlich aus den früher durchgeführten Arbeitsanalysen bekannt waren:

---

12 Stichprobe, bei deren Aufstellung nur darauf geachtet wird, daß für bestimmte Merkmale – z. B. Alter, Familienstand, Verdienst – bestimmte Proportionen eingehalten werden, während die Auswahl der Individuen dem Gutdünken der Interviewer überlassen bleibt. (Vgl. Praktische Sozialforschung, Das Interview, Formen – Technik – Auswertung, hrsg. von *René König*, Dortmund und Zürich 1952, S. 310 u. S. 198 f.

13 Je nach Anzahl der im Werk in diesen Funktionen tätigen Arbeiter wurde jeder dritte Name der Liste ausgewählt oder jeder dritte ausgelassen usw. (Jeder auf der Liste *einer* Gruppe aufgeführte Arbeiter hatte also im Sinne der Wahrscheinlichkeits-Auswahl die gleiche Chance, in das „Sample" aufgenommen zu werden.

1. Platzarbeiter; Siemens-Martin- und Thomas-Stahlwerk; Hilfsarbeiter.[14] Befragt: 40 von 65 in diesen beiden Betrieben und in dieser Funktion Beschäftigten.
2. Lagerarbeiter und Stapler; Block- und Knüppellager Walzwerk; angelernte Arbeiter und Hilfsarbeiter. Befragt: 40 von 68.
3. Spitzer, Schäler, Gewindewalzer, Rippenplattenfräser, zweite Locher und Lochgehilfen (an Stanzmaschinen); Kleineisenzeugfabrik; angelernte Arbeiter. Befragt: 60 von 121.
4. Erzwagenfahrer, Kokswagenfahrer, Wieger, Aufsetzer, Gichtaufgeber; Hochofen; angelernte Arbeiter (nur der erste Gichtaufgeber ist Spezialarbeiter). Befragt: 40 von 53.
5. a) Erste und zweite Apparatewärter (am Winderhitzer); Hochofen; Spezialarbeiter[15] bzw. angelernte Arbeiter. Befragt: 30 von 38.
   b) Zweite und dritte Ofenmänner (am Tiefofen); Walzwerk; Spezialarbeiter bzw. angelernte Arbeiter. Befragt: 10 von 11.
6. Zweite und dritte Konverterleute; Thomas-Stahlwerk; angelernte Arbeiter. Befragt: 20 von 37.
7. Erste, zweite und dritte Schmelzer; Hochofen; Spezialarbeiter (erste Schmelzer) und angelernte Arbeiter. Befragt: 40 von 65.
8. Umwalzer; Draht- und Feinstraße Walzwerk; Spezialarbeiter. Befragt: 40 von 50.
9. Erste Walzer, Kantwagenführer, Steuerleute; Blockstraße Walzwerk; Spezialarbeiter und angelernte Arbeiter (Steuerleute). Befragt: 20 von 23.
10. a) Aufzugsmaschinisten; Hochofen; angelernte Arbeiter. Befragt: 20 von 33.
    b) Erste, zweite und dritte Walzenzugmaschinisten; Maschinenbetrieb Walzwerk; Spezialarbeiter (erste Walzenzugmaschinisten) und angelernte Arbeiter. Befragt: 20 von 33.
11. Tiefofenkranführer und Schnelläuferkranführer; Maschinenbetrieb Walzwerk; Spezialarbeiter (Tiefofenkranführer) und angelernte Arbeiter. Befragt: 40 von 45.

---

14 Als Hilfsarbeiter gilt, wer ohne Anlernzeit auf dem ihm zugewiesenen Arbeitsplatz voll einsatzfähig ist.

15 Den Begriff „Spezialarbeiter" können wir hier beschränken auf angelernte Arbeiter, die innerhalb einer Arbeitsgruppe einen *zentralen* Arbeitsvollzug, der langjährige Erfahrung und überdurchschnittliche Fähigkeiten voraussetzt, ausführen und die im allgemeinen mit der Verantwortung für den Arbeitsablauf der Gesamtgruppe betraut werden. (Dies ist meist der sog. „erste Mann"; in einigen Fällen jedoch, wie bei den Ofenmännern am Tiefofen und den Konverterleuten, auch der „zweite Mann", da hier der erste Mann Spezialaufgaben durchführt.)

12. Reparaturschlosser und Monteure; Maschinenbetrieb bzw. Elektrische Wache Stahlwerk; Facharbeiter (darunter einige qualifizierte Facharbeiter[16]). Befragt: 80 von 106.
13. Werkzeugmacher, Dreher, Fräser, Schleifer, Härter, Schweißer, Schmiede, Schlosser; Probestabwerkstatt. Befragt: 60 (davon 30 Facharbeiter und 30 qualifizierte Facharbeiter) von 99.
14. 40 Aufseher (Zwischenschicht zwischen Meistern und ersten Leuten) vom Hochofen, Stahlwerk und Walzwerk; z. B. Gichtaufseher, Schmelzaufseher, Batterieaufseher, Schrottaufseher und ähnliche.

Obwohl diese Auswahl nicht unmittelbar an der Sozialstruktur der Gesamtbelegschaft orientiert wurde, zeigt doch der Vergleich zwischen Geburts- und Werkseintrittsdaten der Gesamtbelegschaft und der Befragten eine recht gute Übereinstimmung:

Geburtsjahr	Anteil der Altersgruppen (in %)		Jahr des Werkseintritts	Anteil der Werkseintritts-Gruppen (in %)	
	Werk[17]	Befragte		Werk[17]	Befragte
1933 (und später)	1,0	2,3	1951 (und später)	16,2	14,5
1932–1930	9,9	7,5	1950–1948	40,2	45,3
1929–1927	12,5	12,7	1947–1945	6,4	6,0
1926–1921	16,9	15,3	1944–1942	1,9	1,0
1920–1915	10,0	11,6	1941–1939	2,5	1,5
1914–1909	11,4	12,2	1938–1936	5,3	4,2
1908–1903	15,4	13,1	1935–1933	4,6	3,7
1902–1897	14,3	17,4	1932–1930	3,2	2,2
1896–1891	6,6	6,5	1929 (und früher)	19,7	21,5
1890 (und früher)	2,0	1,3			
	100,0	99,9		100,0	99,9

16 Als qualifizierte Facharbeiter gelten Arbeiter, die in einem anerkannten Lehrberuf die vorgeschriebene Abschlußprüfung abgelegt haben, langjährige Berufserfahrung besitzen und mit Arbeiten beschäftigt sind, die besondere Fähigkeiten verlangen. Sie müssen jederzeit einen ihrer Berufsgruppe übergeordneten Posten ohne Betriebsschwierigkeiten übernehmen können.

17 Voll-Lohnempfänger (über 200 Arbeitsstunden), ohne Jugendliche und Frauen.

Auch die Lohnstrukturen des Werkes und unserer Auswahl stimmen in den unteren und mittleren Verdienstgruppen (bis zu einem Monatsverdienst von DM 500 brutto) überein. Ein wesentlicher Unterschied ergibt sich allerdings dadurch, daß die höchsten Verdienstgruppen (über DM 600) bei uns mit 19 % vertreten sind, während sie 9 % der Gesamtbelegschaft ausmachen. (Entsprechend ist die Gruppe mit einem Verdienst von DM 500 bis DM 600 unter den Befragten nur mit 27 % vertreten, im Gesamtwerk dagegen mit 33 %.) Diese Differenz ist darauf zurückzuführen, daß wir von den nichtgelernten Arbeitern unverhältnismäßig viele Spezialarbeiter befragt haben, wie erste Schmelzer, Umwalzer, Kantwagenführer und Tiefofenkranführer. Wir nahmen die Abweichung bewußt in Kauf, weil uns die Arbeiter an diesen exponierten Arbeitsplätzen auf Grund unserer Arbeitsanalysen besonders interessierten. Ihre Befragung ergab jedoch nur verhältnismäßig geringe Abweichungen von den Aussagen der übrigen angelernten Arbeiter.

Zusammenfassend können wir unsere Auswahl als nicht repräsentative Stichprobe bezeichnen, die sich jedoch an der arbeitssoziologischen Struktur eines Hüttenwerkes orientiert und innerhalb der einzelnen herangezogenen Gruppen auf einer Wahrscheinlichkeits-Auswahl beruht.[18]

18 Auf einen Bericht über die Auswertungsmethoden haben wir verzichtet. In der hier gebotenen Kürze würden Informationen über die verschiedenartigen Formen des Verschlüsselns der Aussagen, der Tabellierung und der Korrelation eher verwirrend als aufschlußreich wirken. Im Prinzip dürfte das Verfahren ohnehin bekannt sein: Auf Grund der Protokolltexte werden für jede Frage Schemata erstellt, in denen die möglichen Aussagen gesammelt und gegliedert sind. Die Numerierung der Aussage-Möglichkeiten im Rahmen dieser Schemata ermöglicht eine weitgehende Übertragung des Protokollinhalts auf Hollerithkarten und damit sowohl eine quantitative Auswertung der Antworten auf eine bestimmte Frage wie Vergleiche („Korrelationen") zwischen den Aussagen zu verschiedenen Themen. Außerdem können die Stellungnahmen der Befragten auf ihre Sozialdaten (Alter, Lohngruppe usw.) bezogen werden. – Der Umsetzung oft differenzierter Gedankengänge in simple Zahlenwerte haftet zweifellos etwas Schablonenhaftes an; sie muß sich jedoch nicht unbedingt so simplifizierend auswirken, wie man auf den ersten Blick hin annehmen wird. Vor allem kann der Schlüssel selbst differenziert und variantenreich angelegt werden: zum Beispiel können für die Antworten auf eine Frage *mehrere* Schemata entworfen werden, die sich wechselseitig ergänzen und eventuell sogar kontrollieren. Ferner braucht man sich nicht darauf zu beschränken, das effektiv Gesagte zu kodifizieren, sondern kann auch die logische Form des Gedankenganges, den Tenor wie die sprachliche Form der Aussage oder das Niveau vorhandener Kenntnisse festhalten. In unserem Schlüssel haben wir, um die verschiedenen Variationen der Antworten zu erfassen, etwa 1500 Positionen benötigt. Wichtig bleibt selbstverständlich, daß der Forscher nicht selbst der Suggestion dieses mehr oder minder vervollkommneten Artificiums der Verschlüsselungsmethode erliegt – und infolgedessen in einen Zahlenrausch verfällt oder in eine Pseudo-Naturwissenschaftlichkeit, in der das Maß für die sachliche Bedeutung der ermittelten quantitativen Werte verlorengeht. Gerade für die Auswertung so offener Gespräche, wie wir sie geführt haben, ist der unmittelbare Text der Aussagen nicht nur die erste, sondern auch die letzte Instanz.

Abschnitt II
Stellungnahmen zum eigenen Arbeitsvollzug, zu technischen Neuerungen und zum technischen Fortschritt

1 Vier Arbeiter berichten über ihre Arbeit

Der erste Teil unseres Fragebogens bezieht sich auf Probleme der Arbeit und der Zusammenarbeit. Die Aussagen, die die Arbeiter hierzu machen, zeichnen sich aus durch einen hohen Grad von Konkretheit, Anschaulichkeit und Genauigkeit. Das hat zur Folge, daß sie sich in starkem Maße auf die einzelnen und speziellen Arbeitsplätze und die jeweiligen arbeitstechnischen und arbeitsorganisatorischen Gegebenheiten beziehen. Um langwierige Erklärungen und ausgiebige Erläuterungen zu vermeiden, beschränken wir uns daher auf einige Proben: Wir zitieren im folgenden vier Arbeiter von vier verschiedenen Arbeitsplätzen mit ihren vollständigen Antworten (auf die Fragen 18 bis 33a). Die Analyse eines besonders interessanten Falls – der Umwalzer an einer Drahtstraße – findet sich im Anhang.

Die folgenden vier Zitate haben gleichzeitig die Aufgabe, dem Leser etwas von der Atmosphäre mitzuteilen, in der sich der Arbeiter zeit seines Lebens tagaus – tagein bewegt. Es ergibt sich auf diese Weise ein gewisser Einblick in einen Teil des Erfahrungsbereiches, von dem die allgemeinen Vorstellungen und das Gesellschaftsbild des Arbeiters sich abheben. Schließlich veranschaulichen die Zitate den Beginn und den Verlauf des Gesprächs bis zu den Fragen nach den technischen Neuerungen, mit denen wir uns im 2. Kapitel beschäftigen.

a) Ein Schnelläuferkranführer im Walzwerk (43 Jahre)

(Was haben Sie als Schnelläuferkranführer zu tun?) Als Kranführer bin ich mit einem zweiten Mann, mit dem ich mich ständig abwechsle, an einem der Schnellläuferkräne. Ich hole im wesentlichen für die 450er Straße[1] das Material aus dem Blocklager heran. Der Meister bestellt es dort, mit einem Wagen wird es bis an die Kranbahn gefahren, und von dort hole ich es mit dem Kran und bringe es zum Ofen. – Ich fahre aber auch alle anderen Kräne. Früher, in einem anderen Werk, habe ich sogar den Chargierkran im Siemens-Martin-Werk gefahren. Hier fahre ich oft auch den Zangenkran, mit dem der Schrott von den Scheren geholt wird. Die Zangenkräne werden von den meisten Kranführern nicht gern gefahren, aber mir macht es nichts aus, daß die Kräne so schwer zu bedienen sind. Sie haben vier Kontroller[2] und zwei Hebel zum Bremsen. Die Schnelläuferkräne sind viel leichter zu fahren. Sie können nur hin und her fahren, die Traverse[3] auf- und niederlassen und kippen, können also nur drei Bewegungen machen. – Auch die Tiefofenkräne habe ich schon gefahren. Das ist das Unangenehmste, weil man dort der Hitze und den Gasen besonders ausgesetzt ist. Aber da ich nebenbei viel Sport treibe, bin ich gesundheitlich noch auf Draht. Daher kann ich auch alle Kräne fahren, das betrachte ich auch als eine Art Sport – so eine Art Motorsport. Die Leute, die alle Kräne fahren können, werden meist als Springer eingesetzt; sie wandern von einem Kran zum andern, immer wenn irgendwo ein Kranführer fehlt, werden sie dort eingesetzt. Auch sonntags müssen sie da sein, da die Reparaturen nicht ohne Kräne ausgeführt werden können. Bei Reparaturschichten ist es besonders schwer, die Kräne zu fahren. Da muß erstens sehr genau und zweitens besonders vorsichtig gefahren werden.

(Wie lange sind Sie schon Kranführer?) Ich bin seit 1936 in der Hütte, und zwar als Kranführer. Zwischendurch bin ich gelegentlich Reparaturschlosser gewesen. Nach 1945 habe ich bei einem Unternehmer gearbeitet, dort aber zu wenig verdient. Seit 1949 bin ich wieder auf der Hütte, als Kranführer hier im Walzwerk. (Wie sind Sie an diesen Arbeitsplatz gekommen?) Weil ich früher auch im Walzwerk tätig war und weil gerade im Walzwerk Kranführer gesucht wurden, bin ich gleich hier eingestellt worden.

(Wie lange braucht man etwa, um sich als Kranführer einzuarbeiten?) Sechs Wochen muß man rechnen. Aber das ist eine Sache der Begabung. Nicht jeder eig-

---

1 Eine der sog. Schweren Straßen des Walzwerks, auf denen vorgewalztes Material weiterverarbeitet wird.

2 Schalträder.

3 An Ketten aufgehängter Querbalken, an dem die Haken oder Greifer des Krans befestigt sind.

net sich zum Kranführer. Wir sagen immer: Es gibt Kranführer und Kranfahrer – wobei die Kranfahrer die eigentlich guten Leute sind. Man muß ein Gefühl dafür haben. Manche lernen das nie, bei vielen dauert es sehr lange – je nach Begabung. Man kann das Kranfahren etwa mit dem Autofahren vergleichen. Alle Handgriffe müssen in Fleisch und Blut übergehen. Man darf nicht erst lange überlegen, sondern muß forsch losfahren. Forschheit gehört dazu. Anfangs meint man natürlich, man müßte langsam fahren, um keinen umzufahren; später aber merkt man, daß man ja so leicht niemanden überfährt. Genau wie beim Auto. Anfangs meint man immer, die Traverse sei bereits auf der Erde, dann hängt sie aber noch zehn Meter hoch. Daran muß man sich erst gewöhnen, dafür muß man den Blick haben, und dann muß man couragiert sein. Man merkt sofort, wenn man einen anlernt, ob er sich für einen Kranführer eignet oder nicht. Ich kann das schon an den Gesichtern sehen. In den Gesichtern der richtigen Kranführer gibt es ein gewisses Etwas! – Nach sechs Wochen ist man natürlich noch kein perfekter Kranfahrer. Dann kann man zwar mit Ach und Krach fahren, aber die richtige Übung kommt erst viel später. Man muß nämlich auch den Betrieb einigermaßen kennen. Wenn hier etwas liegt, was man wegbringen soll, dann muß man sehen: aha, das ist der und der Stahl, der kommt da und da hin. Das muß man sehen und wissen. Auch muß man all die Zeichen kennen, nach denen die Kranführer von unten dirigiert werden. Hier wird nämlich nicht herumgeschrieen, sondern man macht bestimmte Zeichen, wie man sie schon seit Generationen macht. (Wie war das mit dem Einarbeiten bei Ihnen?) Bei mir hat das nicht lange gedauert. Ich will nicht übertreiben, aber ich habe Talent für das Kranfahren. Wie ich hier anfing, haben sie mich eines Tages auf einen der Zangenkräne gestellt. Niemand hat mir gesagt, wie die bedient werden. Ich habe die Kontroller probiert, und dann wußte ich Bescheid: Ich sah ja, wie der Kran reagiert. Ich kann auch auf den schwierigeren Kränen fahren. Zum Beispiel können die meisten auch von den alten Hasen nicht auf einem bestimmten Kran fahren, weil hier der Hub[4] links ist, während er auf allen anderen Kränen rechts ist. Dann kommen sie nämlich durcheinander und verlieren den Kopf. Überhaupt kann man leicht den Kopf verlieren, vor allem hier auf den Produktionskränen.[5] Wenn die Produktion richtig läuft, kommen nur die guten Fahrer mit. Die eben erst angelernten schon überhaupt nicht, die verlieren sofort den Kopf. Wie im Auto: Man steht plötzlich mitten auf der Kreuzung und tritt auf die Bremse statt aufs Gas. (Was lernt der Anfänger am schwersten?) Dem Anfänger geht zunächst einmal alles durcheinander. Aber das gibt sich mit der Zeit. Sofern er die nötige Courage hat! Und die nötige Geschicklichkeit. Schwerer ist es, wie gesagt, den Betrieb kennenzulernen, damit man weiß, was eigentlich zu

4 Steuerung für das Auf- und Niederfahren der Traverse.
5 Kräne, die Walzstraßen mit Vormaterial beliefern.

machen ist. Dann muß man sich an die Hitze gewöhnen. Von den Öfen[6] steigt die Hitze auf. Flammen schlagen manchmal hoch, so daß man gar nicht aus dem Fenster[7] sehen kann. Ständig verbrennen einem die Augenbrauen und die Haare in der Nase. In solchen Fällen fährt man rein nach den Zeichen in der Hallenkonstruktion. Das muß man aber auch erst lernen. (Wie war das bei Ihnen?) Das ist allgemein so. Nur daß ich den Walzwerkbetrieb bald kannte, weil ich einen Verwandten hier hatte, der mir alles schnell erklären konnte. Das war ein großer Vorteil. (Wenn man sich nun eingearbeitet hat und auskennt, – was fällt einem dann noch am schwersten?) Die Hitze, vor allem im Sommer. Und die Gase, die von den Öfen aufsteigen. Daran kann man sich nicht gewöhnen. Darum sind wir auch immer zu zweit an einem Kran – sollen wir wenigstens, nach der Unfallvorschrift. Die unverbrannten Gase, die aus den Öfen kommen, die riecht man nicht, man atmet sie aber natürlich ein. Nur an dem Hustenreiz kann man spüren, daß und wieviel Gas in der Luft ist. Einmal bin ich auch schon umgefallen und hatte eine Gasvergiftung. Da hat mich das Werk zur Erholung weggeschickt. – Die Hitze und das Gas nehmen einem den Appetit. Dann kommt man nach Hause und kann nichts essen. Dann muß man kurz, aber kräftig essen, d.h. nicht viel, aber gute Sachen. Vor allem Milch. Ich trinke täglich einen Liter Milch, um den Körper zu entgiften.

(Welche Eigenschaften muß man überhaupt haben, um die Arbeit als Kranführer zu beherrschen?) Man muß viele Eigenschaften haben. Kraft zwar nicht unmittelbar. Aber die Hitze zehrt und macht einen kaputt. Man muß ausdauernd und zäh sein. Besonders wichtig ist die Zuverlässigkeit. Die Meister, mit denen man zusammenarbeitet, müssen sich auf einen verlassen können. Sie müssen wissen, dann und dann ist das bestellte Material hier. Denn sonst können sie ja ihre Walzprogramme nicht einhalten. Ferner müssen sie sich auch darauf verlassen können, daß man das richtige Material, die richtigen Nummern[8] zum Ofen bringt, denn wenn die Blöcke im Ofen aufgeheizt worden sind, kann man die Nummern nicht mehr sehen. Trotzdem muß der Meister sicher sein, *dieser* Block hat *diese* Nummer, genau wie bestellt. Andernfalls kommt alles durcheinander. Und am Ende beschweren sich die Kunden, daß sie nicht das bestellte Material bekommen hätten.

(Auf wen sind Sie auf Ihrem Arbeitsplatz angewiesen?) Ich bin in erster Linie von den Meistern abhängig, mit denen ich jeweils zusammenarbeite. Im Augenblick, wie gesagt, von dem Meister der 450er Straße. Wenn ich mal den Stahl von Blockwalze 1 oder 2 zur Universalstraße fahre, bin ich von anderen Meistern ab-

6 Vorwärmöfen, in denen erkaltetes Material auf Walztemperatur gebracht wird.
7 Der Kranführer sitzt in einem eingeglasten Führerstand; in die Wände sind Fenster eingelassen.
8 Die Blöcke sind mit Auftragsnummern gekennzeichnet.

hängig; manchmal auch von Arbeitern, die mir Zeichen geben. – Wenn ich Schrott fahre, bin ich von niemandem abhängig. Ich hole das Zeug und fahre es in einen Eisenbahnwagen. Ich muß es nur wegschaffen, der Platz hinter der Schere muß sauber sein. Das ist alles. Wie ich das mache, kümmert keinen. (Und wer ist nun umgekehrt von Ihnen abhängig?) Die 450er Straße ist von meiner Zuverlässigkeit abhängig, vor allem davon, daß ich das Material heranschaffe, und zwar zur rechten Zeit. (Wenn nun bei einem etwas nicht ganz klappt, können Sie sich dann gegenseitig helfen?) Nein, das ist nicht möglich. Jeder fährt allein. Auch wenn wir zu zweit auf einem Kran sind, würde es nur stören, wenn einer dem andern dazwischenkommt. Anders ist es natürlich bei einer Gasvergiftung. Dann muß der zweite Mann sofort den Unfallschutz alarmieren und die Erste Hilfe bringen. (Tun das eigentlich alle?) Natürlich helfen alle, wenn ein Unfall passiert. (Halten Sie in Ihrer Arbeitsgruppe überhaupt richtig zusammen oder könnte das besser sein?) In der Schlosserwerkstatt kennen wir uns schon ganz gut, wenigstens wir Alten kennen uns. Ich kenne viele noch aus meiner Zeit vor dem Kriege. Allerdings sind auch viele Jüngere eingestellt worden, die kenne ich nicht so gut. Mit denen habe ich aber auch nichts zu tun. (Wer gehört denn zur Arbeitsgruppe dazu?) Die Kranführer, die kennen sich im Walzwerk alle. Nicht alle Kranführer des Werkes kennen sich. Ich kenne die meisten Kollegen allerdings nur mit Vornamen. Wenn von dem Fritz an der Schere die Rede ist, weiß ich sofort, wer das ist, aber ich kenne nur in den seltensten Fällen den Familiennamen.

(Sehen Sie sich nur im Werk, bei der Arbeit, oder kommen Sie auch sonst zusammen?) Wir sehen uns auch außerhalb. Die Kranführer meiner Schicht haben unter Anführung des Obermeisters nämlich einen Gesangverein aufgemacht. Darum nennt man diese Schicht auch die Sängerschicht. Wir treffen uns oft zweimal in der Woche. Da wir alle dieselbe Schicht haben, läßt sich das durchführen. Bei Früh- und bei Nachtschicht treffen wir uns abends von 7 bis 9, bei Nachtschicht gehen wir dann zusammen ins Werk. Etwa 80 % des Gesangvereins sind Kranführer, einige andere sind auch noch im Verein. Wir singen sehr schön. Bald haben wir sogar ein Konzert. (Mit wem arbeiten Sie am liebsten zusammen – mit älteren, gleichaltrigen oder jüngeren Kollegen?) Sie wissen ja, wie die Jugend heute so ist – rotzfrech und alles wissen sie besser. Ein Beispiel: Bei einer Reparaturschicht hatte mir der Meister gesagt, ich sollte einen bestimmten Kran selbst fahren und niemand dran lassen, der Kran sei zu schwierig und müsse bei dieser Reparatur haarscharf gefahren werden. Ich gehe auf den Kran, da ist da schon ein junger Kerl, der erst kurze Zeit fährt. Der weigert sich, den Kran zu verlassen, tut es aber schließlich doch, nachdem er mir vorher lange erzählt hat, was er für ein guter Kranführer ist. Dieser Kran aber hat seine Mucken, die man genau kennen muß. Nach der Beendigung der Reparatur ist die Traverse noch auf der Erde. Der Junge geht rauf, und ehe ich ihn noch hindern kann, fährt er die Traverse hoch.

Und schon saust sie zu hoch, das Seil reißt, die Traverse liegt auf der Erde, natürlich kaputt und ein Riesenloch im Boden. Da haben wir länger arbeiten müssen, um den Kran wieder flott zu kriegen. So geht das mit den Jungen, die alles so prima können und sich nichts sagen lassen.

(Wer ist Ihr nächster Vorgesetzter?) Der nächste Vorgesetzte ist der Vorarbeiter in der Schlosserei.[9] Dann kommen der Meister und der Obermeister. Darüber steht der Betriebsassistent. Dann kommt der Betriebsführer und dann der Chef. (Mit welchem Vorgesetzten haben Sie sonst noch zu tun?) Mit dem Chef hat man nichts zu tun. Der Betriebsführer dagegen ist oft im Betrieb, auch der Assistent. Der Meister und der Obermeister teilen die Leute ein. (Können Sie hier weiterkommen?) Das ist es ja eben: Hier im Maschinenbetrieb Walzwerk kann man nicht weiterkommen. Es gibt keinen Kranführermeister. Ich bin zwar Schlosser und könnte insofern schon Maschinenmeister werden. Aber die vor mir und über mir sind zu jung, die bleiben noch lange auf ihrem Platz. Daher möchte ich gerne Abendkurse besuchen und etwas lernen, um was werden zu können. Man hat schließlich Ehrgeiz und will es mal zu was bringen. – Daß man hier nichts werden kann, das macht die Leute unlustig und uninteressiert an ihrer Arbeit. Das ist auch für den Betrieb nicht gut. Es würde bestimmt mit größerer Sorgfalt gefahren werden, wenn man sich auszeichnen und was werden könnte! (Möchten Sie diesen Arbeitsplatz behalten oder einen anderen bekommen?) Das ist, wie gesagt, eine Sache des Weiterkommens. Wenn ich hier Gelegenheit habe, zu was zu kommen, bleibe ich hier. Sonst aber nicht. Ich will versuchen, auf eine Maschinenbauschule zu kommen. Ob das gelingt, weiß ich noch nicht. (Was möchten Sie denn werden?) Wenn es geht, möchte ich gerne Ingenieur werden, Maschinenbauer. (311)

b) Ein Wieger in der Möllerei[10] des Hochofenbetriebes (45 Jahre)

(Was haben Sie als Wieger zu tun?) Der Wieger hat die Aufgabe, die Erzwagen auf einer Handwaage zu wiegen. Es werden jeweils sechs Wagen aufgesetzt. Diese sechs Wagen gehören zu einer Ladung. Von der Waage kommen die Wagen zum Aufzug. Diese Arbeit besorgen die beiden Aufsetzer. Aber die Wieger pakken doch immer mit an. Es ist also nicht so, daß ich keine körperliche Arbeit mehr täte. Der Ofen hat einen Aufzug mit zwei Körben, ebenso zwei Waagen. Es

9 Die Kranführer gehören organisatorisch zum Maschinen- und Reparaturbetrieb, der eine eigene Schlosserei hat.

10 Von der sog. Möllerei aus werden die Hochöfen mit Erz, Koks und Zuschlägen beschickt; jeder Hochofen hat seine eigene Beschickungsmannschaft. Eine Aufzugsanlage fährt die Ladungen zur Gicht, d. h. zum oberen Teil des Hochofens hinauf.

gibt also auch zwei Wieger. Der eine besorgt vier, der andere sechs Wagen. Früher wurden zwölf Wagen gefahren, heute sind die Wagen größer und könnten schwerer beladen werden. Die Kokswagen werden nicht gewogen,[11] aber die Wagen mit Zuschlägen, also mit dem Kalk und dem Dolomit. Ich habe als Wieger die Aufgabe, die gewogenen Erzwagen genau zu berechnen. Ich bekomme bestimmte Kennziffern angesagt, an die muß ich mich halten. Die Kennziffern beziehen sich auf das Verhältnis von Erz, Koks, Kalk und Dolomit.[12] Wenn nun mal ein Wagen zu schwer geworden ist, dann muß der nächste leichter ausfallen. Meine Stellung erfordert größte Zuverlässigkeit. Ich kann hier nicht mogeln. Das wirkt sich nämlich beim Abstich des Hochofens aus.[13] Da darf nichts zu viel und nichts zu wenig sein. Je besser die Erzsorte ist, desto weniger Koks braucht man. Von Bedeutung ist noch, wie der Ofen geht. Das Wünschenswerteste wäre ja: viel Erz und wenig Koks. Am schlechtesten ist das verwendete deutsche Erz, das beste Erz ist das, das aus Brasilien kommt. Wir machen hier an unserem Hochofen Stahleisen; so nennen wir das – was das eigentlich ist, weiß ich auch nicht. Jedenfalls ein Spezialeisen. Deshalb kann man als Wieger nicht jeden gebrauchen. Ich muß zuverlässig sein, und außerdem muß ich rechnen können. Da habe ich den zweiten Wieger, der ist schon über 25 Jahre am Ofen, der hat es aber bis heute nicht gelernt, er kann nicht rechnen. (Wie lange sind Sie schon Wieger?) Seit 1948. (Wie sind Sie an diesen Arbeitsplatz gekommen?) Man brauchte damals eingearbeitete Kräfte. Und ich kannte diese Arbeit ja schon von früher; ich war nämlich früher schon mal auf der Hütte. Da hat mich dann der Aufseher hierher gestellt, und ich war sehr zufrieden.

(Wie lange braucht man etwa, um sich als Wieger einzuarbeiten?) Da braucht man keine Zeit, wenn man einigen Grips hat. Man muß ja eben rechnen können. Und am Morgen sehe ich zu, ob alle da sind. Dann bin ich immer schon ganz froh, wenn ich sie alle sehe, weil man dann weiß, daß es klappen wird. Ersatzleute sind immer schlecht. Und dann fangen wir an. Aber Schwierigkeiten? Nein. Man guckt sich das an, und dann kann man das entweder oder man lernt es nie. (Was ist dabei am schwierigsten zu lernen?) Da gibts nichts. Man muß nur aufpassen, daß man die Übersicht nicht verliert. Vorsichtig sein muß man natürlich beim Schieben der Wagen. Mal ist einer nicht richtig geladen, und schon springt er aus der Führungsschiene. Das passiert zwar heute weniger, kam aber früher oft vor. Unfälle können entstehen, wenn einer träumt und im Wege steht. Die Arbeit selbst

11 Da das Gewicht des Koks pro Wagen feststeht.

12 Die verschiedenen Erzsorten werden, je nach Erzeugungsprogramm, zu verschiedenen „Sätzen“ zusammengestellt: Um eine bestimmte Roheisenqualität herzustellen, braucht man bestimmte Erzsorten in einem bestimmten Gewichtsverhältnis.

13 Nämlich auf die Roheisenqualität.

ist kein großes Kunststück. (Wie war das bei Ihnen?) Ich habe eigentlich keine Schwierigkeiten kennengelernt. Ich konnte schon von der Schule her gut rechnen. Und im übrigen hatte ich Interesse für die Arbeit. Das ist genug. Ich habe da manchmal einen Praktikanten, die müssen ja überall herumkommen. Denen bringe ich das schnell bei. Die erfassen das auch schnell. Und dann noch etwas, was manchem schwerfällt: Man muß kleine Schäden selbst beheben können. Wer kleine Schäden rechtzeitig behebt, sorgt dafür, daß die großen nicht erst auftreten. Das sage ich immer. (Welche Eigenschaften muß man überhaupt haben, um die Arbeit als Wieger zu beherrschen?) Aufmerksamkeit, Zuverlässigkeit, Nachdenken, Erfahrung, Kraft und Geschicklichkeit, das muß man alles haben. Und auch Fachkenntnisse; denn man muß ja wissen, was man tut. Hinzugefügt werden muß noch, daß ein Wieger Vertrauen genießen muß. Und weil er in gewisser Weise die Verantwortung für seine Kolonne hat, muß er auch pünktlich sein. Ich bin noch niemals zu spät gekommen und noch niemals auf die letzte Minute. Das gibt es bei mir gar nicht.

(Auf wen sind Sie nun an Ihrem Arbeitsplatz so angewiesen?) Eigentlich bin ich von keinem abhängig. Natürlich müssen mir die Erzfahrer die Wagen heranfahren, sonst habe ich nichts zu wiegen. Aber wir arbeiten so zusammen, daß wir voneinander abhängig sind, jeder von jedem. (Und wer ist nun umgekehrt von Ihnen abhängig?) Hier unten nur die Aufsetzer. Die setzen ja die Wagen in den Aufzug. Und oben, auf der Gicht, die Aufgeber, die nehmen die Wagen an und fahren sie zum Trichter[14]. Aber wichtiger noch als dieses ist die Zusammenarbeit aller. Darauf kommt es an. Wir sind alle voneinander abhängig, um möglichst viel zu schaffen in einer Schicht. Danach richtet sich auch unsere Prämie. (Können Sie sich auch gegenseitig bei der Arbeit helfen?) Das ist so selbstverständlich wie nur etwas. Wir sind alle eingearbeitete Leute. Bei uns kommt es zu keinen Unregelmäßigkeiten. Und wenn mal jemand Pech hat, und das kann jedem passieren, dann wird ihm geholfen, und keiner würde sich da drücken. Es kann gar nicht besser sein, als es ist. Wir behalten immer den Humor. Wir sind eine recht lustige Gruppe, und wir kommen dabei am weitesten. (Helfen eigentlich alle?) Bei uns alle. Wir kennen keine Ausnahme. Anders ist es schon mal, wenn wir Ersatzleute kriegen. Die wollen dann nicht so recht, weil sie kein Interesse haben oder weil sie nicht können. Da muß ich dann schon häufiger zupacken und auch schon mal einspringen, wenn die Wagen aus der Möllerung gezogen werden. (Wer gehört denn zu Ihrer Arbeitsgruppe?) Das will ich Ihnen sagen. Dazu gehören: zwei Wieger, sechs Erzfahrer, zwei Aufsetzer, zwei Koksfahrer, ein Einhaker, und jetzt haben wir noch einen Ersatzmann, damit wir alle nacheinander mal eine kurze Arbeitspause bekommen. So sind wir insgesamt dreizehn Leute. (Sehen Sie sich nur im Werk, bei

14 Die obere Öffnung des Hochofens.

der Arbeit, oder kommen Sie auch sonst zusammen?) Nein. Ich bin am liebsten zu Hause. Ich habe es da am gemütlichsten. Die Frau ist da. Die geht schon mal gelegentlich ins Kino, ich kaum. Ich trinke auch höchstens zwei Glas Bier. Mehr auf keinen Fall. Mich zu betrinken, das kommt gar nicht in Frage. Ich verstehe gar nicht, was die Leute davon haben, wenn sie sich zwanzig Liter Bier in den Hals kippen. Ich möchte lieber gut essen. Das tue ich sehr gern. Und anderswo bekomme ich es nicht besser als zu Hause. Da bleibe ich lieber zu Hause. (Mit wem arbeiten Sie am liebsten zusammen – mit älteren, gleichaltrigen oder jüngeren Kollegen?) Wir sind alle schon älter. Und daher glaube ich, es ist schon besser, wenn alle eines Alters sind. Entscheidend aber ist, daß sich alle verstehen.

(Wer ist Ihr nächster Vorgesetzter?) Der Mölleraufseher. Der gibt an, was geladen werden muß. (Mit welchen Vorgesetzten haben Sie sonst noch zu tun?) Mit dem Meister und dem Obermeister. Der Obermeister kommt jeden Morgen vorbei und fragt: Na, warum habt Ihr denn noch nicht mehr raufgeschafft? Er meint das natürlich nicht ernst. Das ist überhaupt ein netter Mann, mit dem kann man gut auskommen. (Können Sie hier weiterkommen?) Nein, ich glaube nicht. Oder höchstens bis zum Aufseher. Das wäre natürlich schön. Wir alle arbeiten ja wesentlich um des Geldes willen, aber ich bin mit meiner Arbeit hier sehr zufrieden. (Möchten sie diesen Arbeitsplatz behalten oder einen anderen bekommen?) Nein, auf keinen Fall. Ich arbeite zwar schwer, das ist gar keine Frage, aber diese Arbeit ist nicht so langweilig wie andere, und ich fühle mich ziemlich frei bei der Arbeit. (246)

c) Ein 1. Aufzugsmaschinist im Hochofenbetrieb (39 Jahre)

(Was haben Sie als Aufzugsmaschinist zu tun?) Ich fahre den Aufzug an Ofen I. Der gehört zur ganz alten Konstruktion. Von derselben Art war nur noch der Aufzug an Ofen II. Und weil ich den früher gefahren habe, kam ich später an Ofen I. – Ich gehe mit den Maschinen um, als wären sie mein Eigentum. Das ist meine Einstellung. Und bis heute bin ich damit ganz gut durchgekommen. Das ist aber auch nötig, denn wir fahren heute an Hochofen I mit Überbelastung. Von oben und von unten wird gedrängt.[15] Die wollen immer mehr. Ich habe gar nichts davon. Ich muß meine 8 Stunden fahren, und damit basta. Aber schlecht sind die Auswirkungen aufs Aufzugsseil. Ich muß genau aufpassen, was geladen ist, um dementsprechend den Aufzug richtig steuern zu können. Denn Sie müssen bedenken: Solch ein Seil ist lebendig. Es ist von den verschiedensten Dingen abhängig. Zum Beispiel jetzt von der Nässe. Das muß man alles im Gefühl haben. Da kann

15 Von der Gicht und von der Möllerung her.

man nicht so einfach hinauffahren, da muß man genau aufpassen. Und das kann einem auch keiner beibringen, da hilft nur Erfahrung. Der Aufzugskorb darf zum Beispiel nur bei einer bestimmten Markierung stehenbleiben, er darf nicht zu tief und nicht zu hoch stehen, denn sonst kann er aus den Führungen herausspringen. Das kann schon mal vorkommen, wenn die Wagen ungleichmäßig beladen sind. Aber auch das muß man sofort merken. Man sieht nicht viel vom Maschinenhaus aus, das muß man alles im Gefühl haben. Sonst passiert es, daß der volle Korb mit voller Wucht wieder zurückfällt. Und den hält dann keiner mehr auf, auch keine Bremse mehr.

Der Maschinist hat immer gleichzeitig Ventil und Bremse auf der einen Seite und die Steuerung auf der anderen Seite zu bedienen. Dieser Aufzug wird ja noch mit Dampfkraft hochgetrieben. Die Steuerung wird umgeworfen, die Bremse gelöst, dann wird Dampf gegeben, und die Maschine zieht den Korb hoch. Die Fahrtgeschwindigkeit beträgt etwa 8–9 m/sec. Um das richtige Verhältnis zwischen Bremse und Dampf zu erhalten, braucht es viel Fingerspitzengefühl. Dieses muß sein, um das rechte Geschwindigkeitsmaß entsprechend dem Gewicht des Korbes zu erhalten. Das ist gar nicht so einfach. Wenn man allzu früh den Dampf wegnimmt, bleibt der Korb stehen und kommt niemals nach oben. Jede Fahrt ist anders. Man kann sich nicht einfach hinstellen und stets das Gleiche tun. Bei den sieben Wagen Koks geht es noch am leichtesten. Seit 3 Monaten bringen wir es zu Höchstleistungen. Wir schaffen heute 41 Ladungen in der Schicht. Da bleibt keine Pause. Und wenn mal kleine Schäden oder Unregelmäßigkeiten entdeckt werden, muß das sofort gemeldet werden, damit wir möglichst keinen Ausfall haben. Am Sonntag ist Zeit zum Reparieren. Sonst kaum. Aber ich fürchte da wenig. Sicher, einige Teile müssen nach bestimmter Zeit ausgewechselt werden. Aber das Ganze ist ziemlich unverschleißbar. Das fährt noch in 100 Jahren genau so wie heute.

Wir haben an Ofen I nur ein Seil. Alle übrigen Aufzüge, soweit sie in Betrieb sind, benutzen zwei Seile. Das hat verschiedene Nachteile. Wenn man einmal stekken bleibt, hat man es schwer, aus dieser Lage herauszukommen. Es kommt schon mal vor, daß man nicht hochkommt. Dann kann man nur Dampf geben und alles versuchen. Wenn ein Gegengewicht da ist, ist die Sache zur Hälfte schon gerettet.[16] Wenn aber der andere Korb leer ist, dann rast meistenteils der, der schwer beladen ist, nach unten, und wir können froh sein, wenn dann keinem etwas passiert. Zumindest gibt es Achsenbrüche und ähnliches. Die ganze Sache beruht darauf, daß das Kontergewicht richtig hergestellt wird. Wenn das nicht vorhanden ist, dann hilft nichts mehr. Dann kann der Maschinist sich nur verdrücken. Ich habe bis heute einen solchen Unfall noch nicht erlebt. Aber er kommt doch schon mal vor.

16 Der Aufzug hat zwei Körbe; wenn der eine hinauf geht, geht der andere herunter und umgekehrt.

Vor allen Dingen dann, wenn einer klüger sein will als seine Lehrmeister. Einer, der dumm ist, kann schon gar nicht an die Maschine heran. Meist wehren sich auch solche Leute.

(Wie lange sind Sie schon Maschinist?) Ich bin jetzt etwas über drei Jahre als 1. Maschinist am Ofen I. (Wie sind Sie an diesen Arbeitsplatz gekommen?) Meine alten Meister haben ein Wort für mich eingelegt. Ich verstehe mich mit ihnen ganz gut, weil sie wissen, daß ich meine Arbeit pflichtgemäß verrichte. Ich handle genau nach Vorschrift. Wer das bei uns unterläßt, mag vielleicht mal für kurze Zeit schneller fahren. Aber ihn kriegt das Unglück schon. Das war bisher immer so. Und letzten Endes fahre ich besser. (Wie lange braucht man etwa, um sich als Maschinist einzuarbeiten?) Wenn das heute noch so ginge, wie das früher einmal war, dann gäbe es keine Schwierigkeiten. Ich habe das Fahren im Zusehen und langsamen Gewöhnen gelernt. Ich hatte keine Angst mehr, als ich das erste Mal an die Maschine trat. Aber heute holt man einen Wildfremden heran, zeigt ihm, was er tun soll, und läßt ihn dann wurschteln, dabei kann nichts herauskommen. Um die Bedienung einer Maschine zu erlernen, braucht man vielleicht 14 Tage. Aber dann beherrscht man sie immer noch nicht. Dies kommt dann erst langsam. Die Bedienung erfolgt ja allein nach der Vorschrift, aber damit ist keine hundertprozentige Sicherheit gegeben. Denn es zeigt sich erst langsam, was alles passieren kann. Und da gibt es noch oft bange Minuten. Außerdem hat man das Gesagte bald vergessen. Es ist wie beim Autofahren: derjenige, der vor jedem Schild einmal bestraft worden ist, braucht diese Schilder niemals auswendig zu lernen; er beherrscht sie nachher von selber. Das nennt man erst Praxis. (Wie war das bei Ihnen?) Bei mir hat man nicht so lange gefackelt. Ich mußte eines schönen Tages ran. Da kam der Obermaschinist, erklärte mir noch einmal, was ich schon so oft gesehen hatte, und dann bin ich angefangen – und es klappte.

(Was ist dabei am schwierigsten zu erlernen?) Jede Maschine ist anders. Man muß erst an einer sein Fingerspitzengefühl entwickeln. Da weiß man dann mit einiger Sicherheit, die richtigen Hebel rechtzeitig zu bedienen. Und da weiß man, wie weit man gehen muß. Aber anderswo sieht dasselbe wieder ganz anders aus. Hinzu kommt die Angst, die die meisten bekommen, wenn sie anfangen. Das passiert sogar, wenn einer von einer alten zu einer neuen Maschine kommt. Man sollte meinen, der hätte sich die Angst schon längst abgewöhnt. Nichts davon. Und dann muß man genau wissen, wie viele Wagen Erz und wie viele Wagen Koks hinaufgefahren werden. Sonst passiert manches Unglück, weil die Belastung des Korbes verschieden ist. Manche machen sich da jeweils Striche. Ich behalte das lieber im Kopf. Aber man muß höllisch aufpassen. Wenn man sich einmal vertut, ist es schon geschehen. Bei Ofen III kommt noch eine besondere Schwierigkeit hinzu: man kann nicht nach oben sehen. (Wie war das bei Ihnen?) Da kann ich nichts besonderes sagen. Ich halte mich ganz an die Vorschrift. Manchmal ist das allerdings nicht möglich. Da steht z. B. an den Körben an Ofen I, daß sie nicht mehr als mit 3000 kg beladen werden dürfen. Wir laden aber immer mehr. Eigentlich müßte das Schild weg oder man dürfte nicht so viel laden. Das geschieht aber mit Bewilligung der Meister. Die Zahl muß erfüllt werden, sonst sind die Leute nicht zufrieden. (Wenn man sich nun eingearbeitet hat und auskennt – was fällt einem dann noch am schwersten?) Es ist immer wieder nur die Umstellung. Man ist schnell heraus und braucht dann einige Fahrten, um sich der Maschine wieder anzupassen. Oder aber, man ist seiner Sache so sicher, daß man gleichgültiger wird. Man muß aber immer auf Draht sein. Das gilt besonders bei plötzlicher Änderung. Da kennt man sich nicht mehr so aus, wie es mir einmal erging. Ich richtete mich ganz allein nach dem Teufelszeiger.[17] Der kletterte und war noch nicht ganz an der Marke, als plötzlich die Notbremse in Kraft trat. Der ganze Betrieb stand. Der Grund war, daß ich bereits die Höhe überschritten hatte. Die Maschinisten verlassen sich nicht mehr allein auf den Teufelszeiger, sie haben sich Markierungen am Seil bzw. an der Trommel[18] gemacht. Davon wußte ich damals aber noch nichts. (Und welche Eigenschaften muß man überhaupt haben, um die Arbeit als Maschinist zu beherrschen?) Man braucht viele Eigenschaften, außer Kraft. Vor allen Dingen sind Erfahrung, Aufmerksamkeit und Geschicklichkeit nötig.

(Auf wen sind Sie nun an Ihrem Arbeitsplatz so angewiesen?) Das ist das Schöne bei uns, wir arbeiten selbständig. Direkt habe ich mit keinem zu tun, und es redet auch keiner in meine Arbeit hinein. Ich tue meine Pflicht, und alles übrige schert mich nicht. Ich denke auch nicht daran zu kritisieren. Wir ändern doch nichts. Von den Koks- und Erzfahrern bin ich eigentlich nicht abhängig. Sicher, sie müssen ihre Sachen nach oben haben. Und dafür sorge ich. Aber ich bin von einem ganz andern Betrieb.[19] Ich spreche auch kaum mit ihnen. Meinen Raum halte ich mir immer frei. Den Dreck, den andere machen, muß ich ja doch nur selbst wegfegen. Andere tun es nicht. Ich halte mich ganz für mich. Dabei komme ich am besten weg. Wir arbeiten nur insoweit zusammen, als ich das Tempo der Auffahrt angeben kann. Es hat ja keinen Sinn, da einen eigenen Weg zu gehen; denn wenn ich nicht spure, kommt eben ein anderer an meinen Platz. Draußen warten ja genug. Wir sind aber gut aufeinander abgestimmt. Da kommt es nicht zu Zwistigkeiten. Ärgerlich ist nur, daß ich keine Zulage bekomme wie die anderen an Ofen I. Ich bin doch schließlich genau so beteiligt an der Produktion. Und wenn wir Höchstleistungen vollbringen, liegt das doch nicht zuletzt auch daran, daß man die Körbe schnell hochkriegt. Ich habe schon mit dem Meister darüber gesprochen. Aber der hat nichts vermocht. Ebensowenig der Vertrauensmann,

17 Ein Anzeiger, der die jeweilige Position der Körbe anzeigt; richtig: Teufenzeiger.
18 Auf der das Seil läuft.
19 Die Maschinisten gehören wie die Kranführer zum Maschinen- und Reparaturbetrieb.

wie ich hörte. Ich werde weiter bohren. Das sehe ich doch nicht ein. – Auffahren kann ich, wenn mir von oben und unten das Signal gegeben ist. Dann ist für mich die Bahn frei. Aber ich muß dennoch aufpassen; denn es kann zu leicht passieren, daß der 1. Aufsetzer, der mir das Zeichen gibt, nicht darauf achtet, ob der 2. Aufsetzer außer Gefahr ist. (Und wer ist nun umgekehrt von Ihnen abhängig?) Auch eigentlich niemand. Von oben bekomme ich nur das Zeichen, und darauf schicke ich denen die Wagen rauf.

(Können Sie sich auch gegenseitig bei der Arbeit helfen?) Wenn etwas passiert, kann ich natürlich helfen. Dann lege ich mit einem Griff den ganzen Apparat still. So kann ich jederzeit heraus aus meiner Bude. Sonst habe ich mit den anderen wenig zu schaffen. Ich kümmre mich auch wenig um sie. Sie tun ihre Arbeit, ich tue meine. Auf diese Weise kommen wir am besten miteinander aus. Ich halte mich ganz zurück. Die Zusammenarbeit in der Kolonne, die schon mal am Sonntag nötig ist, geht. (Tun das eigentlich alle?) Was heißt hier: alle? Ich bin für mich und sehe zu, daß ich klar komme. (Halten Sie in Ihrer Arbeitsgruppe überhaupt richtig zusammen oder könnte das besser sein?) Es gibt keine richtige Arbeitsgruppe. (Sehen Sie Ihre Kollegen nur im Werk, bei der Arbeit, oder kommen Sie auch sonst zusammen?) Nein, jedenfalls nicht mit den Maschinisten. Wohl mit anderen. Ich fahre noch einige Zeit im Zuge, ehe ich zu Hause bin. Da spielen wir dann Skat. Und gelegentlich auch mal ein Glas Bier. Aber sonst kommen wir nicht zusammen. Ich trinke lieber mein Bier zu Haus. Ins Kino gehe ich überhaupt nicht. Dafür setze ich mich lieber ans Radio. Und im übrigen habe ich zu Hause noch Arbeit genug. (Mit wem arbeiten Sie am liebsten zusammen – mit älteren, gleichaltrigen oder jüngeren Kollegen?) Am liebsten mit Älteren. Die Jüngeren haben zu viel dumme Dinge im Kopf.

(Wer ist Ihr nächster Vorgesetzter?) Das ist der Meister. Eigentlich ist es ja der Vorarbeiter. Aber der hat hier nichts zu suchen. (Mit welchem Vorgesetzten haben Sie sonst noch zu tun?) Mit dem Obermeister. Der kommt schon mal vorbei. Der Betriebsführer läßt sich nicht mehr bei uns sehen. (Können Sie hier weiterkommen?) Nein, kaum. Wenn die Hochkräne, mit denen die Erzbunker beladen werden, noch zu unserem Betrieb gehörten, dann hätte ich dahin kommen können. Die verdienen mehr als wir. Aber das ist jetzt schwierig, obwohl es immer noch geht. Auch die Kranführer im Walzwerk und im Siemens-Martin-Werk verdienen besser. Aber ich verzichte gern auf diese paar Pfennige. Hier lebe ich doch gesünder. (Möchten Sie diesen Arbeitsplatz behalten oder einen anderen bekommen?) Nein. Wenn man sich einmal eingewöhnt hat, möchte man nicht mehr heraus. Ein Pferd findet immer wieder selbst den Stall, aus dem es herauskommt. Genau so geht es dem Menschen. (342)

d) Ein 3. Tiefofenmann[20] im Walzwerk (29 Jahre)

(Was haben Sie als 3. Tiefofenmann zu tun?) Ich habe nach den Angaben des 1. Tafelmannes zu arbeiten. Ich muß das Material walzreif machen, wie, das ist meine Sache, aber unter möglichster Schonung des Ofens. Wenn die Blöcke kommen, wird der Lokführer vom Tafelmann eingewiesen, daß er an meinen Ofen fahren soll. Von der Tafel aus wird dann durch Leuchtsignal bei mir angezeigt, wie, d.h. an welche Plätze ich die Blöcke in den Ofen setzen soll. Wenn das Material lang genug gestanden hat, gibt mir der Tafelmann wieder ein Zeichen mit den Lampen, und ich ziehe den Ofen auf[21], der Kran holt den Block, den ich ihm bezeichne, und bringt ihn an die Blockstraße. Wenn ich einmal weiß, welche Blöcke gezogen werden sollen, muß ich selber aufpassen, daß der nächste Block rechtzeitig gezogen wird. Das ist besonders wichtig bei weichen Blöcken, weil die rasch durch die Walzen gehen. Ich kann die Walzen schlecht von meinem Stuhl aus beobachten, also muß ich häufig aufstehen und sehen, wie die Blöcke sind. Sie dürfen nicht verbrennen, denn das ist ja auch unser Geld, danach richtet sich die Prämie. Wenn aber auf einer Schicht auf Hochtouren gearbeitet wird, wenn also 130 Block in einer Schicht gezogen werden, dann kann ich natürlich nicht da oben weggehen, dann muß der Ofenmeister nach dem Stand der Hitze im Ofen schauen. Das ist ohnehin seine Aufgabe, sich davon ein Bild zu machen. Auf die elektrischen Anzeiger ist nämlich kein Verlaß. Leider Gottes, sonst könnten wir ständig hier oben bleiben, wie das eigentlich gedacht ist. Ich habe mir das auch anders vorgestellt mit der Automatik, ich dachte, die ist tatsächlich automatisch.

(Wie lange sind Sie schon 3. Tiefofenmann?) Jetzt seit zwei Jahren. (Wie sind Sie an diesen Arbeitsplatz gekommen?) Ich hatte zu der Zeit als Tiefofenmann unten gearbeitet, gehörte aber noch zum Blocklager. Ich dachte, als ich davon hörte, daß Leute für den neuen Ofen gesucht wurden, das ist eine feste Stelle, um für ständig an den Ofen zu kommen. Es meldeten sich aber mehrere Leute. Da war auch einer von der Drahtstraße, der sich dafür gemeldet hatte, aber den gab der Betrieb nicht frei. Wenn nicht noch ein Todesfall dazwischen gekommen wäre, hätte ich auch nicht den Platz bekommen. Mein Schwiegervater hat sich auch ein wenig darum gekümmert, denn ohne Gunst und Gabe geht es hier im Betrieb ja nicht. Man kann ruhig darüber sprechen, hier zieht der eine den andern nach. Ohne das kommt keiner hier rein, auch nicht an der Drahtstraße. (Wie lan-

20 Die Tiefofenleute steuern und bedienen den Tiefofen, in den die Blöcke eingesetzt werden, wenn sie aus den Stahlwerken kommen. In den Tieföfen gleicht sich die Temperatur im Innern der frisch abgegossenen Blöcke aus, außerdem werden die Blöcke auf Walztemperatur gebracht. Der Tiefofen wird von einer Steuerungsbühne aus bedient.

21 Der Tiefofen ist durch schwere, fahrbare Türen abgedeckt; wenn ein Block eingesetzt oder herausgezogen werden soll, wird die betreffende Tür aufgefahren.

ge braucht man, um sich als 3. Tiefofenmann einzuarbeiten?) Für den Laien sieht das alles hier verblüffend aus. Ich hatte aber beim Militär, beim fliegenden Personal, viel mit feinmechanischen Sachen zu tun und kannte die ganzen Anzeiger, da verstand ich mich gleich drauf, aber das ist auch nicht jedermanns Sache. Nun hatten wir vier Mann, die an den Ofen gekommen sind, schon drei Monate vor Inbetriebnahme des Ofens zusammen mit den Leuten von der Lieferfirma die Geräte eingebaut, es war also für uns keine Schwierigkeit, später den Ofen in Gang zu setzen. Viel schwerer ist es, mit der Unbeständigkeit des Ofens selber auszukommen. (Noch einmal nach der Länge der Anlernzeit gefragt:) Ich bin nun schon zwei Jahre hier, aber ich verstehe das immer noch nicht ganz, oder besser, ich weiß immer noch nicht genau, wie sich der Ofen im einzelnen verhält. Den andern geht es nicht anders. Der Ofen hat nämlich noch seine Kinderkrankheiten. Wenn der Betriebsführer kommt und fragt, wie lange er zum Wärmen eines harten Blocks braucht, und ich sage, viereinhalb Stunden, dann antwortet der mir: Das können wir uns ja gar nicht leisten, in spätestens zwei Stunden müssen die Blöcke heiß sein. Ich darf aber auch nicht mit dem Ofen über 1200 Grad gehen. Wenn ein Ingenieur von der Wärmestelle kommt, fragt der mich: Wie kommen Sie dazu! Das ist ja alles auf den Schreibern festgehalten.

(Was ist dabei am schwierigsten zu erlernen?) Schwierig war für uns eigentlich nichts mehr, als wir nach drei Monaten die Arbeit am Ofen begannen. Eigentlich war der Ofen selber schwierig. Der ist im Laufe der zwei Jahre nicht ein einziges Mal regelmäßig gegangen. (Wenn man sich nun eingearbeitet hat und auskennt – was fällt einem dann noch am Schwersten?) Man muß genau den Verbrennungsweg beachten. Wenn man mehr Zeit hätte und ständig von der Bühne herunter könnte, dann wäre es möglich, immer festzustellen, woher die Fehler kämen, warum der Ofen z.B. nicht in der Lage ist, ordnungsmäßig harte Blöcke heiß zu bekommen. So kann man nur immer von Zeit zu Zeit hinunterlaufen. Wir wissen heute häufig besser Bescheid, wenn einer von der mechanischen Werkstatt kommt und will auf Grund der Streifen[22] nachprüfen, wo die Fehler stecken können. Weiter muß man eine sehr genaue Materialkenntnis haben. Die kann man sich in zwei Jahren noch nicht angeeignet haben, da gibt es zuviel unterschiedliche Dinge. Aber dafür sind die Ofenmeister da, die kennen sich aus, weil sie schon seit Jahrzehnten im Betrieb sind. Die sind uns jungen Leuten ja voraus. (Und welche Eigenschaften muß man überhaupt haben, um die Arbeit als 3. Tiefofenmann zu beherrschen?) Phlegmatische und leichtsinnige Leute kann man hier nicht gebrauchen, da kann zuviel geschehen. Aber man muß für Technik schon ein wenig Lust haben, sonst kann man die Arbeit hier nicht machen. Ich sagte Ihnen ja

22 Temperaturen, Gas- und Luftzufuhr usw. werden jederzeit gemessen und automatisch auf Papierstreifen aufgeschrieben.

schon, die Arbeit hier sieht für den Laien verblüffend aus. Wenn ich mal einen von den alten Leuten ein bißchen anlernen will, dann zeigt es sich, daß sie für die Arbeit entweder zu dumm sind oder kein Interesse haben. Dafür sind die wenigsten zu haben, eine andere Arbeit zu machen als die, an der sie schon Jahrzehnte sind. Wir sind zu vieren angelernt worden, damit immer ein Mann in Reserve ist. Der vierte Mann kann aber nicht immer als Reserve geführt werden. Jeden Monat muß also einer von uns an der Schere, unten am Tiefofen oder sonstwo arbeiten. Im Sommer macht man das ja ganz gerne, wenn hier 52° in dem Kasten sind. Von den anderen Tiefofenleuten ist nur ein Mann da, der sich damit beschäftigt hat. Der bastelt auch viel mit feinmechanischen Sachen.

(Auf wen sind Sie nun an Ihrem Arbeitsplatz hier angewiesen?) Der 1. Tafelmann muß mir zeigen, was ich zu ziehen habe. Er muß mir auch schon vorher sagen, welche Blöcke bald drankommen, damit sie noch die letzte Hitze bekommen. Wenn ich nämlich 8 Blöcke von einer Charge[23] gezogen habe und dann werden an ihren Platz wieder kalte Blöcke eingesetzt und nach einer halben Stunde sollen die restlichen vier gezogen werden von der alten Charge, dann sind die wieder kälter geworden, dann schimpfen die natürlich an der Walze. (Und wer ist nun umgekehrt von Ihnen abhängig?) Auch wieder der 1. Mann. Der muß sich auf mich verlassen können, denn auf seiner Tafel muß natürlich alles genau stimmen. Der kann sich natürlich auch mal vertun. Wenn er dann anzeigt, ich soll eine Charge ziehen, die erst eine halbe Stunde im Ofen steht, dann muß ich natürlich anrufen. Der Kranführer ist auch von mir abhängig. Oft bin ich mehr von ihm abhängig, als er von mir. Manchmal können die verflucht stur sein. Wenn sie z. B. einen Elektriker oben haben, kann ich zweimal den Ofen auffahren, dann kommen sie immer noch nicht; sie könnten wenigstens ein Zeichen geben, dann würde ich an der Tafel anrufen, daß ein anderer Kran geschickt wird. Komme ich nicht gleich mit den Blöcken, dann schimpfen sie an der Walze über mich und nicht über den Kranführer. Der Obermeister ruft dann auch bei mir an. (Können Sie sich auch gegenseitig bei der Arbeit helfen?) Natürlich können wir uns untereinander helfen, wenn ein großer Teil nicht so stur wäre. Hier geht alles mit Zeichensprache vor sich. Da kann sich schon mal einer dumm stellen. Hier ist schon manchmal der eine des andern Teufel. Ein Beispiel: Neulich waren auf meiner Schicht sechs Blöcke verkohlt, Schrott. Nun hatte man mir aber nicht gesagt, daß es sich um eine besondere Charge handelte, und der Ofenmeister hatte auch nicht einmal in den Ofen geschaut, was seine Pflicht ist. Der Mann, den ich abgelöst hatte, sagte, daß während der Nachtschicht der Ofenmeister sich auch nicht um die Blökke im Ofen gekümmert hatte. Das teilte ich meinem Ofenmeister mit. Nun hatte ich nicht mit der Schlechtigkeit meiner Kollegen gerechnet. Kaum wußte er das,

23 Einem Abguß.

als er auch schon zum Chefobermeister lief und ihm das sagte. Dabei traf ihn viel mehr Schuld, denn zu Beginn der Schicht hatten die Blöcke gerade erst eine Stunde im Ofen gestanden und alles wäre zu retten gewesen, wenn er in den verflossenen drei Stunden einmal selber in den Ofen geschaut hätte. Er tat es nur, um sich selber reinzuwaschen. Es ist unbedingt notwendig, daß alle zusammen aufpassen, denn von der Aufmerksamkeit aller hängt das Ergebnis ab, das sich mit der Prämie für die gewalzte Tonnenzahl auch im Lohn bemerkbar macht. (Wie verhalten Sie sich dann eigentlich selbst dabei?) Sturheit gegen Sturheit, das ist die Reaktion; wer sich etwas gefallen läßt, ist es selber schuld. Wir jungen Leute sind ja anders, das ist der große Unterschied zwischen denen, die Soldat gewesen sind, und denen, die immer hier waren. Wenn ich etwas gemacht habe, dann bekomme ich mit Recht etwas auf den Deckel. Aber sonst brauche ich doch keine Angst zu haben. Ich mache meine Arbeit und verantworte das, was ich getan habe, denn ich habe mir was dabei gedacht. Wenn einer kommt, der nichts davon versteht, dann erkläre ich ihm das. Bei den alten Leuten ist das etwas anderes. Wenn ihre Arbeit auch gut läuft, haben sie doch immer Angst. Sitzen sie auf der Kiste und ein Vorgesetzter ist von weitem zu sehen, dann stehen sie schon auf und tun, als wenn sie wer weiß wie beschäftigt sind. Sie leben ständig im Zittern vor dem Obermeister und dem Chefobermeister. Ich bleibe aber immer sitzen, wenn ich gerade meine Arbeit machen muß. Ich habe hier gerade so meinen Arbeitsplatz, den ich ausfüllen muß, wie ein Schreiber oder ein Tafelmann oder wie ein Direktor.

(Halten Sie in Ihrer Arbeitsgruppe überhaupt richtig zusammen oder könnte das besser sein?) Natürlich ist der Zusammenhalt nicht so, wie er sein sollte. Wir haben hier so Leute. Ich weiß nicht, ob Sie das schon bemerkt haben – die sind eine besondere Clique. Sie sind alle aus demselben Dorf wie der Chefobermeister. Der hat sie alle anscheinend nachgezogen: 1. Ofenmann, Walzer, Steuerleute, Scherenleute usw. Die stecken natürlich alle zusammen. Ich erzähle z. B. nichts von der Arbeit zu Hause. Neulich spricht mich meine Schwiegermutter auf etwas an, was mir bei der Arbeit passiert ist. Ich frage sie, woher sie das hat. Das tratschen die Frauen so unter sich herum. Sonntags sitzen die immer zusammen mit der ganzen Familie, und da werden alle anderen mit ihrer Arbeit durch den Kakao gezogen. Da bleibt natürlich an keinem ein gutes Haar. Das ist aber nicht nur so, daß von denen immer einer den andern verteidigt, sondern sie greifen auch immer ohne Not den andern an. Das ist ein zänkisches Volk, die Leute aus den kleinen Dörfern. (Wer gehört denn dazu? Von wem sprechen Sie jetzt?) Die ganze Blockstraße ist so. Hier an den Öfen, an den Walzen, an den Scheren und was so noch alles dazugehört. (Sehen Sie sich nur bei der Arbeit im Werk oder kommen Sie auch sonst zusammen?) Ich gehe grundsätzlich zu niemand hin von dieser Schicht. Ich treffe mich wohl schon mal mit einem Kollegen, der auch Radiobastler ist. Wenn hier einer Jubiläum oder Geburtstag hat, laden sie sich gegenseitig ein. Dann wird vorher gesammelt. Die eine Mark oder zwei gebe ich gern dafür. Wenn mich aber einer fragt, ob ich komme, sage ich immer nein. Der Walzmeister fragte mich neulich auch. Ich sagte: Nicht eine Stunde. Ich will Ihnen den Grund sagen. Da sitzen sie alle zusammen mit ihren Frauen. Von mir soll aber keiner sagen, ich hätte vierzehn Tage nichts mehr zu essen oder zu trinken gehabt; so tun die nämlich, wenn sie eingeladen sind. Gewiß, die Jubilare bekommen ein ganzes Monatsgehalt, aber deswegen brauche ich das doch nicht mit Gewalt aufzufressen. Das ist aber noch nicht das Schlimmste. Am nächsten Tag aber erzählen sie sich dann über denjenigen, bei dem sie eingeladen waren. Da wird alles kritisiert. Da hat einer mal ein besseres Ölgemälde als der andere. Gleich kommt der Neid zum Vorschein. Der eine hat eine abgewetzte Couch, bei dem andern ist sie besser. Das muß doch jeder selbst wissen, wie er sich einrichtet. Aber kaum waren sie eingeladen, dann fallen sie alle hinter seinem Rücken über den Betreffenden her. Das kommt, weil sie sonst keinen Gesprächsstoff haben. Jeder macht es eben anders. Der eine hat an einem Lohntag erst in drei Wirtschaften seine Rechnungen zu bezahlen. Der eine hat mehr Kinder als der andere, aber nein, das sehen sie alles gar nicht ein, sie wollen nur etwas zum Hetzen haben. (Mit wem arbeiten Sie am liebsten zusammen – mit älteren, gleichaltrigen oder jüngeren Kollegen?) Mit jüngeren. Ich sagte Ihnen schon, wie das mit den älteren ist. Für meine Arbeit sind sie zu dumm oder uninteressiert. Sie wollen nichts mehr dazulernen. Die muß man einfach in ihrem alten Trott laufen lassen. Jüngere haben mehr gesehen, die Alten sind ja nicht herumgekommen. (Wer ist Ihr nächster Vorgesetzter?) Der Obermeister. (Mit welchem Vorgesetzten haben Sie sonst noch zu tun?) Mit dem Chefobermeister, aber der ist kein Fachmann, der kommt nur, um mal zu fragen, woher das rührt, daß die harten Chargen so schlecht warm werden. Es sind sonst eine Masse Vorgesetzte und andere Herren schon bei mir oben gewesen. Die wollen sich nach dem neuen Ofen erkundigen. Auch der Walzwerksdirektor und der Arbeitsdirektor. (Können Sie hier weiterkommen?) Schlecht. Vielleicht in 10 Jahren einmal. Dann kann ich 1. Ofenmann oder Ofenmeister werden. Da muß man schon gute Fürsprache haben. Hier hängt ja alles miteinander zusammen, einer zieht den andern nach. (Möchten Sie diesen Arbeitsplatz behalten oder einen anderen bekommen?) Natürlich möchte ich meinen Arbeitsplatz behalten. Es wäre wohl schwer, einen anderen zu bekommen, der so interessant ist. Aber natürlich, wenn der Osten frei wird, gehe ich sofort wieder nach dort. (222)

2 Probleme der Rationalisierung am Arbeitsplatz

a) Die Auswirkungen technischer Neuerungen

„Technische Neuerung" ist ein relativer Begriff; eine Neuerung ist „neu" in Bezug auf das, was sie ersetzt. Für unsere Zwecke genügt es, wenn wir in der Verwendung des Begriffs dem Sprachgebrauch der befragten Arbeiter folgen. Danach umfaßt er erstens die Neuerstellung von Maschinen, Apparaten und technischen Anlagen, also zum Beispiel einer neuen Stanze, eines neuen Tiefofens, einer neuen, vollkontinuierlichen Drahtstraße usw. Zweitens bezeichnet er die Verbesserung und Modernisierung einer vorhandenen Anlage, wie etwa den Einbau einer vereinfachten Spannvorrichtung in eine Drehbank, die Einführung von elektrischen Steuerungen an den Winderhitzern oder die Ersetzung des Kantwagens durch Kanter und Verschiebelineal an einer Blockstraße. Hierher gehören alle Teilmodernisierungen, die den größten Teil der technischen Neuerungen ausmachen; so etwa auch die Umstellung einer Krananlage von Wechselstrom auf Gleichstrom. Technische Neuerungen sind drittens neue technische Verfahren oder neue Arbeitsverfahren – neue Methoden der Hüttensandherstellung, neue Schweißarten, ferner das Blasen mit Sauerstoff, statt mit Luft, im Thomaswerk, die Verwendung neuer Chemikalien zur Präparierung der Eisenschlacke und ähnliches. Dagegen gilt *nicht* als technische Neuerung die Auswechslung defekter oder verschlissener Maschinenteile und die mehr oder minder regelmäßig vorgenommene Überholung von Maschinen, Apparaten und technischen Anlagen, ebensowenig die Veränderungen ausschließlich arbeitsorganisatorischer Art, obgleich auch diese natürlich einen Rationalisierungseffekt haben können.

Nicht alle 600 Befragten haben technische Neuerungen in diesem Sinne am eigenen Arbeitsplatz miterlebt; dies trifft vielmehr nur zu für 355 (60 %) der Befragten insgesamt, wohingegen 159 Befragte (26 %) entweder nichts über technische Neuerungen zu sagen (15) oder aber keine eigenen Erfahrungen mit technischen Neuerungen gemacht haben, da an ihrem Arbeitsplatz oder in dessen Umgebung nichts erneuert worden ist (144). Die restlichen 86 Befragten (14 %) sprechen zwar von technischen Neuerungen, ohne jedoch die Einführung technischer Neuerungen an ihrem Arbeitsplatz im Werk erlebt zu haben. Sie setzen sich zusammen aus 74 Befragten, die technische Neuerungen in der Umgebung ihres Arbeitsplatzes, in einem anderen Werk, bei einer Werksbesichtigung oder auf einer Ausstellung gesehen haben, und aus 12 Befragten, die von technischen Neuerungen, die vor ihrer Zeit an ihrem Arbeitsplatz durchgeführt worden sind, zu berichten wissen.

Das bedeutet: 429 Befragte (72 %) können zu technischen Neuerungen *auf Grund eigener Anschauung* Stellung nehmen – auf Grund eigener Anschauung am Arbeitsplatz, in der Umgebung des Arbeitsplatzes, in anderen Werken, auf Ausstellungen usw. Dabei versteht es sich von selbst, daß die Chance, technische Neuerungen zu erleben, mit der Dauer der Werkszugehörigkeit wächst. Diese Chance steht ferner in einem offenbaren Zusammenhang mit der Qualifikation der Arbeitskräfte, da die Bedienung von Anlagen, an denen überhaupt Neuerungen vorgenommen werden, im allgemeinen qualifiziertere Arbeitskräfte verlangt. So haben 83 % aller Spezialarbeiter technische Neuerungen selbst mitgemacht, wohingegen nur 22 % der Hilfsarbeiter aus eigener Erfahrung sprechen können.

Die Stellungnahmen der Arbeiter, die technische Neuerungen miterlebt haben, lassen sich in vier Gruppen einteilen. Die erste, weitaus stärkste Gruppe umfaßt die Äußerungen, die eine *Verbesserung für die Arbeiter* feststellen. Von den insgesamt 583 Aussagen gehören 254 (43 %) zu dieser Gruppe. Sie konstatieren im wesentlichen eine Erleichterung der Arbeit. Der Schwerpunkt der Aussagen liegt auf der physischen Erleichterung: die Arbeit strengt weniger an, sie ist sauberer, der Hitzeschutz ist besser; über die Hälfte der Arbeiter dieser Gruppe betont, daß die Neuerung zu einer solchen Erleichterung geführt habe. An zweiter Stelle folgt die Vereinfachung der Arbeit – die Anlage läßt sich leichter und einfacher bedienen –, an dritter die erhöhte Sicherheit und an vierter der gesteigerte Arbeitserfolg. Es ist bemerkenswert, daß die Sicherheit relativ häufig mit der Arbeitserleichterung zusammen genannt wird.

Die zweite Gruppe von Stellungnahmen bezieht sich auf die *technischen Gegebenheiten:* Die Arbeit geht schneller vonstatten; die Modernisierung bedeutet eine Verbesserung der Anlage: diese ist haltbarer, läuft störungsfreier und benötigt weniger Reparaturen, sie arbeitet einfacher, genauer, braucht weniger Material und leistet mehr; die modernisierte Anlage ermöglicht ein reibungsloseres Ineinandergreifen der verschiedenen Arbeitsvollzüge. Während also die erste Gruppe die Bedeutung der Neuerung für die Arbeit des einzelnen Arbeiters und damit sozusagen deren subjektive Seite zum Gegenstand hat, richten sich die Aussagen der zweiten Gruppe auf die objektiven Auswirkungen – vor allem auf die gesteigerte Leistungsfähigkeit und die erhöhte Rationalität. 179 Aussagen (31 %) gehören hierher. Zwar treten über die Hälfte der Aussagen dieser Gruppe in Verbindung mit Aussagen der ersten Gruppe auf; dennoch zeigt die erstaunlich hohe Zahl, in welchem Maß die Arbeiter bereit sind, die technischen Neuerungen nicht ausschließlich unter dem Gesichtspunkt ihres eigenen Interesses zu nehmen, sondern auch die den Betrieb betreffenden Aspekte zu berücksichtigen und anzuerkennen. Diese Bereitschaft wächst mit der Qualifikation. Die qualifizierten Facharbeiter sprechen am häufigsten, die Hilfsarbeiter am wenigsten von Auswirkungen dieser Art. Dabei muß unterstrichen werden, daß die Fragestellung die Akzentverteilung bewußt dem Arbeiter überläßt; es ist nach den Auswirkungen schlechthin gefragt worden, nicht nach denen für den Arbeiter und denen für den Betrieb. Daher verweist die Zahl auf ein erhebliches Sachinteresse, das bei den Arbeitern, insbesondere bei den qualifizierten Arbeitern, vorausgesetzt werden muß.

Eine dritte Gruppe erwähnen wir lediglich der Vollständigkeit halber: zu ihr gehören diejenigen, die zwar von technischen Neuerungen sprechen, jedoch behaupten, daß sie keine Auswirkungen von Belang mit sich gebracht haben. Nur 14 Aussagen (2 % aller Aussagen) gehören hierher. Die vierte Gruppe hingegen ist bedeutsamer; sie besteht aus *kritischen Stellungnahmen* verschiedener Art. Mit den beiden ersten verglichen, ist jedoch auch diese Gruppe verhältnismäßig klein. Sie umfaßt 88 Aussagen (15 %).

Beinahe die Hälfte dieser Aussagen kritisiert die Tatsache, daß bestimmte notwendige Neuerungen zur Erleichterung der Arbeit und zur Verbesserung der technischen Anlage *nicht* eingeführt worden sind. Die übrigen kritischen Aussagen richten sich gegen die technische Neuerung selbst und stellen negative Wirkungen auf die Arbeit fest: die Arbeit wird eintöniger, langweiliger, schwieriger, komplizierter, gefährlicher usw. Dabei ist zu berücksichtigen, daß ein erheblicher Teil der kritischen Stimmen von den Konverterleuten gestellt wird, die sich fast ausnahmslos darüber beklagen, daß das neue Blasverfahren, das Blasen mit Sauerstoff, die Hitze auf der Konverterbühne steigere und damit die Arbeit erschwere. Von den Konverterleuten abgesehen, wird die Kritik indessen selten massiv; auch ist über die Hälfte der kritischen Bemerkungen verbunden mit positiven Äußerungen über die technischen Neuerungen.

Nicht immer kommt die Kritik jedoch nur beiläufig heraus; manchmal bildet sie das zentrale Thema und führt zu langwierigen und verwickelten Erklärungen technischer Einzelheiten. Dabei ist der Ansatz der Kritik verschieden. Sie geht aus, wie die positiven Aussagen, teils von den Wirkungen auf den Arbeitsvollzug, teils aber auch von der technischen Zweckmäßigkeit der Neuerung. Für beide Möglichkeiten ein Beispiel:

> „An den anderen Hochöfen hat man einiges verändert. Dort hat man an den Winderhitzern die Kaltluftschieber geändert und die Zuleitung mit der Warmluftheizung verbunden. Dadurch hat man aber die Arbeit erschwert. Der Apparatewärter muß jetzt mehr aufpassen als früher und sehr schnell den Anordnungen des Meisters nachkommen." (533,1. Apparatewärter, 23 Jahre.)

> „Ich bin nicht der Überzeugung, daß die Blockstraße II besser ist als die alte, die III. Man hat den Schieber (das Verschiebelineal) eingebaut, kann aber jetzt die Blöcke nicht mehr drehen. Vor allem aber ist es unvorteilhaft, wenn die Blöcke zu kalt geworden sind (für die nachfolgende Straße) und zurückkommen. Dann steht die ganze Straße, und der Teufel ist los. Bei der Straße III dagegen ist das nicht so schlimm." (213, Kantwagenführer, 64 Jahre.)

Auf einige besondere Fälle der Kritik müssen wir kurz eingehen. Der erste betrifft die Einführung der technischen Neuerungen, insbesondere die Tatsache, daß die Inbetriebnahme neuer Maschinen oder neuer Anlagen oft ungenügend vorbereitet ist. Die Anlage wird aufgestellt, und die Arbeiter sollen sie bedienen, ohne indessen zureichende Anweisungen oder Erklärungen erhalten zu haben.

> „Bei allen technischen Neuerungen, die man im Werk einführt, ist folgendes verkehrt: Bevor z. B. die neue Blockstraße aufgebaut werden sollte, fuhren einige Herren vom Stabe oben nach Österreich, wo bereits eine solche Straße läuft. Der Obermeister war auch dabei und hat sich das Ding drei Wochen lang angeschaut und einen schönen Urlaub gehabt. Dann wird die Sache für gut befunden und hier eingeführt. Steht dann die Blockstraße hier, muß sie ausprobiert werden. Dann heißt es: Komm mal her und fahr das Ding vor. Ich habe das bei der neuen Blockstraße tun müssen, hatte alle die Hebel zum ersten Mal in der Hand, und alles sollte gleich richtig klappen. Richtig ist es, nach meiner Meinung, daß man auch den Arbeiter mitnehmen sollte, wenn man diese neuen Dinger einführen will und sie schon irgendwo im Betrieb zu sehen sind." (064, Kantwagenführer, 36 Jahre.)

Der Kern dieser Kritik ist durchaus berechtigt; auch handelt es sich hier keineswegs um einen Einzelfall. Es ist in der Tat wünschenswert, die Arbeiter, die eine neue Anlage bedienen sollen, rechtzeitig und mehr, als es der Fall ist, in den Einführungsprozeß einzuschalten. Daß dies keineswegs immer geschieht, zeigt folgende Bemerkung eines Elektrikers:

> „Bei unserer Arbeit ist es meist schlecht, wenn eine Neuerung eingeführt wird. Wir bekommen nicht die Schaltpläne zu sehen. Wenn dann an diesen Anlagen eine Störung auftritt, muß man immer sehr lange suchen." (839, Elektromonteur, 28 Jahre.)

Ein weiteres Problem stellen technische Neuerungen dar, die zwar zu einer Erleichterung der Arbeit, gleichzeitig aber zu einer Kürzung der Löhne führen. Ein Beispiel: Die Führer der Tiefofenkräne im Walzwerk bekommen von allen Kranführern den höchsten Lohn; ihr Lohn liegt noch über dem der Führer der Chargierkräne im Siemens-Martin-Werk, obwohl diese komplizierter und schwerer zu fahren sind als die Tiefofenkräne. Dagegen sind die Tiefofenkranführer bei ihrer Arbeit der aus den Öfen aufsteigenden Hitze in einem außergewöhnlichen Maße ausgesetzt. Daher erklärt und rechtfertigt sich die hohe Entlohnung. Nun taucht das Gerücht auf, die Führerstände der Tiefofenkräne sollten demnächst geschlossen und mit Klimaanlagen ausgerüstet werden. Mit diesem Gerücht verbindet sich für die Kranführer sogleich die Befürchtung, daß die Grundlage ihrer hohen Entlohnung wegfalle, und es stellt sich die Frage: Was ist vorzuziehen – ein hoher Lohn und die im Sommer nahezu unerträgliche Hitze oder aber eine erträgliche Temperatur und weniger Lohn? Diese Frage findet natürlich keine einheitliche Beantwortung.

Mit einem letzten Beispiel weisen wir hin auf eine meist übersehene Wirkung bestimmter technischer Neuerungen, von der indessen einige Arbeiter, insbesondere Arbeiter an komplizierten Apparaten gesprochen haben:

> „Als ich eingearbeitet wurde", bemerkt ein Cowperwärter, „war es vielleicht noch leichter als heute. Damals mußte man alle Schieber mit der Hand bedienen. Man sah dann immer den direkten Vorgang und wußte leicht, wo eine Störung zu suchen war. Heute bedient man nur noch Knöpfe und kleine Hebel und weiß nicht, was eigentlich vorgeht. Man sieht das Ergebnis nur auf den Uhren." (535, 1. Apparatewärter, 49 Jahre.)

In anderen Industrien, vor allem in der chemischen Industrie, wird diese Feststellung häufiger getroffen werden als in der Hüttenindustrie. In hohem Maß wird das hier berührte Problem akut werden bei einem Übergang zur Automation. Einen Affekt gegen technische Neuerungen und gegen Rationalisierung haben wir nirgends festgestellt. Nicht einmal bei den Umwalzern, die durch die neue Drahtstraße nicht nur in ihren Privilegien, sondern in ihrer beruflichen Existenz bedroht werden.[24] Erst wenn das Gespräch den technischen Fortschritt als solchen berührt, kommen Affekte ins Spiel und werden Befürchtungen laut, von denen unten ausführlich die Rede sein wird. Im Zusammenhang mit den technischen Neuerungen zeigte sich im Gegenteil nicht nur eine bemerkenswerte Informiertheit, sondern, vor allem bei den qualifizierten Arbeitskräften, auch ein echtes Interesse für die Entwicklungsmöglichkeiten der einzelnen Anlagen. Eine Reihe von Arbeitern lesen Fachbücher und Fachzeitschriften, die sie sich aus der Werksbücherei entleihen; sie erkundigen sich und lassen sich erzählen, mit welchen Anlagen in anderen Werken und in anderen Ländern gearbeitet wird; sie besuchen Ausstellungen wie die Rationalisierungsausstellung im Herbst 1953 in Düsseldorf und melden sich zu den Fortbildungskursen, die die Hütte veranstaltet. Voller Stolz verweisen sie auf diese oder jene Anlage des Werkes, die sie als die „modernste Europas" bezeichnen, wie sie andererseits auch alte und veraltete Anlagen kritisieren und auf die Fälligkeit gewisser Modernisierungen hinweisen. Das unmittelbare Interesse zeigt sich nicht zuletzt an der Beteiligung am betrieblichen Vorschlagswesen.

24 Vgl. Anhang S. 271 ff.

b) Das betriebliche Vorschlagswesen

Auf die Frage, ob sich am Arbeitsplatz des Befragten überhaupt noch etwas erfinden lasse (Frage 37), antworten 397 (67%) der 600 Arbeiter mit „ja", und zwar 132 (22%) mit einem konkreten Ja, das mit näheren Angaben verbunden ist, und 265 (45%) mit einem allgemeinen Ja ohne solche Angaben. 108 Befragte (18%) hingegen geben eine negative Antwort, während 95 (16%) sich entweder ausdrücklich des Urteils enthalten oder keine Meinung erkennen lassen. Das bedeutet, daß der überwiegende Teil der Arbeiter die Entwicklungsfähigkeit der technischen Anlagen erkennt und anerkennt; diese ist, wie die Aussagen zeigen, weitgehend zur Selbstverständlichkeit geworden. Daraus darf man indessen nicht den Schluß ziehen, daß sich auch der überwiegende Teil der Arbeiter durch Vorschläge an der technischen Weiterentwicklung beteilige. Selbst von der konkreten Vorstellung, daß an einer bestimmten Anlage etwas Bestimmtes geändert werden müsse, und zwar aus diesen und jenen Gründen, ist noch ein weiter Weg bis zu einem eigenen Vorschlag.

Auf die ausdrückliche Frage nach eigenen Ideen, Vorschlägen und Erfindungen (Frage 37a) geben daher nur 67 (11%) von 600 Arbeitern an, Erfindungen oder Vorschläge gemacht zu haben; unter diesen wiederum berichten nicht mehr als 25 von eigenen Vorschlägen, die durchgeführt worden sind. Ferner sprechen 21 Befragte (4%) über eingeführte Vorschläge von Arbeitskollegen. Insgesamt liegen Äußerungen über 88 Vorschläge und Erfindungen von Arbeitern vor; davon sind 45 durchgeführt, 18 nicht durchgeführt und 25 noch nicht eingereicht worden.

Diese 88 Vorschläge verteilen sich wie folgt auf die Lohngruppen:

Qualifizierte Facharbeiter	14	Vorschl.	=	40%	d.	Lohngr.
Spezialarbeiter	30	„	=	21%	„	„
Facharbeiter	16	„	=	15%	„	„
Angelernte Arbeiter	22	„	=	9%	„	„
Hilfsarbeiter	6	„	=	9%	„	„

Die Übersicht ergibt ein eindeutiges Bild: Die qualifizierten Facharbeiter liegen an der Spitze, nahezu jeder zweite unter ihnen hat einen Vorschlag gemacht; die Hilfsarbeiter hingegen schneiden am schlechtesten ab. Im übrigen läßt sich jedoch die Gruppe der Vorschlagenden nicht näher kennzeichnen, und zwar weder nach Alter, noch nach der geographischen oder sozialen Provenienz, noch auch nach Konfession, Werkszugehörigkeit usw.

Bedeutung und Qualität der einzelnen in den Interviews genannten Vorschläge und Erfindungen zu beurteilen, kann nicht unsere Aufgabe sein. Es ist indessen allgemein bekannt, daß das betriebliche Vorschlagswesen auch in der deutschen Industrie von Jahr zu Jahr stärkere Beachtung findet. Offenbar setzt sich die Erkenntnis durch, daß Arbeiter und insbesondere qualifizierte Arbeiter, die eine technische Anlage tagaus-tagein bedienen, diese Anlage mit der Zeit nicht nur sehr genau kennen, sondern oft auch wissen, wo und wie sich eine wirksame Verbesserung anbringen läßt; die langjährige Erfahrung nicht allein der Ingenieure, auch die einer Reihe von Arbeitern stellt ein Kapital dar, das brach liegen zu lassen nicht gerade rationell ist. Dazu sollte eine weitere Erkenntnis an Boden gewinnen: Die Förderung des Vorschlagswesens regt nicht zuletzt auch das technische Interesse an. Dieses wiederum ist für das Arbeitsinteresse – für das sachliche Interesse, das der Arbeiter nicht nur am Arbeitserfolg, sondern an der Arbeit selbst und ihrer Verrichtung nimmt – außerordentlich bedeutsam. Die Befriedigung, die ein Arbeiter aus seiner Arbeit zieht, ist um so größer, je stärker die Arbeit ihn technisch fesselt. Darüber hinaus intensiviert sich das Verhältnis eines Arbeiters zu einer Maschine oder zu einer technischen Anlage, wenn er selber zu ihrer Verbesserung beigetragen hat. Schließlich empfinden die Arbeiter die Förderung des Vorschlagswesens als Respektierung und Anerkennung ihrer Fähigkeiten und damit als eine bemerkenswerte Veränderung in der Einschätzung des Arbeiters durch die Vorgesetzten und das Werk. Die Steigerung des technischen Interesses, die Intensivierung des Verhältnisses von Mensch und Maschine und die Anerkennung der sachlichen und technischen Leistungsfähigkeit des Arbeiters sind Wirkungen des Vorschlagswesens, die neben der Brauchbarkeit und Ergiebigkeit einzelner Vorschläge nicht vergessen werden sollten.

In diesem Zusammenhang verdient die Kritik, die von den Arbeitern an der Organisation des Vorschlagswesens geübt wird, unsere Aufmerksamkeit. Zwar richtet sie sich gegen die Organisation, wie sie in *einem* Werk (zur Zeit der Befragung) besteht; sie ist aber trotzdem von Interesse. Denn erstens ist das Vorschlagswesen in einer Reihe von Werken grundsätzlich ähnlich organisiert: die Arbeiter reichen die Vorschläge ihrem unmittelbaren Vorgesetzten – dem Vorarbeiter, dem Meister, dem Obermeister – ein, und dieser gibt sie, falls er sie für brauchbar hält und nachdem er ein Urteil darüber abgegeben hat, an eine Kommission weiter, die über die Prämiierung entscheidet. Zweitens aber kommen im Zuge der Kritik Gesichtspunkte zum Ausdruck, auf die die Arbeiter besonderen Wert legen und die daher bei einer sinnvollen Organisation Berücksichtigung finden müssen.

Bei der Erörterung des Vorschlagswesens wird von den Arbeitern immer wieder ein Argument vorgebracht: Es hat keinen Zweck, Vorschläge zu machen, weil die Meister sich alle guten Ideen aneignen und sie als ihre eigenen ausgeben:

> „Es läßt sich manches erfinden. Aber was hat das für einen Zweck?! Die Prämie bekommt man doch nicht. Ich kenne einige Fälle, wo die Meister die Vorschläge erst bagatellisiert und dann abgelehnt haben, um sie dann später als eigene Erfindung durch-

zubringen. So geht das. Ich habe neulich in der Werkszeitung von einer Verbesserung gelesen, und wie ich nachgucke, ist es ein Vorarbeiter, der sie gemacht und der die Prämie bekommen hat. Da weiß ich schon, was anliegt." (513, Tiefofenkranführer, 42 Jahre.) „Die Meister erfinden viel, nehmen aber auch anderen die Erfindungen weg. Vor allem der N. ist dafür bekannt. Daher sagen sich viele, was hat das überhaupt für einen Zweck, etwas zu erfinden? Damit ein anderer die Lorbeeren erntet?!" (813, Kantwagenführer, 25 Jahre.) „Allerdings ist es so, wenn man eigene Ideen hat, kommt man sowieso nicht damit durch, man müßte schon ganz nach oben gehen. Aber dann bekommt man von denen weiter unten eins drauf, denn man darf seine nächsten Vorgesetzten dabei nicht übergehen. Eigene Erfindungen zu machen, hat keinen Zweck, die andern streichen es ein." (066, 3. Ofenmann, 25 Jahre.) „Wir mußten mal zu zweien an der Drahtstraße arbeiten, als ich noch zum Blocklager gehörte. Da wurde für den Export gearbeitet, dann müssen die Drahtpakete ein paar Mal gebunden werden; zu zwei Mann mußten wir ständig die Rollen umdrehen – keinen freien Augenblick hatten wir, konnten nicht austreten, nicht frühstücken, noch nicht einmal eine Zigarette drehen. Da haben wir gesagt, das machen wir nicht noch einen Tag. Wir gingen vor der Arbeit hin, nahmen ein Stück gebogene Schiene, nach der wir gesucht hatten. Darauf liefen die Rollen auf, wenn sie auf der Hängebahn angelaufen kamen. Mit einer kleinen Handbewegung konnte nun ein Mann die Rolle herunterwerfen. Der Meister X. vom Maschinenbetrieb sagte: „Das haben wir schon lange vorgehabt" – und so ein Ding wurde nun auch gebaut. Warum haben sie denn das nicht schon vorher gemacht, wenn sie es schon lange vorgehabt haben?" (222, 3. Tiefofenmann, 29 Jahre.)

Fälle dieser Art sprechen sich schnell herum, sie werden lange diskutiert und rufen eine allseitige Verstimmung hervor. Trotzdem unternehmen die Betroffenen nichts, weil sie Schikanen und Repressalien der Meister befürchten. Infolgedessen wenden sie sich auch nicht an die Vertrauensleute oder an die Betriebsräte, sondern nehmen sich vor, ihre Ideen in Zukunft für sich zu behalten:

„Ich habe noch manche Idee, aber ich sage nichts mehr, da hat man nur Ärger davon",

äußert ein Arbeiter, der, wie mancher Kollege, eine Erfindung gemacht hat und von einem Meister um die Prämie gebracht worden ist:

„Das ist überhaupt der Fehler: Wenn man etwas vorbringt, halten sie einen erst für verrückt und dann stehlen sie einem den Erfolg und machen einem obendrein Schwierigkeiten. Darum sagt keiner mehr was." (213, Kantwagenführer, 64 Jahre.)

Um die Verbitterung, die auf diese Weise entsteht, zu vermeiden, hat man in vielen Werken Briefkästen eingeführt, in die die Vorschläge eingeworfen werden können. Damit aber scheint uns das Problem nicht gelöst zu sein, wie etwa das folgende Beispiel zeigt: In der Werkszeitung eines bekannten Hüttenwerkes wird von der Einführung solcher Briefkästen berichtet und in diesem Zusammenhang die Äußerung eines Meisters zitiert, die, ohne daß die Redakteure das bemerkt hätten, die Situation kennzeichnet, wie sie mit der Einführung von Briefkästen entsteht: „In *meinem* Betrieb haben alle Arbeiter Vertrauen zu mir, und deshalb braucht bei mir auch kein Arbeiter die Briefkästen zu benutzen." Wer dennoch einen Briefkasten benutzt, dokumentiert damit also, daß er *kein* Vertrauen zu seinem Vorgesetzten besitzt, daß er ihm im Gegenteil ausdrücklich mißtraut. Diese Auffassung ist auf seiten der Meister sicherlich kein Einzelfall. Hinzu kommt noch, daß bei vielen Meistern die Vorschläge der Arbeiter alles andere als geschätzt sind. Zum Teil betrachten sie die Vorschläge als Zeichen eines unter Umständen gefährlichen Ehrgeizes; zum Teil befürchten sie, durch diese Vorschläge bei ihren eigenen Vorgesetzten in ein ungünstiges Licht zu geraten – sie sehen die ausgesprochene oder unausgesprochene Frage voraus, warum denn sie, die Meister, nicht auf diese Idee gekommen seien. Neid und Mißgunst können hinzutreten. Und schließlich gibt es Meister von einem so ausgeprägten und unverhohlenen Überlegenheitsgefühl, daß sie es einem einfachen Arbeiter nicht zutrauen, von sich aus brauchbare Ideen zur Verbesserung einer technischen Anlage zu entwickeln, und die daher alle Vorschläge schroff zurückweisen, lächerlich machen oder mit überheblichen Bemerkungen bedenken. Gegen diese Einstellung sind die Arbeiter verständlicherweise in besonderem Maße sensibilisiert – und das um so mehr, als die Meister ihren eigenen Reihen entstammen.

Aus all dem kann man nur den Schluß ziehen, daß die unteren Vorgesetzten – die Vorarbeiter, Meister und Obermeister – aus dem institutionellen Gang des Vorschlagswesens grundsätzlich auszuklammern sind. Jede Chance, sich direkt oder indirekt einzumischen, muß ihnen genommen werden, wenn die Hauptquelle effektiver Ungerechtigkeiten und eines in langer, praktischer Erfahrung eingewurzelten Mißtrauens beseitigt werden soll.[25]

25 Neben der Kritik an den Meistern müssen wir ein zweites Argument wenigstens kurz erwähnen: Da dem Arbeiter die Ausbildung fehlt, ist er oft nicht imstande, seine Ideen und Vorschläge schriftlich und zeichnerisch in eine angemessene Form zu bringen: „Ich bin nicht in der Lage, meine Ideen aufzuzeichnen. Ich habe keine technische Vorbildung. Und andern will ich sie nicht anvertrauen" (285). Hierin besteht die zweite, allerdings nicht so häufig genannte und auch weniger ernstliche Schwierigkeit, die bei einer sinnvollen Organisation des Vorschlagswesens berücksichtigt werden muß. Beide Schwierigkeiten lassen sich unseres Erachtens überwinden, wenn man für das ganze Werk, wie das häufig schon geschehen ist, eine besondere, mit Fachleuten, d. h. mit Ingenieuren besetzte Stelle schafft, die allein das Recht hat, Vorschläge anzunehmen, und die ausschließlich mit der Entgegennahme, Prüfung und Entwicklung von Vorschlägen befaßt ist. Hier können die Arbeiter, wenn ihnen das leichter fällt, ihre Ideen auch mündlich vortragen, und daran kann sich, falls erforderlich, eine Orts-

c) Vorstellungen über die Einführung von technischen Neuerungen

Mit den bisherigen Fragen haben wir uns in einem Bereich bewegt, den die Arbeiter übersehen und in dem sie sichere, auf Anschauung und Erfahrung gegründete Urteile abzugeben vermögen. Mit der Frage 35 – „Wie geht das überhaupt vor sich, wenn solche technischen Neuerungen hier eingeführt werden? (Wer veranlaßt das und weshalb wird das überhaupt gemacht?)" – gelangen wir an die Grenze dieses Bereichs. Der Arbeiter ist unter Umständen zwar Zeuge der Einführung einer technischen Neuerung; er sieht, wie sie montiert, wie sie ausprobiert wird, und oft kennt er auch die näheren Umstände, die sie veranlaßt oder angeregt haben – sofern diese Umstände in den betrieblichen Gegebenheiten, also vor seinen Augen liegen. In die Vorgänge und Überlegungen, in die mannigfaltigen Probleme und Schwierigkeiten, die technische Neuerungen für die Ingenieure, die Betriebs- und Werksleitung mit sich bringen, hat der Arbeiter hingegen keinen oder nur unvollkommenen Einblick. Um sie zu verstehen und zu beurteilen, fehlen ihm die Informationen. Er ist hier auf das angewiesen, was an Gerüchten umgeht, was die Vorarbeiter, die Meister und Obermeister, die ihrerseits nicht immer umfassend orientiert sind, erzählen oder was man, wenn es sich um ein bedeutendes Projekt handelt, darüber in der Werkszeitung lesen kann. Kurz, der Einführung von technischen Neuerungen gegenüber befindet sich der Arbeiter in einer anderen Situation als etwa im Falle der Auswirkungen der technischen Neuerungen oder auch im Falle des Vorschlagswesens. Daher sind auch die Aussagen anders zu bewerten: Sie interessieren vor allem insofern, als sich in ihnen die Vorstellungen spiegeln, die sich der Arbeiter von Vorgängen macht, die ihn zwar etwas angehen und deren Auswirkungen ihn unmittelbar berühren, die sich jedoch seinem Einblick weitgehend entziehen.

Die andersartige Situation äußert sich darin, daß neben den 56 Befragten (9 %), denen die Frage 35 nicht gestellt worden ist, weil der Gesprächsverlauf dies als nicht sinnvoll erscheinen ließ, 91 Befragte (15 %) Antworten geben, die den Sinn der Frage verfehlen und die zum Teil groteske Vorstellungen verraten. In diesen Antworten ist, um einige Beispiele zu geben, davon die Rede, daß die Berufsgenossenschaften (136; 232; 157), der Arbeitsdirektor (798), die Gewerkschaft (135), der Betriebsrat (019), der Unfallschutz (551; 232) und schließlich sogar der Finanzminister (747) die technischen Neuerungen durchführen. Solche Antworten sind al-

besichtigung anschließen. Diese Stelle hat nur die Brauchbarkeit und Durchführbarkeit von Vorschlägen zu beurteilen; über die Prämiierung befindet, wie das ebenfalls in vielen Werken bereits mit Erfolg in Übung ist, ein gemischtes Gremium, in dem sowohl die Werksleitung wie der Betriebsrat vertreten ist. Um die Meister durch diese Neuregelung nicht zu kränken, kann eine jährliche Prämiierung derjenigen Meister ausgesetzt werden, deren Arbeiter die meisten Vorschläge eingereicht haben.

lerdings oft und weitgehend Reflexantworten; doch auch als solche bekunden sie die Hilflosigkeit gegenüber der Frage. Dazu kommen 67 Befragte (11 %) die gar keine Vorstellungen haben und dies unumwunden zugeben, und ferner 15 (3 %), die es überhaupt ablehnen, sich über Gegenstände dieser Art ein Bild zu machen – oft mit der Begründung, das sei „Sache der Herren" und gehe den Arbeiter nichts an. Schließlich versuchen 31 (5 %) die Frage zu beantworten, indem sie einen Einzelfall erzählen. Alles in allem besagt das, daß nur 340 Befragte (57 %) die Frage sinnvoll beantworten.

Die Antworten gliedern sich in drei Gruppen. Die erste Gruppe umfaßt 183 Befragte (30 %) und enthält alle diejenigen Antworten, die *eine* konkrete, die technischen Neuerungen durchführende Instanz nennen: Es gibt im Werk ein besonderes Büro, ein Büro für Verbesserungswesen oder ein technisches Büro, das für die Planung von Verbesserungen und die Konstruktion neuer Anlagen zuständig ist. Hierher gehören auch diejenigen, die besondere Funktionäre der betrieblichen Hierarchie als die Verantwortlichen bezeichnen – den Chefobermeister, den Meister, den Betriebsleiter, den Assistenten usw. – oder eine besondere Gruppe von Funktionären wie die Ingenieure, die Techniker, oder auch – ohne Spezifizierung und Personifizierung – die Betriebsleitung, die Werksleitung, die Direktion, den Betrieb usw. Alle diese Aussagen sind nicht falsch, wenngleich einseitig. Das gilt gleichfalls für die Behauptung, es gebe Spezialfirmen, die die Neuerungen entwickeln und einführen, oder die Vorschläge und Ideen stammten oft von den Arbeitern.

Die zweite Gruppe mit 120 Befragten (20 %) nennt jedoch ausdrücklich zwei oder mehrere der genannten Faktoren und zeigt damit, daß sie eine adäquatere Vorstellung von der Einführung der technischen Neuerungen besitzt. Die dritte Gruppe schließlich, 37 Befragte (7 %), ist nicht in der Lage, auch nur eine konkrete Instanz anzugeben, und begnügt sich mit dem allgemeinen Hinweis auf „Herren", die studiert haben, und auf „Akademiker", die dafür ausgebildet sind, oder aber auf die „Herren da vorne" oder die „Herren da oben", ohne daß zu ersehen wäre, wer eigentlich gemeint ist; der Tenor ist vielmehr der: „Da gibts welche, die das machen" oder „das kommt von oben runter".

Die Frage nach der Einführung von technischen Neuerungen stößt auf eine bestimmte Zwischenlage zwischen Informiertheit und Uninformiertheit, auf die in der Einleitung bereits hingewiesen und die charakteristisch ist für das Verhältnis nicht allein der Arbeiter, sondern nahezu aller sozialer Gruppen zu den Instanzen, Institutionen und Organisationen, die die alltägliche Umwelt durchziehen, überlagern und umstellen. Aus dieser Zwischenlage entsteht die Möglichkeit und, in gewisser Hinsicht, der Zwang, den Mangel an Information durch Spekulation zu ergänzen und die Umwelt mit Hilfe von Vorstellungen zu verstehen und zu deuten, die ein unentwirrbares Gemenge von Gehörtem und Gelesenem, von

Vermutungen, Kombinationen und produktiver Phantasie darstellen. Bereits hier also, im Bereich der alltäglichen Verrichtungen, wird die Fähigkeit des Menschen, Teilinformationen zu einem Bild abzurunden, herausgefordert. Das Beispiel zeigt darüber hinaus einige der möglichen Reaktionen auf diese Herausforderung: Ein Teil der Arbeiter „schaltet ab", resigniert oder antwortet reflexartig, was ihm gerade einfällt, ohne sich auf den Anspruch der Frage einzulassen; ein anderer Teil bemüht sich, der Frage gerecht zu werden und eine, seiner Kenntnis des Ganges der Dinge entsprechende Antwort zu geben, die in einem Falle mehr, im anderen weniger an das tatsächliche Geschehen herankommt; ein dritter Teil schließlich geht ebenfalls auf die Frage ein, kann indessen nicht mehr als eine vage und verschwommene Vorstellung hervorbringen. Dabei ist zu beachten, daß die Frage zwar von außen, hier durch einen Interviewer, an den Befragten herangebracht wird, daß sie sich jedoch auf einen Sachverhalt bezieht, der in der Situation des Befragten liegt.

In die Zwischenlage zwischen Informiertheit und Uninformiertheit gerät der Arbeiter bereits in seiner Arbeitsumwelt, obwohl hier seine Informationschancen vergleichsweise groß sind. Dabei ist allerdings zu berücksichtigen, daß der Arbeiter wohl an der Einführung von technischen Neuerungen als solchen, nicht aber am Gang dieser Einführungen speziell interessiert ist. Wie technische Neuerungen zustande kommen, kann ihm im allgemeinen gleichgültig sein. Es wurde daher bei der Befragung auf diesen Punkt kein besonderer Nachdruck gelegt; die Frage war vor allem als Übergangsfrage gedacht, mit deren Hilfe der Schritt zu allgemeineren Problemen – zu den Problemen des technischen Fortschritts – getan werden sollte, denen wir uns im nächsten Kapitel zuwenden

3 Der technische Fortschritt und die Welt in 50 Jahren

a) Die Fragestellung

Die überwiegend positiven Stellungnahmen zu den technischen Neuerungen erlauben keinen Schluß auf die Stellungnahmen zum technischen Fortschritt schlechthin und zur Zukunft der technischen Welt. Zwischen beiden Komplexen von Stellungnahmen besteht ein bedeutsamer Unterschied. Er zeigt sich vor allem darin, daß die Aussagen in beiden Fällen verschiedenartige Horizonte besitzen. Die Frage nach den Auswirkungen der Neuerungen führt dem Arbeiter offenbar Beispiele in so konkreter Anschaulichkeit vor Augen, daß der Blick sich auf das Nächstliegende, die unmittelbaren Wirkungen auf den Arbeitsvollzug und infolgedessen auf die nicht zu übersehenden Vereinfachungen und Erleichterungen des Arbeitsvollzugs fixiert. Die Frage nach dem Fortschritt hingegen – das Stichwort „Fortschritt", „technischer Fortschritt" – hat die umgekehrte Wirkung: Eine Fülle von Assoziationen stellt sich ein, Perspektiven aller Art eröffnen sich und sprengen den Gesichtskreis des Arbeitsplatzes und des Betriebes. Die Äußerungen gewinnen dadurch von vornherein einen größeren Spielraum, der nicht nur die Mannigfaltigkeit und Komplexität der vorhandenen Vorstellungen, sondern, wie wir sehen werden, auch die typischen Befürchtungen zum Ausdruck kommen läßt, die der Arbeiter mit den Maßnahmen der Rationalisierung verbindet und von denen bei Gelegenheit der technischen Neuerungen nicht die Rede war.

Nicht immer gelingt es, den Befragten aus der Fixierung an die eigene Arbeit und den eigenen Betrieb zu lösen. In einigen Fällen wird die Frage nicht verstanden oder mißverstanden. In anderen Fällen vollzieht sich die Horizonterweiterung erst im Verlauf der Antwort, oft mit Hilfe eines ziemlich unvermittelten Schlusses; einige Tatsachen werden genannt und aus ihnen Folgerungen gezogen, deren Bedeutung weit über die Tatsachen hinausgeht: „Wenn ich die Leute auf ihren Motorrädern durch die Gegend jagen sehe wie der Deibel, dann glaube ich, das wird mit dem technischen Fortschritt ein fürchterliches Ende nehmen" (133). In den meisten Fällen hingegen löst die Frage sogleich eine generelle Feststellung aus: „Der technische Fortschritt hat seine guten und seine schlechten Seiten", oder: „Der technische Fortschritt ist solange zu begrüßen, als er gleichzeitig auch einen Fortschritt für die Menschen bedeutet ..." oder: „Der technische Fortschritt verdrängt den Arbeiter nur aus seiner Arbeit und macht ihn brotlos ...". Die Allgemeinheit der Frage hat augenscheinlich die Wirkung, den Befragten aus der Enge der betrieblichen Umwelt zu lösen.

Die Antworten auf die Fragen nach dem technischen Fortschritt schlechthin und nach der Zukunft der technischen Welt sind durch eine weitere Eigentümlichkeit gekennzeichnet: Sie stehen nicht selten in offenem Widerspruch zu vorausgegangenen Äußerungen über technische Neuerungen. Solche Widersprüche sind besonders bemerkenswert, wenn es sich um die Auslegung von persönlichen Erfahrungen handelt. Zum Beispiel stellen die Arbeiter des öfteren ausdrücklich fest, durch die technischen Neuerungen habe niemand seinen Arbeitsplatz verloren, behaupten jedoch später, der technische Fortschritt führe zu Entlassungen und auf die Dauer zu Arbeitslosigkeit. Oder sie betonen, das Werk sei bestrebt, den Beschäftigungsstand zu halten, besonders seit Einführung der Mitbestimmung; trotzdem sagen sie im Zusammenhang mit dem technischen Fortschritt, dieser mache die Arbeiter „brotlos". Noch erstaunlicher aber sind Widersprüche, die unmittelbar aufeinanderfolgen, ohne daß zwischendurch eine weitere Frage gestellt wurde. So sagt ein Platzablader: „Der technische Fortschritt ist gut, die Erfindungen sind gut"; und im nächsten Satz: „Je doller die Technik wird, es kommt doch am Ende auf Krieg hinaus ..." (851). Ein anderer: „Für den Arbeiter ist der technische Fortschritt schlecht, ein Arbeiter hat keinen Nutzen davon", aber: „In

50 Jahren, dann geht es uns allen gut. Wir werden vielleicht nur noch wenige Stunden in der Woche zu arbeiten brauchen. Zu laufen brauchen wir dann auch nicht mehr; jeder wird dann seinen Hubschrauber auf dem Rücken haben" (732). Ein letztes Beispiel: „Daß die Arbeit ohne Menschenhand gemacht wird, wird nicht gehen"; drei Sätze weiter: „Vielleicht brauchen dann (in 50 Jahren) die Menschen nicht mehr zu arbeiten" (377).

Der erweiterte Horizont der Antworten wie ihre häufige Widersprüchlichkeit – zu eigenen Erfahrungen oder zu vorhergehenden Äußerungen – muß, wie uns scheint, in Zusammenhang gebracht werden mit einem dritten Phänomen, das sich bei der Auswertung der umfangreichen Korrelationstabellen ergeben hat: Dabei stellte sich heraus, daß die Aussagen über den technischen Fortschritt und über die Welt in 50 Jahren sich nicht mit fortschreitendem Alter der Befragten verändern und auch von anderen Sozialdaten, wie Berufsweg, Lohngruppe, Konfession usw. unabhängig sind. Das ist ein unerwarteter Sachverhalt. Wie ist diese Zusammenhanglosigkeit zwischen Aussagen und Sozialdaten zu deuten? Zunächst muß festgestellt werden, daß die Zahl der Interviews – 600 – groß genug ist, um Zusammenhänge von Sozialdaten und Aussagen zum Ausdruck zu bringen, falls solche Zusammenhänge vorhanden wären; in anderen Fällen kommen sie zum Ausdruck. Ferner sind auch genügend Korrelationen versuchsweise durchgeführt worden, um das Ergebnis – und auch die Ergebnislosigkeit bedeutet hier ein Ergebnis – sicherzustellen. Infolgedessen stellt sich das Fehlen des Zusammenhanges als gesicherte Tatsache dar, die man hinzunehmen hat. Vorsichtig formuliert, beinhaltet sie, daß die Aussagen über den technischen Fortschritt und die Zukunft der technischen Welt unabhängig sind von den konkreten Arbeits- und Lebensumständen derjenigen, die die Aussagen machen, soweit sich dergleichen durch Sozialdaten erfassen läßt. Daran ändert nichts, daß ein Teil der Arbeiter sich bei seinen Behauptungen auf konkrete Fälle und konkrete Erfahrungen bezieht.

Der Sachverhalt muß um so überraschender wirken, als die Arbeiter sich der Beantwortung der betreffenden Fragen nicht nur nicht entziehen, sondern meist ihre Aussagen mit Sicherheit und Entschiedenheit vorbringen. Nur von 21 aller Befragten (4 %) wird beispielsweise die Zumutung empfunden, die in der Frage nach der Welt in 50 Jahren liegt; nur 39 Befragte (7 %) wissen auf sie keine Antwort zu geben oder lehnen eine Beantwortung ab mit der Begründung, die Frage interessiere sie nicht; nur 10 Befragte (2 %) schließlich geben Antworten, die sich nicht eindeutig auf die Frage beziehen. Das bedeutet: Über 85 % der Befragten insgesamt beantworten die Frage bedenkenlos und bekunden mehr oder weniger konkrete Vorstellungen über die Zukunft der technischen Welt. Vermutlich würden andere soziale Gruppen weder mit dieser Sicherheit noch in diesem Umfang antworten. Um so dringlicher ergibt sich für uns das Problem: Wie lassen sich die geschilderten Sachverhalte in Zusammenhang bringen und was bedeuten sie? Bevor wir diese Frage zu beantworten versuchen, müssen wir die Vorstellungen, die die Arbeiter über den technischen Fortschritt und die Welt in 50 Jahren entwikkeln, beschreiben und ordnen.

b) Übersicht über Argumente und Vorstellungen

Bei der Beschreibung folgen wir dem Fragebogen, der in der Einleitung erläutert worden ist. Wir behandeln zunächst die Stellungnahmen zu den Problemen des technischen Fortschritts, darauf die Aussagen über die Ursachen des technischen Fortschritts und endlich die Vermutungen über die Welt in 50 Jahren. Dabei kommen wir nicht darum herum, die komplexen Äußerungen jeweils unter verschiedenen Gesichtspunkten aufzulösen und die einzelnen Argumente z. T. ausführlich und eingehend zu behandeln. Zwar werden wir uns auf die typischen Argumente beschränken; das Material ist indessen so reichhaltig, daß eine gewisse Breite der Darstellung sich nicht vermeiden läßt, wenn den Aussagen nicht Gewalt angetan werden soll. Andererseits rechtfertigt sich unsere Ausführlichkeit durch die Bedeutung, die die Arbeiter selbst ihren Aussagen zumessen. Schließlich sind die Aussagen über den technischen Fortschritt und die Welt in 50 Jahren, wie sich zeigen wird, in einem besonderen Maße interessant.

(1) *(Folgen des technischen Fortschritts für die Arbeiter und ihre Arbeit)* Wir beginnen mit Äußerungen, die den Aussagen über die Wirkungen der technischen Neuerungen relativ nahe stehen und die daher geeignet sind, den Unterschied in den Horizonten der Beantwortung zu verdeutlichen. Unter dem genannten Gesichtspunkt heben sich auf den ersten Blick drei Gruppen von Feststellungen heraus, die sich auf 398 Befragte (66 %) verteilen.[26] Die erste Gruppe konstatiert auch in diesem Zusammenhang eine Erleichterung, eine Vereinfachung, eine Reduzierung der Arbeit oder eine Verkürzung der auf die Arbeit zu verwendenden Zeit; zu ihr gehören 101 Befragte (17 % der Befragten insgesamt). Daneben steht die zweite Gruppe mit der Behauptung, der technische Fortschritt führe zu einer Freisetzung von Arbeitskräften, zu Entlassungen und schließlich zu Massenarbeitslosigkeit; sie umfaßt 158 Befragte (26 %). Die dritte Gruppe – 139 Befragte (23 %) – enthält diejenigen, die sowohl eine Erleichterung der Arbeit wie eine Bedrohung

26 Von einigen Arbeitern abgesehen, auf die wir noch zu sprechen kommen, äußern sich die restlichen 34 % nicht zu den unmittelbaren Auswirkungen des technischen Fortschritts für den Arbeiter, sondern sprechen nur von allgemeinen Wirkungen; auf diese gehen wir später ein.

des Arbeitsplatzes feststellen. Wenn wir die Aussagen der dritten Gruppe den ersten beiden Gruppen zuteilen, so ergibt sich: 40 % der Befragten sprechen von *Arbeitserleichterungen,* 50 % – also die Hälfte – dagegen von einer *Einsparung an Arbeitskräften* als der unmittelbaren Wirkung des technischen Fortschritts. Im Zusammenhang mit den technischen Neuerungen war von einer Bedrohung des Arbeitsplatzes und damit der Existenz nicht die Rede.

Neben diesen zwei Gruppen fällt der Rest der sonstigen Aussagen über die Folgen des technischen Fortschritts für die Arbeiter nicht ins Gewicht.[27] Nur der Vollständigkeit halber nennen wir die wichtigsten Argumente. Der technische Fortschritt führt zu einer Senkung der Löhne (31), zu einer Erhöhung der Löhne (4); er verdrängt die Handarbeit durch die Kopfarbeit (7), erschwert die Arbeit, indem er die „geistige", d.h. die nervliche Beanspruchung erhöht (7); er begünstigt die gelernte Arbeit – die Facharbeiter und die „Spezialisten" (1); er steigert das Tempo, die „Hetze" (9), macht die Arbeit monotoner, eintöniger, langweiliger, „roboterhafter" (3). Hierher gehört ferner die Behauptung, der technische Fortschritt bewirke nicht unbedingt Arbeitslosigkeit – eine Behauptung, die immerhin von 28 Befragten vertreten wird. Von diesen glauben 21 sogar an die Schaffung neuer Arbeitsplätze, wenn nicht in der Hüttenindustrie, so doch in anderen Industriezweigen. Eine Überlegung wie die folgende hat allerdings Seltenheitswert: „Durch die technische Entwicklung ist der Lebensstandard gestiegen, und durch den technischen Fortschritt haben viele Menschen neue Arbeit gefunden. Wenn gesagt wird, daß durch die Einführung von Maschinen Menschen arbeitslos werden, so ist dies im allgemeinen falsch. Es mag für den Einzelnen zutreffend sein. Aber man benötigt auch wieder Menschen, die den erhöhten Bedarf an Maschinen decken; in den Maschinenwerkstätten also wird man mehr Menschen brauchen" (536). – Schließlich fehlt die These nicht, der technische Fortschritt wirke sich gar nicht auf die Arbeit aus, diese bleibe vielmehr immer die gleiche.

Die zahlenmäßig stärkste Gruppe – die Feststellung, der technische Fortschritt setze Arbeitskräfte frei und führe auf lange Sicht zu einer allgemeinen Arbeitslosigkeit – wird uns noch verschiedentlich begegnen; wir werden uns eingehend mit diesem Argument zu beschäftigen haben, das in den Überlegungen der Arbeiterschaft eine große Rolle spielt. Schon hier ein Hinweis. Das Argument wird oft begründet durch konkrete Beispiele:

> „Der technische Fortschritt nimmt dem Arbeiter sein Brot. Denn jede Neuerung spart Leute ein. Sehen Sie mal die Blockstraße III, die jetzt abgerissen wird. Da waren neun

27 Ein Teil der folgenden Äußerungen (5 %) ist mit den obengenannten verbunden; sie fallen zahlenmäßig nicht ins Gewicht.

> Mann dran, als sie noch in Betrieb war. Jetzt, wenn sie auf elektrisch umgestellt ist, tun die Arbeit – was meinen Sie: zwei Mann! Das heißt, sieben Mann haben keine Arbeit mehr. Die technischen Neuerungen werden nicht eingeführt, um die Arbeit zu erleichtern. Man will ja nur sparen – Rationalisierung, wie das heißt." (888, Kranführer, 24 Jahre.)

Das Beispiel der Straße III unterschlägt indessen, daß die tatsächlich überzählig werdenden Arbeiter an anderer Stelle Verwendung finden, und zwar im selben Werk, also keineswegs „brotlos" werden. Ähnliches ließe sich an vielen Beispielen zeigen, namentlich an der neuen Drahtstraße des Werkes, auf die sich viele Arbeiter beziehen und die in diesem Zusammenhang eine legendäre Berühmtheit erlangt hat. Aber nicht der konkrete Fall ist es, der die Behauptung veranlaßt, der technische Fortschritt setze Arbeitskräfte frei; die These fließt den Arbeitern nicht aus den von ihnen beobachteten Tatsachen, sondern aus anderen Quellen zu. Sie ist offenbar das Vehikel einer Befürchtung, die bis heute und trotz aller Vollbeschäftigung die Arbeiterschaft beherrscht. Wie wir noch genauer sehen werden, wird die Entziehung der Existenzgrundlage durch die technische Entwicklung von dem Industriearbeiter als eine Gefahr empfunden, die seiner Lage als Arbeiter immanent ist.

(2) *(Auswirkungen des technischen Fortschritts im allgemeinen)* Die Befragten betrachten den technischen Fortschritt jedoch nicht ausschließlich unter dem Gesichtspunkt der unmittelbaren Wirkung auf sie selbst und ihre Arbeit. Der überwiegende Teil von ihnen macht den Versuch, sich den Vorgang als solchen vor Augen zu führen, über seine Bedeutung ein Urteil zu gewinnen und ihm gegenüber eine Position zu beziehen. Die wichtigsten dieser Positionen stellen wir im folgenden dar. Dabei beginnen wir mit der Beobachtung, daß sich auch für eine Reihe von Arbeitern – wie für die *bürgerliche Zeitkritik* – die verschiedenen und verschiedenartigen Technisierungsprozesse – die Technisierung der Produktion, des Verkehrs, des Nachrichtenwesens, der Versorgung, der Verwaltung usw. – zu einer Einheit verbinden, die als *die* „Technik" bezeichnet wird. Dementsprechend treten dann auch einige typische Theoreme der bürgerlichen Zeitkritik auf. Zunächst ist die Behauptung zu erwähnen, die Natur lasse sich nicht überwinden, sie setze sich vielmehr, wenn auch auf Umwegen, immer wieder in ihre Rechte:

> „Die Technik hat schon gute Fortschritte gemacht. Aber ich habe immer den Eindruck, daß der Mensch gegen die Natur arbeitet. Er hat zwar gelernt, die Natur zu beherrschen, aber nun ist es z.T. so weit, daß er nicht mehr richtig die Naturkräfte anwendet. Früher ist man z.B. noch nicht so schnell geflogen, das konnte der Mensch aushalten; aber heute fliegt man mit Überschallgeschwindigkeit und immer schneller, da

> kann der Mensch nicht mehr mit. Da kann man so viele Apparate erfinden, wie man will, da wird der menschliche Körper nicht mehr mitmachen. Oder mit der Atombombe. In Hiroshima, wo die gefallen ist, haben die Frauen nachher Kinder geboren, die übernormal groß geworden sind." (166, 2. Stapler, 24 Jahre.)

Mit einem Wort:

> „Die Natur läßt sich nicht abschaffen; sie wird sich rächen." (458, Tiefofen-Kranführer, 51 Jahre.)

Auch eine andere Vorstellung ist aus der Zeitkritik bekannt: Die Technik versklavt den Menschen und macht ihn zur Maschine. „Durch den schnellen Fortschritt wird der Mensch immer mehr zur Maschine. Ich habe z. B. die Fordwerke gesehen. Da machen sie jeden Tag die gleiche Arbeit. Einer nimmt sich ein Bündel Kabel, immer die gleichen ... Er ist ja kein Mensch mehr, sondern ein Fließband" (525). „Man soll im technischen Fortschritt nicht Knecht der Maschine sein, nicht Sklave der Maschine. Die Maschine ist für den Menschen da, nicht umgekehrt" (586). Hierher gehört ferner die These von der Reduktion der menschlichen Fähigkeiten infolge der Spezialisierung:

> „Als ich Soldat in Rußland war, habe ich gesehen, was ein Schmied in einem kleinen Dorf alles machen kann, wie er mit den primitivsten Hilfsmitteln die kompliziertesten Sachen herstellt. Man muß sich mal überlegen, was so ein Mann alles kann! Und damit mal einen spezialisierten Arbeiter in einem Großbetrieb vergleichen, z. B. die Leute hier im Maschinenbetrieb! Mit dieser Spezialisierung schrumpfen die Fähigkeiten der Arbeiter immer mehr ein. Ich will nicht sagen, daß sie verblöden, aber ihre Fähigkeiten werden immer geringer. Dadurch werden die Menschen immer unselbständiger und unfreier." (311, Kranführer, 43 Jahre.)

Schließlich muß hier genannt werden die These von der Eigengesetzlichkeit der Technik, die dem Menschen aus der Kontrolle gerät und sich selbständig macht: „Der Mensch wird eines Tages diese neuen Kräfte – Atom, Wasserstoff und so – nicht mehr bannen können. Das ist doch wie bei Goethe, das Gedicht von dem Zauberlehrling: Die Geister, die er rief, die wird er nicht mehr los" (886).

Stellungnahmen wie die zitierten, die deutlich an die bürgerliche Zeit- und Kulturkritik erinnern und die, wenn man so will, als „abgesunkenes Kulturgut" angesprochen werden können, sind jedoch relativ selten. Kaum häufiger sind Stellungnahmen eindeutig *marxistischer Herkunft*. Dabei sehen wir davon ab, daß die Behauptung eines Zusammenhanges von technischem Fortschritt und Arbeitslosigkeit innerhalb des Marxismus eine gewisse Rolle spielt und auch von den Arbeitern in marxistischer Färbung verwendet werden kann, wie das folgende Beispiel zeigt: „Der Fortschritt ist ja ganz gut, aber er müßte der Arbeiterschaft zugute kommen. Das ist doch die eigentliche Aufgabe des Fortschritts. In Wirklichkeit ist das aber umgekehrt: Der Fortschritt dient dazu, einige reiche Leute, schwer reiche Leute zu schaffen und die andern zu versklaven. Man braucht sich das nur mal anzusehen. Die neue Drahtstraße soll 800 t pro Schicht machen, die alte machte nur 300 t. Man produziert also mit der Hälfte der Leute das Doppelte, mehr als das Doppelte. So ist das immer. Was soll dann aus den Leuten werden? Auf diese Weise schaffen sie den Militarismus nicht ab. Im Gegenteil: Dann müssen wieder stehende Heere aufgestellt werden, und dann gibt es auch bald wieder Krieg“ (413). Deutlicher marxistisch geprägt sind andere Aussagen:

> „Der technische Fortschritt ist ja ganz gut, im allgemeinen gut, wenn er der Arbeiterschaft zugute käme. Aber das tut er nicht. Vielmehr muß der Arbeiter jeweils die Lasten tragen. Der Fortschritt nämlich ist nur dann möglich, wenn von Zeit zu Zeit alles zerstört wird. Es wird so viel Stahl erzeugt, daß man die ganze Erde damit auslegen kann. Was soll man damit?! Man kann ihn ja nicht brauchen, vor allem ja nichts mehr damit verdienen. Darauf kommt alles an. Die Kapitalisten haben den längeren Arm. Wenn sie ihre Erzeugnisse nicht mehr absetzen oder wenn sie nichts mehr daran verdienen können, dann wird wieder ein Krieg gemacht und alles kaputt geschlagen … Und der Arbeiter muß alles machen und am Ende auch noch bezahlen.“ (713, Walzmeister Blockstraße, 54 Jahre.) „Die Technik ist nicht zum Vorteil für den Arbeiter, sondern zum Profit für das Kapital. Das Kapital verdient durch die Technik. Was aus den Arbeitern wird, das ist denen doch ganz egal.“ (517, 2. Walzenzugmaschinist, 54 Jahre.) „Der Arbeiter ist immer nur der arme Mann, der eben arbeiten muß. Den Raibach, wie man so sagt, machen immer nur die anderen.“ (583, Kolonnenführer, 61 Jahre.) „Der technische Fortschritt ist nur für das Kapital finanziell günstig.“ (587, Säger, 52 Jahre.) „Es ist zu erwarten, daß wir eines Tages auf die Straße gesetzt werden, weil es keine Arbeit mehr gibt. Von den Herren da oben ist nichts zu erwarten. Die gehen nur auf ihren Profit. Was mit uns geschieht, ist ihnen völlig gleichgültig. Heute müssen wir noch für sie arbeiten. Aber wenn sie uns einmal nicht mehr nötig haben, wenn unsere Arbeit durch Maschinen getan wird, lassen sie uns ruhig hungern.“ (741, 2. Walzenzugmaschinist, 24 Jahre.) Kurz: „Das geht alles darauf hinaus, den Arbeitern auszumisten.“ (072, Kantwagenfahrer, 34 Jahre.)

Die zitierten Äußerungen tragen, vorsichtig ausgedrückt, marxistisches Gepräge. Sie sind Relikte marxistischer Denkweise. Keine der zitierten Äußerungen aber kann als „rein“ marxistisch angesprochen werden. Das gilt ganz allgemein und selbst für kommunistische Funktionäre, auf die wir natürlich auch gestoßen sind. Wie die Zitate zeigen, werden die spezifisch marxistischen oder die „marxistoiden“

Gedankengänge immer wieder unterbrochen durch Argumente anderer Herkunft. Um nur ein typisches Beispiel herauszuheben: Auf die zitierte Äußerung, die Kapitalisten hätten den längeren Arm usw., folgt die Bemerkung: Das sei der Lauf der Welt ... Eine Bemerkung, in der, unausgesprochen, die resignierende und alles andere als marxistische Unterstellung liegt, es werde denn auch wohl so bleiben. Dies Beispiel führt uns zu einer weiteren Feststellung: Der marxistisch-kommunistische Revolutionsanspruch, die Forderung, die etablierte Ordnung durch eine Revolution zu ändern und die Produktionsmittel in die Hände des Proletariats zu überführen, wird äußerst selten, überhaupt nur in drei Fällen gestellt. Das ist bezeichnend für die gegenwärtige Lage der Industriearbeiterschaft. Andererseits ist unverkennbar, daß die Vorstellung einer Zweiteilung, einer Aufspaltung der Gesellschaft in ein „Oben" und ein „Unten" weit verbreitet ist. Die Benennung – das Kapital, die Kapitalisten, die reichen Leute, die Herren, die da oben, die anderen usw. auf der einen und die Arbeiterschaft, der Arbeiter, die kleinen Leute usw. auf der anderen Seite – variiert. Ebenso variiert die Rolle, die den beiden sozialen Gruppen zugeschrieben wird, sowie das Verhältnis, das zwischen ihnen besteht. Die Zweiteilung indessen ist deutlich vorhanden – von der Frontstellung der Parteien im Klassenkampf über den starren Gegensatz der „Reichen" und der „kleinen Leute" bis zur Forderung sozialer Partnerschaft zwischen den beiden Gruppen. Ferner ist in vielen Aussagen – sei es latent, sei es dominant – das Bild erkennbar, das der Marxismus von den „Kapitalisten" entworfen hat und zu dem nicht nur gehört, daß die „Kapitalisten" die Arbeiterschaft „ausbeuten", daß sie den „Mehrwert" einstreichen und sich auf Kosten der Arbeiterschaft bereichern, ohne sich ansonsten um sie zu kümmern, sondern auch die Vorstellung einer intriganten Macht, einer in den Kulissen operierenden und Drähte ziehenden Omnipotenz der „Kapitalisten". Ausstrahlungen dieses Bildes sind uns in den Zitaten bereits begegnet. Es beherrscht vor allem die Vermutungen über den Zusammenhang von „Kapital" und Politik:

> „Wenn die Großkapitalisten nicht genug verdienen, brechen sie einen Krieg vom Zaune. In Amerika ist es so, wenn man nicht aufrüstet, gibt es viele Arbeitslose. Aber da rüsten die Kapitalisten lieber. Denn sonst liegen die Leute auf der Straße und haben Zeit, über die Dinge nachzudenken, und werden vielleicht auch zu Kommunisten. Dieses wollen die Kapitalisten verhindern und rüsten lieber und lassen dann durch einen Krieg einige Millionen kaputtgehen." (233, Aufsetzer, 43 Jahre.) „1930 bis 1933 war die Arbeitslosigkeit von den Industriebaronen künstlich herbeigeführt worden, damit der Hitler leichtes Spiel hatte." (487, Schmied, 45 Jahre.)

Solche Äußerungen zeigen, daß man den „Kapitalisten" nicht nur zutraut, über Krieg und Frieden, Regierungen, Arbeitslosigkeit usw. ausschließlich nach dem

Ermessen wirtschaftlichen Vorteils zu befinden, sondern daß man ihnen auch die Macht dazu unterstellt – mit einem Wort: daß man den Staat mehr oder weniger ausdrücklich als Instrument der herrschenden Klasse betrachtet.

Der Eindruck eines marxistischen Gepräges der Antworten verstärkt sich noch, wenn wir die Aussagen über die Ursachen und die Triebkräfte des technischen Fortschritts heranziehen. Das kann indessen hier noch nicht geschehen, da wir zunächst *weitere Stellungnahmen* zum technischen Fortschritt selbst darzulegen haben. Neben den beiden genannten Gruppen – den bürgerlich-zeitkritisch und den marxistisch bestimmten – finden sich natürlich auch *Fortschrittsgläubige*, die die Technik und den technischen Fortschritt enthusiastisch begrüßen: „Ich bin dafür. Der technische Fortschritt ist prima. Das muß so sein. Einige meiner Kollegen sind dagegen, wegen der Kinderkrankheiten. Aber das gibt sich im Laufe der Jahre …" (213). Die Zahl solcher Enthusiasten wie überhaupt derer, die den technischen Fortschritt begrüßen, ist jedoch ebenfalls nicht sehr groß. Hier vor allem macht sich der Widerspruch zu den Aussagen über die technischen Neuerungen bemerkbar: Während mehr als die Hälfte der Befragten sich positiv über diese äußern, wie wir im vorigen Kapitel gesehen haben, bejahen nur etwa 20 % der Befragten insgesamt den technischen Fortschritt vorbehaltlos. Die Begründung für diese Bewunderung ist verschieden. Neben der Faszination durch neue technische Anlagen und moderne Verfahren steht insbesondere der Hinweis darauf, daß der technische Fortschritt die Arbeit erleichtere, vor allem aber, daß er den Lebensstandard erhöhe. Auch in diesem Zusammenhang taucht das Argument auf, der technische Fortschritt setze Arbeitskräfte frei. Meist wird hier jedoch ausdrücklich versucht, es zu widerlegen:

> „Der technische Fortschritt hat die Arbeit sehr erleichtert. Früher ist sehr schwer gearbeitet worden. Z. B. am Hochofen und in der Möllerei; auch im Walzwerk war es schlimm. Durch den technischen Fortschritt konnten Arbeitskräfte eingespart werden, so daß die Löhne höher werden konnten. Auch Geld für Sozialeinrichtungen war da. Haben Sie schon mal die neue Lehrlingswerkstatt gesehen? Früher hatte die Firma kein Geld, um so ein Haus zu haben. Auch Waschanlagen wurden gebaut. Dazu hatte man früher kein Geld. Ganz früher mußten sich die Schmelzer in Eimern waschen. Heute stehen ihnen jeden Tag Bademöglichkeiten zur Verfügung. Der technische Fortschritt hat zum Wohlstand der Arbeiter beigetragen." (392, 2. Apparantewärter, 60 Jahre.) „Ich halte den technischen Fortschritt für die einzige Möglichkeit, bessere Lebensbedingungen zu schaffen. Die Arbeit muß rationalisiert werden. Dann werden Arbeitskräfte eingespart. Auf diese Weise kann billiger und auch besser produziert werden. Es werden Energien eingespart, die anderswo eingesetzt werden können. Die Ansicht von vielen Arbeitskollegen, daß viele durch den technischen Fortschritt ihren Arbeitsplatz verlieren, ist irrig. Der technische Fortschritt eröffnet ja so viele neue Möglichkeiten.

> Da braucht keiner Angst um seinen Arbeitsplatz zu haben. Die Arbeitsmöglichkeiten sind da noch lange nicht erschöpft … Es werden doch für alle, wenn besser und rationeller produziert wird, bessere Lebensbedingungen geschaffen." (786, Aufzugsmaschinist, 34 Jahre.)

Das Gros der Stellungnahmen zum technischen Fortschritt besteht im Gegensatz zu den drei genannten profilierteren Gruppen in Aussagen, die die Vorteile und die Nachteile gegeneinander abwägen. Sie haben die logische Struktur „einerseits – andererseits". Wir werden auf diese *abwägenden Stellungnahmen* eingehen, wenn wir die Gesamtbewertung des technischen Fortschritts durch die Arbeiterschaft erörtern. Die Argumente, die in diesem Zusammenhang gegeneinander ausgespielt werden, sind uns im großen und ganzen bekannt, mit einer Ausnahme – der Furcht vor einem kommenden Kriege, auf die wir später ebenfalls zurückkommen.[28]

(3) *(Die Erklärungen des technischen Fortschritts)* Hier können wir uns – mit den Befragten – kurz fassen. Die Erklärungen verteilen sich, grob gesehen, auf drei Gruppen. *Die erste Gruppe* bringt eine „Wesens"-Erklärung. Sie leitet die technische Entwicklung ab aus dem „Wesen" des Menschen – „Das liegt am Menschen selbst; der hat ständig den Drang zur Verbesserung" (562) – oder aus dem „Wesen" der Technik: „Das ist genau wie bei einem Zahnradgetriebe. Da greift ein Zahn in den andern. Genau so ist das bei der Technik. Da greift eine Erfindung in die andere, und so geht das voran" (565). *Die zweite Gruppe* führt den technischen Fortschritt auf bestimmte Menschen oder auf bestimmte Menschengruppen zurück, z. B. auf die „Erfinder", die „Ingenieure", die „Techniker", auf „die, die die Schule besucht haben", die, „die das gelernt haben", „Genies", auf „Leute, die knobeln und knobeln, bis sie was gefunden haben" usw. Hierher gehört auch die Behauptung, die Erfindungen stammten meist oder ausschließlich von den Arbeitern (3 % der Befragten insgesamt).

Die dritte Gruppe endlich erklärt den technischen Fortschritt mit Hilfe sozialökonomischer Ablaufmodelle verschiedener Art. Es lassen sich wenigstens drei solcher Modelle deutlich unterscheiden. Das erste ist volks- und betriebswirtschaftlicher Natur; es führt den Fortschritt – die Rationalisierung der Produktion – auf die Konkurrenz des Auslandes oder der anderen Hüttenwerke zurück: „Die Werke liegen im Konkurrenzkampf. Wer am billigsten produziert, ist den anderen überlegen. Deshalb muß man ständig modernisieren" (311). Auch die Anforderungen oder das Angebot des Marktes können in dieses Modell einbezogen

28 Siehe S. 75 ff.

sein: „Das muß ja immer so weitergehen, weil man immer bessere Stahlqualitäten braucht“ (667). Oder: „Das kommt durch die vielen Güter, die angeboten werden. Einer sieht, was der andere hat; das will er auch haben“ (023). Das zweite Modell sieht das treibende Moment in einem spezifischen Zusammenhang von Krieg und Fortschritt. „Der technische Fortschritt kommt meistens in den Kriegen oder kurz vor den Kriegen zustande. Dann macht man neue Erfindungen, die mehr Menschen und Wohnungen und andere Dinge zerstören. Alles geht um die Vernichtungswaffen“ (735). Oder: „Zuerst erfindet man etwas, was für den Krieg zu brauchen ist und womit man möglichst viel zerstören kann. Viel später wird das dann für friedliche Zwecke ausgewertet“ (145). Offensichtlich steht dieses Denkmodell stark, obwohl nicht ausschließlich unter der Suggestion der nuklearen Erfindungen. Das dritte Modell endlich ist wiederum mehr oder weniger marxistisch gefärbt. Es wird von 31 Befragten (5 %) folgendermaßen oder ähnlich vorgetragen: „Das kommt vom Kapital“ (624). Oder: „Für den Arbeiter ist das sinnlos. Aber die Kapitalisten verdienen daran; darum geht der Fortschritt immer weiter“ (113). Oder: „Die Aktionäre der großen Unternehmen wollen billiger produzieren, um mehr zu verdienen, um mehr Profit zu haben. Sie beschäftigen Techniker, die sich das austüfteln“ (293). Wie das letzte Beispiel zeigt, können die Argumente kombiniert auftreten. Deutlich besteht eine Affinität vor allem zwischen dem ökonomischen und dem marxistischen Modell; ein Drittel der Befragten, die die marxistische Erklärung vorbringen, vertreten gleichzeitig das ökonomische Argument. Das ist kein Zufall, wie überhaupt die weite Verbreitung dieses Arguments ohne den Marxismus nicht erklärlich sein dürfte.

Zahlenmäßig verteilen sich die Erklärungen des technischen Fortschritts folgendermaßen – wenn wir die Einzelargumente betrachten und die Überschneidungen, die Kombinationen außer Betracht lassen: Von den insgesamt 544 Teilaussagen fallen auf die „Wesens“-Erklärung 58 Aussagen (11 %), auf die personale Erklärung des technischen Fortschritts 243 Aussagen (45 %), auf die drei Ablaufmodelle 176 Aussagen (32 %); es bleiben 67 Aussagen (12 %).

Diese sonstigen Aussagen sind sehr verschiedenartig und heterogen; sie lassen sich den drei Gruppen nicht zuordnen, und wir müssen auf sie noch kurz eingehen. Da ist zunächst die These, der technische Fortschritt habe arbeitsökonomische Gründe; er bezwecke die Vereinfachung und Erleichterung der Arbeit. Sie findet sich bis zu folgender Zuspitzung: „Die Faulen haben die Technik erfunden. Das ist schon richtig, die Technik macht die Menschen faul …“ (393). Ferner wird ausgeführt, der Fortschritt ergebe sich aus den Mängeln der gegenwärtigen Produktionsweise: „Wenn etwas nicht klappt, dann müssen sich die Herren den Kopf zerbrechen, und dann fangen sie an zu verbessern und zu erfinden“ (864). Schließlich gibt es eine Reihe von Ansichten, die z. T. geradezu bizarr sind: „Verschiedene Schriftsteller haben Phantasie und schreiben über die Zukunft. Aus ihren Schilderungen werden meistens die neuen Erfindungen abgeleitet" (531). Endlich fehlen auch „soziologische" Erklärungen nicht: „Das liegt daran, daß die höheren Kreise Mittel in der Hand haben, alles in der Welt vorwärtszutreiben" (231). „Wir haben ein Heer von Leuten, die sich anstrengen müssen, in die Stellen zu kommen. Da müssen sie etwas Neues erfinden" (487). Als letztes Beispiel eine sozusagen „völkerpsychologische" Erklärung: „Der Deutsche hat einen besonderen Strebergeist. Er will alle überholen, will es immer besser machen als andere und hält beim Alten nicht aus" (347).

(4) *(Die Welt in 50 Jahren)* Wir haben bereits darauf hingewiesen, daß sich nur ein erstaunlich kleiner Prozentsatz der Frage nach der Welt in 50 Jahren entzieht, daß dagegen die überwiegende Mehrheit der Befragten die Bodenlosigkeit der Frage nicht empfindet und eine Antwort gibt. Bei fast der Hälfte aller Befragten stehen die Antworten darüber hinaus in einem eindeutigen Zusammenhang mit den Stellungnahmen zum technischen Fortschritt: man greift entweder ausdrücklich auf das vorher Gesagte zurück und führt die Aussage fort, oder aber man läßt erkennen, daß man die vorigen Äußerungen gegenwärtig hat. Das deutet darauf hin, daß die Befragten im allgemeinen nicht einfach reaktiv antworten, also irgendetwas antworten, um zu antworten und die Frage loszuwerden. Bei 66 Befragten (11 %) läßt sich sogar deutlich erkennen, wie sie ein Verhältnis zu der Frage zu gewinnen suchen, indem sie auf frühere Zeiten zurückblenden, um mit Hilfe einer Analogie Boden unter die Füße zu bekommen.

> „In 50 Jahren läuft das Eisen noch genau so wie heute. Vor 20 Jahren hat man sich auch gefragt, was denn wohl werde, wenn die Technik fortschreite. Aber auch heute fließt das Eisen noch alle vier Stunden. Es wird zwar mehr gemacht, aber noch auf dieselbe Weise." (711, Schrottaufseher, 53 Jahre.) „Vielleicht wird man dann auch schon zum Mond fliegen können. Wenn ich das heute einem Alten erzähle, würde der mich nur für verrückt halten. Aber wenn man um 1900 einem Menschen erzählt hätte, daß man heute mit Überschallgeschwindigkeit, mit über 1000 Stundenkilometern durch die Luft fliegt, hätten die einen früher auch für verrückt erklärt. Warum sollte das also nicht möglich sein?" (064, Kantwagenführer, 36 Jahre.)

Die Antworten selbst sind natürlich von einer außerordentlichen Mannigfaltigkeit und Buntheit; über Mangel an Phantasie kann man sich, wie wir sehen werden, nicht beklagen. Dennoch stehen verhältnismäßig wenige Themen im Vordergrund, denen wir auch hier zunächst einzeln nachgehen müssen. Dabei beginnen wir mit der *Angst vor der Arbeitslosigkeit*, die in diesem Zusammenhang gleichfalls eine bedeutende Rolle spielt: 97 Befragte (16 %) sprechen über sie als von einer ziemlich sicheren Tatsache; die Hälfte davon spricht von nichts anderem als dieser „Tatsache", die sie völlig beherrscht. Oft wird die zukünftige Arbeitslosigkeit in Verbindung gebracht mit einer Steigerung der Mechanisierung und der Automation: „In 50 Jahren wird man nur noch wenige Arbeiter gebrauchen; alle Arbeit wird dann von Maschinen gemacht" (838); weitere Beispiele dafür zu geben, erübrigt sich.

Neben der Arbeitslosigkeit kommt der *Frage eines dritten Weltkrieges* eine besondere Bedeutung zu. 243 Befragte (41 %) insgesamt halten einen dritten Weltkrieg für möglich (20 %), wahrscheinlich (7 %) oder unabwendbar (14 %). Sie kommen von sich aus, spontan darauf zu sprechen. Andererseits sind diese Zahlen fraglos beeinflußt durch den Zeitpunkt der Befragung (Januar bis März 1954), durch die Berliner Konferenz vom 25. Januar bis zum 18. Februar 1954, deren Vorbereitung und deren Scheitern die öffentliche Meinung stark bewegt hat. In den Begründungen – solche werden von 17 % aller Befragten versucht – kommt die Zeitbedingtheit zum Ausdruck: 47 Befragte (8 %) stützen sich bei ihren Voraussagen auf politische Erwägungen und nehmen dabei z. T. ausdrücklich auf die Berliner Konferenz Bezug. „Wenn sie sich in Berlin einig werden, kann der Krieg vielleicht verhindert werden. Aber ich weiß nicht, ob sie ihn überhaupt verhindern wollen" (211). Nach der Konferenz kann es dann heißen: „Sicherlich wird es in den nächsten Jahren einen Krieg geben, besonders da man sich jetzt nicht geeinigt hat" (437). Meist aber wird ganz allgemein auf den Ost-West-Gegensatz verwiesen: „Sicher wird es zu einer Auseinandersetzung zwischen Ost und West kommen. Die Russen und die Amerikaner werden auf die Dauer nicht nebeneinander leben können" (537). Die Schuld wird teils bei den Amerikanern, teils bei den Russen gesucht. Oder aber bei beiden: „Natürlich kommt es wieder zum Krieg. An das deutsche Wirtschaftswunder habe ich nie geglaubt. Ich glaube überhaupt nicht an Wunder. Das ist nur eine Scheinblüte. Die stammt daher, daß der Westen uns gegen den Osten braucht. Ich halte nichts vom Westen und nichts vom Osten. Das sind alles dieselben Gauner. Der eine macht den andern schlecht, und dabei sind sie beide schlechte Hunde. Mir braucht niemand etwas zu erzählen. Die Amerikaner sind genau so schlecht wie die Russen, und beide haben nichts anderes im Sinn, als die Deutschen aufzuhetzen – der Osten gegen den Westen, der Westen gegen den Osten. Das ist das ganze Wirtschaftswunder" (311).

Ein kommender Krieg wird jedoch nicht ausschließlich aus politischen Gründen vorausgesagt. Wie bei den Erklärungen des technischen Fortschritts werden auch hier wirtschaftliche Gründe angeführt, und zwar von 47 Befragten (8 %). Das Gespenst der Arbeitslosigkeit taucht wieder auf:

> „Die Russen wollen keinen Krieg, die wollen ihre Wirtschaft aufbauen. Der Lebensstandard in Rußland ist so niedrig, daß man dort viel billiger produzieren kann als in Deutschland. Wenn die Russen dann mit ihrer Produktion so weit sind, werden sie ihre

Waren viel billiger auf den Weltmarkt werfen, als die anderen Länder es können. In den westlichen Ländern wird es dann sehr viele Arbeitslose geben. Dann sind die westlichen Länder in der Lage, entweder Pleite zu gehen oder aber einen Krieg gegen Rußland zu führen. Deshalb wird es in den nächsten Jahren sicherlich einen Krieg geben." (432, 1. Aufzugsmaschinist, 39 Jahre.) Oder: „Der technische Fortschritt macht Arbeitskräfte überflüssig. Dadurch entsteht periodisch Arbeitslosigkeit, die nur durch Krieg beseitigt werden kann. So ist das beim ersten und auch beim zweiten Weltkrieg gewesen. Auch jetzt gibt es schon wieder Arbeitslose. Es wird Zeit, daß wieder ein Krieg kommt." (111, Erzfahrer, 46 Jahre.)

Als wirtschaftliche Kriegsursachen werden ferner genannt die Konkurrenz auf dem Weltmarkt, die Überproduktion und die allgemeine Aufrüstung. Dabei klingen gelegentlich mehr oder weniger stark marxistische Töne an. Schließlich finden wir Kriegsprognosen, die sich auf das Argument der Überbevölkerung stützen oder einen Zusammenhang zwischen der wachsenden Erdbevölkerung und der sich steigernden Kraft der Massenvernichtungsmittel unterstellen. Über die Hälfte derjenigen, die von einem kommenden Krieg sprechen, geben für ihre Behauptungen und Befürchtungen keine Begründung an.

Arbeitslosigkeit und Krieg sind die beiden massivsten Befürchtungen im Bewußtsein der Arbeiterschaft. Heute wird wahrscheinlich etwas Weiteres dazugekommen sein – die Furcht vor *Rationalisierung und Automation,* die indessen nur eine Konkretisierung der Furcht vor dem Verlust des Arbeitsplatzes darstellt. Bereits in unserer Befragung verweisen 128 Befragte (21 %) auf zukünftige Arbeitszeitverkürzungen – die sie teils begrüßen, vor denen sie sich teils, wegen des vermutlichen Verdienstausfalls, fürchten – und, manchmal im Zusammenhang mit diesen Verkürzungen der Arbeitszeit, auf eine fortschreitende Automatisierung des Arbeitsprozesses (7 %). „In 50 Jahren wird es sicherlich viel mehr Maschinen geben als heute. Man wird dann höchstens noch 4 Stunden zu arbeiten brauchen; körperliche Arbeit gibt es dann nicht mehr" (336). Eine besondere Variante dieser Argumentation ist die „Knopf-Theorie": „In 50 Jahren wird das Werk von ein paar Leuten bedient. Die drücken auf verschiedene Knöpfe und dann läuft das" (414). Oder: „In 50 Jahren wird niemand mehr arbeiten. Dann geht alles automatisch. Da steht man morgens aus dem Bett auf und drückt auf ein paar Knöpfe, und dann läuft das ganze Hüttenwerk und alles andere auch" (515). „Vielleicht ist man so weit, daß die Maschinenbedienung von zu Hause aus erledigt werden kann, man braucht also gar nicht mehr ins Werk zu kommen ..." (524). Gleichzeitig erscheint die Arbeitszeitverkürzung nicht nur als Folge, sondern auch als Gegenmaßnahme gegen den mit der Rationalisierung verbundenen Wegfall von Arbeitsplätzen: „Der technische Fortschritt hat zur Folge, daß weniger Menschen beschäftigt werden. Das wird dann aber ausgeglichen werden. In England und

Frankreich gibt es z. B. heute schon die 40-Stunden-Woche oder auch andere Mittel wie eine vierteilige Schicht statt der dreiteiligen" (286). Im Zusammenhang damit behaupten einige Arbeiter, in 50 Jahren brauche man überhaupt nicht mehr zu arbeiten, da die menschliche Arbeit vollständig von Maschinen übernommen sein werde. Andere jedoch bestreiten das: „Das sieht man z. B. an den Bauern; die brauchen auch noch ein Pferd, trotz der Traktoren. So ist das mit den Arbeitern auch …" (012).

Unter dem Aspekt der Zukunft beschäftigt die Arbeiter ein weiteres Problem – die *Frage der Atomenergie* oder, wie die Arbeiter sich ausdrücken, „der Atome"; 113 Befragte (18 %) kommen darauf zu sprechen. Die Atomenergie erscheint dabei im wesentlichen in drei Zusammenhängen. Einmal wird sie als eine neue Antriebsenergie für technische Anlagen betrachtet, von der bedeutende Umwälzungen ausgehen. „Was man jetzt für Vernichtungszwecke herstellt, wie die Atombombe, wird man in 50 Jahren für friedliche Zwecke nutzbar machen" (131). Oder: „Ein großer Abschnitt wird erreicht sein, wenn die Atomenergie die jetzigen Kraftquellen ablöst" (536). „Die Atomkraft wird auf dem Gebiet des Antriebs wahrscheinlich alles ändern" (423). Von den Wirkungen einer solchen Umstellung besitzt der Arbeiter keine konkrete Vorstellung – wenn man davon absieht, daß sich die „Knopf-Theorie" gelegentlich mit den an die industrielle Nutzbarmachung der Atomenergie geknüpften Erwartungen verbindet. Ferner wird häufig ein Zusammenhang zwischen den „Atomen" und den Capricen des Klimas angenommen: „Durch die Atomexplosionen wird die Witterung so schlecht" (267). Endlich sind 53 Befragte (9 %) auf das tiefste beeindruckt von den Vernichtungsmöglichkeiten, die die Atombombe in sich birgt.

> „Die Explosionskraft wird in 50 Jahren eine ganz große Rolle spielen. Alles hängt davon ab, wer sie bedient. Keine Narren dürfen sie in die Finger bekommen, dann kann die Welt dabei zugrunde gehen. Die Menschen können ja manchmal so dumm sein. Mit der Erfindung der Explosionskraft sind wir in eine ganz neue Zeit gerückt. „Erfindung" ist allerdings nicht richtig. Sie hat ja schon immer bestanden, die Kenntnisse davon sind ja auch schon älter als von heute. Man wußte schon immer, daß der Lauf der Welt abhängt von diesen ganz kleinen Körpern, wo man hinter die Gesetze gekommen ist, nach denen diese kleinen Körper sich bewegen. Jetzt muß man um so mehr aufpassen, daß keine Narren ans Ruder kommen. Der Hitler hätte sicher die Atomkraft angewandt, wenn er so weit gewesen wäre. Das war ein Glück, daß er nicht so weit war." (324, Vorarbeiter, 63 Jahre.) Oder: „In 50 Jahren, da wird die Welt sicher mal kaputt gehen. Von den Atomen. Die werden alles in Stücke reißen. Die lassen sich auf die Dauer nicht bannen. Die Natur läßt nicht mit sich spaßen, denken Sie nur an den Temperaturwechsel. Meinen Sie, das käme von selbst? Nie und nimmer. Wie sagt Schiller: ‚Denn die Elemente hassen das Gebild von Menschenhand. Wehe, wenn sie

> losgelassen ...' Der hat das schon vor 200 Jahren so gesehen. Nein, der technische Fortschritt bringt Unheil, wenn der Mensch nicht vernünftig wird. Das ist so sicher, wie 1 mal 1 eins ist." (387, Reservekranführer, 53 Jahre.) Oder: „Die Atome werden sicher einmal zum Morden verwandt. Die Menschheit schaufelt sich selbst ein Grab. Da gibt es Wasserstoffbomben, Superbomben. Gnade uns Gott, wenn das Zeug einmal eines Tages benutzt wird! Wo die Vernunft nicht vorherrscht, wird es immer Vernichtung geben. Die Menschheit müßte sich auf sich selbst besinnen, dann wäre sie gerettet – aber so?! Das gilt auch für Berlin. Wenn die sich nicht einigen, sehe ich für die Menschheit schwarz. Dann wird der technische Fortschritt in sein Gegenteil umschlagen; er wird ein Rückschritt sein." (385, Kranführer, 61 Jahre.)

In dieser Richtung bewegt sich auch die Furcht vor unbestimmten, unvorstellbaren Katastrophen, die über die Menschheit hereinbrechen – vor einem „großen Knall", mit dem ganze Erdteile versinken oder sogar die Erde auseinanderplatzt.

Einem kleinen Teil der Arbeiter – 26 Befragten insgesamt – ist die *Problematik der „Überbevölkerung"* gegenwärtig. „Ich bin der Meinung, daß die Menschen nicht mehr so viel Kinder haben sollen; denn wo soll das alles hin! Die haben später doch nicht alle Platz und fressen sich zum Schluß alle selber auf" (365). Andererseits werden heute jedoch auch in den Arbeiterfamilien nicht mehr so viele Kinder geboren: „Jetzt sind die Leute nicht mehr so dumm, daß sie so viele Kinder kriegen" (255). Trotzdem bleibt das Problem der Überbevölkerung als Weltproblem bestehen:

> „Wir haben jetzt, wenn ich es richtig weiß, so 2½ Milliarden Menschen auf der Erde. In 50 Jahren sind es doppelt so viel. Da müßten auch die Kirchen vernünftig sein und eine Geburtenkontrolle zulassen. Ich habe mal ein Buch gelesen – ich weiß im Augenblick nicht, von wem. Da war eine Insel irgendwo im Meer. Darauf lebten 330 Menschen. Die Insel konnte keinen weiteren mehr ernähren. Da losten die Menschen immer, wer sterben müßte, wenn ein neuer Mensch zur Welt kam. Der, den das Los getroffen hatte, der mußte dann ins Meer springen oder sich sonstwie selbst um die Ecke bringen. Das hätten sie doch viel einfacher haben können, indem sie eben nur dann einen Menschen gebären ließen, wenn einer gestorben war. Nein, auf der Erde muß das anders werden, sonst haben unsere Nachkommen ein schweres Los. Die fressen sich dann buchstäblich gegenseitig auf. Das scheint mir bei allem technischen Fortschritt das dringendste Problem. Die Primitiven, die Hilfsarbeiter und die Wilden haben immer die meisten Kinder. Die Intelligenten haben immer nur ein oder zwei Kinder. Das ist in den unkultivierten Ländern, Indien und China, genau so." (585, Universalschweißer, 48 Jahre.)

Außer den genannten Themen – Arbeitslosigkeit, Krieg, Arbeitszeitverkürzungen, Atomenergie oder Atombombe und Überbevölkerung – spielt die *Motorisierung* eine gewisse Rolle; 38 Befragte (6 %) sprechen von einer Vergrößerung der Zahl der Kraftfahrer und der Autobesitzer auch unter den Arbeitern. „In 50 Jahren haben wir alle ein Auto. Fahrräder wird es dann keine mehr geben. Das sieht man daran, daß die Hälfte der Fahrräder schon heute einen Motor hat" (123). Oder: „Dann fährt alles nur noch mit Autos oder Rolltreppen" (053). Allerdings müssen vorher die Preise für Kraftfahrzeuge gesenkt werden: „Wer sich ein Auto leisten kann, hat auch bereits eins. Aber schließlich wollen die mit ihrer Produktion ja auch nicht stehen bleiben. Wenn sie aber an weitere Kreise verkaufen wollen, müssen sie billiger herstellen" (522). Ferner müßten sich die Straßenverhältnisse bessern; die jetzigen Straßen können den zu erwartenden Verkehr nicht fassen. Andere Arbeiter jedoch messen den Verkehrsproblemen keine Bedeutung bei; sie sehen im technischen Fortschritt die Chance, den Verkehr in die Luft zu verlegen: „In 50 Jahren fährt jeder mit seinem eigenen Flugzeug durch die Luft" (042). Die Verkehrsprobleme verlagern sich damit: „Dann muß man aufpassen, daß es in der Luft keine Unfälle gibt …" (038).

In diesen Zusammenhang gehört eine eigenartige Vorstellung, die sich bei nicht weniger als 55 Befragten (9 %) findet: „In 50 Jahren werden wir wahrscheinlich alle mit einem Flubschrauber fliegen" (247). „Dann haben wir alle einen Hubschrauber auf dem Rücken, mit dem wir zur Arbeit fliegen" (437), „… alle einen Motor auf dem Rücken …" (084), „… alle einen Propeller am Hintern …" (426). Diese Vorstellung taucht in stereotyper Form auf: Man denkt dabei offenbar an einen Apparat, den man – wie die Flügel des Ikarus – an- und abschnallen und den man sich im übrigen zulegen kann, wie man sich ein Motorrad zulegt. Ein Teil der Befragten, die von Hubschraubern sprechen, will damit einen Witz machen; der größere Teil jedoch ist von dieser Möglichkeit fasziniert: Was ihm heute das Motorrad ist, scheint ihm für die Zukunft der Hubschrauber zu sein. „Mit dem Hubschrauber kann ich von der Stelle aus starten und brauche keinen großen Landeplatz. Ich kann dann direkt bis vor die Haustür fliegen. Dann kann ich mein Motorrad beiseite stellen" (247). In einigen Fällen wird deutlich, daß sich in Zukunft Flugzeug und Hubschrauber zueinander verhalten wie heute Auto und Motorrad: „Wer heute einen schweren Wagen fährt, wird sich in 50 Jahren im Flugzeug fortbewegen" (524).

Mit der Hubschraubervision befinden wir uns bereits auf dem Felde der mehr oder weniger eindeutigen *Utopismen*, die zahlreich und in erheblicher Varietät in den Interviews vorkommen. An erster Stelle stehen Spekulationen über Mond- und Weltraumfahrten. „1961 fahren die Amerikaner auf den Mond" (234). „In 50 Jahren fliegen wir wohl sicher nach dem Mond, vielleicht schon früher" (351). „Dann werden wir sicher eines Tages die Planeten umfliegen" (546). „Vielleicht kommt dann die Weltraumschiffahrt" (193). „Vielleicht werden wir uns dann den Weltraum erschließen. Das ist gar nicht unmöglich. Als ich noch bei der Artillerie war, habe ich mich oft mit einem Mathematiker von der Hochschule unterhalten. Der hat mir erzählt und gezeigt, daß man genau messen kann, wie weit die Sterne von der Erde entfernt sind usw. Früher hat man über die Phantasten gelacht, aber vieles ist eingetroffen und die ‚Phantasten' haben recht behalten. Ein Flug zum Mars oder zum Mond wird dann nicht unmöglich sein" (269). Allerdings wird nicht sichtbar, was der Mensch im Weltall, auf dem Mars oder auf dem Mond zu tun hat. Es handelt sich hier offenbar im wesentlichen um Vorstellungen, die durch eifrige Lektüre der einschlägigen Zeitungen und illustrierten Zeitschriften angeregt sind.

Daneben stehen Aussagen, die, wie viele heutige Zukunftserwartungen auch außerhalb der Arbeiterschaft, durch eine Mischung von Prognostik und Phantastik gekennzeichnet sind. „Dann werden wir vielleicht auch fertiges Essen von einem Geschäft auf Anruf gebracht bekommen, wie das in Amerika der Fall ist" (421). Oder man ißt nur noch Konserven (423); oder aber – noch praktischer –: „Wir können dann vielleicht von einer Pille leben" (546). Die Möbel werden, im Gegensatz zu dem „verschnörkelten Zeug" von heute einfacher und moderner werden; „jeder wird sicher einen Fernsehapparat haben, wie jeder heute ein Radio hat" (527). Wie die Wohnungen werden auch die Städte ihr Gesicht verändern. „Die Wohnungen werden sicher viel heller und größer. Auch Großstädte werden in Zukunft ganz anders gebaut. Da wird es keine Mietskasernen mehr geben – statt dessen: Licht, Luft, Sonne und viele Grünanlagen" (525). „Wahrscheinlich bekommen wir auch die Wolkenkratzer nach hier" (123). Sogar die Fabriken werden aussehen wie „Paläste" (721). Man wird mit Krawatte und „weißem Kittel arbeiten" (548). Das Geld wird den Arbeitern ins Haus gebracht (828). Vielleicht läßt sich die Arbeit vom Bett aus steuern (524). Alle Menschen werden besser ausgeruht sein (372) und jeder kann zur Erholung oder zum Vergnügen nach New York so schnell und bequem wie nach Köln fahren (145). Der Lebensstandard wird steigen (153); „schon heute haben viele Leute, was früher Luxus war: Jeder geht ins Theater, ins Kino, fährt in Erholung" (267). – So die einen.

„Das ist der Welt Untergang" (256). Neben Arbeitslosigkeit und Krieg wird der Verkehr wüten und von Tag zu Tag mehr Opfer fordern (134); „die fahren alles um" (556). Es kann aber keine Rede davon sein, daß alle ein Auto besitzen werden – die „Herren" wohl, aber die Arbeiter nicht; „es ist schon immer so gewesen, daß die Obersten den Arbeiter, den kleinen Mann nie hochkommen lassen – und das wird auch nicht anders" (577). „Der Mensch wird durch die Technik immer mehr ausgepreßt, wie ein nasser Lappen" (513). Er wird zum „Roboter" (547): „Die Maschine bestimmt das Tempo, und der Arbeiter muß mithalten, ob er kann oder nicht" (595). „Das wird gar nicht mehr so lange dauern, dann gibt es mehr Irrsinnige auf der Welt, als es je gegeben hat" (588). Überhaupt wird das Leben viel ungesunder (424): „… Kopfschmerzen und Kreislaufstörungen …" (587). Der Lebensstandard geht zurück; die Löhne steigen zwar, aber sie halten nicht Schritt mit den Preisen, die den Löhnen davonlaufen (517). Überhaupt geht die „Kultur" zurück; denn es gibt keinen „Zeppelin" mehr (055). „Wenn wir nicht gar die gelbe Gefahr bekommen!" (427) „Verstehen Sie mich nicht falsch – ich meine keinen Krieg. Die Welt besteht aus Atomen, es ist möglich, daß bei der Forschung ein Unglück passiert und alle Atome der Erde in eine Kettenreaktion geraten" (357). – So die anderen.

„Und dann – dann passiert in nicht allzu ferner Zeit noch was, da wird der Menschheit der Atem stillstehen! Das hat mit der Technik nichts zu tun. Ich gehöre der Neuapostolischen Gemeinde an. Wir glauben, daß der Zeitpunkt nicht fern ist, da kommt Christus wieder, wie es in der Bibel steht. Da wird die Erde sich in ein Chaos verwandeln. Das hat mit Weltuntergang nichts zu tun. Die Erde wird immer weiter kreisen. Nur was auf ihr vorgeht! Wir haben unseren Stammapostel in Frankfurt. Er ist 83 Jahre alt und geistig und körperlich noch sehr frisch. Man kann darüber lachen und es nicht glauben. Das ist gleich. Aber wir sind fest davon überzeugt, daß er dieses Ereignis noch erleben wird …" (587).

c) Gesamtbeurteilung des technischen Fortschritts

Wie setzen sich nun die geschilderten Einzelurteile und -argumente zusammen – welches Gesamturteil über den technischen Fortschritt ergibt sich aus ihnen? Mit anderen Worten: Welche Positionen beziehen die Arbeiter gegenüber einem Vorgang, der nicht nur in ihr eigenes, sondern in das Leben der gesamten Gesellschaft verändernd eingreift, der jedoch die Arbeitswelt in besonderer Weise berührt?

Es ist von vornherein klar, daß sich die mannigfaltigen Aussagen, die wir beschrieben haben, nicht auf einen Nenner bringen lassen. Wenn wir ihnen gerecht werden wollen, müssen wir versuchen, Gruppen von im Kern ähnlichen Stellungnahmen zu finden, bei deren Bildung die überwiegende Tendenz der Urteile den Ausschlag gibt. Es ergeben sich in der Tat und, im wesentlichen, zwanglos sechs solcher Gruppen, die die Skala der Urteile, von der vorbehaltlosen Bejahung bis zur affektgeladenen Ablehnung des technischen Fortschritts, widerspiegeln. Die Gruppen beruhen auf den Antworten auf die Fragen 38, 39 und 40; sie decken sich daher nicht immer und unbedingt mit den Typen der Gesellschaftsbilder, die im Schlußteil, unter Berücksichtigung des ganzen Fragebogens, aufgestellt und beschrieben werden. Im Folgenden charakterisieren wir die sechs Gruppen. Da wir die Einzelargumente bereits angeführt haben, können wir uns auf eine allgemeine Kennzeichnung beschränken.

Die erste Gruppe umfaßt alle diejenigen Arbeiter – 75 Befragte (13 %) –, die dem technischen Fortschritt eindeutig positiv gegenüberstehen, seine Auswirkungen begeistert oder doch mit erkennbarer Zustimmung begrüßen und der Zukunft der technischen Welt erwartungsvoll entgegensehen. Sie unterstreichen die Erleichterung der Arbeit, die Erhöhung der Produktivität, die Steigerung der Löhne, die Hebung des allgemeinen Lebensstandards sowie die segensreichen Ergebnisse des zivilisatorischen Fortschritts im privaten und im öffentlichen Leben; sie glauben weder an eine kommende Arbeitslosigkeit, noch an einen dritten Weltkrieg, sondern sind davon überzeugt, daß die positiven Seiten des technischen Fortschritts sich auch in Zukunft bewähren werden.

Die zweite Gruppe steht der ersten relativ nahe: Die zu ihr Gehörigen – 43 Befragte (7 %) – bejahen ebenfalls den technischen Fortschritt, wenngleich nicht vorbehaltlos und ohne Kritik. Sie erheben vielmehr auch Einwendungen, weisen auf einzelne Nachteile für den Arbeiter oder für die Allgemeinheit hin, ohne dadurch allerdings ihre positive Einstellung in Frage ziehen zu wollen; diese beherrscht vielmehr die Aussage – als ein Ganzes betrachtet. Hierher gehören auch die Arbeiter, die ihre Zustimmung an eine Bedingung knüpfen, z. B. daran, daß es keinen Krieg gibt, daß die Atomenergie friedlich verwendet wird usw. Die Aussagen sind nüchterner, ausgewogener als die der ersten Gruppe; sie kommen der Wirklichkeit näher.

Wie wir schon oben sagten, bewegt sich der größte Teil der Stellungnahmen auf einer mittleren, die Vor- und Nachteile gegeneinander abwägenden Linie; 203, also ein Drittel der Befragten gehört dieser Gruppe an.[29] Ein Teil der Urteile wird gekennzeichnet durch die logische Form „einerseits – andererseits“ (124; 21 %) bzw. „entweder – oder“ (35; 6 %).

Die erste Argumentation kann sehr verschiedenartige Gesichtspunkte geltend machen; formal sieht sie indessen immer folgendermaßen aus: „Der technische Fortschritt hat große Vorteile für die Menschheit. Denken Sie nur mal an den Starmix für die Hausfrau. Er kann natürlich auch seine Nachteile haben. Z. B. eine elektrische Waschmaschine. Da kommen Sie eines Tages nach Hause und ihre Frau ist tot, weil es einen Kurzschluß gegeben hat …“ (527). Die zweite Argumentation hingegen stellt sich, auf eine kurze Formel gebracht, folgendermaßen dar: „Entweder fahren wir in 50 Jahren alle Auto oder wir sind alle tot“ (563). Beide Beispiele sind extrem; sie veranschaulichen indessen, worauf es ankommt, nämlich daß keine eindeutig negative und keine eindeutig positive Stellung eingenommen wird. Zu dieser Gruppe rechnen wir daher auch jene Arbeiter – 44 Befragte (7 %) –, die außerordentlich komplexe Aussagen machen und für die der technische Fortschritt eine Kette von Ursachen und Wirkungen, ein Geflecht von posi-

29 Vgl. S. 72 f.

tiven und negativen Elementen ist, ohne daß eine Entscheidung im einen oder im anderen Sinne sichtbar wird. Auch hierfür wenigstens ein Beispiel: „Der technische Fortschritt muß sein. Denn wenn die Menschheit sich immer mehr vermehrt, muß sich auch der Umsatz und die Produktion steigern, damit alle genug haben. Mehr Menschen – mehr Verbrauch. Wird dann alles verfeinert und weiterentwikkelt, kann auch leichter produziert werden. Allerdings führen die Verbesserungen, die erreicht werden, auch leicht zu einer Übersättigung des Weltmarktes. Das hat dann Absatzschwierigkeiten zur Folge. Die müssen irgendwie behoben werden. Das kann nur dadurch geschehen, daß man einen Partner ausbootet. Ich denke immer daran, wie die Entwicklung der Kriege war. Von 1870 bis 1914 waren es – so rund – 50 Friedensjahre. Vom ersten bis zum zweiten Weltkrieg waren es nur halb soviel. Die Technik hat in der Zwischenzeit ungeheuer zugenommen. Ich weiß nicht, ob die Zwischenräume zwischen den Kriegen gerade durch die Technik immer kleiner werden. Schließlich ist die Wirtschaft, die ja ein Teil der Technik ist, doch der entscheidende Faktor in der Politik. Oder glauben Sie, die Deutschen in der Mitte zwischen dem Osten und dem Westen würden nicht nach wirtschaftlichen Gesichtspunkten beurteilt? Das sind doch auch im Osten wie im Westen Menschen. Die tun alles nur um des Vorteils willen. Was meinen Sie, die Russen haben Rücksicht auf China zu nehmen. Deswegen legen sie auch Wert darauf, daß die Amerikaner die anerkennen. Die wiederum haben durch Rotchina den Markt verloren, das ist ein schwerer Schlag für sie. Wer da herrscht, ist denen gleichgültig. Oder meinen Sie, die würden uns hier in Deutschland unterstützen, wenn sie sich nichts davon versprechen würden? Der technische Fortschritt in den USA bestimmt damit auch den Markt und die Politik“ (581).

Die vierte Gruppe, zu der nur 8 Befragte (1 %) gehören, fällt ein überwiegend negatives Gesamturteil, bringt dabei indessen auch positive Seiten des technischen Fortschritts zur Sprache; sie ist die Entsprechung im Negativen von Gruppe II.

Die fünfte Gruppe, mit 131 Befragten (22 %), lehnt den technischen Fortschritt ab und betrachtet seine gegenwärtigen Wirkungen wie seine zukünftigen Ergebnisse negativ. Die Urteile sind teils affektgeladen, teils von Befürchtungen getragen, teils sachlich und argumentierend. Es handelt sich hier um die Gegengruppe von I.

Während die bisherigen Urteilsgruppen in sich homogen sind, fassen wir in der letzten Gruppe alle diejenigen Arbeiter zusammen, die sich der Beantwortung entziehen, die vor der Frage kapitulieren, die sich nicht vom Betrieb und ihrer Arbeit lösen können oder deren Antworten nicht im Sinne der Fragen liegen. Diese Gruppe umfaßt 140 Befragte (24 %).

Vergröbert ergibt sich also das folgende Schema von wertenden Gesamturteilen über den technischen Fortschritt:

positiv	118	Befragte	(= 20 %)
abwägend	203	„	(= 33 %)
negativ	139	„	(= 23 %)
kein Urteil	140	„	(= 24 %)
	600	Befragte	(= 100 %)

Die Gruppen sind rein formaler Natur; sie teilen die Interviews nach den formalen Kriterien des positiven oder negativen Werturteils über den technischen Fortschritt auf und lassen die materiale Bestimmtheit des jeweiligen Urteils außer Betracht. Sie bedürfen daher der Ergänzung und der Konkretisierung. Diese läßt sich gewinnen, indem man die Werturteile anreichert mit den *Geschichtsbildern,* die ihnen zugrunde liegen und in ihnen zum Ausdruck kommen. Die Fragestellung, vor allem die Fragen 39: „Wie kommt der technische Fortschritt zustande?" und 40: „Wohin führt der technische Fortschritt? Was meinen Sie, wie sieht die Welt in 50 Jahren aus?" legen es dem Befragten nahe, den technischen Fortschritt als Prozeß, und zwar als geschichtlichen Prozeß zu betrachten. Dies tut bereits der Begriff „technischer Fortschritt" – ein Begriff, der darüber hinaus keineswegs eine neutrale, einen Sachverhalt beschreibende Vokabel ist, sondern geschichtsphilosophische Implikationen enthält, nämlich die Deutung der technischen Entwicklung im Sinne einer Aufwärtsentwicklung. Insofern fordern die drei Fragen über den technischen Fortschritt zu Spekulationen heraus, und diese Herausforderung ist von der Mehrzahl der Arbeiter angenommen und mit einem Geschichtsbild beantwortet worden.[30] „Geschichtsbild" bedeutet hier natürlich nicht ein vollständiges Bild der Menschheitsentwicklung von den Ursprüngen über die Gegenwart in die Zukunft – wenngleich auch dies, wenigstens andeutungsweise, vorkommt –, sondern ein Bild der Gegenwart als einer geschichtlichen Gegenwart, d.h. als eines Knotenpunktes von Entwicklungen, Tendenzen und Trends in Richtung auf die Zukunft, deren Bild mit dem der Gegenwart verschmilzt. Das Geschichtsbild der Arbeiterschaft ist nicht, wie das des Bürgertums, ein historistisches, mit den Mitteln einer spezifisch historischen Bildung ausgeschmücktes Gemälde. Geschichte ist für die Arbeiter nicht primär Vergangenheit, sondern viel unmittelbarer und unverstellter zunächst Gegenwart: Aus dem Verständnis der Gegenwart ergibt sich, was an der Vergangenheit und insbesondere an der Zukunft interessiert.

30 Wie wenig mit unserer Fragestellung den Arbeitern etwas aufgedrängt wird, was ihnen eigentlich fernliegt, ersieht man daraus, daß viele Arbeiter von sich aus bereits bei Frage 38 auf die Zukunft der technischen Welt zu sprechen kommen; etwa in folgender Weise: „Die Technik ist ja ganz gut, aber ich frage mich immer: Wohin führt das? …"

Es gibt, im großen und ganzen gesehen, drei Möglichkeiten, die Geschichte als solche zu konzipieren: die Kreislauftheorien der Antike, die die Geschichte in Analogie zu den natürlichen Zyklen von Tag und Nacht, Sommer und Winter, Wachsen und Vergehen auslegen; ferner die jüdisch-christliche Auffassung der Geschichte als Heilsgeschehen der Menschheit, die Eschatologie mit einem Weltuntergang und dem Jüngsten Gericht als „eschaton", sowie die modernen Säkularisierungen dieser Eschatologie zu der Erwartung geschichtlicher Katastrophen; endlich die Deutung der Geschichte als Fortschritt mit ihrer spezifisch utopischen Verklärung der Zukunft, wie sie im 18. Jahrhundert entstanden ist und bis heute weitgehend das Feld beherrscht. Daraus ergibt sich die Frage: Von welcher dieser drei Möglichkeiten machen die Arbeiter Gebrauch und wie sieht dieser Gebrauch aus? Ferner: Wie weit reicht heute noch der Einfluß einer bestimmten Form der utopischen Geschichtsauffassung, nämlich der marxistischen Geschichtskonzeption, die zum speziellen Gebrauch für die Arbeiter geschaffen worden ist?

Für die letzte Frage verweisen wir auf den V. Abschnitt dieser Arbeit, in dem einige Beispiele eindeutiger Marxisten vorgeführt und erörtert werden.[31] Beispiele dieser Art sind jedoch äußerst selten. Was in der heutigen Arbeiterschaft von einem radikalen, auf revolutionäre Enteignungsakte zielenden Marxismus übrig geblieben ist, haben wir im wesentlichen schon genannt: die Vorstellung einer Aufspaltung der Gesellschaft in ein „Oben" und ein „Unten", vor allem aber das Bild, das der radikale Marxismus von den „Kapitalisten" gezeichnet hat und das auch heute noch die Vorstellungen über ein Zusammenspiel von Kapital und Politik stark beeinflußt.[32] Hierher gehören auch die bei 23 Befragten (4 %) vorhandenen Vorstellungen über einen Zusammenhang von technischem Fortschritt und Krieg, insbesondere die Ansicht, der Krieg sei in der kapitalistischen Gesellschaft ein Krisenventil, die dem Vulgärmarxismus und dem Leninismus entstammt. Schließlich bildet die Zwangsläufigkeit, die ein Teil der Arbeiter der technischen Entwicklung, im positiven wie im negativen, zuschreibt: „Den Fortschritt kann niemand aufhalten", ein Relikt der marxistischen Geschichtsbetrachtung, die sich den bürgerlichen Fortschrittsglauben assimiliert hat, ebenso wie die weite Verbreitung primär ökonomischer Gesichtspunkte, die bei den Erklärungen des technischen Fortschritts sichtbar wurde.[33] Die übrigen „marxistoiden" Gedankengänge entstammen einem evolutionistischen Verteilungs-Sozialismus,[34] wie er für die Gewerkschaftsbewegung und für die Sozialdemokratie besonders seit den 20er Jahren typisch ist. Im Sinne eines solchen Verteilungs-Sozialismus ist gelegentlich

31 Vgl. S. 241 ff.
32 Vgl. S. 70.
33 Vgl. S. 72 ff.
34 Vgl. die Typologie im letzten Abschnitt (Typ 5 und auch Typ 2).

die Rede von der Verwandlung der „Profitwirtschaft“ in eine „Bedarfswirtschaft“ oder von der „Sozialisierung“ wenigstens der Grundstoffindustrien oder auch von einer Beteiligung der Arbeiter am Gewinn der Unternehmen.[35] Dem entspricht vor allem das Wunschbild einer Gesellschaft, die das Sozialprodukt breiter und gerechter verteilt – ein Wunschbild, das teilweise die Kritik am technischen Fortschritt trägt, die die Gruppen II, III, IV und V vorbringen. Es ist nicht möglich, die marxistischen oder die „marxistoiden“ Gedankengänge und Argumente den Urteilsgruppen zuzuordnen oder sie sogar einer eigenen Gruppe zuzuweisen; dazu reiht das Material aus den Fragen 38, 39 und 40 nicht aus.[36] Diese Gedankengänge und Argumente verteilen sich vielmehr und geben den Antworten, wie wir uns oben ausdrückten, allenfalls eine marxistische Färbung.

Dagegen entspricht den Gruppen I und II das Geschichtsbild des technischen, zivilisatorischen und sozialen Fortschritts. Es gehört der utopischen Möglichkeit des Geschichtsverständnisses an und kann marxistische Färbung haben, was indessen im allgemeinen nicht der Fall ist. Es findet sich im wesentlichen in zwei Ausprägungen: erstens als überschwenglicher, quasireligiöser Fortschrittsglaube, zweitens als mehr oder weniger konkrete Geschichtskonstruktion. Für die erste Form sind folgende Aussagen charakteristisch: „Der technische Fortschritt … ist eine Art Naturgesetz. Alles strebt zum Licht – vorwärts … Immer vorwärts! Das ist bald göttlich zu verstehen. Dauernd verformt sich alles, von der Zivilisation gesehen, zum Besseren … ein dauernder Kampf vorwärts … Was einer nicht kann, wird vom Nächsten gemacht … Das ist der Genius der Menschheit! … Ab und zu ist ja mal ein Sündenbock dazwischen, wie der Hitler, aber das gleicht sich dann im Laufe der Zeit wieder aus … alles strebt weiter …!“ (473) Was uns hier entgegentritt, sind Reste der aufklärerischen Fortschritts- und Wissenschaftsmythologie.

Die zweite Ausprägung des Fortschrittsglaubens versteht die Weltgeschichte ebenfalls als Geschichte eines linearen Fortschritts auf allen Gebieten. Die Äußerungen aber sind weniger idealistisch-enthusiastisch, nennen vielmehr konkrete geschichtliche Daten und erkennen der technologischen Entwicklung eine zentrale Bedeutung zu. Die Geschichte schreitet fort vom „Urmensch“ über die „Steinzeit“ bis zur „Eisenzeit“. Die „alten Ägypter“ und die „alten Germanen“, aber auch die Chinesen werden genannt. Das Mittelalter gilt als ein dunkles, düsteres Zeitalter. Einigemal wird Luther erwähnt, durch den ein gewisses Licht in das Mittelalter fällt. Das nächste große Ereignis bildet die industrielle Revolution; sie ist im Bewußtsein der Arbeiter gegenwärtig als die Zeit der Erfindung der „Explosionskraft“ oder der „Dampfmaschine“.

---

35 Vgl. hierzu Abschnitt IV, S. 179 f.; im Zusammenhang mit der Mitbestimmung wird der Einfluß des Verteilungs-Sozialismus deutlicher als in unserem Zusammenhang.

36 Vgl. hingegen die Typologie im Schlußteil, die den ganzen Fragebogen heranzieht.

Hiermit beginnt das „technische Zeitalter" oder das „Zeitalter der Technik", innerhalb dessen die Umstellung auf die „Elektrizität" einen Einschnitt darstellt: „Ich habe noch erlebt, wie die Gutsbesitzer auf einem Gut das erste Mal elektrisches Licht anlegten; wir kannten doch nur die Petroleumlampe!" (397) Auch die sozialen Verhältnisse vor dem Ersten Weltkrieg sind den Älteren noch deutlich in Erinnerung – die schwere Arbeit, die langen Arbeitszeiten, die kargen Mahlzeiten und die Arbeiterfamilien mit ihren vielen Kindern in den schmutzigen Mietskasernen. Das aber ist alles anders geworden. Straßenbahnen kamen, die ersten Autos, Flugzeuge und vor allem der Zeppelin, der zum Symbol für den Fortschritt der Technik geworden ist. Die Arbeit wurde leichter, die Arbeitszeit kürzer und der Lebensstandard stieg. Aber: „Wir sollten darauf achten, daß wir unseren Fortschritt nicht verlieren. Man hat uns schon so manches Mal betrogen. 1919 wurde uns der 8-Stunden-Tag geschenkt. Von 1925–1933 mußten wir wieder 10 Stunden arbeiten. Das hat erst Hitler geändert und gesetzlich festgelegt" (046).

Geteilt sind die Meinungen über die Rolle der Weltkriege. Die einen sehen in ihnen „Rückschläge"; andere hingegen betrachten sie als Motor der Entwicklung, insbesondere unter Hinweis auf die Entdeckung der Atomenergie, die, wie seinerzeit die Elektrizität, zu bedeutenden Umwälzungen führen wird. „Der technische Fortschritt ist nach dem Kriege schön vorangekommen" (351). Trotzdem geht einigen die Entwicklung zu langsam: „Im Vergleich zu Amerika sind wir doch noch weit zurück" (351). Auf das Beispiel der USA wird immer wieder verwiesen, insbesondere im Zusammenhang mit der Zukunft, deren Sicht wir bereits kennen;[37] es versteht sich von selbst, welche Zukunftserwartungen den Gruppen I und II zugehören. Hierzu nur noch ein Hinweis: „Es muß eine große politische Einigung kommen – die alten Ideen von den Nationen und so müssen erst vorbei sein. Wenn das erreicht ist, dann kann man auch die großen Projekte beginnen, die man schon lange plant, z.B. das Mittelmeer. Dort, so habe ich mal gelesen, will man den Wasserspiegel um 100 m senken und ein großes Kraftwerk bauen. Das muß dann aber alle Länder und alle Werke mit Strom versorgen, nicht nur ein Land. Aber ohne vollkommene Einigung geht das eben nicht. Ob das der Westen jemals fertig bringen wird oder aber erst der Bolschewismus, weiß ich nicht. Jedenfalls, bis das so weit ist, werden noch über 100 Jahre vergehen. .." (161). „Dazu würde es viel helfen, wenn alle eine Sprache sprächen", meint ein anderer im Anschluß an einen ähnlichen Gedanken, „zum Beispiel Esperanto ..." (156).

Eine letzte Form dieses utopischen Geschichtsbildes findet sich bei einigen Arbeitern, die der II. Gruppe angehören. Bei aller Anerkennung des Fortschritts und seiner Erfolge ist bei diesen Arbeitern ein gewisses Unbehagen spürbar. Wir rechnen sie trotzdem noch dem utopischen Geschichtsverständnis zu, denn sie

37 Vgl. S. 74ff.

stellen den Fortschritt als Tatsache nicht in Frage, erkennen ihn sogar ausdrücklich an; auch wird die Kritik nicht expliziert, sie ist nur als Stimmung erkennbar oder äußert sich als bange Frage. Nachdem beispielsweise ein Arbeiter die positiven Seiten des technischen Fortschritts ausgiebig geschildert hat, fügt er hinzu: „Aber wohl ist mir bei der ganzen Sache nicht ..." (240). Ein anderer meint: „Es kann nicht immer so weitergehen mit der Entwicklung wie bisher" (424). Wieder ein anderer: „Aber das muß doch mal aufhören. Ich habe von einem Atom 99 gelesen. Das hat man jetzt. Aber man fragt sich: Das Atom haben sie jetzt gespalten, was läßt sich denn nun noch zerkleinern?!" (266) Hier versagt nicht nur die Phantasie gegenüber der weiteren Entwicklung; es wird vielmehr die Vorstellung – und die Hoffnung! – sichtbar, der Fortschritt steure einem „Punkt" zu, „wo alles sich ausbalanciert hat" (518) und „ein Stillstand eintritt" (857). Auch als Postulat wird dieser Gedanke vorgebracht: „Was machen sie denn mit dem Zeug alles, das da produziert wird?!" (514) Eine Frage, die häufig wiederkehrt und in der das Mißbehagen wie die Ratlosigkeit auf eine Formel kommt.

Damit können wir uns dem Geschichtsbild zuwenden, das den Gruppen IV und V zugehört. Es unterscheidet sich in Bezug auf die Daten, die aus der Vergangenheit genannt werden, nicht oder nur kaum von dem skizzierten Geschichtsbild des Fortschrittsglaubens. Der Unterschied liegt vielmehr in der Prognose, die pessimistisch ist und im extremen Fall den „Weltuntergang", einen „großen Knall", die „Vernichtung der Menschheit" oder etwas Ähnliches, zumindest aber Massenarbeitslosigkeit, Kriege, Wirtschaftskrisen und dergleichen voraussagt. Die Prognose ist also eschatologisch – im Sinne der säkularisierten Eschatologie.[38] Eine solche eschatologische Prognose ist den Vertretern der Gruppen IV und V weitgehend gemeinsam.

Im einzelnen aber zeigen sich hier bedeutsame Unterschiede; es gibt drei verschiedenartige Formen des eschatologischen Geschichtsbildes. Die erste finden wir in den Theorien, die wir oben als Derivate der bürgerlichen Zeitkritik geschildert haben – die Theorie der Versklavung des Menschen durch die Maschine, die der Unüberwindbarkeit der Natur oder auch die einer Eigengesetzlichkeit der Technik, der zufolge es immer anders kommt als beabsichtigt und geplant.[39] Daneben steht als zweite Form die mehr oder minder krasse Unheilsprognose; ihre Elemente – von der Arbeitslosigkeit bis zu den Schrecken eines Atomkrieges – haben wir ebenfalls beschrieben.[40] Schließlich gibt es ein eschatologisches Geschichtsbild, das sehr stark mit kyklischen Momenten durchsetzt ist: „In 50 Jah-

38 Vgl. den einzigen Fall christlicher, also nicht säkularisierter Eschatologie, den wir S. 81 zitiert haben.

39 Vgl. S. 67 ff

40 Vgl. S. 74 ff.

ren steht die Welt nicht mehr. Da haben sich alle gegenseitig kaputt geschmissen. Dann fangen sie wieder an wie in der Steinzeit“ (177). Oder: „Ich glaube, daß wir bald wieder zur Urzeit zurückkehren. Es kann nicht gut gehen“ (741). Die ganze Geschichte erscheint hier als ein riesiger, Jahrtausende umschließender Kreislauf; das Rad der Geschichte beschreibt einen Kyklos – von der Steinzeit bis zur Gegenwart und von der Gegenwart zurück zur Urzeit. Die Kreisbewegung kann sich indessen auch in kürzeren Perioden abspielen. Verbreitet ist die Vorstellung einer kyklischen Aufeinanderfolge von Aufbau und Zusammenbruch infolge gewaltiger Katastrophen. So bildet die Geschichte ein ständiges Auf und Ab; sie beschreibt dabei die Bewegung eines Punktes auf einem rollenden Rad. Ein Beispiel:

> „Wir sind jetzt im technischen Zeitalter, nicht etwa im Leichtmetall-Zeitalter, wie manche Leute meinen, so wie man Steinzeit sagt und so. Das ist doch klar, seit 1900 sind wir im technischen Zeitalter, und da wechseln sich immer ab Aufbau und Abbruch, Aufbau und Abbruch. Das sieht man ja hier. Die produzieren und produzieren. Noch besser sieht man das an der Autoindustrie. Da haben sie schon wieder soviel produziert, daß sie nicht wissen, wohin damit. Jetzt müssen wir wieder alles abbrechen. Und das geht mit der Zeit immer schneller, immer Aufbau und dann wieder Abbruch. Ich habe ein Buch gelesen, wie es im Jahre 2000 aussehen wird. Da meinten sie, es würde immer besser und die Kriege würden ganz aufhören. Das glaubt doch kein Mensch. Ich habe auch ein anderes Buch gelesen, auch über das Jahr 2000; das ist viel richtiger: Es ist ja ganz klar, wie es im Jahre 2000 aussieht: Aufbau und Abbruch gehen immer schneller, und das Chaos wird immer größer. Im Jahre 2000 gibt es dann den neuen Adam und die neue Eva. Die leben dann wie die Tiere. Und dann geht alles wieder von vorne los“.[41]

Dennoch handelt es sich hier nicht um eindeutig kyklische Konstruktionen. Wie die Beispiele zeigen, liegt vielmehr der Schwerpunkt auf der Voraussage einer Katastrophe. In diesem Sinne erscheint dann der Krieg einigen Arbeitern nahezu als eine notwendige Etappe: „Erst wenn wieder alles kaputt ist, können wir weiterleben …“ (354). „Wenn ein Krieg kommt, dann wird sicher alles besser werden …“ (363).

Das eschatologische Geschichtsbild in seinen verschiedenen Ausgestaltungen steht ganz offensichtlich stark unter dem Eindruck der jüngsten Vergangenheit, vor allem auch des Ost-West-Konfliktes und der Befürchtungen, die er im Lichte der jüngsten Vergangenheit auslöst. Die Ereignisse der letzten Jahrzehnte haben

41 Dieses Beispiel entnehmen wir dem Protokoll eines der Gespräche, die wir bei der Ausarbeitung des Fragebogens geführt haben (Juli 1953, 12 Ba/Ke.)

auch für das Bewußtsein großer Teile der Arbeiterschaft den Zusammenbruch des Fortschrittsglaubens und der mit ihm verbundenen Hoffnungen bewirkt. Das ist ganz ohne Frage ein Vorgang von großer Tragweite, auf den noch ausführlich eingegangen wird.[42]

d) Zur sozialen Topik

In der Einleitung zu diesem Kapitel haben wir darauf hingewiesen, daß die Aussagen der Arbeiter zu den Fragen über den technischen Fortschritt und die Welt in 50 Jahren weitgehend unabhängig sind vom Alter, vom Beruf, vom Familienstand, von der Konfession usw. Die konkreten Arbeits- und Lebensumstände und die damit zusammenhängenden Sozialdaten des Befragten haben auf die Aussagen keinen merklichen Einfluß. Wie ist dieser Sachverhalt zu deuten?

Wenn man sich vergegenwärtigt, wovon in den Aussagen die Rede ist – in den vorigen Paragraphen haben wir die Mannigfaltigkeit der Themen, die Fülle der Aspekte und der Perspektiven anzudeuten versucht –, so leuchtet ohne weiteres ein, daß die Themen, über die der einzelne Arbeiter spricht, die Gesichtspunkte, unter die er die Themen stellt, wie die Tatsachen, die er zur Kennzeichnung und Beleuchtung seiner Thesen anführt, bestimmt werden durch das, was ihm in der jeweils konkreten Gesprächssituation einfällt. Die Allgemeinheit der Frage sowie die Horizonterweiterung, die sie bewirkt, bringen es mit sich, daß dem momentanen Einfall eine erhebliche Bedeutung für die Antworten zukommt.

Andererseits ist die Thematik der Aussagen, bei aller Mannigfaltigkeit des Möglichen, auch nicht unbegrenzt. Es stehen vielmehr, wie wir gesehen haben, deutlich bestimmte Themen im Vordergrund. Darüber hinaus dürfte es beim Lesen der Zitate der vorigen Paragraphen in die Augen gefallen sein, daß die Vorstellungen der Arbeiter großenteils eine Gleichförmigkeit aufweisen, die bis in die Formulierungen hineinreicht. Das liegt nicht an den Interviewern oder an der Methode des Protokollierens. Ein Vergleich der Protokolle verschiedener Interviewer zeigt, daß die Stereotypik der Vorstellungen und der häufige Gebrauch von gleichlautenden Wendungen und sogar von Sprachhülsen aller Art auf die Befragten selbst zurückgeht. Dabei ist die Stereotypik nicht auf die Beispiele beschränkt, die wir zitiert haben, sondern sie durchzieht das ganze Antwortenmaterial. Sie deutet auf einen allgemeinen, relativ fest umrissenen Bestand von Vorstellungen, Gesichtspunkten und Thesen, der den Arbeitern gemeinsam zur Verfügung steht und auf den sie bei ihren Antworten zurückgreifen können.

42 Vgl. IV. Abschnitt, S. 195 ff.

Dieser allgemeine und gemeinsame Bestand ist, wie wir oben im einzelnen dargelegt haben, aus sehr verschiedenartigen und keineswegs homogenen Elementen zusammengesetzt. Er speist sich aus den unterschiedlichsten Quellen. Mit unseren Mitteln, d.h. mit den Mitteln einer empirischen, auf das Gegenwärtige abgestellten Erhebung, ist es zwar nicht möglich, alle diese Quellen freizulegen und die Formierung des Bestandes jeweils im einzelnen zu verfolgen und aufzuklären.[43] Es zeichnen sich jedoch in ihm deutlich und auf den ersten Blick erkennbar verschiedene Schichten geistesgeschichtlicher Ablagerungen ab. Hierher gehören vor allem die marxistischen Relikte, auf die wir bereits öfter gestoßen sind und deren Bedeutung wir hervorgehoben haben. Neben ihnen stehen Vorstellungen, die dem bürgerlichen Liberalismus und seinem Fortschrittsoptimismus entstammen. Ferner macht sich die Zeitkritik mit ihren Katastrophentheorien bemerkbar. Auf beides haben wir ebenfalls hingewiesen. Der Gesamtbestand läßt sich indessen nicht in dieser Weise auflösen und auf eine Reihe geistesgeschichtlicher Einflüsse reduzieren. Nicht weniger deutlich als diese sind autochthone, auf dem Boden der Arbeiterschaft selbst gewachsene Vorstellungen.

Die Tatsache eines solchen Bestandes und die damit zusammenhängende Stereotypik der Vorstellungen wie der Aussagen überrascht nur solange, als man sie auf die Arbeiterschaft beschränkt glaubt. Das ist indessen nicht der Fall. Die Beobachtung eines Stammtisches oder eines Kegelabends zeigt, daß auch hier keineswegs die individuelle Aussage, sondern der Gemeinplatz und das Schlagwort das Feld beherrschen, sobald das Gespräch sich allgemeinen Gegenständen zuwendet. Das allgemeine Denken über allgemeine Probleme kleidet sich im allgemeinen in stereotype Klischees; es vollzieht sich, um einen philologischen Terminus zu verwenden, in Form von Topoi.[44]

---

43 Interessante Hinweise zu dieser Frage lassen sich den verschiedenen Arbeiterbiographien entnehmen; vgl. z.B. die leicht zugängliche Auswahl von *Georg Eckert*, Aus den Lebensberichten deutscher Fabrikarbeiter, Zur Sozialgeschichte des 19. Jahrhunderts, Braunschweig 1953.

44 Die Begriffe „Topos" und „Topik", die wir im Folgenden verwenden, stammen von *Aristoteles;* „Topika" ist die fünfte der sechs Schriften des „Organon". Für Aristoteles ist die Topik verbunden mit dem Problem des Meinens und der Meinung. Wie er am Anfang seiner „Topik" ausführt, ist die Topik die Wissenschaft von den Obersätzen, den Prämissen des dialektischen Schlusses. Der dialektische Schluß beruht nicht wie der apodiktische auf einer erwiesenen Prämisse; er schließt vielmehr aus „meinungsmäßigen Sätzen" *(ἐξ ἐνδόξων),* Top. I, 1, 1. „Endoxa" sind Sätze, „die allen oder den meisten oder den Weisen wahr scheinen" (Top. I, 1, 5, 3). Die „topoi" wiederum sind allgemeine Gesichtspunkte und allgemeine Sätze, mit deren Hilfe sich die „Endoxa" auffinden lassen, aus denen der dialektische Schluß gezogen werden soll (Top. VIII, 1, 2). *Cicero* hat die Aristotelische Topik bearbeitet und für den rhetorischen Betrieb zurecht gemacht. Für ihn entfällt die Unterscheidung der Schlüsse nach dem erwiesenen oder nicht erwiesenen Wahrheitsgehalt der Vordersätze. „Topoi" sind daher ganz allgemein „sedes, e quibus argumenta promuntur" (Top. 2, 6). „So wie es leicht ist, verborgene

Diese Topoi sind jedoch nicht beliebig in der Weise, daß jeder jeden Topos gebrauchen könnte. Vielmehr bedienen sich die verschiedenen sozialen Gruppen – zum Teil wenigstens – sehr verschiedener Topoi. Die Angestellten eines Großunternehmens verwenden bereits in entscheidenden Punkten eine andere Topik als die Arbeiter desselben Werks. Ganz zu schweigen von einer von den Arbeitern so verschiedenen sozialen Gruppe wie etwa die kleinbürgerlichen Einzelwarenhändler. Jede Topik, d. h. der Gesamtbestand verfügbarer Topoi, hat ihren sozialen Ort, an dem sie sich, wie wir sehen werden, als sinnvoll erweist. In diesem Sinne sprechen wir von *sozialer Topik:* Es lassen sich für jede soziale Gruppe ganze Kataloge von Topoi aufstellen, die für diese Gruppe spezifisch sind. Die Einzelargumente

---

Gegenstände aufzufinden, wenn man ihren Fundort nachweist und bezeichnet, so müssen wir, wenn wir einen beliebigen Stoff durchforschen sollen, seine Topoi kennen; denn so sind von Aristoteles die – ich möchte sagen – Plätze genannt worden, aus denen die Stoffe zur Nachweisung hergeholt werden" (Top. 2, 6). In gleichem Sinne nennt *Quintilian* die Topoi „argumentorum sedes" (Inst. or. V 10, 20). Zur Geschichte der Topik vgl. *Carl Prantl,* Geschichte der Logik im Abendlande, Bd. I, Leipzig 1855, S. 720 ff.; Bd. II, ebd. 1861, S. 200 f.; Bd. IV, ebd. 1870, S. 168, 170. Eine ausgezeichnete Materialzusammenstellung zur Geschichte der Topik findet sich bei *Theodor Viehweg,* Topik und Jurisprudenz, München 1953, passim, insbes. S. 6 ff.; siehe auch *Andre Lalande,* Vocabulaire technique et critique de la philosophie, Paris 1947, Stichwort „Topique".

Ernst Robert Curtius hat in seinem Werk „Europäische Literatur und lateinisches Mittelalter", Bern 1948, die umfassende, die europäische Tradition konstituierende Bedeutung der Topik herausgearbeitet und damit versucht, eine „historische Topik" zu inaugurieren und für die Literaturgeschichte fruchtbar zu machen (vgl. insbes. S. 87 ff.). Er geht aus von dem Funktionswandel der Topoi, der mit dem Untergang der antiken Rhetorik und mit Eindringen der Topik in alle Literaturgattungen eintritt: Die Topoi „werden Klischees, die literarisch allgemein verwendbar sind, sie breiten sich über alle Gebiete des literarisch erfaßten und geformten Lebens aus. Wir sehen in der Spätantike aus dem veränderten Lebensgefühl neue *topoi* entstehen. Dies zu verfolgen wird eine unserer Aufgaben sein" (S. 77). Die „historische Topik" zielt auf „eine neue Anschauung vom inneren Zusammenhang der europäischen Literatur" (S. 385) und auf ein vertieftes „Verständnis der abendländischen Seelengeschichte" (S. 90). Die Topoi sind erstens Träger der Kontinuität. Sie bieten zweitens in ihrem Werden und Vergehen ein „literar-biologisches" Interesse: Sie tauchen auf, man weiß nicht wie, sie erfüllen sich, sättigen sich mit Inhalt und Anschauung und entleeren sich wieder zu toten, starren Formeln. Das ist nur zu verstehen, wenn die Topoi drittens „in Tiefenschichten der Seele" wurzeln und zu den „archaischen Urbildern des kollektiven Unterbewußtseins" in Beziehung stehen (S. 113). Curtius verweist hier auf C. G. Jung (S. 90, 130).

Wir sehen ab von der geschichtsphilosophischen Intention des Curtiusschen Versuches, der, im Zeichen der europäischen Integration, mit Hilfe der historischen Topik eine gemeinsame, gesamteuropäische Substanz sichtbar machen will: „Die literarische Tradition ist das Medium, in dem der europäische Geist sich seiner selbst über Jahrtausende hinweg versichert" (S. 391). Wir verwenden im folgenden den Topos-Begriff, wie Curtius ihn erarbeitet und gebraucht hat. Ein Topos ist demnach eine sprachlich festliegende Formel, die stereotyp wiederholt wird, eine Sprachhülse, ein sprachliches Klischee. Im weiteren Sinne gehören zur Topik auch die wiederkehrenden Bilder, Figuren und Gestalten (exempla, imagines usw.); der „historischen Topik" ist eine „historische Metaphorik" zugeordnet (S. 136 ff.).

und die Einzelaussagen über den technischen Fortschritt und die Welt in 50 Jahren, die wir oben zusammengestellt und beschrieben haben, sind unter anderem Topoi dieser Art. Die Verschlüsselung des Antwortenmaterials, die unserer Zusammenstellung und Beschreibung zugrunde liegt, läuft im wesentlichen auf die Bildung eines Topoikataloges hinaus.

Wenn man die Einzelaussagen der Arbeiter als Ausfluß eines gemeinsamen Bestandes, also der sozialen Topik der Arbeiterschaft in dem dargelegten Sinne versteht, wird nicht nur ihre, oft bis in den Wortlaut hineinreichende Gleichförmigkeit, sondern auch und vor allem ihre weitgehende Unabhängigkeit von den Sozialdaten verständlich. Die einzelnen Aussagen sind – als Rückgriff auf einen allgemeinen Bestand und insofern als Teil der den Arbeitern gemeinsamen Topik – in der Tat unabhängig von den *persönlichen Erfahrungen* dessen, der die Aussage macht. Denn der Arbeiter kann sich die Topoi aneignen, ohne vorher entsprechende Erfahrungen gemacht zu haben und ohne sie, falls das überhaupt möglich ist, an der Anschauung zu überprüfen; er greift die Topoi einfach auf, im allgemeinen wahrscheinlich in den Unterhaltungen mit seinen Arbeitskollegen. Zwischen den Topoi und seinen persönlichen Erfahrungen besteht kein unmittelbarer notwendiger Zusammenhang. Ein solcher Zusammenhang tritt infolgedessen auch bei den Korrelationen nicht in Erscheinung. Gerade die Allgemeinheit der Frage nach dem technischen Fortschritt löst den Arbeiter von der Anschauung seiner betrieblichen Umwelt, erhebt ihn über den Bereich seiner konkreten persönlichen Erfahrung und gibt ihm die Gelegenheit, auf die Topik zurückzugreifen, soweit der momentane Einfall sie ihm zur Verfügung stellt.

Daraus darf jedoch nicht der Schluß gezogen werden, die Topoi seien unabhängig von der Erfahrung überhaupt und damit ohne jeden Bezug zur Realität. Auf eine Reihe von Topoi trifft das allerdings zu, insbesondere auf solche, die sich auf eine utopisch verklärte Zukunft beziehen. Im allgemeinen aber sind es zwar nicht persönliche Erfahrungen, wohl aber bestimmte *Erfahrungen der Arbeiterschaft als solcher*, die in den Topoi ihren Ausdruck finden. Und zwar sowohl gegenwärtige Erfahrungen wie Erfahrungen der Vergangenheit, die in Form von Topoi aufbewahrt und tradiert werden. Der Realitätsbezug der einzelnen Topoi kompliziert sich auf diese Weise. Er ist nichtsdestoweniger in der überwiegenden Zahl der Fälle vorhanden.

Um das wenigstens an einem Beispiel zu erläutern, greifen wir noch einmal auf den Topos „technischer Fortschritt – Arbeitslosigkeit" zurück, der, wie wir verschiedentlich gesehen haben, in den Interviews eine außergewöhnliche Rolle spielt.

Soweit sich aus den Lebensläufen entnehmen läßt, sind nur 13 % der Befragten länger als ein Jahr arbeitslos gewesen. Über die Hälfte der Befragten standen jedoch Anfang der 30er Jahre in einem berufsfähigen Alter, so daß sie persönliche

Eindrücke einer großen, mit Massenarbeitslosigkeit verbundenen Wirtschaftskrise empfangen haben können. Die Basis realer oder möglicher Erfahrung ist also relativ breit. Korreliert man den Topos „Arbeitslosigkeit" mit dem Alter und vor allem mit mehr als einjähriger Arbeitslosigkeit, d. h. läßt man auszählen, wie alt diejenigen sind, die den Topos gebrauchen und wie viele von ihnen mehr als ein Jahr arbeitslos gewesen sind, so ergibt sich nicht, daß die Älteren den „Topos" häufiger gebrauchten als die Jüngeren oder daß er bei denen, die von eigener Arbeitslosigkeit sprechen, öfter vorkäme als bei denen, die das nicht tun. Nach unseren Darlegungen über die soziale Topik erwarten wir ein solches Ergebnis auch nicht mehr. Konkrete und persönliche Erfahrungen mit der Arbeitslosigkeit sind es nicht, die dem Topos eine so weite Verbreitung verschaffen. Und dennoch sind es Erfahrungen, die in ihm zum Ausdruck kommen; das wird in einigen Fällen deutlich: „Der Fortschritt macht den Arbeiter brotlos. Er verliert seinen Arbeitsplatz und muß mit einer schlechter bezahlten Arbeit vorlieb nehmen. Das ist eine harte Umstellung" (514). Oder: „Für die, die die neuen Maschinen bekommen, ist es natürlich ein Vorteil, die andern aber haben dann entweder keine Arbeit mehr oder sie bekommen schlechter entlohnte Arbeit hier zugewiesen" (326). Oder: „Durch den technischen Fortschritt werden Arbeitskräfte frei. Ganz wird man nie auf die menschliche Arbeitskraft verzichten können. Aber die Arbeiter bekommen doch Posten, die nicht mehr so gut bezahlt sind" (515). Damit ist der reale Kern des Arguments getroffen: Technische Neuerungen haben häufig die Folge, daß frei werdende Arbeitskräfte, sei es vorübergehend, sei es für immer, an Arbeitsplätze mit geringerem Arbeitslohn versetzt werden. Arbeitsplatzwechsel dieser Art sind allgemein gefürchtet, da sie sich oft auf das Budget eines Arbeiterhaushaltes erheblich auswirken; eine Stundenlohndifferenz von nur 20 Pfg. ergibt bei 200 Arbeitsstunden eine monatliche Differenz von 40.– DM, das sind 10 % eines Monatseinkommens von 400.– DM und entspricht in vielen Fällen der Miete. Von dieser Wirkung der technischen Neuerungen sind potenziell alle Arbeiter bedroht.[45]

Darin aber erschöpft sich die Funktion des Topos „Arbeitslosigkeit" nicht. Neben den genannten Befürchtungen spiegelt sich in ihm die allgemeine Unsicherheit, die der Lage des Arbeiters – auch des Arbeiters in der Großindustrie – innewohnt. Die jedenfalls von dem Arbeiter auch der Großindustrie als seiner Lage zugehörig und eigentümlich empfunden wird – trotz der Bemühungen der Unternehmen, ihre Belegschaft mit Hilfe immer umfangreicherer sozialer Leistungen an sich zu binden. Die Resultate dieser Bemühungen entgehen dem Arbeiter

45 Einen extremen Fall bilden in dieser Hinsicht die Umwalzer, siehe S. 306 ff. Hier wird die Entprivilegierung sichtbar, die von den technischen Neuerungen drohen kann.

nicht; sie finden zum Teil auch seine Anerkennung.[46] Aber da ihnen bei den Arbeitern selbst ein Drang zur Seßhaftigkeit und eine Abneigung gegen die Mobilität, gegen einen Wechsel der Arbeitsstätte und eventuell des Wohnsitzes entgegenkommt, bemerken die Befragten offenbar auch die wachsende Abhängigkeit, in die sie zu dem jeweiligen Werk geraten. Sie bemerken sie mit Unbehagen. Und dieses Unbehagen steigert das überkommene, tief eingewurzelte Gefühl der Unsicherheit, das auch 10 Jahre Wohlfahrtsstaat und Wirtschaftswunder nicht ausgeräumt haben. Insofern ist der Topos „Arbeitslosigkeit" nicht einfach eine leere Sprachhülse oder eine belanglose Redensart. Er enthält vielmehr einen auf die Wirklichkeit bezogenen Kern, insofern er konkrete, oft nicht ausgesprochene, aber doch „gemeinte" Sachverhalte mit einem extremen Wort bezeichnet. Darüber hinaus interpretiert er die Wirklichkeit in einem bestimmten Sinne: Die soziale Realität erscheint in ihm als so strukturiert, daß sie die Arbeitslosigkeit als Möglichkeit, als mögliches Massenschicksal in sich birgt, daß sie dem Arbeiter infolgedessen keinen Anlaß gibt, sich in Sicherheit zu wiegen. Hier berührt sich der Topos „Arbeitslosigkeit" mit einer Reihe anderer Topoi, insbesondere mit denen des eschatologischen Geschichtsbildes.

Auf diese Weise ermöglicht und erleichtert die Topik dem Arbeiter die Orientierung in der heutigen sozialen und geschichtlichen Wirklichkeit.[47] Bei der Kompliziertheit und Abstraktheit dieser Wirklichkeit sind die Topoi wahrscheinlich die einzige Möglichkeit der Orientierung und des Wirklichkeitsverständnisses, die der Arbeiter besitzt. Wie soll er, bei dem Stand seiner Kenntnisse und bei seinen Chancen der Information, auf Fragen wie unsere Fragen 38, 39 und 40 reagieren – wenn nicht topisch? Die Beurteilung des technischen Fortschritts, seiner Ursachen und seiner Wirkungen birgt überaus verwickelte und schwierige Probleme in sich. Andere soziale Gruppen können diesen Fragen daher kaum anders begegnen als die Arbeiter. Wir können im Gegenteil vermuten, daß die Arbeiterschaft gerade für das Thema „technischer Fortschritt" – im Vergleich zu anderen sozialen Gruppen – eine ungewöhnlich reichhaltige und „gebrauchsfertige" Topik zur Verfügung hat.

Die Topik als Gesamtbestand, das Universum der Topoi, ist allen Arbeitern – dem einen mehr, dem anderen weniger – zugänglich und verfügbar. Dennoch

46 Vor allen Dingen, wenn die Vorteile des Großbetriebes mit denen des Kleinbetriebes verglichen werden, siehe Abschnitt III, S. 100 ff.

47 Daher erscheint es uns nicht zureichend, die Topoi als Voreingenommenheiten oder Vorurteile (prejudices) zu charakterisieren, wie dies die Sozialpsychologie weitgehend tut, vgl. z. B. *Hans-Jurgen Eysenck,* Wege und Abwege der Psychologie, Hamburg 1956, S. 131 ff. Formal sind die Topoi natürlich Vorurteile, aber damit ist weder über ihren Realitätsgehalt, noch über ihre Leistungsfähigkeit für die Welt- und Umweltorientierung der Arbeiter entschieden. Vgl hierzu schon *Walter Lippmann,* Public Opinion, 14. Aufl., New York 1954, S. 79 ff.

ist die Verwendung der Topoi durch die einzelnen Arbeiter nicht absolut beliebig – so sehr sie auch, wie im Falle einer Befragung, an den momentanen Einfall des Befragten gebunden bleibt. Zwar gibt es Arbeiter, die von der Topik wahllos Gebrauch machen und die die heterogensten Topoi ohne Rücksicht auf Widersprüche Vorbringen. Im allgemeinen jedoch ist das nicht so. In der Mehrzahl der Fälle vielmehr findet eine Selektion statt: Man gebraucht die Topoi, die einem einleuchten. Und zwar einleuchten nicht auf Grund persönlicher Erfahrungen, sondern im Zusammenhang mit einer Grundeinstellung, mit einer im Laufe des Lebens allmählich gewachsenen Grundentscheidung, die Dinge so und nicht anders zu sehen und zu nehmen. Grundentscheidungen dieser Art werden in den Typen der Gesellschaftsbilder sichtbar und greifbar, die wir im Schlußabschnitt darstellen.[48] Im Rahmen dieser Typen von Gesellschaftsbildern artikulieren die Topoi das Selbst- und Wirklichkeitsverständnis der Arbeiter.

Dafür soll zur Veranschaulichung noch ein weiteres Beispiel angeführt werden, obwohl es ein Problem berührt, das erst in einem späteren Zusammenhang voll ausgedeutet werden kann. Wie wir gesehen haben, bejahen eine Reihe von Arbeitern (45; 8 %) den technischen Fortschritt unter der Bedingung, daß auch die Arbeiterschaft davon profitiere: „Wenn der technische Fortschritt für den Arbeiter auch da ist, ist das eine feine Sache" (287). Oder: „Wenn der Fortschritt zum Wohle der Arbeiter durchgeführt würde, dann wäre die Sache hundertprozentig" (282). Oder: „Wenn er dem Arbeitsmann zugute kommt, dann ist es gut" (266). Oder: „Der technische Fortschritt ist nur solange gut, wie er dem Arbeiter dient" (063). Oder: „Ich sage immer: Der technische Fortschritt ist so lange gut, wie er dem Arbeiter nützt" (561). Dieser Topos kann auf verschiedene Weise verwendet werden. Entweder, er wird einfach als Feststellung gebracht, oder er wird etwa folgendermaßen fortgesetzt: „Der technische Fortschritt ist gut, wenn für den Arbeiter dabei was herausspringt. Sicher, an sich ist das ja eine bewundernswürdige Sache, wenn alles immer schneller geht und sich das ganze Leben durch die Technik ändert. *Aber* für den Arbeiter kommt nicht viel dabei heraus. Das Werk verdient ungeheure Summen durch den Fortschritt. *Aber* der Arbeiter wird dadurch brotlos. Er verliert seinen Arbeitsplatz" (514).

Bemerkenswert ist hier zunächst, wie unverhüllt die Interessengebundenheit zum Ausdruck kommt. Das ist für das Denken der Arbeiterschaft, im Gegensatz zu anderen sozialen Gruppen, überhaupt charakteristisch. Falls man unter Ideologie die mehr oder weniger *bewußte* Verschleierung und Kaschierung von Interessenlagen verstehen will, gibt es in Bezug auf die Arbeiterschaft kein Ideologienproblem: Ihr Denken ist in dieser Beziehung erfrischend unideologisch. Darüber hinaus zeigt der Topos noch etwas anderes: Die Arbeiterschaft hat nicht nur eige-

48 Siehe S. 201 ff.

ne Interessen, sondern auch eine eigene Entwicklung, die mit dem Gang der „großen“ Dinge nicht identisch ist. Es gibt gleichsam eine „doppelte Geschichte“ – eine offizielle, allgemeine und eine zweite, die Geschichte der Arbeiterschaft, die zwar mit der ersten mannigfaltige Berührung hat, von ihr vor allem ständig in Mitleidenschaft gezogen wird, aber doch etwas für sich ist. Der technische Fortschritt, die politische Geschichte, die Kriege und die Wirtschaftskrisen bieten dementsprechend grundsätzlich zwei Aspekte. Nicht nur die Wertungen, die sich aus diesem Doppelaspekt ergeben, sondern dieser doppelte Aspekt selber wird bereits topisch formuliert. Es deutet sich hier eine Distanzierung des Arbeiters von der „allgemeinen“ Geschichte und von der „allgemeinen“ Gesellschaft an, die für ein dichotomisches Gesellschaftsbild kennzeichnend ist. Bevor wir die Fragen aber, die sich daraus ergeben, weiter verfolgen können, müssen wir die Stellungnahmen der Arbeiter zu wirtschaftspolitischen Problemen und zur Mitbestimmung darlegen. Das ist die Aufgabe der folgenden beiden Abschnitte.

Abschnitt III Stellungnahmen zu wirtschaftspolitischen Problemen

Zwischen die größeren Themenkreise „technische Neuerungen, technischer Fortschritt“ und „Mitbestimmung“ wurden einige *Einzelfragen* eingeschoben, die nicht in gleicher Weise eine länger durchzuhaltende Konzentration erforderten wie jene zusammenhängenden Fragengruppen, aber gleichfalls sehr allgemeine und umfassende Themen anschnitten. Zu den Einzelfragen dieser Art rechnen wir – im Gegensatz zu den mehr privaten Einzelfragen am Schluß unserer Gespräche (Nr. 57 ff.) –

die Alternativfrage *„Großbetrieb“ – „Kleinbetrieb“* (Nr. 42)
die Frage nach den *Ursachen der Absatzschwierigkeiten* (Nr. 43)
und die Frage nach der *sozialen Lage der Angestellten* (Nr. 56).

Die letztere wurde zwar erst im Anschluß an das Thema Mitbestimmung gestellt, gehört aber ihrer Form und ihrem sachlichen Gehalt nach in diesen Zusammenhang. Ausgeschaltet haben wir die zu unvermittelte Kenntnisfrage nach der Zahl der größeren Hüttenwerke in Westdeutschland (Nr. 41).

Was die hier ausgewählten Fragen sachlich miteinander verbindet, ist die Tatsache, daß sie *vorwiegend* unter wirtschaftspolitischen Aspekten beantwortet wurden und daher besonderen Aufschluß über die entsprechenden Erfahrungen, Kenntnisse und Interessen der Befragten geben. Der vorliegende Abschnitt kann daher die Darstellung der Vorstellungen vom technischen Fortschritt in dieser Beziehung ergänzen und zugleich das Verständnis der Aussagen zur Mitbestimmung vorbereiten.

Methodisch stellt sich ein besonderes Problem: Sehr offen formulierte Einzelfragen zu einem umfassenden Thema können zu sehr ungleichwertigen und inhaltlich kaum vergleichbaren Stellungnahmen führen. Da die Möglichkeit nicht ausgenutzt ist, das Thema unter verschiedenen Gesichtspunkten zu behandeln, wird es oft schwer sein zu ermitteln, welches Gewicht der Befragte selbst auf seine Meinung legte, durch welche Erfahrungen sie geprägt wurde und welche Kenntnisse ihr zugrunde liegen. Das Risiko, solche Einzelfragen zu stellen, kann also nur unter zwei Voraussetzungen eingegangen werden: Erstens muß feststehen, daß der Frage ein besonderes Interesse entgegengebracht und daß dementsprechend ausführlich und profiliert geantwortet wird. Zweitens muß damit zu rechnen sein, daß die Befragten etwa „gleichgerichtet" antworten. Nur wenn das besprochene Problem bei der Mehrzahl ähnliche Assoziationen hervorruft, wird es inhaltlich so abgegrenzt und zugespitzt, daß auch die Fragestellung sich nachträglich präzisieren läßt.

Es wird sich zeigen, daß diese Vorteile den hier behandelten Fragen zugute gekommen sind. Gerade weil die Präzisierung des Themas den Befragten überlassen wurde, sind die Resultate geeignet, festgefahrenen Vorurteilen über die Interessen der Arbeiter zu begegnen.

1 Großbetrieb oder Kleinbetrieb?

a) Die Entscheidung der Befragten

Die frühe deutsche Betriebssoziologie der zwanziger Jahre hat sich zum erheblichen Teil auf die Frage festgelegt, von der wir hier ausgehen. Sie hat sich auch vor eindeutigen Antworten nicht gescheut. Noch in der universalgeschichtlichen Kulturkritik von Alexander Rüstow, die nach dem Zweiten Weltkrieg publiziert worden ist, wird eine Entscheidung getroffen, die jeden Zweifel so energisch abweist, daß die Vor- und Nachteile der großbetrieblichen gegenüber der kleinbetrieblichen Organisationsform kaum ohne Verlegenheit von neuem gegeneinander abgewogen werden können: „Im mittelalterlichen Deutschland", schreibt Rüstow, „galt der Rechtssatz: ‚Luft macht frei', ‚Luft macht eigen'; in Wahrheit ist es die Organisationsform der Arbeit, die Betriebsform, die frei oder unfrei macht: Kleinbetrieb macht frei – Großbetrieb macht unfrei! Alle Nachteile und Schäden, die herkömmlicherweise der Maschinentechnik zur Last gelegt werden, kommen in Wahrheit nur auf das Schuldkonto des Großbetriebs. Was den Menschen knechtet und zum Sklaven macht, ist mitnichten die Maschine, sondern ausschließlich der – allerdings durch gewisse Formen der Maschinenverwendung vorwärtsgetriebene – Großbetrieb."[1] Und an anderer Stelle: „Alle sozialen Nachteile des Großbetriebes hängen ausschließlich an der Organisations- und Produktionsform

1 *A. Rüstow,* Ortsbestimmung der Gegenwart, Eine universalgeschichtliche Kulturkritik. Erster Band, Ursprung der Herrschaft, Erlenbach-Zürich 1950, S. 176.

des Großbetriebs als solcher, wiederum unabhängig von dem formal-juristischen Status des Arbeiters, und erst recht unabhängig von den Eigentums- und Rechtsverhältnissen des Großbetriebs."[2]

Auf unsere Frage an die Hüttenarbeiter, ob sie – einmal abgesehen von dem Werk, in dem sie gegenwärtig tätig seien – lieber in einem Großbetrieb oder lieber in einem Kleinbetrieb arbeiteten,[3] erhielten wir unter anderem folgende Antworten:

> „In einem Kleinbetrieb. Dort ist man doch untereinander besser bekannt, und es gibt in einem Kleinbetrieb mehr Kameradschaft unter den Arbeitern." (234, Stapler, 37 Jahre.) „Lieber im Kleinbetrieb. (Beruft sich auf seine Erfahrungen in einer kleinen Faßfabrik:) Da war alles eine Familie. Der Meister war der einzige Vorgesetzte für alle die Leute, und er kannte jeden. Je mehr in einem Betrieb sind, desto größer ist die Uneinigkeit." (325, Vorarbeiter, 62 Jahre.) „Ich arbeite an und für sich lieber in einem Kleinbetrieb, wo man alles kennt. Hier hat nur jeder sein Ressort. Man läuft jahrelang an einem Mann vorüber, der vielleicht noch länger als man selbst hier arbeitet und den man nicht kennt. Nein, im Kleinbetrieb ist der Zusammenhalt größer." (385, Kranführer, 61 Jahre.) „Im Kleinbetrieb muß man ja eigentlich mehr arbeiten. Aber da hat man nur Frühschicht. Außerdem verdient man mehr." (377, Rippenplattenfräser, 23 Jahre.) „Kleinbetrieb! Da ist leichtere Arbeit. Da sind nicht so große Sachen, und da ist es nicht so dreckig." (777, Reparaturschlosser, 24 Jahre.) „Ich arbeite lieber im Kleinbetrieb. Das ist ein freieres Arbeiten. Man muß zwar oft mehr arbeiten, aber dafür sieht man mehr, man hat mehr Fühlung mit den anderen Kollegen und alles ist interessanter." (686, Reparaturschlosser, 45 Jahre.)

Einige der für den Kleinbetrieb angeführten Argumente entsprechen genau den Vorwürfen, die Alexander Rüstow im Laufe seiner Darstellung gegen den Großbetrieb erhebt. Sie sind also durch die Aussagen der befragten Arbeiter ausgezeich-

---

2 ebd., S. 174.

3 Die Abgrenzung von Groß- und Kleinbetrieb machte keine Schwierigkeiten, da sie von den Befragten selbst – wie wir vorher wußten – mit großer Sicherheit vollzogen wurde: Als „Kleinbetrieb" gilt erstens der Betrieb eines „kleinen Krauters", zweitens der Betrieb eines „Unternehmers". Unter einem Krauter ist zunächst einmal der bäuerliche Arbeitgeber eines ländlichen Klein- oder Mittelbetriebes zu verstehen, im übertragenen Sinne aber jeder Leiter eines Handwerksbetriebes, also sowohl der Meister einer Dorfschmiede wie der Chef einer städtischen Reparaturwerkstatt. Das Urbild des „Unternehmers" ist der Bauunternehmer, der im Auftrag der Hütte bestimmte Bauaufträge im Betrieb durchführt. Im weiteren Sinne erstreckt sich der Begriff auch auf die Leiter kleinerer und mittlerer Betriebe, die nichts mit dem Hüttenwerk zu tun haben; er wird jedoch fast niemals als Synonym für „Arbeitgeber" überhaupt gebraucht. Vgl. zu dieser Frage Abschnitt IV, Kap. 3b (Arbeitgeber und Arbeitnehmer in der Äusdrucksweise der Hüttenarbeiter), S. 167 ff.

net und sehr anschaulich zu belegen. Allerdings plädieren nur insgesamt 59 (10 % der Befragten) für den Kleinbetrieb. Dagegen verweisen 450 (75 %) auf die Vorteile des Großbetriebes – teilweise mit den gleichen Argumenten! – und stellen entschlossen fest, daß sie lieber in einem Groß- als in einem Kleinbetrieb beschäftigt seien. Quantitativ ist dies die eindeutigste Entscheidung, die in unserer gesamten Befragung getroffen worden ist.

Diese ungewöhnliche Eindeutigkeit mag allerdings teilweise auf die alternative Formulierung der Frage zurückzuführen sein.[4] Darüber hinaus drängen sich noch andere Bedenken auf: Alle befragten Arbeiter hatten bereits eine Entscheidung hinter sich – sie arbeiteten in einem Großbetrieb. Teilweise haben ihnen die Erfahrungen gefehlt, die einen konkreten Vergleich offenbar erst ermöglichen. Muß das die Ergebnisse nicht verfälschen oder doch zumindest in ihrem Aussagewert stark beeinträchtigen? Einige Kontrollen geben uns auf diese naheliegenden Einwände eine überraschende Antwort: 133 Befragte haben, wie aus ihren Angaben zum Berufsweg mit Sicherheit zu entnehmen ist, bereits früher in einem Kleinbetrieb gearbeitet. Davon entschieden sich 108 für den Großbetrieb (81 % gegen 75 % der Befragten insgesamt), 10 für den Kleinbetrieb (8 % gegen 10 % der Befragten insgesamt). Ferner: Wir haben diejenigen Befragten unterschieden, die im Laufe ihres Berufsweges vorher schon einmal in einem Industriebetrieb – in einem Handwerksbetrieb – in der Landwirtschaft – im Büro (oder in mehreren dieser Betriebsformen) beschäftigt waren. Auch wenn man die Stellungnahmen dieser Gruppen zu unserer Frage vergleicht, ergeben sich keine Differenzen. Schließlich: von den 80 Befragten, die nach ihren Angaben einmal länger als ein Jahr arbeitslos waren, bevorzugen 62 (78 %) den Großbetrieb, 4 (5 %) den Kleinbetrieb. Wir können also mit guten Gründen den Schluß ziehen, daß die spezifischen Berufserfahrungen, soweit sie sich feststellen lassen, *keinen* Einfluß auf die Bewertungen der beiden Betriebsformen ausgeübt haben. Besonders wichtig für das Verständnis der Resultate scheint uns zu sein, daß auch diejenigen Arbeiter, die einen Kleinbetrieb aus eigener Erfahrung kennen, nicht anders urteilen als die übrigen.

---

4 Dieser Alternative haben sich nur kleinere Gruppen entzogen: 9 Befragte brachten Argumente für beide Betriebsformen, ohne daß eine klare Entscheidung ersichtlich ist; 37 (6 %) erörterten ebenfalls das Für und Wider, erklärten aber zum Schluß, daß es ihnen einerlei sei, wo sie beschäftigt seien; bei weiteren 45 Befragten (8 %) ist aus ihren Antworten keine Entscheidung zu entnehmen, weil überhaupt nicht prägnant genug geantwortet wurde. – Von denjenigen, die den Groß- bzw. Kleinbetrieb bevorzugten, haben verhältnismäßig nur sehr wenige etwas gezögert: 19 für den Großbetrieb Stimmende brachten auch Argumente für den Kleinbetrieb vor; 6 deuteten umgekehrt Vorzüge des Großbetriebes an, obwohl sie letztlich lieber in einem Kleinbetrieb arbeiten wollten.

Ist daraus zu folgern, daß hier in besonderem Maße ideologische Einflüsse mitgewirkt haben, – Einflüsse also, die offensichtlich in die entgegengesetzte Richtung führen müssen, als die Schlußfolgerungen, zu denen Alexander Rüstow gelangt ist? Die sehr handfesten, einprägsamen und gelassen vorgebrachten Argumente für den Großbetrieb, auf die wir noch im einzelnen eingehen werden, sprechen im allgemeinen nicht für diese Hypothese. Wir haben aber auch hier Kontrollmöglichkeiten herangezogen, indem wir die Stellungnahmen zu „ideologieverdächtigen" Themen mit den Resultaten der vorliegenden Frage verglichen haben. Ein Beispiel: Wie bereits dargestellt,[5] haben etwa die Hälfte der Befragten behauptet, daß Arbeitslosigkeit eine Folge des technischen Fortschritts sei. Andererseits ist für den Großbetrieb häufig das Argument angeführt worden, er biete mehr Sicherheit und schütze vor Arbeitslosigkeit. So naheliegend der Gedanke ist, daß zwischen diesen beiden Gruppen ein enger Zusammenhang bestehen könnte – es ist nicht der Fall. Die „Arbeitslosen-Theoretiker" haben das konkrete Beispiel „Sicherheit im Großbetrieb" nicht mehr und nicht weniger häufig erwähnt als die übrigen Befragten. Ähnliche Versuche führen zu dem gleichen Resultat.

Wenn also weder Ideologie noch spezifische Berufserfahrungen die Urteile beeinflußt haben: Sollten diese Urteile nicht von Erfahrungen bestimmt sein, *die jedem Industriearbeiter in typischer Weise zugänglich sind?* Zugänglich und evident, – auch wenn er keinen wechselvollen Berufsweg hinter sich hat und ohne daß er sich bestimmte ideologische Theorien zu eigen gemacht haben muß? Könnte nicht der *Realitätsgehalt* der Argumente für den Großbetrieb so überzeugend sein, daß alle weiteren Ableitungen überflüssig werden? Die Verwunderung über das Resultat wäre demnach nur darauf zurückzuführen, daß es hier um Tatbestände geht, die dem Industriearbeiter meist, dem Außenstehenden dagegen nur selten bekannt sind.

Nun kann es natürlich nicht unsere Aufgabe sein, die These einer universalgeschichtlichen Kulturkritik, wie sie Alexander Rüstow entworfen hat, mit den Bemerkungen zu entkräften, die 600 Hüttenarbeiter auf eine simple Frage äußerten. Dennoch wird es sich lohnen, ihre Argumente ernst zu nehmen und zunächst einmal darauf zu verzichten, sie durch das Verdikt des „falschen Bewußtseins" oder den Begriff der „Entfremdung" zu denunzieren, auch wenn sich herausstellen sollte, daß sich die Einsichten der universalgeschichtlichen Kulturkritik nicht mit den Meinungen der Betroffenen vereinbaren lassen, solange man den Realitätsgehalt dieser Meinungen gelten läßt.

5 Vgl. Abschnitt II, S. 67 ff. u. S. 93 f

b) Sicherheit und Unabhängigkeit

Die Übersicht über die Verteilung der Argumente für den Großbetrieb zeigt, daß sich etwa die Hälfte unmittelbar auf den eigenen Arbeitsvollzug und den Arbeitsablauf bezieht (Position 1–5 der Tabelle), während die andere Hälfte den besseren Verdienst, die höheren Sozialleistungen und die größere Sicherheit vor Entlassungen betont (Position 6–8).

Das Schwergewicht der ersten Gruppe liegt deutlich auf der These, daß der einzelne Arbeiter im Großbetrieb freier und unabhängiger sei (Pos. 1, 23 % der Argumente). In der zweiten Gruppe kommt dagegen das Bedürfnis nach wirtschaftlicher Sicherheit am stärksten zur Geltung (Pos. 8, ebenfalls 23 % der Argumente). Die übrigen Aussagen lassen sich auch sachlich um diese beiden Pole gruppieren; sie stehen in teils engem, teils lockerem Zusammenhang mit dem Wunsch nach „Unabhängigkeit“ oder nach „Sicherheit“.

Wir beginnen mit einigen Beispielen für die Behauptung, daß die Arbeiter in einem Großbetrieb weniger der Gefahr ausgesetzt seien, ihre Arbeit zu verlieren:

> „Großbetrieb! Man braucht keine Angst vor Entlassung zu haben. Wenn in einem kleineren Betrieb mit (Walz-)Straßen eine Straße ausfällt, kann der Betrieb seinen Verpflichtungen nicht mehr nachkommen. Er verliert Aufträge, die an die zuverlässigeren Großbetriebe gegeben werden, und muß Leute entlassen.“ (072, Kantwagenführer, 34 Jahre.) „In einem Großbetrieb ist man nicht so sehr von der wirtschaftlichen Lage abhängig. Da kann man schon eine Zeitlang auf Vorrat arbeiten. In einem Kleinbetrieb ist das aber kaum möglich. Dort wird man gleich entlassen.“ (131, Schmelzer, 33 Jahre.) „Im Großbetrieb sind die sozialen Einrichtungen besser. Ein Invalide bekommt hier immer noch eine Beschäftigung, beim Unternehmer bekommt er seine Papiere …“ (177, Stapler, 30 Jahre.) „…Wenn ich im Großbetrieb eine Arbeit einmal nicht mehr schaffe, dann weiß ich, ich bekomme irgendeine andere. Das ist in einem Kleinbetrieb anders. Im Großbetrieb bin ich sicherer.“ (293, Aufgeber am Hochofen, 31 Jahre.) „Möglichst Großbetrieb. Man verspricht sich mehr Sicherheit, Existenzsicherheit. Ein Kleinbetrieb kann immer mal Pleite machen.“ (474, Werkzeugmacher, 50 Jahre.) „Lieber in einem Großbetrieb: sicherer Arbeitsplatz, mehr Rücksicht! Ich bin seinerzeit nicht entlassen worden, weil ich verheiratet war und drei Kinder hatte. Dergleichen Gesichtspunkte gibt es nicht bei den kleinen Unternehmern.“ (511, Schnellläuferkranführer, 48 Jahre.) „… Ein kleiner Unternehmer entläßt einen sofort, wenn er einen nicht mehr nutzbringend beschäftigen kann. Das tun die hier nicht.“ (517, Walzenzugmaschinist, 54 Jahre.) „… Dann kommt noch was dazu: Ich könnte viel mehr im Augenblick schaffen, als wir zur Zeit Arbeit haben. In einem Kleinbetrieb hätte man mich und meine Kollegen vielleicht schon entlassen. Hier kann man es sich leisten, uns zu behalten, bis mal in ein paar Wochen oder so wieder mehr zu tun ist. Wir arbeiten dann einfach das, was

Argumente für den Großbetrieb

	Im Großbetrieb ist …	Zahl der Argumente[6]		in %	
1.	der Arbeiter unabhängiger, der Einzelne freier, nicht unter ständiger Aufsicht	74	141	23	48
	Erwähnt in Kombination mit anderen Argumenten	67			
2.	die Arbeit festgelegter – man weiß, was man zu tun hat	5	24	4	
	in Kombination	19			
3.	alles großzügiger, sinnvoller geplant – „nicht soviel Murks und Klüterei"	22	47	8	
	in Kombination	25			
4.	die Arbeitszeit (Pausen, Überstunden) geregelter, besser	9	41	7	
	in Kombination	32			
5.	die Arbeit leichter, angenehmer	17	36	6	
	in Kombination	19			
6.	der Aufwand für soziale Leistungen größer	27	64	10	49
	in Kombination	37			
7.	der Verdienst besser in Kombination	35	98	16	
		63			
8.	der Arbeitsplatz sicherer – keine Angst vor Entlassungen	75	140	23	
	in Kombination	65			
9.	sonstige Vorteile		32	5	
	Insgesamt		623	102	

6 Die Tabelle enthält Argumente von insgesamt 444 Befragten. Davon brachten 296 nur ein Argument vor, dagegen 121 zwei, 23 drei und 4 Befragte vier Argumente. (Sechs Befragte, die sich für den Großbetrieb entschieden, nannten keine Argumente.)

mehr zu tun ist, und bekommen denselben Lohn." (581, Facharbeiter, 36 Jahre.) „... Ich meine, daß bei einer wirtschaftlichen Flaute ein Großbetrieb sich immer besser halten kann und nicht gleich Arbeiter entlassen muß. So ist es für den Arbeiter im Großbetrieb immer sicherer als im Kleinbetrieb." (763, Konvertermann, 26 Jahre.)

Die Argumentationen sind ziemlich gleichartig. Trotzdem lassen sich zwei Nuancen unterscheiden. Teilweise liegt der Akzent auf bestimmten Situationen, die sich für den einzelnen Arbeiter im Betrieb ergeben können: Er wird zu alt für die Arbeit, die er bisher ausgeübt hat, und bekommt daraufhin etwas anderes zu tun; er soll entlassen werden, aber man nimmt Rücksicht auf seine Familie; er hat längere Zeit an seinem Arbeitsplatz nur wenig zu tun, ohne daß sein Arbeitsverhältnis deshalb gefährdet ist. Dagegen betont ein anderer Teil der Befragten stärker oder ausschließlich den objektiven Aspekt: der Großbetrieb ist wirtschaftlich krisenfester, er wird durch „Flauten", „Pleiten", „Bankrotts" weniger bedroht; er kann zum Beispiel „eine Zeitlang auf Vorrat arbeiten" oder den Ausfall einer Produktionsanlage besser ausgleichen – und ähnliches mehr. Natürlich laufen beide Gedankengänge letztlich auf das Gleiche hinaus. Die verschiedenen Akzentuierungen zeigen uns aber, daß die Überzeugung, im Großbetrieb größere Sicherheit zu finden, weder ausschließlich Resultat einer „Wirtschaftstheorie" noch ausschließlich eine Verabsolutierung persönlicher Erfahrungen darstellt. Längere theoretische Erörterungen werden hier schon deshalb nicht vorgebracht, weil die wirtschaftliche Überlegenheit des Großbetriebs für die befragten Arbeiter eine völlig eindeutige Tatsache ist, über die nicht umständlich diskutiert zu werden braucht.

Ähnliches gilt für die Sozialleistungen, von denen insbesondere die bessere Altersversorgung, aber auch sorgfältigerer Unfallschutz, bessere ärztliche Betreuung und sogar die werksinterne Steuerberatung erwähnt werden. Dies geschieht ohne jedes Sentiment. Wir finden noch nicht einmal eine einzige Anspielung auf die besonderen Verdienste des eigenen Werkes oder den guten Willen der Werksleitung. Die Sozialleistungen werden ebenso wie die besseren Verdienstchancen[7] und wie die Sicherheit des Arbeitsverhältnisses lediglich als eine Folge der *wirtschaftlichen Potenz* des Großbetriebes verstanden. Hinweise auf sozialpolitische Gesichtspunkte finden sich in diesem Zusammenhang nicht.

Ebenso nüchtern und ohne Umschweife den entscheidenden Punkt treffend sind alle Stellungnahmen, die sich auf die Vorteile des Arbeitsvollzuges und des Arbeitsablaufes in einem Großbetrieb beziehen. Insbesondere die Unabhängig-

7 Von den 98 Befragten, die den höheren Lohn im Großbetrieb erwähnten, haben allein 63 noch weitere Vorteile genannt. Es handelt sich hier also häufig um ein Zusatzargument. Da sich die entsprechenden Bemerkungen in der Regel auf eine bloße Feststellung beschränken, erübrigt es sich, Beispiele anzuführen.

keit und größere Freiheit des Einzelnen wird sehr überzeugend dargestellt. „Je größer der Betrieb" – behauptet ein Arbeiter (274), als ob er die eingangs zitierten kulturkritischen Thesen gerade gelesen hätte – „desto freier der Arbeiter. Das ist eine alte Erfahrung von mir. Dann steht nicht hinter jedem Mann einer, der aufpaßt. Hier steht jeder für sich – auf Vertrauen." Mit seiner Erfahrung steht er offensichtlich nicht allein:

> „Ich arbeite lieber im Großbetrieb. Im Kleinbetrieb ist der Inhaber oft gleichzeitig der Meister. Er paßt dann viel mehr auf die Arbeiter auf. Man muß zwar überall arbeiten und man will auch seine Arbeit tun, aber im Großbetrieb ist man viel freier." (535, Apparatewärter, 49 Jahre.) „Lieber in einem Großbetrieb, in einem Kleinbetrieb sehen einem die Krauter immer auf die Finger, da steht immer einer hinter einem und paßt auf, daß man etwas tut. Das ist hier schon anders ..." (616, Gichtaufgeber, 38 Jahre.) „Großbetrieb! Da steht nicht immer einer hinter einem. Das kann ich nicht haben. Ich habe ja auch andere Betriebe kennengelernt ... Hier hat jeder seine Verantwortung, und da muß er Zusehen, daß er fertig wird. Das ist eigentlich mein Ziel, daß ich eine Arbeit bekomme, die mehr Verantwortung verlangt. Da kann man doch immer freier und unabhängiger arbeiten, und dann macht die Arbeit auch mehr Freude." (641, Kranführer, 27 Jahre.) „Lieber in einem Großbetrieb. Da gibt es nicht soviel Aufpasser. In einem Kleinbetrieb, wo etwa 50 Mann arbeiten, da ist schon der Eigentümer immer hinter einem her. Das ist in einem Großbetrieb anders." (595, Walzenzugmaschinist, 62 Jahre.) „Im Großbetrieb, weil einem da nicht so auf die Finger gesehen wird. Ich will damit nicht sagen, daß ich meine Arbeit nicht machen will. Aufsicht muß sein. Aber in einem kleinen Betrieb ist das zuviel, wie man immer beaufsichtigt wird." (423, Schäler, 54 Jahre.) „Lieber in einem Großbetrieb. Hier fühle ich mich als freier Mann. Das hätte ich in keinem Kleinbetrieb." (342, Aufzugsmaschinist, 39 Jahre.) „Lieber im Großbetrieb, weil man da seinen festen Arbeitsplatz hat. Im Kleinbetrieb gibt es zu viele Vorgesetzte, die Frau, der Sohn, vielleicht noch die Tochter, und im Sommer kommen die Verwandten noch ... " (026, Stapler, 51 Jahre.) „... In einem großen Betrieb geht alles Hand in Hand ... Außerdem ist da die Treiberei und die Beaufsichtigung nicht so notwendig, weil alles automatisch und mechanisch seinen richtigen Gang geht." (728, Bläser, 45 Jahre.) „Da (in einem Großbetrieb) ist man selbständiger, und das Werk vertraut einem, daß man die Arbeit richtig tut. In einem Kleinbetrieb steht immer der Meister oder der Unternehmer oder ein Kontrolleur hinter einem und paßt auf, daß man arbeitet. Man fühlt sich wie am Bande ..." (184, Schmelzer, 44 Jahre.) „... Hier ist nur ein Vorgesetzter, und der braucht gar nichts zu sagen, weil jeder auch so weiß, was er zu tun hat." (621, Platzarbeiter, 38 Jahre.) „Ich arbeite lieber im Großbetrieb. Im Kleinbetrieb ist immer noch Handbetrieb. Da steht der Aufseher immer hinter einem. Hier im Großbetrieb arbeitet man selbständig Hand in Hand." (188, Aufgeber am Hochofen, 51 Jahre.)

Die übrigen Aussagen über Vorteile des Arbeitsvollzuges und Arbeitsablaufes im Großbetrieb bezeichnen verschiedene *Bedingungen*, ohne die jene Art der Unabhängigkeit, die oben beschrieben wird, nicht zu erreichen ist: Jeder weiß, was er zu tun hat, und wird daher nicht dauernd herumkommandiert; die Pausenzeiten und die Regelung der Überstunden liegen fest, sie sind damit dem Einfluß persönlicher Beziehungen, Gefälligkeiten und unausgesprochener „Verpflichtungen" stärker entzogen; die Organisation der Arbeit ist großzügiger, übersichtlicher, „fortschrittlicher"; schließlich wird die Arbeit im Großbetrieb oft durch modernere Anlagen und Maschinen erleichtert. Mit einem Wort: Um die gewünschte Unabhängigkeit des einzelnen Arbeiters zu ermöglichen, ist ein bestimmtes *Rationalisierungs-Niveau* der Arbeitsbedingungen notwendig.

Das läßt sich am besten verstehen, wenn wir uns die Bedeutung ständig wiederholter Redewendungen wie „In einem Großbetrieb wird einem nicht immer auf die Finger gesehen", „Da steht nicht immer einer hinter einem" klarmachen. Sie gehören zur feststehenden Topik der Arbeiter, bezeichnen aber nicht, wie dies sonst häufig der Fall ist, einen allgemeinen Tatbestand durch einen extremen Sonderfall (z. B. die Unsicherheit des Arbeitsplatzes als Folge des technischen Fortschrittes durch den Topos „Arbeitslosigkeit") oder ein spezielles Problem durch einen an sich zu allgemeinen Begriff (z. B. die Besonderheit der Büroangestellten-Tätigkeit durch den Begriff „Verantwortung", vgl. S. 114 f.); sie treffen vielmehr wörtlich und unmittelbar den entscheidenden Punkt, so daß man hier von einer vollkommen geglückten Übersetzung eines Sachverhaltes in ein topisch formuliertes Bild sprechen kann. In den meisten Großbetrieben steht wirklich „nicht immer einer hinter einem" – und dieser Vorteil ist in der Tat für ein Rationalisierungs-Niveau bezeichnend, das heute nur auf der Grundlage eines bestimmten Standards der großbetrieblichen Industrietechnik erreicht werden kann. Es ist überdies ein Vorteil, der nicht eine unter vielen gleichwertigen Auswirkungen für den einzelnen Arbeiter bezeichnet, sondern *die* wesentliche Chance, die sich unter den Bedingungen der industriellen Arbeitswelt überhaupt für die in ihrem Arbeitsverhältnis abhängigen Arbeitskräfte ergeben hat: die Unabhängigkeit in der Ausführung des Arbeitsvollzuges von der ständigen Aufsicht und Suprematie anderer Menschen.

Wir haben an anderer Stelle[8] mit Hilfe konkreter Vergleiche verschiedenartiger Arbeitsvollzüge darzustellen versucht, daß und weshalb die Entwicklung der Industrietechnik zu einer in allen wesentlichen Zügen *neuen* Form der Unabhängigkeit für die einzelne Arbeitskraft geführt hat. In der bis ins einzelne technisch bedingten Form der Zusammenarbeit, die wir „gefügeartige Kooperation" genannt haben – und die durch fortschreitende Automatisierung immer weiter ausgebildet

8 Technik und Industriearbeit, aaO, S. 184 ff. u. S. 211 f.

wird –, ist ein Funktionsverlust der Arbeitsvorgesetzten feststellbar, der einen erheblichen Teil der traditionellen Aufsichts- und Anweisungsfunktionen der Vorgesetzten hinfällig werden läßt. Dem einzelnen Arbeiter wird nicht mehr „auf die Finger gesehen", weil solche Aufsicht „auf Verdacht hin" *nichts mehr nützt*. Variationen des Arbeitsvollzuges können nur noch unmittelbar vom einzelnen Arbeiter im Rahmen seiner kooperativen Bedingtheit vollzogen werden; für kurzfristige Anweisungen des Vorgesetzten ist kein Raum mehr und für unmittelbare Kontrolle kein Anlaß, da jede Verrichtung des Einzelnen sich sofort in das Funktionieren maschineller Systeme umsetzt und dort zu Tage tritt. Der Arbeitsvorgesetzte nimmt entweder unmittelbar an den kooperativen Arbeitsvollzügen teil und hat dort durch Variation seines eigenen Arbeitsvollzuges eine unmittelbare Einfluß-Chance, – oder er entfernt sich immer mehr vom Arbeitsablauf und beschränkt sich damit auf ein verhältnismäßig langfristiges Disponieren. Diese hier sehr grob beschriebene Entwicklungstendenz kann in dieser Allgemeinheit allerdings nur soweit ohne Vorbehalte konstatiert werden, als sie zwangsläufig an einen gewissen Standard der Maschinen und Apparate geknüpft ist, die den Ablauf der Arbeit bestimmen. Sie kann aber durch die Form der Arbeitsorganisation auf zweierlei Weise innerhalb bestimmter Grenzen modifiziert werden: Erstens, indem eine rationelle Arbeitsorganisation dieser Tendenz vorgreift und auch dort eine weitgehende Unabhängigkeit des Arbeitsvollzuges einkalkuliert, wo dies nicht zwangsläufig geschehen muß; zweitens, indem die Arbeitsorganisation sich nicht der Veränderung der technischen Produktionsmethoden ausreichend anpaßt und einen herkömmlichen Stil des Arbeiter-Vorgesetzten-Verhältnisses soweit und solange zu konservieren versucht, bis er endgültig ad absurdum geführt worden ist. Die erste Möglichkeit liegt naturgemäß im Rahmen eines Großbetriebes näher als für den traditionsgebundenen Kleinbetrieb. Freilich sind hier wie dort auch die Hemmnisse nicht zu unterschätzen, die einer Umstellung des Organisationsplanes im Wege stehen: neue Chancen sind im allgemeinen nicht leichter zu erkennen als neue Gefahren.

Aber weshalb kann die Tatsache, daß im Großbetrieb heute in der Regel „nicht ständig einer hinter einem steht", als im wesentlichen neue Form der Unabhängigkeit verstanden werden? Auch auf diese Frage können wir in diesem Zusammenhang nur eine sehr allgemeine Antwort geben: Die Verfechter der traditionellen Arbeitsformen des Kleinbetriebes denken stets nur an die Freiheit des Einzelnen in der Auswahl seiner Arbeitsmethoden und eventuell auch in der Formgestaltung des Arbeitsproduktes. Es handelt sich hier also, grob gesagt, um eine Freiheit gegenüber den Mitteln und Objekten der Arbeit. Ganz abgesehen davon, daß bei dem Entstehen dieses Ideals eine historisch fragwürdige Glorifizierung des kunstgewerblichen Handwerks Pate gestanden hat, kann sich jedermann leicht darüber informieren, daß dieses Ideal heute auch im handwerklichen Kleinbetrieb nicht mehr verwirklicht werden kann. Dagegen ist die Unabhängigkeit des Einzelnen in seinem Arbeitsvollzug von der *Suprematie anderer Menschen* erst dann auf die Dauer und in gesellschaftlich relevantem Umfange möglich, wenn diese Suprematie objektiv unmöglich geworden ist. Damit tritt an die Stelle der subjektiven Verantwortung des Vorgesetzten für die Arbeitsleistung seiner Untergebenen die versachlichte, selbständige Verantwortung des Einzelnen gegenüber dem kooperativen Arbeitsablauf. „Hier im Großbetrieb arbeitet man selbständig Hand in Hand." Das Hineinreden ist weitgehend unmöglich geworden: diesen einfachen Sachverhalt wird man u. E. in der bisherigen Geschichte der Arbeitsformen abhängiger Arbeitskräfte nicht finden.

Ebenso wie der Vorteil der Unabhängigkeit im modernen Großbetrieb von den Befragten zu Recht hervorgehoben und zutreffend formuliert wurde, beruht auch die Betonung der größeren Sicherheit im Großbetrieb auf ernstzunehmenden Tatsachen. Wir dürfen nicht vergessen, daß die befragten Arbeiter in einem Großbetrieb tätig waren, – daß sie also das lobten, was sie hatten, und nicht das, was ihnen vorenthalten wurde. Es handelt sich hier also nicht um die Mentalität des Wunschdenkens und nicht um irgendwelche unverbindlichen Phantasien. Das Ergebnis ist auch nicht mit dem Argument abzutun, es bestätige nur die allgemeine Sekuritäts-Psychose. Sicherheit, Unabhängigkeit, guter Verdienst – sind das nicht in der Tat diejenigen Vorzüge, die ein vernünftiger Mensch heute erwarten kann, der seine Arbeitskraft verkauft? Ist nicht die kleine Sicherheit des geregelten Werktages, des „vorgesorgten" Alters unschätzbar wichtig? Es ist *in diesem Zusammenhang* durchaus unnötig, zu einer Theorie der kollektiven Psychose Zuflucht zu nehmen. Ein Hinweis auf den gesunden Menschenverstand genügt vollkommen.

Wie das Rationalisierungs-Niveau des modernen Großbetriebes eine größere Unabhängigkeit ermöglicht, so garantiert seine wirtschaftliche Potenz eine größere Sicherheit des Arbeitsverhältnisses. Diese Tatsachen sind jedem Arbeiter zugänglich, gleichgültig, ob er selbst schon einmal die Gegenprobe gemacht hat oder nicht. Daß sich trotzdem jeder zehnte Befragte für den Kleinbetrieb entschieden hat, bestätigt nur, daß sich keine allgemein verbindliche Ideologie durchgesetzt hat. Auch die Bevorzugung des Kleinbetriebes ist bei den Arbeitern nicht ideologisch bestimmt: Einige erinnern sich an frühere gute Erfahrungen, andere sind mit ihrem gegenwärtigen Arbeitsplatz nicht zufrieden und setzen ihre Hoffnung auf einen radikalen Wechsel. Diese Wünsche sind verständlich und müssen nicht immer unrealistisch sein. Die Arbeit in einem Großbetrieb wird wohl stets für einige Menschen besondere Belastungen mit sich bringen. Die speziellen Schwierigkeiten und Gefahren der technisch bedingten Arbeit wie der großbetrieblichen „Verplanung" werden auch durch die Entwicklungstendenzen, die wir angedeutet haben, nicht ein für alle Mal aus der Welt geschafft. Aber die Vorteile des Großbetriebes gegenüber dem Kleinbetrieb, die sich tendenziell höchstwahrscheinlich weiter verstärken werden, sind jedenfalls für die Mehrheit der unmittelbar Betroffenen, der Industriearbeiter, schon heute evident. Das scheinen uns die Ergebnisse eindeutig zu belegen.

2 Erklärungen für die Absatzschwierigkeiten in der Hüttenindustrie

Zur Zeit unserer Befragung – Januar bis März 1954 – hatte die deutsche Hüttenindustrie Absatzschwierigkeiten. Die Zeitungen – einschließlich der Gewerkschaftspresse und der werksinternen Publikationen – waren angefüllt mit Marktanalysen, Kommentaren, Prognosen, Beschuldigungen und guten Ratschlägen. Auch der kaufmännische Direktor unseres Werkes gab auf einer Betriebsversammlung einen Lagebericht. Auf die Hüttenarbeiter wurde ein Füllhorn verschiedenster Schlagworte und Begriffe ausgeschüttet. Montanunion, EVG, „Korea-Boom", Ost-West-Handel, Sättigung des Marktes, Lagerhortung, Preispolitik, Konjunktur, Absatzkrise, Körperschaftssteuer, Liberalisierung, Demontage, Diskontsatz, Wiederaufrüstung – das Überangebot an wirtschaftspolitischen Termini blieb hinter dem Überangebot an Walzstahl nicht zurück. In dieser Situation stellten wir den Hüttenarbeitern die Frage, was sie über die Ursachen der Absatzschwierigkeiten gehört hätten – und was sie selbst davon hielten. Die Aufteilung der Frage in Information und eigene Meinung diente als Hilfe für den Befragten: er sollte nicht abrupt selbst Stellung nehmen müssen, sondern Gelegenheit haben, sich zunächst einmal an die verschiedenen Informationen zu erinnern und eine gewisse Bestandsaufnahme durchzuführen. Daran schloß sich meist von selbst ein eigenes Urteil an, soweit nicht von vornherein nur diejenigen Gesichtspunkte mitgeteilt wurden, die sich der Befragte selbst zu eigen gemacht hatte. Eine vollständige Erfassung aller Informationen, die der Einzelne aufgenommen hatte, war nicht beabsichtigt. Das hätte nach Lage der Dinge nur verwirrt. Das Thema durfte keineswegs durch zahlreiche und präzise Fragen zu Tode geritten werden. Denn so brennend wie für die Werksleitungen und Wirtschaftstheoretiker war es für die Arbeiter noch nicht geworden. Ein junger Elektromonteur hat dies sehr deutlich ausgesprochen:

„Ja, wie das kommt mit den Absatzschwierigkeiten, weiß ich nicht. Aber die Hütte ist wohl wenig oder gar nicht betroffen. Und wenn auch die Herren Verkaufsleiter graue Haare kriegen, auf die Beschäftigung hat sich nichts ausgewirkt. Vielleicht hätten wir mehr Interesse dafür, wenn wir selbst betroffen wären, z.B. durch Kurzarbeit wie anderswo." (476) Nicht richtig ist allerdings, daß der Befragte sein geringes Interesse verallgemeinert – die meisten hatten sich eigene, häufig sogar sehr selbständige Gedanken über die Absatzschwierigkeiten gemacht. Aber wirklich „betroffen" waren die Arbeiter unseres Werkes noch nicht. Wenn trotzdem 64 (11 %) der Befragten behaupteten, sie hätten bereits an ihrem Arbeitsplatz etwas von der schlechten Absatzlage gemerkt – sei es durch geringeres Produktionstempo, geringeren Lohn oder durch die Beobachtung, daß sich die Läger des Werkes füllten –, so ist dies vor allem auf die Neigung zurückzuführen, sich wirtschaftliche Probleme unbedingt aktuell zu veranschaulichen, eine Tendenz, auf die wir noch zurückkommen werden. Hier ist zunächst festzustellen, daß die Antworten auf unsere Frage nicht als Reaktionen auf eine wirtschaftliche Notlage der Arbeiter zu verstehen sind. Selbst eine unmittelbare Bedrohung wurde meist noch nicht empfunden. Es handelt sich vielmehr um ein Thema, das die Hüttenarbeiter zu allen Zeiten interessiert und das wir zur Zeit unserer Befragung aus einem besonders einleuchtenden Anlaß stellen konnten. Die Antworten sind vor allem deshalb aufschlußreich, weil sie zeigen, wie wirtschaftspolitische Informationen aufgenommen, verwertet, auf früher erworbene Kenntnisse bezogen und mit eigenen Überlegungen vereinbart werden.

Um die Antworten sinnvoll gruppieren zu können, müssen wir folglich zunächst fragen, an welche Informationen sie anknüpfen.[9] Dabei ergibt sich eine verhältnismäßig einfache Unterscheidung in zwei große Gruppen: Die erste geht aus von der internationalen Konkurrenz und sieht in den Absatzschwierigkeiten vornehmlich ein deutsches Problem. Die entscheidenden Stichworte sind „Montanunion" und „Das Ausland produziert billiger". Eine gewisse Rolle spielt auch der EVG-Vertrag. Die zweite Gruppe hält sich stärker an allgemeinere wirtschaftspolitische Begriffe wie „Sättigung des Absatzmarktes", „Hortung der Abnehmer", „Überproduktion". Sie versucht, die Absatzschwierigkeiten als konjunkturelles Problem zu erfassen. Beide Gruppen können sich auf Informationen der Presse und der eigenen Werksleitung stützen. In beiden Gruppen versucht ein Teil, lediglich die Tatsachen zu ordnen und zu erklären, ein anderer Teil dagegen polemisiert und hat den Schuldigen gefunden.

Im einzelnen ergibt sich folgende Aufschlüsselung: Zur ersten Gruppe zählen 226 Befragte (38 % der Befragten insgesamt). Davon erklären

---

9 Insgesamt haben 460 Befragte Antworten gegeben, in denen ein Erklärungsversuch zu einem gewissen Resultat gekommen ist. 81 Befragte wußten nichts von Absatzschwierigkeiten. (Davon wiesen 16 ausdrüdich darauf hin, daß an ihrem Arbeitsplatz nichts zu merken sei, und 30 bestritten sogar, daß es überhaupt so etwas wie Absatzschwierigkeiten gäbe.) Die Antworten von 59 weiteren Befragten geben keinen zuverlässigen Aufschluß über ihre Kenntnisse bzw. ihre Meinungen.

- 140 Befragte, daß die Absatzkrise mit der Montanunion zusammenhänge, die für uns irgendwie ungünstig sei; außerdem (oder daher) könne das Ausland, insbesondere Frankreich, billiger produzieren;
- 68 Befragte, daß die deutsche Industrie absichtlich vom Ausland gedrosselt, unterdrückt werde, damit wir nicht so schnell wieder hochkämen;
- 18 Befragte, daß man die Deutschen zwingen wolle, die EVG zu ratifizieren, und uns bis dahin „zappeln" lasse.

Zur zweiten Gruppe zählen 194 Befragte (32 % der Befragten insgesamt). Davon erklären

- 111 Befragte, daß der Absatzmarkt gesättigt sei, zuviel produziert werde, die Abnehmer Ware gehortet hätten (88 Befragte) oder die Korea-Konjunktur zu Ende sei (13 Befragte) oder die Ostgebiete als Absatzmarkt fehlten (10 Befragte);
- 57 Befragte, daß man mit Hilfe künstlicher Arbeitslosigkeit wieder eine neue deutsche Wehrmacht aufbauen wolle (37 Befragte) oder mit Drohungen den Arbeiter überhaupt bei der Stange zu halten versuche, damit er nicht zuviel fordere (20 Befragte);
- 26 Befragte, daß mit den gegenwärtigen Absatzschwierigkeiten wieder einmal der alte Zirkel Frieden – Krise – Aufrüstung – Krieg sichtbar werde.

Weitere 40 Befragte gaben Begründungen, die sich nicht unter die genannten Gesichtspunkte subsumieren lassen (z. B. die Absatzschwierigkeiten seien lediglich saisonbedingt).

Ein genaueres Bild von den Kenntnissen und Gedankengängen der Befragten vermittelt natürlich erst der Wortlaut der einzelnen Aussagen. Wir müssen versuchen, uns jedesmal möglichst genau die Frage zu vergegenwärtigen, vor der ein Befragter stand: Akzeptiert er zum Beispiel die Information, daß die ausländische Stahlindustrie billiger als die deutsche produziere, so muß er das besondere Handicap der inländischen Industrie irgendwie zu erklären versuchen. Dafür bieten sich zunächst einige polemische Parolen an, die einfach übernommen werden können. Komplizierter ist es zweifellos, unpolemische Begründungen aufzunehmen, die lediglich auf eine genauere Erläuterung der besonderen wirtschaftspolitischen Konstellation in Deutschland hinauslaufen. Solchen Überlegungen ohne einprägsame Denunziation fehlt die Pointe; man kann sie schwerer behalten und nicht so gut weitererzählen. Es hat sich infolgedessen auch gezeigt, daß sich keine unpolemische Begründung der Information, daß die ausländische Industrie billiger produziere, eindeutig durchsetzen konnte. Damit ergab sich für 140 Befragte eine schwierige Situation. Sie mußten – wahrscheinlich meist erst durch unsere

Frage darauf gestoßen – die Lücke zwischen zwei Tatsachen zu schließen versuchen: „Wir haben Absatzschwierigkeiten" – „Das Ausland produziert billiger". Das konnte nur gelingen, wenn den Befragten entweder doch noch weitere Gesichtspunkte einfielen, die sie zufällig gerade gehört oder gelesen hatten, oder wenn sie in der Lage waren, auf einen festen Bestand wirtschaftspolitischer Kenntnisse zurückzugreifen. Aus diesen Erinnerungen oder Rückgriffen entstanden eine Fülle verschiedener Argumentationen. Wir zitieren einige Beispiele:

„… Das Ausland kann billiger produzieren, weil es gleich 1945 mit den Modernisierungen begonnen hat. Die deutsche Industrie hat damit erst viel später begonnen, und das wirkt sich jetzt aus. Zuerst ist in Deutschland soviel kaputt gewesen, daß man Eisen und Stahl in jeder Menge gebraucht hat. Jetzt aber ist es anders, man muß jetzt exportieren und dabei mit den ausländischen Werken konkurrieren. So entsteht der Auftragsrückgang, von dem ich in der Werkszeitung gelesen habe." (116, Erzfahrer, 40 Jahre.) „… Zum Beispiel Frankreich hat seine Stahlpreise gesenkt. Die können das billiger machen durch ihre Kolonien, wo sie die Erze kriegen. Wir bezahlen unsere Erze auch nicht mit dem Geld, sondern auf dem Austauschwege. Da brauchen wir keine Devisen. Beispiel: Zement an Holland gegen Gemüse. So ist es auch mit dem Absatz." (172, Lagerarbeiter, 41 Jahre.) „Es soll daran liegen, daß das Ausland zur Zeit billiger produzieren kann als Deutschland. Die Franzosen können Koks und Schrott in Deutschland ganz billig kaufen, und dann können sie auch billiger produzieren. Die Deutschen müssen aber dafür zahlen. Wenn man schon teuer einkaufen muß, kann man nicht billig verkaufen." (432, Kranführer, 43 Jahre.) „Das kann ich nicht genau beurteilen. Liegt es an der Regierung? Liegt es am Ausland? Ich glaube, wir haben keine richtige Verbindung zum Ausland. Eine Hand wäscht bekanntlich die andere. Wenn da ein Wirt ist, der immer bei einem bestimmten Metzger und Bäcker kaufte, dann ist es die Pflicht und Schuldigkeit des Metzgers und des Bäckers, daß er beim Wirt eins trinken geht. Nur auf solche Weise bleiben Handel und Wandel im Lande. So ähnlich ist es auch in der Weltwirtschaft!!) Da kann der eine nicht ohne den anderen leben. Aber wir haben zu wenig Beziehungen. Deswegen ist bei uns der Handel nicht richtig in Fluß. Und wenn wir weniger verkaufen, dann steht es auch mit unserer Kreditfähigkeit schlechter." (344, Apparatewärter, 52 Jahre.) „Das hängt ja wohl mit der – der Monnier, wo der ist – wie heißt das? – mit der Montanunion zusammen. Ich denke, daß die uns ein bißchen stiefmütterlich behandeln. Obwohl die Franzosen, wie ich jetzt gelesen habe, von sich dasselbe behaupten. Ich weiß ja nicht genau, wie das mit der Montanunion eigentlich gedacht ist. Die Franzosen können ja auch wohl billigeren Stahl liefern als wir. Ob die nun einfachere Produktionsmethoden haben, d. h. dabei viel weniger Menschen brauchen, kann ich nicht beurteilen. Oder ob es daran liegt, daß der Franc und die D-Mark nicht gleichwertig sind? … Ich habe jetzt mal gelesen, daß die Montanunion ein Gegengewicht zum Ostblock darstellen soll, das genau so stark ist. Aber da müssen wohl erst die Grenzen fallen, bis sich das auswirkt, wie es sein soll." (391, Aufzugsmaschinist, keine Altersangabe.)

Erstaunlich, mit welcher Selbständigkeit im Ausdruck hier ziemlich verwickelte wirtschaftspolitische Verhältnisse wiedergegeben werden. Man hat nicht den Eindruck, daß sich die befragten Arbeiter irgendwie „übernehmen", daß sie Schlagwörter aufgenommen haben, mit denen sie im Grunde nicht fertigwerden. Nun ist dies überhaupt eines der wichtigsten Merkmale unserer Befragung: den Stellungnahmen der Arbeiter haftet fast niemals die Großspurigkeit des kleinbürgerlichen Stammtisches an. Sie sind schon im sprachlichen Ausdruck ungewöhnlich genau abgestuft nach der Sicherheit des Wissens, der Ernsthaftigkeit der Wertungen, der Dignität der zugrunde liegenden Erfahrungen. In allen Fragen aber, die wirtschaftspolitische Probleme aufwerfen, ist die Fähigkeit besonders auffallend, das Zugängliche vom Unzugänglichen zu unterscheiden. Auch sonst erhalten wir zwar viele Antworten, die einfach ein Nichtwissen zum Ausdruck bringen, und verblüffend wenige, die schlechthin falsch sind. Aber die wirtschaftspolitischen Überlegungen zeichnen sich speziell dadurch aus, daß der eigene Erfahrungsbereich und Gesichtskreis bewußt bleibt. Sie verlieren sich nur äußerst selten in beziehungslose Spekulationen. Dem Apparatewärter, der das Verhalten des Metzgers, Bäckers und Wirtes auf die Weltwirtschaft überträgt, gelingt ein durchaus sinnvoller Analogieschluß. Dabei bleibt er auf der Ebene der Vermutungen und vergißt nicht, daß er von der Feststellung „Das kann ich nicht beurteilen" ausging. Der zuletzt zitierte Aufzugsmaschinist fügt mehrere verschiedene Informationen geschickt zusammen, ohne den „Informierten" oder gar „Eingeweihten" zu spielen. Vielleicht ist es auf dieses Fehlen einer allzu großen Sicherheit und Selbstgefälligkeit zurückzuführen, daß Informationen, wenn sie überhaupt erst einmal aufgenommen worden sind, nur in wenigen Fällen verzerrt oder in einem entstellenden Zusammenhang wiederholt werden. Auch die zahlreichen polemischen Erklärungen der Absatzschwierigkeiten kann man nicht ohne weiteres als Verzerrungen bezeichnen: Sie wiederholen zunächst auch das Gehörte oder Gelesene zutreffend. Freilich ist der Wortlaut naturgemäß stärker von einer bestimmten Parole abhängig. Auch hier gelingt es jedoch oft, der Information einen neuen, originellen Aspekt abzugewinnen:

„Das liegt an der Montanunion, die hat die Preise unterboten, so daß wir nicht mehr mitkommen können. Die wollen uns drücken. Ich stehe auf dem Standpunkt: Wenn sowas eingerichtet wird, dann müssen die Preise für alle Werke gleich sein. Im Lebensmittelhandel geht das auch nicht, daß der eine die Preise drückt. Dann werden bald alle anderen Geschäfte kaputt sein. (Interviewer: Warum sollen die Franzosen denn nicht billiger liefern, wenn das möglich ist?) Das können sie natürlich, aber sie machen das mit staatlicher Unterstützung, nur um uns kaputt zu machen. Bei uns in der Eisenbahnersiedlung wohnt ein Franzose ... Der leitet den ganzen Verkehr der Kokszüge nach Frankreich. Die holen immer nur ab hier. So billig haben sie noch nie ihren Stahl herstellen können." (424, Elektromonteur, 33 Jahre.) „Ja, da habe ich von gehört, das liegt an der Montanunion. Die Franzosen wollen die Geschäfte allein machen und drosseln darum die deutsche Produktion. Es dreht sich alles ums Geld." (213, Kantwagenführer, 64 Jahre.) „Ich meine, das ist die Montanunion in Schuld. Oder heißt das Schuman-Plan? Den haben sie nur geschaffen, um uns auszunutzen. Die holen alles raus, was sie können. Die sollen doch lieber ehrlich sagen, was sie mit uns vorhaben." (487, Schmied, 45 Jahre.) „... Da sagen die anderen Länder: Wir haben den Krieg gewonnen, wir haben das Material, und wir wollen in erster Linie produzieren. Die halten wir so kurz wie möglich. Die sind auch besser eingerichtet, die Franzosen. Wo sollen wir hin? Entweder Entlassungen oder wir kriegen wieder Soldaten. Dann werden wir wieder Panzer bauen." (871, Reparaturschlosser, 29 Jahre.) „... Wir sind wahrscheinlich noch beschnitten von den Siegerstaaten. Die werden nicht zulassen, daß wir uns auf dem Weltmarkt breitmachen. Die wollen selbst verdienen. Wenn wir mal frei arbeiten können, werden wir auch wieder nach der Spitze streben." (774, Platzarbeiter, 44 Jahre.) „Der deutsche Stahl ist zu teuer. Das Ausland kann den Stahl viel billiger verkaufen als Deutschland. Ich weiß natürlich nicht, ob man den Stahl dort billiger produzieren kann oder ob man vom Staat den Preis verbilligt. Das Letztere wird wohl der Fall sein. Man hat im Ausland gesehen, daß es uns Deutschen schon wieder zu gut geht, daher will man versuchen, uns zu drücken. Mit anderen Methoden kann man es heute schlecht machen, da doch andererseits das Ausland uns wieder ausnutzen will wie z. B. EVG. Wir sollen diesmal den Westmächten die Soldaten für den nächsten Krieg stellen. Aber dabei sollen wir nichts zu sagen haben. Wir sollen dafür zahlen, was die anderen in den letzten Jahren gemacht haben. Natürlich hat auch Deutschland durch Hitler Schuld an der heutigen Lage. Das dürfen wir dabei nicht vergessen." (723, Reparaturschlosser, 25 Jahre.)

Ausgangspunkt ist hier wie dort die Information, das Ausland produziere billiger. Dazu kommt die Beschuldigung: Die anderen wollen uns drücken. Es mag vielfach bereits vergessen sein, wie heftig um diese Zeit eine weitverbreitete Agitation die These lancierte, Deutschland sei das arme Opfer der Montanunion. Kein Wunder, daß auch viele Arbeiter in die gleiche Kerbe schlugen. Dabei wird hin und wieder auch ein Stück nationaler Phraseologie übernommen. Aber es ist nun höchst aufschlußreich zu beobachten, wie die Akzente sich verschieben. Die kleinbürgerliche nationale Phraseologie – an der es auch damals nicht fehlte – würde die Benachteiligung der deutschen Industrie etwa folgendermaßen darstellen: „Man läßt uns Deutsche eben nie in Ruhe. Die wissen genau, daß wir tüchtiger sind – deshalb greifen sie auch zu hinterlistigen Mitteln. Wenn wir tun könnten, was wir wollten ... Aber man gönnt uns eben nichts. Alle sind immer gegen uns. Der Deutsche läßt es sich ja gefallen. Mit dem können sie tun, was sie wollen. Die wollen uns nur nicht hochkommen lassen" usw. Nun kann nicht bestritten werden, daß auch in den Aussagen der Arbeiter dergleichen manchmal anklingt. Aber der Akzent liegt nicht auf dem Gegensatz tüchtig – hinterlistig. Auch die moralische Entrüstung fehlt und erst recht jede Sentimentalität. Der Sachverhalt wird hart und lapidar beschrieben. Prüft man den Wortlaut und Tenor der Äußerungen näher, so zeigt sich auch, weshalb diese Polemik ohne jede Enthüllungs-Manier so selbstverständlich vorgebracht wird: Die Überlegenheit der „Anderen" über die Deutschen wird genauso beschrieben wie die Überlegenheit „Der da oben", des „Kapitals" über die Arbeiter. Es handelt sich einfach um das Verhältnis der Starken zu den Schwachen oder doch weniger Starken. Die anderen haben den Krieg gewonnen, jetzt wollen sie auch die Geschäfte allein machen – daran läßt sich nichts ändern. Die Siegerstaaten wollen selbst verdienen, daher drücken sie uns – es dreht sich alles ums Geld. Wer die Macht hat, nutzt sie aus. Das bedeutet für die Arbeiter keine sensationelle Entdeckung. Sie sind gewohnt, ihr eigenes Verhältnis zum „Kapital" ebenso zu verstehen und es vor allem nicht moralisch zu interpretieren. Ob nun die Entschlossenheit zur Auseinandersetzung oder die Bereitschaft zum Kompromiß, ob Resignation aus Enttäuschung oder Resignation aus Prinzip im Einzelfall vorherrschen: Ressentiment im Sinne moralisierender Abwertung (Macht ist böse, Geld macht unfrei) findet sich nur äußerst selten. Daher wird auch die kleinbürgerliche nationale Phraseologie nicht einfach übernommen. Aber die (vermeintlichen) Tatsachen bleiben im Gedächtnis haften. Mit anderen Worten: Eine Agitation, die darauf hinausläuft, daß Deutschland von den anderen, den Stärkeren, unterdrückt wird, leuchtet vielen Arbeitern durchaus ein. Sie setzen diese Information allerdings in ihrer Weise um; die typisch nationalistischen Sentiments erscheinen höchstens noch in der einen oder anderen Phrase, die sich sprachlich durchgesetzt hat. Was bleibt, ist eine erneute, durch Tatsachen gesicherte Bestätigung, daß die Mächtigen die Welt so willkürlich beherrschen, wie es die Gegenwehr der Schwachen irgend zuläßt. Eine Überzeugung, die sich bei passender Gelegenheit zweifellos so manipulieren läßt, daß sie im Effekt nicht mit dem traditionellen Nationalismus kollidiert. Hier liegt eine sehr ernstzunehmende Gefahr. Denn in der politischen Realität wird, wie wir wissen, mit groben Gewichten gemessen.

Ganz andere Gesichtspunkte gelten für jene zweite Gruppe der Befragten, die nicht von der Überlegenheit der ausländischen Konkurrenz ausgeht, sondern zunächst Informationen über allgemeine Konjunkturfragen aufgreift. Auch hier kommt ein größerer Teil ohne Denunziationen aus:

„Ich glaube, daß uns der Markt fehlt. Überall in der Welt werden neue Hütten gebaut. Wir bauen doch zur Zeit in Indien. Die fangen nun langsam an zu arbeiten. Von da ab brauchen sie nichts mehr einzuführen." (047, Werkzeugmacher, 62 Jahre.) „Der Osten fehlt. Das kleine Westdeutschland allein ist mit Eisen überschwemmt. Außerdem kaufen sich die Herren, die hier enteignet sind und ihre Betriebe verkaufen müssen, dafür im Ausland welche. Überhaupt werden in Ländern, die ja früher von Deutschland kauften, eigene Werke gebaut. In Australien und in Italien. Dann werden auch die Werke moderner und stellen immer mehr her." (053, Stanzer, 58 Jahre.) „Ich denke, das liegt an der Weltlage. Wir Deutschen machen ja nicht alleine Eisen, die Welt wird auch mal gesättigt. Meines Wissens gab Korea einen Aufschwung, weil die Amerikaner dadurch nicht mehr soviel exportieren konnten, und wir konnten dafür mehr. Bei Indochina merkt man das noch nicht so ... Friede ist schlecht für die Produktion, oder man müßte Handel mit Rußland und China treiben. Die brauchen Material satt. Doch da sind uns die Hände gebunden." (352, Aufzugsmaschinist, 33 Jahre.) „Die Stahlproduktion ist zu hoch, war es wenigstens, jetzt ist sie es nicht mehr. Wir arbeiten zur Zeit nur mit drei Konvertern und dem neuen. Heute gibt es auf der ganzen Welt zuviel Stahlwerke. Alle die Länder, die früher keine hatten, haben sich nach dem Krieg selber welche zugelegt. Ägypten will jetzt eins bauen, Schweden hat sich ein modernes gebaut. Da geht zuviel auf Lager." (523, Konvertermann, 29 Jahre.) „... Deutschland ist nicht mehr das einzige Industrieland in Europa. Wir haben keine Absatzgebiete, wo wir unser Zeug loswerden ... Die USA müssen einfach auf den Krieg hin rüsten. Die gehen sonst kaputt mit ihrer ganzen Industrie. Wo sollen die sonst ihre Sachen verkaufen!" (881, Maschinist, 54 Jahre.)

Mit Hilfe weiterer Zitate ließe sich eine nahezu vollständige Sammlung aller Aspekte der Überproduktions-Theorie herstellen. Die angeführten Beispiele genügen aber, um zu zeigen, daß hier noch ein altes theoretisches Bildungsgut der Arbeiterbewegung wirksam ist. Die notwendigen wirtschaftspolitischen Informationen kristallisieren sich an diesen festen Bestand an. Dagegen kann die Pointe der Überproduktions-Theorie – der Zusammenbruch des kapitalistischen Systems – ohne weiteres weggelassen werden. Das Resultat ist Verständnis, Einsicht, ja besorgte Teilnahme für die sich nun einmal ergebenden wirtschaftlichen Komplikationen, – also genau das Gegenteil von dem, was die zugrunde liegende Theorie ursprünglich suggerierte. Wir werden diese „Umkehrung" der Tendenzen marxistischer Überlieferungen noch häufiger feststellen können.[10]

Allerdings können auch Gedankengänge dieser Art, wenn sie einen kritischen Punkt erreichen, in eine sehr heftige Polemik umschlagen. Dieser kritische Punkt ist der Zusammenhang von schwerindustrieller Konjunktur und Aufrüstung. Über die Tatsache selbst ist sich wohl die Mehrheit der Arbeiter im klaren, sie wird jedoch häufig mehr angedeutet als ausgesprochen. Denn sie bringt auch den

10 Vgl. Abschnitt IV, S. 195 ff. und Abschnitt V, S. 244.

Hüttenarbeiter in ein Dilemma. Schließlich läßt sich schwer abstreiten, daß auch die Arbeiter von einer günstigen Wirtschaftslage profitieren, daß ein Krieg im fernen Korea Aufträge hereinbringt, daß jede Zerstörung die Stahlproduktion fördert, – ja daß ein großer Teil dieser Produktion auf die Zerstörung hin angelegt ist. Damit also der Zusammenhang von schwerindustrieller Konjunktur und Aufrüstung zum Gegenstand der Polemik werden kann, muß für diesen Zusammenhang *selbst* – nicht erst für seine Konsequenzen – ein Schuldiger gefunden werden.

Diese Problemstellung ist nun selbstverständlich von uns nachträglich konstruiert; in Wirklichkeit liegen die Dinge meist gerade umgekehrt: Nur wenn grundsätzlich und ein für allemal der Schuldige feststeht, wird das Thema „Aufrüstung und Konjunktur" überhaupt polemisch aufgegriffen werden. Daher genügt zum Beispiel vollkommen die Feststellung, daß man heute mit Hilfe einer künstlichen Arbeitslosigkeit wieder eine neue deutsche Wehrmacht aufbauen wolle, um die Überzeugung zu unterstreichen, daß der ganze Konflikt überhaupt erst durch die Maßnahmen der „Herren" zustande käme und der Arbeiter letzten Endes doch immer der Dumme sei. Derselbe Gedanke liegt Behauptungen zugrunde, in denen die Absatzschwierigkeiten einfach als Drohung und Einschüchterungsversuch „des Kapitals" verstanden werden. Und selbst wenn der Zusammenhang von Wirtschaftskrise, Aufrüstung und Krieg im Sinne eines Ablaufmodells beschrieben wird, genügt etwa ein Hinweis auf den Profit der Kapitalisten vollständig zur Begründung der unheilvollen Kettenreaktionen. Um den *zwangsläufigen* Zusammenhang dieser Ereignisse zu beweisen – und entsprechend den zwangsläufigen Zusammenbruch des zugrunde liegenden Systems –, ist allerdings eine umfassende Wirtschaftstheorie nötig[11]. Die bloße Polemik aber kann sich darauf beschränken, die Quelle des Unheils zu personifizieren, ohne sich im einzelnen auf Identitäts-Fragen einlassen zu müssen. An die Stelle des anonymen Gesetzes tritt die anonyme Macht:

„... Ich nehme auch an, daß die ganze Sache mit der Remilitarisierung zusammenhängt. Sie haben noch nicht Leute genug beisammen, und da machen sie eine kleine Absatzkrise. Wenn sich dann genug junge Leute gemeldet haben – die Jungen wissen ja noch nichts vom Barras und kommen schon, wenn sie keine Arbeit haben –, dann wird wieder auf vollen Touren produziert." (412, Kranführer, 32 Jahre.) „Vielleicht gibt es diese Absatzschwierigkeiten wirklich. Vielleicht übt man auch nur einen Druck auf uns aus. Wir sind ja doch ziemlich schwach im Augenblick, weil die Gewerkschaft nicht recht auf der Höhe ist." (144, Dreher, 26 Jahre.) „Ich glaube nicht daran (an Absatzschwierigkeiten). Und wenn es stimmen sollte, hat es vielleicht mit der Politik zu tun. Ich habe so meine persönlichen Gedanken: Vielleicht braucht der Vater Staat Soldaten, und er

11 Vgl. Abschnitt V, Typus sechs, S. 241 ff.

> weiß nicht, wie er darankommen soll. Da setzt er eben ein paar Tausend auf die Straße. Und schon sehen diese ihr Glück im Soldatenspielen." (240, Gewindewalzer, 41 Jahre.) „Da habe ich mich länger mit befaßt. Man braucht ja bloß die Marktberichte zu lesen, um zu sehen, woran man ist. Früher im Kriege, da liefen alle Fabriken wegen der Waffenproduktion auf Hochtouren. Dann kam die Umstellung auf die Friedensproduktion. Jetzt ist der Markt einfach übersättigt. Das liest man auch in jeder Zeitung heraus … Ich denke, wir haben in ein paar Jahren wieder Krieg. Dann ist die wirtschaftliche Flaute sowieso in einem überwunden. Die ist einfach politisch hervorgerufen …" (682, Facharbeiter, 32 Jahre.) „… Das haben wir schon früher erlebt. Vielleicht will man uns nur klarmachen, wie notwendig es ist, daß wir wieder Gewehre bauen …" (742, Aufseher, 50 Jahre.) „… Mir scheint sehr wahrscheinlich, daß der Staat Soldaten braucht. Und deswegen macht man dieses Manöver." (841, Schlosser, 43 Jahre.) „Der Nachholbedarf ist aufgeholt, infolgedessen wird heute weniger Eisen gebraucht. Dazu kommt allerdings noch etwas anderes: die Remilitarisierung. Um die Leute bereitzumachen, in die Armee einzutreten, nachdem die meisten sicher die Nase voll haben noch vom letzten Krieg, vom Kommiß überhaupt, muß man sie zwingen. Und das macht man, indem man zunächst mal Arbeitslosigkeit schafft. Dazu wird alles teurer. Die Lebenshaltungskosten steigen. Das aber ist alles geplant und hat den Zweck, die Leute in die neue Wehrmacht zu treiben. Wenn sie dann gar nicht mehr weiterwissen, dann lassen sie sich anwerben oder kommen als Freiwillige. Und wenn man dann genug davon hat, dann geht es auch wirtschaftlich besser. Dann zieht alles wieder an. Das kann man dann auch machen, weil das Rüstungsgeschäft anläuft. Was man verloren hat, wird da wieder hereingeholt und noch viel mehr dazu verdient. Aufrüstung ist *das* Geschäft für die Schwerindustrie …" (812, Umwalzer, 47 Jahre.)

So verschieden diese Stellungnahmen nicht nur im Ausmaß, sondern auch im Niveau ihrer Aggressivität sind, – sie zeigen alle, unabhängig von der Argumentation im einzelnen, auf welches Mißtrauen die Propaganda für die Wiederaufrüstung bei Menschen stoßen muß, die gewohnt sind, politische und wirtschaftliche Maßnahmen stets in einem Verhältnis der Wechselwirkung zu sehen. Daher wird das Mißtrauen gegen das Kapital hier auch ausdrücklich auf den Staat übertragen. Es ist sehr wahrscheinlich, daß sich die Polemik *dieser* Art auch quantitativ noch erheblich mehr ausbreiten kann, als dies zur Zeit unserer Befragung der Fall war. Ob sie zu einem politischen Faktor werden kann, bleibt allerdings fraglich: Schon im Ansatz der Argumentation zeigt sich häufig – wie in allen politischen Fragen – die Tendenz zur Resignation.

In großen Zügen können wir jetzt die verschiedenen Erklärungsversuche für die Absatzschwierigkeiten übersehen. Es ergibt sich, daß eine ungewöhnlich große Aufgeschlossenheit für wirtschaftspolitische Informationen vorhanden ist. Dazu trägt das Weiterwirken bestimmter Bestandteile des alten Bildungsgutes der Arbeiterbewegung bei. Ebenso wichtig ist aber das Gefühl der Hüttenarbeiter, selbst „mitten drin zu stehen“: sowohl die Konsequenzen wirtschaftlicher Schwierigkeiten unmittelbar erdulden zu müssen, wie auch einen Teil der Ereignisse anschaulich vor Augen zu haben. Wir erwähnten schon eingangs, daß 11 % der Befragten die Absatzschwierigkeiten bereits am eigenen Arbeitsplatz zu erleben glaubten. Andere glaubten überhaupt nicht an Absatzschwierigkeiten, weil am eigenen Arbeitsplatz davon nichts zu spüren wäre. Diese Schlußfolgerung ist nicht immer nur eine naive Verallgemeinerung. Wenn etwa ein Arbeiter an der Blockstraße feststellt, daß bei ihm alles Material durchläuft, das im Werk überhaupt gewalzt wird, die Walzstraßen aber weiterhin auf Hochtouren laufen; wenn dieser Arbeiter überdies weiß, daß sein Werk einen sehr erheblichen Anteil der westdeutschen Walzstahlproduktion herstellt, und schließlich noch beobachtet, daß auch die Läger des Werkes leer sind, – dann ist es zumindest ein naheliegender und sehr verständlicher Trugschluß, das Gerede von den Absatzschwierigkeiten für „Unsinn“ zu halten. Umgekehrt drängt sich der Gedanke auf, daß etwa ein Sinken der Werksprämie, die Stillegung eines Hochofens oder einiger Konverter etwas mit der vielbesprochenen Absatzlage zu tun haben müssen. Solche Folgerungen müssen durchaus nicht immer falsch sein. Spitzt sich die Wirtschaftslage noch schärfer zu, als dies damals der Fall war, so bieten sich wahrscheinlich auch mehr Anhaltspunkte für zutreffende Verallgemeinerungen. Jedenfalls zeigt die Tatsache, daß solche Verallgemeinerungen überhaupt möglich und nicht unbedingt abwegig sind, weshalb das anschauungsgebundene Denken der Arbeiter in allen wirtschaftspolitischen Fragen besondere Chancen besitzt. Auch Informationen, die für den Außenstehenden einen sehr theoretischen Charakter besitzen, erhalten für die Hüttenarbeiter etwas Handgreifliches, Kontrollierbares. Begriffe wie „Weltwirtschaft“ verlieren einiges von ihrer erhabenen Würde für einen Mann, der morgens seine Semmeln beim Bäcker um die Ecke kauft und mittags Eisenbahnzubehör für Indien stanzt oder Rippenplatten für die Holländer fräst. Wenn er über die Verschiedenartigkeit dieser Vorgänge etwas nachdenkt, wird ihm sogar aufgehen, was das Wort „Devisen“ bedeutet.

Wirtschaftspolitische Informationen können also bei den Hüttenarbeitern die Fähigkeit zur selbständigen Veranschaulichung und, damit verbunden, auch eine unverhältnismäßig große Kombinatorik voraussetzen. Daß sie trotzdem ein heißes Eisen bleiben, zeigen unsere Ergebnisse deutlich genug. Vor allem wird sich jede Unterschätzung des Interesses und der Urteilsfähigkeit rächen. Geschichten vom bösen Wolf – der nicht partnerschaftlich vorgebildet ist – lösen durchaus andere Assoziationen aus als beabsichtigt. Für die Realitäten der wirtschaftlichen Konkurrenz kann man dagegen mit Verständnis rechnen, falls sie nicht tendenziös, lehrhaft-verharmlosend oder moralisierend dargestellt werden.

3 Zur sozialen Lage der Angestellten

Unsere Frage lautete: „Was halten Sie von der sozialen Lage der Angestellten?" Wie zu erwarten war, wirkte die Allgemeinheit des Begriffes „Angestellte" nicht verwirrend, sondern führte in den meisten Fällen zu der Assoziation: „Die im Büro." Dabei dachten die Befragten in der Regel an die kleineren und mittleren – nur selten an die leitenden – Angestellten, und zwar vornehmlich des eigenen Werks. Das lag schon deshalb nahe, weil unmittelbar vor dieser Frage von der Mitbestimmung die Rede war.[12]

Die Ergebnisse können selbstverständlich weder ein umfassendes noch ein zureichend eindeutiges Bild vom Verhältnis der befragten Arbeiter zu den Büroangestellten geben. (Dazu wäre ein systematisches Frage-Schema notwendig gewesen, wie es für die Themen technischer Fortschritt und Mitbestimmung ausgearbeitet wurde.) Wir müssen unsere Interpretation folglich auf einen bestimmten Aspekt begrenzen: Welche Sachverhalte fallen den Befragten ein, wenn nach „den Angestellten" und ihrer „sozialen Lage" gefragt wird? Natürlich antworten sie – das entspricht ebenso dem Gehalt wie der Situation der Befragung – mit einem *Vergleich* zwischen der eigenen Lage als Arbeiter und der vermeintlichen Lage der Angestellten. Welche Sachverhalte werden zum Thema eines solchen Vergleichs?

a) Stellungnahmen zum Verdienst und zu Privilegien der Angestellten

Am häufigsten (282 mal) wurde die Gehaltshöhe der Angestellten mit der Lohnhöhe der Arbeiter verglichen; nahezu ebenso oft (257 mal) war von bestimmten „Privilegien" der Angestellten gegenüber den Arbeitern die Rede, – von Vorrechten, die sich nicht zwangsläufig aus der Verschiedenartigkeit der Arbeitsfunktionen ergeben.

Während die Kritik dieser Privilegien Inhalt und Tenor aller Aussagen eindeutig bestimmt, in denen sie überhaupt erwähnt sind, wird von der Gehaltshöhe der

---

12 Aus den Stellungnahmen ist zu erschließen, daß nur 14 Befragte ausschließlich von ihren unmittelbaren Arbeitsvorgesetzten, nur 4 Befragte ausschließlich von den leitenden Angestellten sprachen, – also insgesamt 3 % der Befragten mit Sicherheit *nicht* von „denen im Büro". Allerdings unterschieden weitere 50 Befragte ausdrücklich im Laufe ihrer Stellungnahmen eine dieser beiden kleineren Gruppen von der Hauptgruppe, zum Beispiel durch den Hinweis auf die verschiedene Höhe des Einkommens. Weshalb sich solche Unterscheidungen nur geringfügig auf den Gehalt der Urteile ausgewirkt haben, wird sich aus unserer Darstellung ergeben: Das Hauptziel der kritischen Argumente waren Vorrechte, die prinzipiell mit dem Begriff des Angestellten verbunden sind.

Angestellten verhältnismäßig beiläufig, eher sachlich-konstatierend als engagiert oder gar aggressiv gesprochen. Bezeichnenderweise fand sich keine Mehrheit für die Überzeugung, daß die Angestellten besser verdienten als die Arbeiter. Die Stellungnahmen verteilen sich ziemlich gleichmäßig auf die zu diesem Thema überhaupt möglichen Urteile:

Vergleich der Gehaltshöhe der Angestellten mit der Lohnhöhe der Arbeiter

Die Angestellten verdienen …	Befragte		in %
1. mehr als die Arbeiter	52	70	25
2. im Durchschnitt mehr, wohl etwas besser	18		
3. teils mehr, teils weniger	90	134	48
4. etwa dasselbe, auch nicht mehr	44		
5. oft oder meist weniger[13]	44	78	28
6. weniger	34		
Insgesamt	282[14]		101

Von den 70 Befragten, die den Angestellten einen höheren Verdienst zusprachen, ist ein Teil nicht sicher genug, um an das „Hörensagen" irgendwelche Wertungen zu knüpfen; ein anderer Teil erkennt das Recht der Angestellten auf ein höheres Arbeitseinkommen sogar ausdrücklich an.

Viel profilierter sind die Stellungnahmen zu den *Privilegien der Angestellten,* von denen in erster Linie interessieren: das höhere Kindergeld, die bessere Altersversorgung, das mit der Dauer der Dienstzeit steigende Gehalt der Angestellten und schließlich – allein 142 mal erwähnt – die Weiterzahlung des vollen Gehaltes bei Arbeitsausfall durch Krankheit. Wir können nur wenige Aussagen herausgreifen:

13 Die Kategorie „oft oder meist weniger" ist etwas enger als die entsprechende unter Position 2 („im Durchschnitt mehr, wohl etwas besser"). Es handelt sich hier aber mehr um einen Unterschied in der Ausdrucksweise der Befragten als um einen Unterschied des sachlich Gemeinten.

14 Weitere 40 Befragte machten zwar eine Bemerkung über die Gehaltshöhe der Angestellten, zogen aber keinen Vergleich zur Lohnhöhe der Arbeiter, – oft mit der Begründung, daß ein so allgemeiner Vergleich nicht möglich sei. – In der Beurteilung der Gehaltshöhe der Angestellten ergeben sich weder Unterschiede zwischen den einzelnen Lohngruppen noch zwischen den einzelnen Altersgruppen der Befragten.

„... Die Ungerechtigkeit liegt darin, daß die Arbeiter erst vom vierten Tag an Krankengeld erhalten (Karenzzeit), die Angestellten aber sechs Wochen ihr Gehalt weiterbeziehen. Über die Höhe des Krankengeldes kann man nicht klagen. Die ersten drei Tage werden sogar auch bezahlt, wenn es sich um einen Unfall handelt oder man länger als 14 Tage krank ist. Es ist auch ein gutes Krankenhaus da und ein guter Arzt. (Ironisch:) Der sorgt schon dafür, daß man nie 15 Tage, sondern nur 14 Tage krankgeschrieben wird." (024, Kantwagenführer, 46 Jahre.) „Den meisten Angestellten geht es zu gut. Es ist ungerecht, daß sie für jedes Kind monatlich 20 Mark bekommen und der Arbeiter bekommt nur zwei Pfennige die Stunde mehr für jedes Kind ... Auch kriegen die Angestellten mehr Urlaub als die Arbeiter und können sich immer die Zeit ihres Urlaubs aussuchen. Das ist ungerecht und muß geändert werden." (032, Schmelzer, 25 Jahre.) „... Ungerecht ist aber, daß die Angestellten mehr Kindergeld bekommen. Auch erhalten sie ihr Gehalt weiter, wenn sie krank sind. Die Arbeiter bekommen aber in den ersten drei Tagen nichts. Das ist besonders ungerecht und muß geändert werden." (736, Reparaturschlosser, 38 Jahre.) „... Halten Sie es für gerecht, daß die Angestellten sechs Wochen ihr Gehalt weiterkriegen, wenn sie krank werden, die Arbeiter aber drei Tage überhaupt nichts und dann nur Krankengeld? Man könnte sich viel besser auskurieren, wenn man krank ist ..." (581, Dreher, 35 Jahre.) „Ich weiß von den Angestellten sehr wenig und habe auch noch nicht gehört, was sie verdienen. Aber zuviel bekommt heute keiner. Nur eine Sache ist ungerecht. Die Angestellten bekommen monatlich 20 Mark für jedes Kind, die Arbeiter aber nur zwei Pfennige in der Stunde. Die Kinder der Arbeiter kosten aber genau soviel wie die Kinder der Angestellten. Entweder bekommen alle 20 Mark oder gar keiner." (136, Erzfahrer, 38 Jahre.)

Nicht zufällig berufen sich alle zitierten Arbeiter ausdrücklich auf die *Gerechtigkeit.* Sie fühlen sich gegenüber den Angestellten absichtlich und systematisch benachteiligt. Zweifellos wirken diese Benachteiligungen besonders verletzend, weil sie nicht aus der speziellen Organisation und Kooperation des Industriebetriebes abzuleiten sind, also aus dem, was in einem Großbetrieb nun einmal geleistet und hingenommen werden muß, sondern aus allgemeinen sozialpolitischen Erwägungen. So ist zum Beispiel die Karenzzeit in Krankheitsfällen eindeutig ein Produkt des Mißtrauens gegen die Zuverlässigkeit der Arbeiter. Sie soll das „Krankfeiern" zur Ernte- und Kirmeszeit, den „blauen Montag" wie das „grüne Wochenende" möglichst einschränken. Wir haben hier nicht zu diskutieren, ob diese Maßnahmen berechtigt, ob sie sinnvoll sind oder nicht, – sie treffen jedenfalls sehr empfindlich das Gerechtigkeitsgefühl der Arbeiter und verstärken das Bewußtsein, als Arbeiter von „denen da oben" irgendwie als verdächtiger Sonderfall der Gesellschaftsordnung betrachtet zu werden.

Auf das Verhältnis zu den Büroangestellten aber darf man aus dieser Polemik nicht ohne weiteres schließen: Die Stellungnahmen richten sich überhaupt nicht primär gegen die Angestellten, die besondere Privilegien haben, sondern sie beziehen sich auf die Privilegien, welche die Arbeiter nicht haben, – von denen man aber weiß, daß es sie gibt, eben weil die Angestellten sie besitzen. Das Thema „soziale Lage der Angestellten" wirkt also hier nur als Zünder für lang aufgestaute Affekte.

b) Stellungnahmen zu den Arbeitsbedingungen und der Tätigkeit der Angestellten; einige Gesamturteile

Häufiger, als nach dem Wortlaut der gestellten Frage zu erwarten war, fielen Bemerkungen über die *Arbeitsbedingungen* der Angestellten, die insgesamt 84 mal mit den eigenen Arbeitsbedingungen verglichen und als leichter, bequemer oder „geregelter" bezeichnet wurden. Stets ist das Urteil unmittelbar an den eigenen Erfahrungen reflektiert:

> „Die Angestellten müssen erst um 7.30 Uhr im Werk sein und haben keine Nachtschicht. Das ist schon sehr wesentlich. Denn an die Nachtschicht muß man sich immer von neuem gewöhnen. Auch ist man nie richtig ausgeschlafen, wenn man nur tagsüber schlafen kann. Das alles kennen die Angestellten nicht. Sie verdienen zwar nicht mehr als die Arbeiter. Aber wenn man ihre Lage vergleicht mit der des Arbeiters, verdienen sie eben doch mehr. Sie brauchen nicht bei allen Witterungsverhältnissen draußen zu sein …" (113, Koksfahrer, 32 Jahre.) „Die Angestellten haben es mit der Arbeit besser. Die haben immer ihre feste Arbeit. Wir müssen schon in andere Betriebe, wenn es hier nichts zu tun gibt. Im Winter ist es besonders unangenehm. Die aber bleiben ständig bei der gleichen Arbeit und wissen auch, was sie am nächsten Tag zu tun haben." (326, Fräser, 27 Jahre.) „... Wenn es zu heiß ist, macht er das Fenster auf; wenn es kalt wird, macht er die Heizung an …" (657, Reparaturschlosser, 30 Jahre.) „Den kleinen Angestellten geht es viel schlechter als uns. Die verdienen ja meist nicht soviel. Aber dafür haben die eine Reihe von Vorteilen, die deren Arbeit besser sein läßt. Sie brauchen nicht sonntags zu arbeiten, sie haben keine Wechselschichten, sondern immer geregelte Tagesarbeit. Die sind nicht so schnell verbraucht wie wir." (886, Kranführer, 25 Jahre.)

Auch hier wird deutlich, wie sich der Gerechtigkeitsanspruch der Arbeiter in einem Leistungsdenken manifestiert. Er reizt sie immer wieder zu einem Abwägen von Lohn und Leistung, Arbeitsbewertung und Arbeitsanforderung. Aber der Vergleich wird in der Regel nicht konsequent zu Ende geführt; er bleibt in einigen Hinweisen auf das Anschaulichste, Greifbarste stecken, wie die Privilegien und die äußeren Arbeitsbedingungen der Angestellten, da von ihren eigentlichen

Funktionen, vom *Inhalt ihrer Tätigkeit* kein rechtes Bild parat liegt. Wann sie kommen und gehen, daß sie im Winter in geheizten Räumen sitzen, – das liegt klar zutage. Was aber eigentlich hinter den unzähligen Fenstern der großen Bürohäuser geschieht, was an den Karteien jenseits der Schalter und Barrieren ständig herumzukramen ist, – das ist weit weniger sinnfällig.

Völlige Beziehungslosigkeit drückt sich etwa in folgender Wendung aus: „... Die arbeiten auch. Ich hoffe es jedenfalls. Ich habe nichts gegen sie." (243) Die Skepsis, die doch noch mitschwingt, sobald man dem Angestellten „Arbeit" zugesteht, wird durch Gleichgültigkeit so überdeckt, daß die ganze Redewendung schließlich auf den Tenor gestimmt ist: Ich will es gar nicht so genau wissen ... Auch aggressivere Urteile sind nur wenig eindringlicher, selbst wenn sie auf Verallgemeinerungen einer Einzelbeobachtung beruhen: „Die arbeiten nicht so stark wie wir. Wenn wir da mal hinkommen, telephonieren die immer privat und arbeiten nur ganz wenig" (085). Die Redewendung ist ein Reflex auf die Andersartigkeit der Atmosphäre in den Büroräumen, – ob stichhaltig oder nicht, bleibt schon deshalb gleichgültig, weil sie gar nicht auf mögliche Folgerungen hin angelegt ist.

Selbst Arbeiter, die im Laufe ihrer Stellungnahmen unmittelbar etwas über die Tätigkeit der Angestellten aussagen, verfügen nur über wenige stereotype und verhältnismäßig blasse Formeln. Gerade wenn ein deutliches Bestreben spürbar ist, auch den Angestellten irgendwie gerecht zu werden, zeigt sich die Verlegenheit, die Besonderheiten ihrer Aufgaben genauer zu bezeichnen. Als Ausweg bietet sich am ehesten noch der Begriff der *Verantwortung* an: „Die Angestellten haben ja auch Verantwortung ..." Der Akzent liegt hier allerdings meist auf dem „auch". Denn es soll keineswegs unterstellt werden, daß sich die Tätigkeit der Angestellten gerade durch „Verantwortung" von derjenigen des Arbeiters unterscheide. Vielmehr legen die meisten Arbeiter auch bei der Beschreibung ihres *eigenen* Arbeitsvollzuges besonderen Wert darauf, daß ihre Verantwortung anerkannt wird.

Man kann die Funktion dieses Begriffes für die Interpretation der eigenen Arbeit vielleicht so umschreiben: Er soll das „Mehr" des Leistungsanspruchs der Arbeit gegenüber dem Augenfälligen ausdrücken, also das, was außer Kraft, Gewandtheit, Aufmerksamkeit, Gleichmäßigkeit usw. noch an dem jeweiligen Arbeitsplatz erforderlich ist. Auf die Tätigkeit des Angestellten bezogen, bedeutet Verantwortung etwas Entsprechendes: Sie sitzen nicht nur hinter ihrem Schreibtisch, können die Heizung andrehen oder das Fenster aufmachen, Bleistifte spitzen und Butterbrote auspacken und hin und wieder schreiben sie auch etwas auf, – sondern sie haben auch etwas zu leisten, das „mehr" ist als das Augenfällige, mehr als das, was man sieht, wenn man sie bei ihrer Arbeit beobachtet. Hier wird also eine *eigene* Erfahrung der Arbeiter und der dieser Erfahrung entsprechende Topos benutzt, um eine Anerkennung zu formulieren, die sich mangels zureichender Anschauung des Andersartigen nicht konkreter wiedergeben läßt.

Ebenso wie das Wort „Verantwortung" für den guten Willen zur Anerkennung der Bürotätigkeit steht, ist das Mißtrauen gegen die „Bürokraten" auf ein bestimmtes Stereotyp festgelegt, nämlich den Verdacht gegenüber der großen Zahl der Angestellten. Einige Beispiele:

> „Im Verhältnis zu den Arbeitern sind zuviel Angestellte hier. Früher, so erzählen wenigstens die Alten, haben sie viel weniger Angestellte gehabt. Dabei hatten die es viel schwerer. Jetzt haben sie ja Rechenmaschinen und alles." (563, Apparatewärter, 31 Jahre.) „Auf der Hütte gibt es viel zu viele. Was früher einer gemacht hat, machen jetzt drei Leute ... Ich bin schon immer gegen die Bürokraten gewesen ..." (765, Konvertermann, 29 Jahre.) „Die Angestellten sind sicher notwendig, und soweit sie ihre Pflicht tun, habe ich nichts gegen sie. Aber ich weiß nicht, ob die vielen alle zu arbeiten haben. Ich kenne aber zu wenig." (046, Fräser, 52 Jahre.) „Die Angestellten verdienen nicht soviel. Sie können auch nur gerade leben. Und die Werksleitung muß ja wissen, wieviele sie von diesen beschäftigen kann ..." (145, Hilfsdreher, 22 Jahre.)

Hier bestätigt sich zunächst zweierlei: einmal die Tendenz, vom anschaulich Gegebenen auszugehen. In dieser Beziehung gehören der Vergleich der Arbeitsbedingungen und der Verdacht gegen die große Zahl der Angestellten zusammen. Zugleich aber zeigt gerade der Hinweis auf die bloße Zahl, wie schwierig es für die Arbeiter ist, unmittelbar über die Bürotätigkeit selbst zu sprechen. Denn zweifellos verbirgt sich hinter diesem Erstaunen über die Menge, die nach Feierabend aus den Bürohäusern strömt, letztlich das Mißtrauen, daß so viele Menschen in einem Hüttenwerk schließlich nichts Rechtes zu tun haben könnten hinter ihren Schreibtischen. Dieses Mißtrauen wird zwar am unmittelbar Anschaulichen expliziert, – der direkte Vorwurf jedoch, die Angestellten arbeiten wenig oder gar nicht, wird selten ausgesprochen.

Aber läge nicht eine viel radikalere Folgerung noch näher, – die Folgerung, daß mit der Grenzziehung zwischen Belegschaftsmitgliedern im Angestelltenverhältnis und im Arbeiterverhältnis grundsätzlich etwas nicht stimmen könnte? Aus dem erwähnten Mißtrauen („es sind zuviele") müßte doch eigentlich die Frage entstehen, weshalb diese vielen – die offensichtlich nicht alle eine Leistung höherer Art zu vollbringen haben — von den Arbeitern so prinzipiell unterschieden werden. Eine solche Unterscheidung bleibt schließlich nur evident, solange sie auf irgendein einleuchtendes hierarchisches Prinzip bezogen werden kann. Einleuchtend aber kann die Hierarchie nur dann sein, wenn ihre Abstufungen sich auch quantitativ versinnbildlichen.

Da dies nicht mehr oder doch nicht in zureichendem Ausmaß der Fall ist – wie die Verwunderung über die reine Quantität der Büroangestellten zeigt wären gerade in diesem Zusammenhang radikale Angriffe auf die hierarchische Gliederung des Industriebetriebes zu erwarten. Sie sind jedoch in unseren Gesprächen nur so vereinzelt vorgekommen, daß wir bei den befragten Arbeitern ein verhältnismäßig geringes Interesse an der prinzipiellen Unterscheidung Angestellte – Arbeiter vermuten können. Es besteht offensichtlich allzu wenig Anlaß, die eigenen Verhältnisse im guten wie im bösen mit der Tätigkeit der Büroangestellten in Verbindung zu bringen. Wieweit etwa familiäre Prestigefragen, die Hoffnung auf einen sozialen Aufstieg des Sohnes oder der Tochter, zu dieser Zurückhaltung beitragen, läßt sich auf Grund unseres Materials nicht entscheiden. Diese Problematik würde eine besondere, wahrscheinlich höchst aufschlußreiche Untersuchung erfordern.

Wir können aber abschließend versuchen, einige allgemeinere Hinweise zu geben, indem wir vier Befragten-Gruppen stichwortartig beschreiben, aus deren Antworten eine spezifische und profilierte *soziale Einschätzung der Angestellten* zu erkennen ist. Wenn wir uns davor hüten, jede Bemerkung, die in diesem Zusammenhang gefallen ist, als Indiz für die soziale Einschätzung der Angestellten zu nehmen, läßt sich allerdings nur ein Viertel der Befragten einer dieser profilierten Gruppen zuordnen; nur in diesen Fällen können wir also *nachträglich* die Formulierung unserer Frage selbst wörtlicher und genauer verstehen, als sie gemeint war und als sie von dem größeren Teil der Befragten auch verstanden worden ist.

Die *erste Gruppe*, zu der wir 29 Befragte (5 %) rechnen, beurteilt die Lage der Angestellten bedauernd, mitleidig, von oben herab. Meist bezieht sie sich auf das geringe Einkommen der Angestellten: „Was verdient so ein kleiner Schreiber schon! Vielleicht 250 Mark. Da kann er nicht von leben und nicht von sterben …" (813). Für den fünfundzwanzigjährigen Kantwagenführer, der dieses im Tone eines unbeteiligten, aber gönnerhaft-freundlichen Betrachters sagt, hat der „kleine Schreiber" das Pech, beruflich irgendwie falsch zu liegen – von Neid oder Mißgunst kann keine Rede sein. Sogar das Selbstbewußtsein der Angestellten wird gelassen hingenommen: „Die Angestellten müssen sich besser bekleiden. Standesgemäß, wie man so sagt. Ich habe aber Gelegenheit gehabt, hinter die Kulissen zu sehen. Da ist es schlimmer als bei den Arbeitern" (112).[15] Vermutlich wird sich diese Auffassung im Laufe der Zeit immer stärker durchsetzen und damit auch ein gewisses Überlegenheitsbewußtsein über die „kleinen" Angestellten. Von einer dünkelhaften Verachtung der Angestellten-Misere ist aber selbst bei dieser bisher sehr kleinen Gruppe nichts zu spüren.

15 Denselben Gedanken hat ein 53-jähriger Platzarbeiter, ohne eigene Erfahrungen gemacht zu haben: „… Ich möchte mal in manche Angestellten-Familie rein kommen. Die müssen sich ja anständig anziehen, die können ja nicht in solchen Klamotten wie die Arbeiter zur Arbeit kommen. Da ißt er eine Scheibe Brot weniger." (578)

Zur *zweiten Gruppe* rechnen wir 48 Befragte (8 %), die ausgesprochen aggressiv über die Angestellten urteilen und dabei nicht nur auf einzelne Privilegien, sondern prinzipiell auf ihre soziale Position abzielen. Massive Denunziationen, wie sie ein älterer Reparaturschlosser vorbringt, sind allerdings selbst in dieser Gruppe selten: „Die Beamten stehen sich stets mit den Arbeitgebern gut. ‚Bezahle deine Beamten gut, dann hast du deine Arbeiter umsonst' – das hat schon Bismarck gesagt. Wie, Sie kennen diesen berühmten Ausspruch nicht? So geht das hier auch. Was meinen Sie, warum die Beamten gut bezahlt werden? Damit sie uns besser ausknüppeln" (823). Schon der (früher und im Bergbau teilweise heute noch übliche) Ausdruck „Beamte", der in solchen Zusammenhängen stets gebraucht wird, weist darauf hin, daß hier ältere Erfahrungen und Sentiments nachwirken, – ähnlich wie in der wiederholt vorgebrachten Bemerkung, daß sich „die Arbeiter und die Beamten noch nie vertragen" hätten. Häufiger und bezeichnender sind Beschuldigungen, in denen sich die schwer überbrückbare Diskrepanz zwischen dem sozialen Klima der Bürostuben und der Arbeitsatmosphäre in den Produktionsbetrieben manifestiert: „Den Angestellten geht es besser als uns, wenn sie auch nicht soviel verdienen. Die werden eben ganz anders behandelt. Gehen Sie nur mal ins Lohnbüro. Wenn Sie da im Arbeitsanzug ankommen, werden Sie angeschnauzt wie ein Sklave. Kommen Sie in Schlips und Kragen rein, sind Sie ein ganz anderer Mensch" (387). Die Sensibilität, die hier spürbar wird, darf nicht unterschätzt werden. Selbst ein älterer Dreher, der sonst äußerst prägnant und kontrolliert geantwortet hat, spitzt seine Polemik gegen die Vorteile der Angestellten auf die Tatsache zu, daß die Angestellten, „die sicher nicht so dreckig arbeiten müssen, Handtuch und Seife bekommen und die Arbeiter nicht" (588). Es wäre allerdings völlig verkehrt, aus solchen Bemerkungen den Schluß zu ziehen, daß der zitierte Dreher kein intaktes *Selbstbewußtsein als Arbeiter* hätte. Der Wunsch, etwa auf dem Rückweg von der Arbeitsstätte oder in einem Büro nicht als Arbeiter „aufzufallen", ist nicht einfach mit dem Bestreben gleichzusetzen, sich als Nicht-Arbeiter, als „white-collar" zu fühlen. Wirksam ist hier vielmehr ein Anpassungsprozeß an einen Verhaltensstil, der allgemein gesellschaftlich verbindlich geworden ist, aber das überkommene schichtenspezifische Selbstverständnis viel weniger beeinflußt, als im allgemeinen angenommen wird.[16] Der zitierte Dreher legt lediglich, ebenso wie einige andere Arbeiter, ausdrücklich Wert darauf, in bestimmten Situationen, die durch diesen allgemein-gesellschaftlichen Verhaltensstil vorgeprägt sind, nicht zwangsläufig als Arbeiter abgestempelt zu sein.[17] Daß

16 Vgl. Abschnitt V, S. 258 ff.

17 Die Tendenz, in der großstädtischen Öffentlichkeit nicht schichten- und berufsspezifisch abgestempelt zu sein, ist ganz allgemein zu beobachten. Sie muß in Verbindung gebracht werden mit der in der modernen Großstadt außerordentlich entwickelten Fähigkeit, durch

die Angestellten in dieser Hinsicht offensichtlich über bessere Anpassungschancen verfügen, führt auch dann manchmal zu aggressiven Bemerkungen, wenn kein Konflikt unmittelbar den Anstoß dazu gegeben hat.

Eine *dritte Gruppe* kann aus 47 Arbeitern (8 %) gebildet werden, die sich betont gerecht über die Angestellten äußern und sich ausdrücklich um eine Würdigung ihrer besonderen Aufgaben und Leistungen bemühen. Wir haben auf diese Versuche schon hingewiesen; als Stichwort dient meist der Begriff der Verantwortung, ohne daß es gelingt, eine besondere Form der Angestellten-Verantwortung näher zu bezeichnen. Wenn ein junger Hilfsarbeiter bedenkt, daß die Angestellten „aber vielleicht auch mehr mit dem Gedächtnis arbeiten müssen" (371), bedeutet das schon eine verhältnismäßig konkrete Feststellung. In allen Fällen aber ist der Wille zur Anerkennung einer andersartigen Leistung spürbar und damit auch die Bereitschaft zur Anerkennung der übergreifenden Ordnung, auf der die Arbeitsteilung zwischen Arbeitern und Angestellten beruht. Ist dieser Schritt erst einmal getan, so wird den Angestellten mitunter sogar eine gewisse Superiorität konzidiert: „... Das einzige ist, die Leute laufen im Sonntagsanzug herum, aber das müssen sie auch selbst bezahlen. Ich gönne ihnen das. Dafür haben sie vielleicht die Handelsschule oder so was besucht" (878). Auf die besondere Ausbildung der Angestellten wird überhaupt nur dann verwiesen, wenn eine gewisse Anerkennung ausdrücklich zugestanden werden soll – oder doch ein Geltenlassen nun einmal bestehender Unterschiede.

Von dieser dritten ist eine *vierte Gruppe* zu unterscheiden, die ebenfalls betont gerecht von den Angestellten spricht, sich aber nicht um ein Verständnis ihrer besonderen Aufgaben, sondern um den Nachweis einer verbindenden Gemeinsamkeit, ja einer Solidarität von Arbeitern und Angestellten bemüht (37 Befragte, 6 %). Grundlage dieser Solidarität sind die gemeinsamen Lebensverhältnisse, die gemeinsamen Sorgen: „Denen geht es auch nicht besser als uns. Die klagen genauso darüber, daß alles so teuer geworden ist, wie wir. Ich will nicht sagen, die Direktoren und so. Denen geht es bestimmt besser. Aber die anderen ... Die haben sicher dieselben Sorgen" (182). „Die sind ebenso abhängig von den Herren wie wir" (173). „... Wenn die Arbeiter über die Angestellten schimpfen, beweisen sie nur, daß sie zu dumm sind, um die richtigen Zusammenhänge zu sehen" (335). Hier wirkt sich also eine andere, schärfere soziale Grenze aus. Die drei Zitate, die wir angeführt haben, zeigen sehr deutlich drei verschiedene Stufen eines Solidaritäts-

---

verschiedenartige Verhaltensweisen die verschiedenartigen Sphären der Öffentlichkeit voneinander zu trennen und damit ihre jeweilige Besonderheit ausdrücklich anzuerkennen. Wird dies richtig gesehen, so wird man z. B. auch aus der mangelnden *individuellen* Prägung bestimmter Verhaltensstile nicht auf eine geringe Geltung und geringe soziale Prämiierung der „Individualität" schließen, – ein Trugschluß, der dem oben angedeuteten entspricht.

Bewußtseins, das sich an dem überkommenen Gegensatz von Arbeiterschaft und Kapital orientiert, aber die Angestelltenschaft eindeutiger in diesen Gegensatz einzuordnen versucht, als dies bisher geschehen ist. Die gemeinsamen Sorgen – die gemeinsame Abhängigkeit – die Erkenntnis der „richtigen Zusammenhänge“: das ist zweifellos der Weg, auf dem sich ein neues Solidaritäts-Bewußtsein von der Arbeiterschaft her entwickeln könnte.

Zeichen, die auf eine solche Entwicklung hindeuten, sind aber vorläufig noch recht selten zu finden. Die Mehrzahl der Befragten scheint überhaupt, soweit sich das aus ihren Antworten erschließen läßt, den vier profilierten Einstellungen zum Thema „Angestellte“ völlig fernzustehen. Tenor und sachlicher Gehalt ihrer Stellungnahmen weisen darauf hin, daß die Büroangestellten selbst – sieht man von ihren Privilegien ab – nicht zu engagierten Wertungen oder besonderen Reflexionen herausfordern. „Man sagt sich die Zeit und man sagt sich den Weg, aber sonst habe ich keine Verbindung dazu“: Das ist, in einer etwas extremen Formulierung, die Formel, auf die sich die meisten Aussagen bringen lassen, soweit sie sich unmittelbar auf die Büroangestellten selbst beziehen. Unsere Frage nach der „sozialen Lage der Angestellten“ hatte nur deshalb Erfolg, weil sie es ermöglichte, die eigene Lage unter einem neuen Aspekt zu reflektieren: dem Vergleich mit den verbrieften Vorrechten und den zwangsläufig gegebenen Vorteilen der im Büro beschäftigten Werksangehörigen. Der Vergleich diente häufig dazu, die Anerkennung abzuschätzen, die der eigenen Leistung zuteil wird.

Damit erschöpfte sich aber auch meist das Interesse, das die Befragten dem Thema entgegenbrachten. Für sie gehören die Angestellten weder eindeutig zu „denen da oben“ – wie die Direktoren und die „hohen Herren“ überhaupt –, noch zu „uns hier unten“. Es fehlt das vitale Interesse, das dazu führen könnte, mangelhafte Kenntnisse und Anschauungen durch kompensierende Vorstellungen zu einem Gesamtbild zu ergänzen. Daher brauchen die Angestellten auch nicht in das dichotomische Gesellschaftsbild eingeordnet zu werden, das für die Mehrheit der Arbeiter, wie wir im folgenden sehen werden, bezeichnend ist.

Abschnitt IV
Die Stellungnahmen zur Mitbestimmung

Vorbemerkung

Der Arbeitsdirektor und die Arbeitnehmervertreter im Aufsichtsrat – d. h. also die Organe der Mitbestimmung im engeren Sinne, die durch das Mitbestimmungsgesetz von 1951 in der Montanindustrie eingeführt wurden – liegen für den Arbeiter fast völlig außerhalb des Bereichs seiner unmittelbaren Erfahrung. Ein Arbeiter, über die Mitbestimmung befragt, faßt jedoch diesen Begriff weiter. Er versteht in der Regel unter ihr den gesamten Komplex der Institutionen, die den Arbeitnehmern ein Mitspracherecht sichern sollen: also auch seine eigene Teilnahme an den Betriebsversammlungen, die Wahl der Vertreter, die Organisation der Vertrauensmänner und den Betriebsrat, oft auch die überbetriebliche Funktion der Gewerkschaften. In der Tat gehört all dies sachlich zu dem Thema „Mitbestimmung". Deshalb wurde das Mitbestimmungsrecht von uns auch in diesem Zusammenhang behandelt. So betrachtet, reicht aber die Mitbestimmung auch in den Bereich der unmittelbar am Arbeitsplatz gewonnenen Erfahrung hinein. Die Eigenschaft, teilweise, zum mindesten in einigen ihrer Auswirkungen erfahrbar zu sein, durch unmittelbare Erfahrung allein aber nicht verständlich zu werden, macht die Mitbestimmung, ähnlich wie den technischen Fortschritt, fruchtbar für unsere Frage nach dem Gesellschaftsbild des Arbeiters. Diese Fruchtbarkeit wurde dadurch erhöht, daß die Mitbestimmung von den Arbeitern in der Regel als ein Politikum angesehen wurde. Obwohl innerbetriebliche Erlebnisse oft den Ausgangspunkt der Überlegungen bildeten oder zur Illustration herangezogen wurden, lockten unsere Fragen nach der Mitbestimmung vielfach allgemeinere politische Stellungnahmen hervor.[1]

1 Die einzelnen Fragen zur Mitbestimmung sind im Abschnitt I, S. 25 ff. aufgeführt und erläutert.

Der Zeitpunkt der Erhebung – Anfang 1954 – hat eine gewisse Bedeutung für die Ergebnisse. Die Mitbestimmung war schon seit einigen Jahren im Werk eingeführt; sie hatte den Charakter des Neuen verloren. Sie war keine unmittelbar politische Aktualität mehr, jedoch auch nicht eine Selbstverständlichkeit, über deren Nutzen und Weiterbestand man sich keine Rechenschaft mehr ablegt. Anders steht es mit den Institutionen des Betriebsrats und der Vertrauensmänner, die schon Vorläufer in der Weimarer Zeit gehabt haben und sehr bald nach dem Krieg erneuert wurden. Sie gehörten seit Jahren zum Alltag des Betriebslebens und boten oft die Ausgangspunkte für die Stellungnahmen zur Mitbestimmung im engeren Sinn.[2]

1 Kenntnis der Mitbestimmung und ihrer Institutionen

a) Überblick über die Befragungsergebnisse

(1) *Ist die Mitbestimmung hier im Werk eingeführt?* Man sollte annehmen, daß diese Frage nur mit einem klaren „Ja" oder „Nein" oder mit „Ich weiß nicht" beantwortet werden könnte. Es stellte sich aber heraus, daß in der Auswertung nicht weniger als acht Antwortmöglichkeiten vorgesehen werden mußten.

	Die Ergebnisse:	Befr.	%
1.	Ja, die Mitbestimmung ist eingeführt. (Die Antwort oder das sonstige Gespräch lassen erkennen, daß ein sicheres Wissen vorhanden ist.)	162	27
2.	Ja. (Der Befragte weiß es anscheinend.)	105	18
3.	Die Mitbestimmung ist „im Ansatz" eingeführt[3].	32	5
4.	Erklärt, es sei schon etwas dieser Art eingeführt, jedoch nicht die „richtige" Mitbestimmung.	69	12
5.	Erklärt, die Mitbestimmung sei eingeführt. Es muß aber bezweifelt werden, ob dieses „Ja" einen konkreten Sinn hat, z. B. ob der Befragte unter Mitbestimmung annähernd dasselbe versteht wie der Befrager, ja überhaupt etwas, das „eingeführt" werden kann.	46	8

2 Auf die umfangreiche Literatur über die Mitbestimmung soll hier nicht eingegangen werden. Verwiesen sei auf die Bibliographie zu diesem Thema, die von *W. Krone* zusammengestellt und in dem Sammelband „Wege zum sozialen Frieden" (Veröffentlichungen der Akademie für Gemeinwirtschaft, Hamburg – Stuttgart – Düsseldorf 1954) veröffentlicht ist.

3 Die Befragten sehen in den eingeführten Institutionen erst Ansätze zu einer Mitbestimmung, die nach ihrer Meinung zur Zeit noch nicht vorhanden ist. Natur gemäß sind sie von den unter Position 4 aufgeführten Befragten schwer abzugrenzen.

6.	Nein, die Mitbestimmung ist *nicht* eingeführt.	86	14
7.	Erklärt, die Mitbestimmung sei *nicht* eingeführt Es herrscht aber die gleiche Unsicherheit wie bei dem „Ja“ in Position 5.	19	3
8.	Weiß nichts von der Einführung der Mitbestimmung.	77	13

Die Frage war als reine Kenntnisfrage gemeint. Sie wurde aber von vielen Arbeitern nicht als solche aufgefaßt. Diese versuchten, gleichzeitig ein Urteil darüber abzugeben, ob die eingeführten Einrichtungen den Namen „Mitbestimmung“ verdienen. Bei den unter Position 3 und 4 gezählten Befragten handelt es sich überwiegend um gut orientierte Leute, die sehr wohl über die Institution des Arbeitsdirektors, oft auch über die heutige Zusammensetzung des Aufsichtsrates Bescheid wußten und denen auch bekannt war, daß diese Neuerungen als „Mitbestimmung“ bezeichnet werden. Sie sahen aber keinen Anlaß, sich der offiziellen Terminologie zu unterwerfen, und bestanden auf dem Wortsinn. Dieser war nach ihrer Meinung nicht erfüllt. Dennoch müssen sie als Befragte gezählt werden, die wissen, daß die „Mitbestimmung“ eingeführt ist.

Das läßt sich jedoch nicht von den unter Position 5 aufgeführten Hüttenarbeitern behaupten. Manchmal mag hinter ihrem „Ja“ eine ganz dunkle Erinnerung gestanden haben. Vielfach hatten sie nur richtig geraten, wie sich aus ihren sonstigen Antworten erkennen ließ. Oder sie hatten etwas ganz anderes gemeint: Manche verstanden unter Mitbestimmung die Möglichkeit, Verbesserungsvorschläge machen zu können, oder die Vertrauensleuteorganisation oder gar die Gleichberechtigung der Frau.[4]

Die Ergebnisse können folgendermaßen zusammengefaßt werden:

62 % der Befragten wissen offenbar, daß die Mitbestimmung eingeführt ist (Pos. 1–4).

38 % wissen darüber nichts oder nichts Rechtes (Pos. 5–8). Entweder sind sie sich über ihr Nichtwissen im klaren oder sie meinen, die Mitbestimmung sei noch nicht eingeführt. Oder aber ihre Vorstellungen sind so unklar, daß auch ein „Ja“ nicht als Wissen bezeichnet werden kann. Allgemein zutreffende Charakteristik; jedoch ist nicht sicher zu entscheiden, ob konkrete Einzelkenntnisse vorhanden sind.

4 Der Gang dieser Auswertung wirft ein Licht auf die Problematik zahlreicher schriftlicher Befragungen. Was mag sich hinter den vielen „Ja“- und „Nein“-Antworten, die durch einfaches Unterstreichen kundzutun waren, verbergen?

(2) *Kenntnis der Mitbestimmung im Ganzen.* Die Auswertung stützt sich hier vor allem auf die Beantwortungen der einleitenden Frage „Was verstehen Sie unter Mitbestimmung?“ Es wurden aber stets auch die anderen Antworten herangezogen, insofern sich in ihnen weitere Kenntnisse zeigten, insbesondere natürlich die Aussagen über die Aufgaben des Arbeitsdirektors.

	Die Auszählung ergab:	Befr.	%
1.	Kenntnis der rechtlichen Lage oder gute Allgemeinkenntnis, verbunden mit Kenntnis einzelner Bestimmungen	36	6
2.	Konkrete Einzelangaben, die zutreffen und auch wesentlich sind. Jedoch ist nicht sicher zu entscheiden, ob ein allgemeiner Überblick vorhanden ist.	136	23
3.	Allgemein zutreffende Charakteristik; jedoch ist nicht sicher zu entscheiden, ob konkrete Einzelerkenntnisse vorhanden sind.	65	11
4.	Allgemeine Redewendung, ungefähr zutreffend.	77	13
5.	Einzelangaben, teils peripher oder teils nicht zutreffend.	22	4
6.	Unsichere Redewendung (Phrase oder an Phrase grenzend): sehr unsicher, ob konkrete Kenntnis vorhanden. (Hat irgendetwas läuten gehört.)	98	16
7.	Überwiegend oder nur falsche Vorstellungen.	43	7
8.	Weiß nichts.	106	17
9.	Nicht zu entscheiden, ob und welche Kenntnisse vorhanden sind.	17	3

Typische Antworten für die einzelnen Positionen sind:

ad 1: „Der Arbeiter soll personell und wirtschaftlich, aber auch in sozialen Dingen seine Stimme abgeben und völlig gleichberechtigt mitreden dürfen. (Wie sieht das in der Praxis aus?) Ich sagte Ihnen schon, daß ich das Gesetz gelesen habe. Da sitzen fünf Mann von uns im Aufsichtsrat fünf Anteilseignern gegenüber. Der elfte Mann soll ein neutraler Mann sein. Das ist meist ein Regierungsvertreter. Bei Mannesmann soll es ein Ministerialrat sein. Auf diese Weise ist ja eine Sozialisierung überflüssig, denn das Werk kann so durch den Staat gelenkt werden. Bei Abstimmungen im Aufsichtsrat stimmt der elfte Mann, wenn es hart auf hart geht, doch mit den fünf Anteilseignern. Dadurch haben die in wichtigen Sachen doch die Mehrheit. – Der Aufsichtsrat bestellt den technischen Direktor und den kaufmännischen Direktor. Bei uns hier ist das … (Nennt die Namen richtig) Als Vertreter der Arbeiterschaft ist dann noch der Arbeitsdirektor da, der nur soziale Aufgaben zu lösen hat. Er müßte eigentlich Sozialdirektor heißen …“ Das übrige Gespräch zeigt, daß der Befragte auch über den Betriebsrat, dessen Befugnisse und Tätigkeit genau Bescheid weiß. (683, Spezialdreher, 40 Jahre.)[5]

ad 2: „Wir haben nun einige Vertreter im Aufsichtsrat, darunter auch Herrn N. Was dort eigentlich geschieht, weiß ich nicht genau. Das weiß niemand genau, obwohl sehr viel darüber gesprochen wird. Ich weiß nur, daß dort vier oder fünf Vertreter der Arbeitnehmer sitzen, die mit in die Geschäftsbücher gucken und mit abstimmen, wenn etwas Neues vorgesehen ist ... Außerdem haben wir den Betriebsrat, der mehr innerhalb des Werks arbeitet. Sehr viele soziale Neuerungen gehen auf ihn zurück. Darin sitzen nur Arbeitervertreter ... (Arbeitsdirektor?) Der Arbeitsdirektor hat vor allem für die sozialen Dinge in der Hütte zu sorgen. Ferner hat er im Direktorium die Ansichten der Arbeiter vorzutragen und darauf zu dringen, daß man auch im Interesse der Arbeiter plant und überlegt." (141, Kolonnenführer, 50 Jahre.) Aus dem Protokoll geht nicht eindeutig hervor, ob der Befragte den Arbeitsdirektor im Zusammenhang mit der Mitbestimmung sieht. Auch scheint das Prinzip der paritätischen Besetzung des Aufsichtsrates nicht bekannt zu sein. Andererseits sind doch wesentliche Einzelheiten bekannt und werden grundsätzlich richtig gedeutet.

ad 3: „Mitbestimmung bedeutet, daß der von der Belegschaft gewählte Betriebsrat in bestimmten Fragen mit der Werksleitung verhandelt, daß also die Werksleitung nicht mehr diktatorisch zu bestimmen hat, was gemacht wird, – denn wenn nur *eine* Seite bestimmt, dann ist das ja wohl Diktatur. (Arbeitsdirektor?) Das ist wiederum ein Problem. Der stammt ja aus der Gewerkschaft, muß aber wohl ‚auf zwei Schultern tragen'. Der kann ja auch nicht auf den Tisch hauen, wenn er nicht will, daß die anderen auch auf den Tisch hauen. Das aber ist ja keine wirtschaftliche Mitbestimmung, daher muß man sie nur als Schritt auf dem Wege zu einer Sozialisierung der Grundstoffindustrien betrachten ..." (192, Dreher, 50 Jahre.) Der politisch relativ stark interessierte Befragte gibt von seinem Standpunkt aus eine diskutable Charakteristik der Mitbestimmung. Jedoch scheint er über die Zusammensetzung des Aufsichtsrates nichts zu wissen.

ad 4: Der Befragte äußert spontan auf die Frage, was denn in letzter Zeit im Werk anders geworden sei: „Ja, wir haben heute mitzubestimmen", auf die Frage, was er unter Mitbestimmung verstehe: „Gleichberechtigt mit der Werksleitung über die Produktion sich unterhalten." Er erzählt ein Detail aus der Zeit des Kampfes um die Einführung der Mitbestimmung. (Arbeitsdirektor?) „Der hat auf die Verbesserungen der Lebensbedingungen zu achten." Er nennt Beispiele. (081, 1. Schmelzer, 54 Jahre.)

5 Die stellungnehmenden Äußerungen des Befragten, die hier noch nicht zur Diskussion stehen, wurden mitzitiert, weil sie ein Bild von der Konkretheit der Vorstellungen vermitteln.

ad 5: „Ja, da denke ich mir, daß die Arbeiter gefragt werden, wenn jemand entlassen wird oder wenn was Neues geplant wird. (Er weiß nicht, wie dies in der Praxis geschehen kann.) (Arbeitsdirektor?) Der hat für die ganze Arbeit und deren Ablauf zu sorgen". (582, Reparaturschlosser, 61 Jahre.)

ad 6: „Ich habe schon vom Mitbestimmungsrecht gehört. Wie das aber funktioniert, weiß ich nicht. Das macht alles der Betriebsrat. Soviel ich weiß, ist die Mitbestimmung hier eingeführt worden. Aber es gibt bestimmte Leute aus dem Betriebsrat dafür. Die anderen Arbeiter kümmern sich nicht darum." (036, 3. Schmelzer, 40 Jahre.)

ad 7: „Wir müssen dabei sein, wenn über Produktion, Ankauf und Verkauf verhandelt wird. Denn es geht ja auch uns an. Aber daran denkt doch keiner." Der Befragte hält die Mitbestimmung überhaupt nicht für eine gesetzlich eingeführte Institution, weiß deshalb auch nichts von ihrer Einführung. Über die Aufgaben des Arbeitsdirektors kann er ebenfalls keine Auskunft geben. (718, Platzablader, 29 Jahre.)

ad 8: „Dabei wird mehr produziert. Man hat schon einmal davon gehört, aber das ist etwas Politisches. (Zwischenfrage: Etwas Politisches? Meinen Sie, das hat etwas mit den Gewerkschaften zu tun?) Von den Gewerkschaften, da habe ich ja nichts Gutes zu sagen." Lacht, zuckt die Schultern. (Nachdrücklich:) „Das sind ja doch alles bloß Rattenfängereien. (Ist das Mitbestimmungsrecht hier im Werk eingeführt?) Da haben sie früher mehr von geredet, aber das ist heute alles wieder eingeschlafen." Den Arbeitsdirektor kennt er nicht, weiß auch nicht, wie er heißt. Nach langem Überlegen meint er, er müsse darauf achten, daß produziert werde. Ob das mit der Mitbestimmung zu tun habe, weiß er nicht. (Durchsetzen?) „Wenn wir erst mal wieder deutsches Militär stehen haben. (Zwischenfrage: Wie meinen Sie das?) Nun, dann ist auch wieder ein großer Verbrauch an Stahl da." Im übrigen kann der Befragte die Wahl des Betriebsrates nicht von der Aufstellung der Kandidatenlisten unterscheiden. Die Betriebsrats-Mitglieder heißen bei ihm „Betriebsführer". Ob er sie überhaupt von Vorgesetzten unterscheiden kann, ist fraglich. (122, 2. Stapler, 33 Jahre.)

Die zitierten Antworten zeigen in ihrer Verschiedenheit die Notwendigkeit der ausführlichen Aufschlüsselung. Die Ergebnisse lassen sich folgendermaßen zusammenfassen:

237 Befragte *(39 %)* wissen, worum es sich bei der Mitbestimmung handelt.[6] Davon zeigen 36 eine genaue Kenntnis, die oft mit politischen Urteilen hohen Niveaus verbunden ist (Pos. 1–3).

6 Die Aussagen dieser Befragten werden im folgenden als „zutreffende Charakteristiken" bezeichnet.

77 Arbeiter *(13 %)* äußern sich nur in allgemeinen, ungefähr zutreffenden Redewendungen, obwohl die Befragung so angelegt war und durchgeführt wurde, daß vorhandene Detailkenntnisse hervortreten mußten (Pos. 4).

269 Befragte *(45 %)* wissen kaum etwas oder nichts (Pos. 5–8).

Der Rest *(3 %)* besteht aus nicht entscheidbaren Fällen.

(3) *Welche Aufgabe hat der Arbeitsdirektor?* Aus dem Gesamtkomplex der Aussagen über das Thema „Mitbestimmung" greifen wir die Antworten auf die Frage nach dem Arbeitsdirektor heraus. Sie bestätigen das Bild, das wir in den beiden vorigen Abschnitten von den Kenntnissen der Arbeiter gewonnen haben.

118 (20 %) Befragte schildern die Tätigkeit des Arbeitsdirektors in verschiedenen Formulierungen als „Vertretung der Arbeitnehmerinteressen im Vorstand" und lassen erkennen (bzw. mit großer Wahrscheinlichkeit vermuten), daß sie die Institution des Arbeitsdirektors im Zusammenhang mit der Mitbestimmung sehen.

147 (24 %) drücken sich unbestimmt aus. Entweder ist fraglich, ob sie den Arbeitsdirektor mit der Mitbestimmung in Verbindung bringen, oder sie schildern seine Tätigkeit in allgemeinen Formulierungen wie: „Er hat die Interessen der Arbeiter zu vertreten." Oder: „Er hat sich um soziale Angelegenheiten zu kümmern." Jedoch geht ihre Deutung grundsätzlich in die richtige Richtung.

30 (5 %) Arbeiter geben die Aufgaben des Arbeitsdirektors teilweise falsch wieder, jedoch ist ihnen bekannt, daß er entweder etwas mit sozialen Fragen zu tun hat oder in irgendeiner Form von der Arbeitnehmerseite herkommt.[7]

273 (45 %) Befragte deuten die Tätigkeit des Arbeitsdirektors überwiegend oder ganz falsch oder wissen überhaupt nichts über seine Aufgaben zu sagen. Unter diesen 273 befinden sich allerdings noch 14, die den Arbeitsdirektor in eine unbestimmte Verbindung mit der Mitbestimmung bringen, jedoch auch 42 (7 % aller Befragten), die überhaupt nichts von der Existenz eines Arbeitsdirektors wissen.

32 (5 %) Aussagen sind nicht entscheidbar oder fallen aus anderen Gründen aus. Der größere Teil stammt von Befragten, die offensichtlich nichts wissen. Entweder redeten sie unverständlich herum oder der Interviewer hatte nicht mehr nach dem Arbeitsdirektor gefragt, weil er schon bei den vorhergehenden Fragen auf ein völliges Vakuum stieß.

7 Häufig wird aus der irreführenden Bezeichnung „Arbeits"-Direktor geschlossen, daß er den Arbeitseinsatz in den Betrieben zu regeln habe. Vgl. die Bemerkung des Spezialdrehers (683) S. 136 und die Antwort des Reparaturschlossers (582) S. 138.

Nur ein Fünftel der Befragten gibt also eine „vollständige" Charakteristik der Funktion des Arbeitsdirektors. Nur die Hälfte gibt eine Antwort, die einigermaßen in die richtige Richtung weist.

(4) *Kenntnisse der Aufgaben und Funktionen des Betriebsrats.* Es ist nicht verwunderlich, daß die Kenntnis der Aufgaben und Funktionen des Betriebsrates erheblich größer ist als die über die Mitbestimmungs-Organe im engeren Sinn.[8] Mit dem Betriebsrat kommt der einzelne häufiger in Berührung.

21 (4 %)	Befragte zeichnen sich durch besonders gründliche Kenntnisse und überdurchschnittliches Interesse aus.
381 (63 %)	Befragte geben eine zutreffende allgemeine Umschreibung (z. B. „Verhandeln mit der Werksleitung", „Nehmen unsere Rechte wahr"). Außerdem erläutern sie die Umschreibung mit richtigen Beispielen.
125 (21 %)	äußern sich in allgemeinen Redewendungen oder nennen nur Partikulares.
55 (9 %)	geben eine falsche Darstellung (werfen z. B. Vertrauensmänner-Organisation und Betriebsrat durcheinander) oder wissen überhaupt nichts zu sagen.
18 (3 %)	Der Rest der Protokolle ist nicht auslegbar oder fällt aus anderen Gründen aus.

67 % der Befragten haben also von den Aufgaben des Betriebsrates eine konkrete Vorstellung. Die Gruppe der völlig Ahnungslosen bleibt hier unter 10 %.

Dennoch sind die Kenntnisse vieler Arbeiter hinsichtlich dieses Themas als lükkenhaft zu bezeichnen. Das erkennt man aus folgendem Befund:

Im Werk war der Betriebsrat noch vor kurzer Zeit nach dem sogenannten „Mußwahl"-Prinzip gewählt worden, jeder Wähler *mußte* auf seinem Wahlzettel so viel Kandidaten ankreuzen, als der Betriebsrat Mitglieder erhalten sollte –

8 Während über die Tätigkeit des Arbeitsdirektors noch ein großer Teil der Arbeiter Bescheid wußte, war nur einer Minderheit die paritätische Zusammensetzung des Aufsichtsrates bekannt. Nach dieser war in den Gesprächen nicht ausdrücklich gefragt worden. Jedoch war es wahrscheinlich, daß angesichts der zahlreichen Fragen zur Mitbestimmung die Befragten auf den Aufsichtsrat zu sprechen kamen, wenn sie wußten, daß in ihm auch Arbeitnehmervertreter saßen. 99 Befragte (16 %) brachten den Aufsichtsrat in Verbindung mit der Mitbestimmung. Nur ein Teil von ihnen kannte aber seine genaue Zusammensetzung. Ein anderer Teil wußte zwar, daß der Betriebsratsvorsitzende und sein Stellvertreter im Aufsichtsrat saßen, jedoch nicht, daß ihm noch weitere Arbeitnehmervertreter angehörten.

in einem Werk dieser Größenordnung also eine große Zahl andernfalls war sein Stimmzettel ungültig. Dieses Verfahren ist heftig kritisiert worden, denn ein Arbeiter ist in der Regel gar nicht in der Lage, ausreichend Kandidaten, die ja überwiegend aus anderen Betrieben des Werks kommen, zu kennen oder gar zu beurteilen. Er kreuzt dann zuerst diejenigen an, die er wirklich kennt und auch im Betriebsrat sehen möchte, danach solche, deren Namen er schon einmal gehört hat (zumeist Leute, die bereits im alten Betriebsrat saßen, wodurch er dazu beiträgt, daß der Betriebsrat Jahre hindurch seine Zusammensetzung kaum ändert), und zuletzt irgendwelche Unbekannte, um die Zahl vollzumachen: „Wie beim Toto", sagten zahlreiche Arbeiter, wenn sie den Vorgang beschrieben. Die Kritik an diesem Verfahren hatte schließlich zur Einführung des sogenannten „Kannwahl"-Prinzips geführt. Jetzt brauchte jeder Wähler nur noch so viel Kandidaten anzukreuzen, wie er wollte, nur nicht mehr, als der zu wählende Betriebsrat Mitglieder haben sollte. Die letzte Betriebsrats-Wahl, die vor unserer Befragung stattfand, war die erste „Kannwahl". Leider äußerten sich die Arbeiter oft nur so allgemein, daß nicht erkennbar war, ob sie über diese Neuerung orientiert waren. In 279 von 600 Protokollen (46 %) wird von der Wahl des Betriebsrats und vom Wahlmodus gesprochen. In diesen Äußerungen ist 108 mal (39 % von 279) die Überzeugung zu erkennen, daß auch heute noch nach dem Mußwahl-Prinzip gewählt wird. Seine Abschaffung ist nicht zu ihren Ohren gedrungen, obwohl die Hälfte von ihnen – meist sehr heftig – die „Mußwahl" kritisiert.

b) Kenntnisse und Sozialdaten

(1) *Die Lohngruppen.* Bei den Kenntnissen ergaben sich außerordentliche Unterschiede im Grad der Informiertheit, ja überhaupt im Niveau der Antworten. Wir fragen zunächst, ob der Staffelung der Kenntnisse Gruppierungen entsprechen, die durch Sozialdaten faßbar sind.

Oft ist die Behauptung aufgestellt worden, daß es vor allem die Facharbeiter und andere hochqualifizierte Arbeiter seien, die ein größeres politisches Interesse aufbrächten und der Arbeiterschaft ihr politisches Profil gäben. Unter den Hilfs- und angelernten Arbeitern sei das Interesse stets sehr viel geringer gewesen. Wenn wir annehmen, daß Informiertheit über die Mitbestimmung Ausdruck politischen Interesses ist – wozu wir berechtigt sind –, so müßte sich diese These an Hand unserer Ergebnisse überprüfen lassen.

In der Tat treten bei der Frage nach der Einführung der Mitbestimmung im Werk auch erhebliche Differenzen auf, wie die folgende Aufschlüsselung nach Lohngruppen zeigt.

Lohngruppe	Befr. insges.	Weiß, daß MB eingeführt		Weiß nichts oder nichts Rechtes üb. Einf. d. MB		Nicht zu entscheiden	
		Befr.	%	Befr.	%	Befr.	%
qualifizierte Facharbeiter	35	31	89	3	9	1	2
Sonstige Facharbeiter	106	77	73	29	27	–	–
Spezialarbeiter	148	100	68	46	31	2	1
angelernte Arbeiter	243	132	54	111	46	–	–
Hilfsarbeiter	68	28	41	39	58	1	1
insgesamt	600	368	61	228	38	4	1

Ein ähnliches Bild ergibt sich, wenn man die Kenntnisse von den Institutionen betrachtet. Eine zutreffende Charakteristik der Mitbestimmung[9] wurde gegeben von

74 % der qualifizierten Facharbeiter
54 % der sonstigen Facharbeiter
41 % der Spezialarbeiter
32 % der angelernten Arbeiter
21 % der Hilfsarbeiter.

Aus den Tabellen geht deutlich hervor, daß die berufliche Qualifikation, insofern sie sich in der Zugehörigkeit zu Lohngruppen ausdrückt, mit dem Grad der Informiertheit etwas zu tun hat. Andererseits darf man vermuten, daß auch andere Faktoren zu diesem Ergebnis beitragen, z. B. die Dauer der Werkzugehörigkeit. Der Status „Hilfsarbeiter“ ist im Hüttenwerk in erster Linie ein Durchgangsstadium für Neueingestellte, die über keine abgeschlossene Lehre verfügen. Freilich hängt es auch bis zu einem gewissen Grade von den Fähigkeiten des Einzelnen ab, wie lange dieses Stadium für ihn dauert. „Qualifizierter Facharbeiter“ ist keine Sammelbezeichnung für gehobene Facharbeiterberufe, die man erlernen kann,

9 Vgl. S. 138 Anm. 6.

sondern ein Status, in den ein besonders bewährter, meist schon lange im Werk tätiger Facharbeiter gewissermaßen durch eine Beförderung gelangt.[10]

Es empfiehlt sich deshalb, die Ergebnisse folgendermaßen zusammenzufassen: Über die Einführung der Mitbestimmung wußten Bescheid:

77 % aller Facharbeiter
68 % der Spezialarbeiter
55 % der angelernten und Hilfsarbeiter.

Eine zutreffende Charakteristik der Mitbestimmung gaben:

59 % aller Facharbeiter
41 % der Spezialarbeiter
30 % der angelernten und Hilfsarbeiter.

Bemerkenswert ist schließlich, daß jene aus 36 Befragten bestehende Gruppe besonders gut informierter Arbeiter[11] fast vollständig aus qualifizierten und anderen Facharbeitern und aus Spezialarbeitern besteht. In ihr gibt es nur drei angelernte Arbeiter und keinen Hilfsarbeiter. Welche Bedeutung dieser Sachverhalt für die Zusammensetzung der Betriebsräte und gewerkschaftlichen Funktionärskader besitzt, braucht nicht näher erörtert zu werden.

(2) *Werkzugehörigkeit, Altersklassen und Generationszugehörigkeit.* Im letzten Paragraphen sprachen wir die Vermutung aus, daß in den Zahlen, die sich aus der Aufschlüsselung nach Lohngruppen ergaben, auch der Faktor der Werkzugehörigkeit wirksam sei. Dies wird bestätigt durch folgende Tabelle:

---

10 Ähnliches gilt übrigens auch für einige Spezialarbeitertätigkeiten, die kein spezifisches Berufsprofil haben, sondern Endpunkte typischer Berufswege von angelernten Arbeitern sind. Z. B. ist der 1. Schmelzer im Gegensatz zum 2., 3. und 4. Schmelzer, die als angelernte Arbeiter eingestuft werden, Spezialarbeiter. Zum 1. Schmelzer wird, wenn eine entsprechende Stelle frei ist, ein geeigneter Arbeiter befördert, der vorher allmählich vom 4. zum 2. Schmelzer aufgestiegen ist. Er übernimmt dann zwar neue Pflichten und zusätzliche Verantwortung, rückt aber nicht in einen anderen Beruf ein. Von Beruf ist er weiterhin Schmelzer. Anders ist es bei den Umwalzern, die sämtlich Spezialarbeiter sind. „Spezialarbeiter" zu sein, ist hier ein Merkmal des Berufs, zu dem man den Betreffenden dann rechnen muß, wenn er regelmäßig an der Walze arbeitet, nicht jedoch schon vorher, wenn er eine andere – stets angelernte – Tätigkeit an der Drahtstraße ausübt. Trotz dieser Verschiedenheit stellen die Spezialarbeiter insgesamt doch eine so charakteristische Gruppe dar, daß es unzweckmäßig wäre, sie teilweise oder ganz mit den angelernten Arbeitern zusammenzuwerfen.

11 Vgl. S. 135.

Über die Einführung der Mitbestimmung waren orientiert von denen, die ins Werk eintraten:

1951 und später	40 %
1948 bis 1950	63 %
vor 1950	71 %.

Es fällt auf, daß auch die zwischen 1948 und 1950 Eingetretenen deutlich schlechter abschneiden als die Werkälteren, obwohl sie bereits zur Belegschaft gehörten, als die Mitbestimmung eingeführt wurde. Offenbar dauert es eine längere Zeit, bis ein Arbeiter, insbesondere wenn er, wie viele der nach der Währungsreform Eingetretenen, Industrieneuling ist, soviel Kontakt gefunden hat, daß die Informationen gleichsam „von selbst" zu ihm dringen. Auch wird sich sein Interesse in den ersten Jahren sicherlich auf andere Gegenstände richten als gerade auf die Mitbestimmung. Ihre Einrichtungen bleiben abstrakt und uninteressant, bevor er sich nicht selbst in seiner unmittelbaren Arbeitsumwelt „eingerichtet" hat und bevor er nicht gewisse Vorstellungen darüber besitzt, was alles zu dem Hüttenwerk gehört, in dem er arbeitet.

Der gleiche Eindruck entsteht, wenn man das Alter der Befragten mit ihren Kenntnissen in Beziehung setzt. Eine zutreffende Charakteristik gaben von den Arbeitern im Alter

bis 26 Jahre	29 %
von 27 bis 38 Jahren	44 %
von 39 bis 50 Jahren	42 %
von über 50 Jahren	41 %.

Bemerkenswert ist, daß die 27- bis 38-Jährigen nicht schlechter abschneiden als die Älteren, obwohl sie ebenso wie die Jüngeren erst nach dem 2. Weltkrieg einen Zugang zu gewerkschaftlichen Fragen und überhaupt zum Denken der Arbeiterbewegung gewinnen konnten. Die oft von Gewerkschaftlern geäußerte Meinung, daß nur die älteren Arbeiter, die noch die alte Arbeiterbewegung vor 1933 mit Bewußtsein erlebt haben, Interesse für die Mitbestimmung aufbrächten, bestätigt sich also nicht.

Es ist nicht ausgeschlossen, daß sich auch bei den jüngeren Arbeitern, die noch nicht das 27. Lebensjahr erreicht haben, die Kenntnisse einmal mit zunehmender Lebens- und Werkserfahrung verbessern werden, das hieße also, daß ihr geringer Kenntnisstand nicht als Merkmal eines „neuen Typus", sondern nur einer Altersklasse anzusehen ist. Das ist freilich zunächst nur eine vage Vermutung.

(3) *Herkunft und Werdegang.* Die familiäre Umgebung, in der ein Mensch aufwächst, ist bedeutungsvoll für die Richtung seiner Interessen, ja für den Grad seiner Aufgeschlossenheit überhaupt. Es war anzunehmen, daß sich auch ein Zusammenhang zwischen den Kenntnissen der Hüttenarbeiter von der Mitbestimmung und den jeweiligen sozialen Verhältnissen, aus denen sie stammen, zeigen würde. Die Berufe der Väter, die einen gewissen Rückschluß auf die soziale Herkunft zulassen, wurden deshalb ebenfalls mit den Kenntnissen in Beziehung gesetzt.

Eine zutreffende Charakteristik der Mitbestimmung gaben

54 % der Söhne von Vätern mit „White-collar"-Berufen (selbständige Kaufleute, kaufmännische und technische Angestellte, Beamte)
45 % der Söhne von Facharbeitern und unselbständigen Handwerkern 42 % der Söhne von selbständigen Handwerkern
37 % der Söhne von angelernten und ungelernten Arbeitern (ohne Landarbeiter)
33 % der Söhne von selbständigen Landwirten
22 % der Söhne von Landarbeitern.

Offenbar drücken sich in diesen Zahlen zwei Faktoren aus: Erstens die Industrienähe (bzw. -ferne) des Elternhauses. Deshalb schneiden die Söhne von Vätern in ländlichen Berufen schlechter ab als die übrigen. Zweitens das vermutliche kulturelle Niveau des Elternhauses. Sonst lägen die Söhne aus „White-collar"-Familien, die zu Hause sicher nur wenig über industrielle Probleme in der Weise, wie sie sich aus der Perspektive des Arbeiters darstellen, gehört haben, nicht an der Spitze. Sonst hätten auch die Söhne von Bauern nicht einen deutlichen Vorsprung vor den Landarbeitersöhnen, und die Söhne von Facharbeitern und Handwerkern unterschieden sich nicht von denen der angelernten und ungelernten Arbeiter.[12]

c) Art und Bedeutung der Kenntnisse

Welcher Art sind die Kenntnisse, von denen die Rede war? Wie gelangt der Arbeiter zu ihnen? Welche Bedeutung kommt ihnen in seinem Leben zu? Vergleichen wir die Kenntnis, die ein Arbeiter vom Betriebsrat besitzt, mit der von der Mitbestimmung im engeren Sinn. Sein Wissen um die Institution und die personelle Zusammensetzung des Betriebsrats beruht zu einem großen Teil auf unmittelbarer Erfahrung. Einzelne Betriebsratsmitglieder kennt er persönlich. Er hat den Wahlvorgang erlebt und unter Umständen auch seine Vorbereitung: die Aufstellung

12 Demgegenüber ergeben die Aufschlüsselungen nach geographischer Herkunft und dem eigenen beruflichen Werdegang der Befragten nur geringfügige Unterschiede.

und Lancierung der Kandidaten. Auf Werksversammlungen kann er sich über die Weise des Auftretens von Betriebsratsmitgliedern und über ihre Art, Rede und Antwort zu stehen, ein vielleicht oberflächliches aber gleichwohl unmittelbares Erfahrungsurteil gebildet haben. Außerdem ist es möglich, daß er mit einem persönlichen Wunsch oder einem Gruppenanliegen den Betriebsrat beansprucht hat. Aus dem Erfolg oder Mißerfolg hat er Schlüsse gezogen, die unter Umständen die Grundlage seines Urteils über Wirkungsmöglichkeiten, Aufgaben und Qualität des Betriebsrats abgeben. Freilich bedürfen die persönlichen Erfahrungen dann einer Ergänzung. Diese geschieht in einer Form, die nicht mehr als Erfahrung im engsten Sinn anzusprechen ist. Das „Hörensagen", das Gespräch mit einem Kollegen, die Lektüre von Werkszeitung und Gewerkschaftsblatt und schließlich individuelle Assoziationen und Analogien vervollständigen das Bild. Trotzdem behalten seine Kenntnisse noch den Charakter der Umwelterfahrung: Sie ist es, die in erster Linie die Kenntnisse vermittelt und die auch eine Überprüfung andersartiger Informationen ermöglicht, selbst wenn eine solche Überprüfung im Einzelfall natürlich nicht immer vorgenommen wird.

Anders sind jedoch seine Kenntnisse über Mitbestimmung zu beurteilen. Unmittelbare Erlebnisse vermitteln dem Arbeiter so gut wie niemals eine Vorstellung von ihr, die als Kernstück seines Wissens dienen könnte. Es sind sehr viel schmalere Ausschnitte, eigentlich nur punktuelle Eindrücke, die zu seinen Vorstellungen von der Mitbestimmung etwas beizutragen vermögen. Der Arbeiter kennt vom Ansehen vielleicht den Arbeitsdirektor, weil er bei einer Jubiläumsfeier eine Ansprache gehört hat oder weil er ihn einmal im Auto vorbeifahren sah. Genauer kennt er schon den Betriebsratsvorsitzenden und weiß vielleicht auch, daß er im Aufsichtsrat sitzt. Aber hier liegt schon die Grenze: Anschaulich ist er ihm allenfalls in seiner Eigenschaft als Betriebsratsvorsitzender. Welche Rolle er im Aufsichtsrat spielt, muß er sich mit Hilfe anderer Wissensquellen zusammenreimen. Die Kenntnisse über Einrichtungen und Funktionieren der Mitbestimmung gewinnt er zum größten Teil auf demselben Wege, auf dem er auch seine sonstigen politischen Kenntnisse erwirbt: durch Zeitungslektüre, wobei Werks- und Gewerkschaftszeitung im Vordergrund stehen mögen, Versammlungen, Rundfunk und schließlich Gespräche, die aber wiederum weniger an Erlebnisse als an den Inhalt der erwähnten Kommunikationsmittel anknüpfen werden.

Kenntnis der Mitbestimmung ist nicht eine Frucht der Betriebserfahrung; sie kann es der Sache nach nicht sein. Dem widerspricht nicht, daß kurze Werkzugehörigkeit meist mit geringeren Kenntnissen verbunden ist. Die Ursache hierfür liegt darin, daß mit der Dauer der Werkzugehörigkeit die Informationschancen wachsen. Der Bekanntenkreis erweitert sich und damit die Fähigkeit, Informationen zu verarbeiten und festzuhalten, d.h. auf die langsam vertraut werdende betriebliche Erfahrungswelt zu beziehen. Schließlich wächst mit der Dauer der Werkzugehörigkeit die Wahrscheinlichkeit, daß konkrete Anlässe, die selbst noch keine Information sind, zum Anreiz werden, sich „endlich einmal" zu informieren.

Welche Bedeutung haben die Kenntnisse von der Mitbestimmung im Leben des Arbeiters? Kann er von ihnen Gebrauch machen? Wird sein Leben unmittelbar durch sie betroffen? Es ist kein Einwand gegen die Mitbestimmung, wenn man betont, daß das Verhältnis zu ihr sehr mittelbar ist, genausowenig wie es ein Einwand gegen die parlamentarische Demokratie ist, wenn man auf die sehr indirekte Beziehung des Staatsbürgers zu den jeweiligen Entscheidungen der Regierung und des Parlaments hinweist. Weder drängt sich dem Arbeiter die Mitbestimmung in anschaulicher Form auf, noch kann sein Wissen um sie ihm dazu verhelfen, unmittelbar an ihr teilzunehmen oder in ihren Ablauf einzugreifen. Allerdings können seine Kenntnisse von der Mitbestimmung ihn befähigen, erlebte betriebliche Vorgänge zu deuten. Jedoch muß hierzu das Denken erst Umwege durchlaufen.

Nur in seltenen Fällen hat sein Wissen Anteil an der Motivation eines aktiven Verhaltens: Bei einer Wahl des Betriebsrats kann der Gedanke an die Rolle des Betriebsratsvorsitzenden im Aufsichtsrat mitsprechen. Es kann auch einmal geschehen, daß er zu einem Streik aufgerufen wird, bei dem es um Erhaltung oder Erweiterung des Mitbestimmungsrechtes geht. Vielleicht gelingt es ihm in einem besonderen Fall sogar, in einer persönlichen Angelegenheit bis zum Arbeitsdirektor vorzudringen. Aber in allen Fällen handelt es sich nicht um alltägliche Anlässe, sondern nur um Ausnahmesituationen. Alltags bleibt die Mitbestimmung peripher, während die Angelegenheiten des Berufs- und Familienlebens im Vordergrund stehen.

2 Die Beurteilung der Mitbestimmung

a) Die Chancen der Mitbestimmung in der Sicht der Befragten

Die Argumente für und wider die Mitbestimmung erscheinen nur dann im richtigen Licht, wenn die Ansichten der Befragten über die Zukunftsaussichten dieser Institution einbezogen werden. Deshalb wurde in den Gesprächen über das Thema „Mitbestimmung" abschließend die Frage gestellt: Und wird sich das Ganze nun durchsetzen?

Angesichts der unterschiedlichen Kenntnisse konnte diese Frage nicht einheitlich verstanden werden. Diejenigen, die über die bereits vollzogene Einführung Bescheid wußten, mochten darunter weiteren Ausbau und zunehmende praktische Anwendung verstehen. Die anderen dürften auch an eine formelle Einführung gedacht haben. Dennoch lassen die Antworten aller Befragten erkennen, welche Chancen sie der Mitbestimmung geben.

31 % der Befragten glauben, daß sich die Mitbestimmung durchsetzen werde; mehr als die Hälfte von ihnen schränkt dieses „Ja" jedoch durch Bedingungen und andere Zusätze ein.

17 % schwanken zwischen „Ja" und „Nein". In der Regel meinen sie, es komme auf eine Bedingung an, deren Gegebenheit sie aber in Zweifel ziehen.

31 % glauben nicht, daß die Mitbestimmung eine Zukunft habe.

21 % hatten kein Verhältnis zu dieser Frage. Entweder äußerten sie keine auslegbare Meinung oder sie wurden nicht mehr gefragt, weil schon ihre Antworten auf die vorhergehenden Fragen gezeigt hatten, daß kein Zugang zum Thema Mitbestimmung bestand.

Ins Auge springt die starke Skepsis. Von Optimismus ist, wie die Aussagen im einzelnen zeigen, wenig zu spüren, auch nicht bei denen, die eine positive Antwort gaben.

Diejenigen, die sich weder zu einem „Ja" noch zu einem „Nein" entschließen konnten, verweisen in erster Linie auf die zukünftige politische Entwicklung, von der nach ihrer Ansicht ein Sichdurchsetzen der Mitbestimmung abhängt, oder auf die zweifelhafte Stärke und Einigkeit der Arbeiter, bzw. die Klugheit ihrer Vertreter. Einige erwähnen das Verhalten der Arbeitgeber oder die zukünftige wirtschaftliche Entwicklung.

Von den Befragten, die sich negativ über die Aussichten der Mitbestimmung äußern, begründet die Hälfte ihre Meinung mit einem Hinweis auf die ungebrochene Stärke der Arbeitgeber, des „Kapitals"[13]. Die anderen heben überwiegend die Schwächen der Arbeiterschaft, ihrer Organisationen und Vertreter hervor. Ein kleiner Teil zieht aus der allgemeinen politischen Entwicklung oder aus der Lückenhaftigkeit der Institution seine negativen Schlüsse.

b) Urteile über die Folgen der Mitbestimmung für den Arbeiter und über die Mitbestimmung insgesamt

Starke Skepsis gegenüber den Zukunftsaussichten ist vielfach mit der Meinung verbunden, die Mitbestimmung müsse – falls, bzw. insoweit sie durchgeführt würde – gute Folgen für den Arbeiter haben, wie überhaupt die verbreitete Skepsis sich nicht so sehr gegen den Gedanken der Mitbestimmung und gegen die Kon-

13 Zum Sprachgebrauch vgl. S. 185 f.

struktion richtet, als gegen die allgemeinen Umstände, die ihre Durchführung erschweren oder sie zu einer Sache machen könnten, die „nur auf dem Papier“ steht. Nur eine Minderheit bringt den Aufbau der Institution mit der Frage der Durchsetzung in Verbindung, indem sie Halbheiten für mangelnden Erfolg in Gegenwart oder Zukunft verantwortlich macht. Und nur eine verschwindende Zahl hält die Mitbestimmung grundsätzlich für schädlich. Dies läßt sich schon aus folgender Tabelle erschließen, die freilich noch mancher Ergänzung bedarf:

55 % behaupten, die Mitbestimmung wirke sich günstig für die Arbeiter aus. Ein Teil von diesen (14 % aller Befragten) setzt allerdings ausdrücklich hinzu: „wenn sie durchgeführt würde“.
7 % äußern sich allgemein skeptisch über die Folgen der Mitbestimmung.
8 % erklären, sie hätten *noch* keine Änderungen seit Einführung der Mitbestimmung gemerkt.
5 % meinen, die Mitbestimmung hätte gar keine Folgen.
3 % sagen schlechte Folgen für den Arbeiter voraus.
3 % meinen, sie könnten sich über die Folgen der Mitbestimmung nicht äußern, und begründen diese Ansicht.
19 % haben zu geringe Vorstellungen, um sich sinnvoll oder überhaupt über die Folgen der Mitbestimmung äußern zu können.

Ein Teil der Befragten nannte einzelne Folgen (220 von 600 Befragten), und zwar fast durchweg wurden günstige Folgen genannt.[14] Eindeutig den Vorrang hatte die Hoffnung auf finanzielle Verbesserung (Lohn, Prämie etc.). Sie wurde 112 mal erwähnt. 34 mal wurde von größerer Sicherheit des Arbeitsplatzes gesprochen, ebenso oft von einer Verbesserung der Arbeitsbedingungen. 22 Befragte erklärten entweder, daß die Mitbestimmung das Interesse an der Arbeit und die Verantwortungsfreude steigere, oder legten den Ton auf andere, nichtmaterielle Folgen, indem sie z. B. von Förderung der Persönlichkeit oder „Befreiung von Maschinensklaverei“ sprachen. 52 Befragte nannten andere positive Folgen, zumeist Verbesserungen der verschiedenen Sozialeinrichtungen.[15]

In erster Linie wird also erwartet, daß „etwas herausspringen“ müsse. Daß dies nach Ansicht vieler bisher nicht in nennenswertem Umfang der Fall war, ist einer der Hauptgründe für die skeptischen und ungläubigen Urteile. Der Gedankengang verläuft dann etwa so: Die Mitbestimmung müßte sich materiell günstig

14 Die Skeptiker, insoweit sie sich nicht mit Fragen der Durchführung befaßten, gingen nur ganz selten ins Detail.

15 Ein Teil der Befragten nannte mehrere günstige Folgen. Insgesamt wurden 254 mal einzelne Folgen von 220 Personen erwähnt.

Werturteile über

	Zahl der Befr.	1 Pos. Beurt. ohne Einschränkung		2 Pos. Beurt. mit skept. Bemerk.	
		Befr.	%	Befr.	%
Facharbeiter insgesamt	141	45	32	52	37
Spezialarbeiter	148	42	28	46	31
Angelernte Arbeiter	243	70	29	64	26
Hilfsarbeiter	68	27	40	14	21
Befragte insgesamt	600	184	31	176	29

auswirken. Da hiervon noch nichts zu merken war – eine Behauptung, der auch widersprochen wird –, ist die Mitbestimmung entweder überhaupt noch nicht eingeführt oder noch nicht richtig eingeführt, sondern „steht nur auf dem Papier". Manchmal findet sich auch folgender Gedanke: Weil die Arbeiter mit Hilfe der Mitbestimmung sich große materielle Vorteile verschaffen würden, wird die Gegenseite nie zulassen, daß die Mitbestimmung eingeführt, bzw. wirklich so durchgeführt wird, wie sie gemeint ist.

Nicht-materielle Auswirkungen spielen dagegen in den Gesprächen eine geringere Rolle. Es sind nur wenige, meist sehr intelligente und sich ausführlich äußernde Arbeiter, die auf die Bedeutung der Mitbestimmung für das innere Verhältnis zur Arbeit und für die Persönlichkeit überhaupt eingehen. So richtig es ist, daß von dem hohen Pathos der alten Arbeiterbewegung nicht mehr viel zu spüren ist, so wenig ist es berechtigt, die Argumentation der meisten als „materialistisch" zu bezeichnen, wie es nicht selten geschieht. Begriffe wie „Materialismus" und „Idealismus" stiften da, wo von Organisationsformen der Wirtschaft, also von „Produktionsverhältnissen" die Rede ist, nur Verwirrung.

Ein ähnliches Bild wie die Einschätzung der Folgen vermittelt die Auszählung, in der die Befragten nach den Werturteilen über die Mitbestimmung, die entweder von ihnen ausdrücklich abgegeben oder eindeutig aus ihren Aussagen herauszulesen sind, aufgegliedert sind. Hierbei geht es darum, ob sie die Mitbestimmung für eine „gute Sache" halten oder nicht, – unabhängig davon, ob sie im Einzelfall auch für durchführbar gehalten wird.[16]

16 Es ist klar, daß sich diese Auszählung mit der vorigen, bei der es um die Beurteilung der Folgen der Mitbestimmung geht, inhaltlich stark überschneidet. Auch eine saubere Trennung

die Mitbestimmung

3 Skepsis: weder ja noch nein		4 Negative Beurteilung		5 Nicht zu ersehen		Σ 1+2 Positive insgesamt		Σ 2+3 Skept. Beurt. insgesamt	
Befr.	%	Befr.	%	Befr.	%	Befr.	%	Befr.	%
23	16	7	5	14	10	97	69	75	53
32	22	11	7	17	12	88	59	78	53
40	16	16	7	53	22	134	55	104	43
9	13	3	4	15	22	41	60	23	34
104	17	37	6	99	17	360	60	280	47

61 % bewerten in dem hier verstandenen Sinn die Mitbestimmung positiv. (Die Hälfte von diesen schränkt ihre bejahende Stellungnahme freilich durch skeptische Bemerkungen ein. Ein Zehntel dieser 61 %, also 6 % aller Befragten, steht zwar positiv zur Mitbestimmung, glaubt aber, daß sie den Arbeiter nichts angehe, sondern nur die Gewerkschaften, bzw. die gewählten Arbeitervertreter im Betrieb.)

17 % der Stellungnahmen sind von einer Skepsis beherrscht, die weder eine überwiegend positive noch eine negative Bewertung zuläßt.

6 % der Befragten lehnen die Mitbestimmung ausdrücklich ab. (Diese Befragten bilden eine sehr heterogene Gruppe. Unter ihnen befinden sich radikale Sozialisten, die „Halbheiten" für gefährlich halten, und auch Arbeiter, die einen völlig ungebrochenen bürgerlichen Eigentumsbegriff besitzen. Jeden Eingriff in die Verfügungsgewalt über Produktionsmittel halten sie für Unrecht.)

16 % der Befragten lassen kein Werturteil in ihren Aussagen erkennen. Zumeist handelt es sich um Arbeiter, die mit dem Thema „Mitbestimmung" nichts anfangen können. Mitunter mögen sich auch Ablehnende unter ihnen befunden haben, die ihre Meinung nicht deutlich aussprechen wollten.[17]

---

der Werturteile von der Einschätzung der Chancen des Durchsetzens ist nicht immer möglich. Mitunter – z. B. bei Marxisten und Kommunisten – findet sich der Gedanke: Weil die Mitbestimmung so, wie sie gedacht ist, doch nicht wirklich durchführbar ist, ist sie nicht nur unwirksam, sondern schädlich, denn ihre bloß formelle Einführung „streut den Arbeitern Sand in die Augen."

17 Häufig lassen die Protokolle eine Wechselbeziehung zwischen Ignoranz und Ablehnung erkennen: Weil man nichts über die Mitbestimmung weiß, redet man sich ein, es könne

Es bestätigt sich also das, was wir schon vorher bemerkten: bei der Mehrheit grundsätzlich eine positive Bewertung, die aber durch viele Zweifel relativiert wird. Sonst: kaum wirkliche Ablehnung, viel Skepsis und viel Desinteressement.

Die Korrelationen der Werturteile mit den Sozialdaten zeigen eine Reihe von Unterschieden zwischen den einzelnen Arbeitergruppen, die sich jedoch fast durchweg aus unterschiedlichem Kenntnisstand und Interesse erklären lassen.

Je größer die berufliche Qualifikation, desto geringer ist der Anteil derer, die kein Werturteil erkennen lassen. Sieht man von diesen ab, so verschwinden die Unterschiede zwischen den jeweiligen Prozentsätzen der *positiven* Stellungnahmen. Dies deutet darauf, daß in den Lohngruppen nicht unterschiedlich gewertet wird, insofern es überhaupt zu Wertungen kommt. Die bestehenden Differenzen scheinen in Wahrheit solche der Kenntnis und des Interesses zu sein. Nun zeigt sich allerdings, daß der Anteil aller derer, die in irgendeiner Weise *skeptisch* urteilen, mit der beruflichen Qualifikation ansteigt, d. h. der Prozentsatz derer, die entweder ihre positive Stellungnahme mit Einschränkungen versehen oder sich weder zu einem Ja noch zu einem Nein entschließen können. Jedoch lassen sich auch diese Unterschiede darauf zurückführen, daß Aufgeschlossenheit und Kenntnis sich nicht gleich auf die Lohngruppen verteilen: Je größer die Kenntnisse sind, desto ausführlicher sind die Antworten. In diesen wird dann meist auch ein Für und Wider erwogen. Der Typus des gutorientierten „Hundertprozentigen“ taucht, wie die Protokolle zeigen, dagegen nur am Rande auf.[18]

Mit wachsender Werkzugehörigkeitsdauer sinkt der Anteil der Urteilslosen von 23 % (bei den seit 1951 Eingetretenen) bis auf 11 % (bei den bereits vor 1933 im Werk Beschäftigten). Entsprechend verdoppelt sich die Zahl der Befragten, die sich weder für ein „Ja“ noch ein „Nein“ entscheiden können, von 16 % auf 32 %.

In der Aufgliederung nach dem Lebensalter zeigt lediglich die Gruppe der Arbeiter bis zu 23 Jahren eine Besonderheit: Die Urteilslosen betragen hier 36 %, während sie bei den anderen Altersgruppen zwischen 11 % und 15 % schwanken.

Werkzugehörigkeits- und Lebensaltergruppen verhalten sich, im Ganzen gesehen, parallel zu den entsprechenden Aufschlüsselungen nach den Kenntnissen. Ihre Ergebnisse sprechen offensichtlich auch nichts anderes aus, als daß mit zu-

„nichts dran“ sein. Und weil es ja doch nichts mit ihr auf sich hat, braucht man sich nicht mit ihr zu beschäftigen. Der Vergleich mit den Tabellen im vorigen Kapitel zeigt übrigens; daß hinter den klar erkennbaren positiven und negativen Beurteilungen z. T. minimale Kenntnisse stehen.

18 Gliedert man die Befragten nach den Arbeitsvollzügen auf, so ergibt sich das gleiche Bild. Der Anteil der Urteilslosen beträgt z. B. bei den Blocklagerarbeitern zwei Fünftel, der der „Skeptiker insgesamt“ ein Drittel. Dagegen gaben nur drei der vierzig hochqualifizierten Umwalzer kein Werturteil ab; zwei Drittel von ihnen äußerten sich in irgendeiner Weise skeptisch.

nehmender Betriebs- und Lebenserfahrung die Fähigkeit zum Urteilen wächst und daß deshalb *häufiger, aber auch vorsichtiger* geurteilt wird. Das soll nicht heißen, daß es keine Unterschiede zwischen den Generationen in der Beurteilung der Mitbestimmung gäbe. Jedoch sind diese nicht mit den groben Unterscheidungen zu fassen, die wir bei den Auszählungen verwenden mußten. Es sind die Protokolle, die uns zeigen, daß bei den Alten ein anderer Typus der Skepsis vorherrscht als bei den Jungen. Im ersteren Fall ist sie geprägt durch Enttäuschungen und hat oft die Tendenz zur Resignation. Im zweiten Fall zeigt sich mehr ein respektloses Abwägen, das bei negativem Ergebnis sich ohne Gemütsbewegung in Desinteressement verwandelt.

Die soziale Herkunft hat – wider Erwarten – ebenfalls keinen Einfluß auf die *Art* der Werturteile, sondern nur auf den Umfang derer, die urteilen oder nicht.[19]

Man kann also nicht sagen, daß einzelne, durch Sozialdaten faßbare Gruppen von Arbeitern sich besonders stark für oder gegen die Mitbestimmung ausgesprochen haben. Grundsätzliche Bejahung, verbunden mit starkem Zweifel vor allem an der Durchsetzungsmöglichkeit, aber auch an der gegenwärtigen Praxis, herrscht in allen Gruppen vor.

Als was wird die Mitbestimmung im Ganzen verstanden? In welchem Zusammenhang, unter welchen Vorzeichen wird sie betrachtet? Viele Arbeiter haben zwar schon etwas von der Mitbestimmung gehört, haben sich aber noch nie mit ihr befaßt: sie ist einfach da und stellt genausowenig ein Problem dar wie die Tatsache, daß es einen Meister und einen Betriebsleiter gibt. Daß sie mit Politik zusammenhängen könnte, kommt ihnen nicht in den Sinn.

Daneben gibt es aber auch kenntnisreichere Arbeiter, die ebenfalls die Mitbestimmung nicht mit politischen Fragen in Verbindung bringen. Für sie ist die Mitbestimmung eine spezielle Angelegenheit der innerbetrieblichen Organistion, die keinen politischen Aspekt besitzt oder besitzen sollte. Diese Arbeiter sind aber nicht sehr zahlreich. Im Ganzen läßt sich jedoch feststellen: Je kenntnisreicher und profilierter die Stellungnahmen sind, in desto stärkerem Maße wird die Mitbestimmung als eine politische oder politisch relevante Angelegenheit betrachtet.

Gelegentlich (25 mal) wird die Mitbestimmung als ein unbilliger Anspruch der Arbeiter abgelehnt. Diese Stellungnahmen zeigen manchmal ein völlig ungebrochenes bürgerliches Besitzdenken. Ja sogar der radikale „Herr-im-Hause“-Standpunkt – etwa in der Fassung wie ihn ein Handwerksmeister einnehmen könnte – ist vertreten.

---

19 Unter den Söhnen von Vätern mit ländlichen Berufen waren es 24 %, die kein Urteil abgaben, unter den Arbeitersöhnen 16 %, unter denen, deren Väter White-collar-Berufe ausübten, 9 %.

„Ich bin Arbeiterkind. Aber es leuchtet mir nicht ein, daß jemand etwas über was zu sagen hat, das ihm gar nicht gehört. Das ist doch ganz und gar ausgeschlossen. Da sagt sich dann so ein Unternehmer: ‚Was will der überhaupt mitreden. Der hat ja gar keine Ahnung.' Damit hat er recht. Nee, das geht nicht. Das kann man gar nicht mitmachen trotz aller Fortschrittlichkeit ... Ich würde an deren Stelle den Arbeitern was blasen. Mit meinem Geld, das ich mir erworben habe, soll ein anderer bestimmen! Die sind wohl nicht gescheit, würde ich sagen. Wo dat mein Geld ist." (487, Schmied, 45 Jahre.)

Eine kleine Zahl von Arbeitern (etwa 20 Befragte) lehnt die Mitbestimmung von einem entgegengesetzten Standpunkt her ab. Sie meinen, daß sie in Wahrheit den Interessen der Unternehmer diene, nicht denen der Arbeiter, die ihre Forderungen auf andere Weise durchsetzen müßten.

„Die sind sicher einverstanden. Denn man ist ja ruhig. Und nun brauchen sie selbst nicht mehr für die Arbeiter zu sorgen, sondern lassen die da sorgen. Das ist doch angenehm. Dagegen würde ich jedenfalls nichts haben, wenn ich oben säße." (147, Werkzeugmacher, 52 Jahre.)

Bei diesen Arbeitern handelt es sich vielfach um ausgesprochene Sozialisten. Die Ablehnung der Mitbestimmung von einem radikalen sozialistischen Standpunkt aus wird in folgendem Zitat sehr klar formuliert.

„In einer kapitalistischen Wirtschaft sind die Kapitalisten immer die Stärkeren. Die Gewerkschaft ist darüber hinaus durch die Mitbestimmung in die Wirtschaft hineingezogen worden und mit für sie verantwortlich. Sie kann nicht, wie sie will, sie muß jetzt auch darauf bedacht sein, daß die Wirtschaft weiterläuft und den Arbeitern die Arbeitsplätze erhalten bleiben. Dadurch verliert sie an kämpferischem Schwung. Dieser wird ferner gebrochen durch die ‚Futterkrippenwirtschaft', die inzwischen eingerissen ist." (416)

Eine weitere Gruppe von Arbeitern (26 Befragte), die die Mitbestimmung, vor allem ihre Zukunftschancen, durchweg äußerst skeptisch beurteilt, sieht in ihr eine zeitbedingte und zeitgebundene Angelegenheit, die ihr Aufkommen den Verhältnissen nach 1945 verdanke und die im Zuge der Normalisierung der Verhältnisse wieder verschwinden werde.[20]

Der recht großen Zahl von Befragten, für die die Mitbestimmung eine problemlose Einrichtung „wie andere auch" ist, und den vier erwähnten recht eigenwilligen kleinen Sondergruppen steht die Hauptmasse der Befragten gegenüber.

20 Vgl. das Zitat auf S. 178.

Für sie ist die Mitbestimmung ein Stück der allgemeinen technischen, wirtschaftlichen und sozialen Entwicklung, die zum mindesten auf technischem und wirtschaftlichem Gebiet als Fortschritt betrachtet wird. Wenn sie sich durchsetzen sollte – ein Teil dieser Befragten bezweifelt dies allerdings –, müßte sie den Arbeitern einen Anteil an Ergebnissen dieses Fortschritts sichern. Diese größte Gruppe der Befragten ist freilich nicht ganz homogen. Vielmehr begegnen wir zwei Varianten: Einmal entspringt die Bejahung des Mitbestimmungsgedankens mehr einem allgemeinen, unspezifizierten Fortschrittsglauben. Es heißt dann oftmals, daß angesichts dieser Aufwärtsentwicklung „auch der Arbeiter einmal zu seinem Recht" kommen müsse.

> „Damit (mit der Mitbestimmung) soll die Produktion gesteigert werden, die Aufträge sollen steigen, Handel und Wandel, ein großer Absatz. Jeder Arbeiter soll dabei zu seinem Recht kommen, weil wir noch nicht alle Rechte haben. (Welche Rechte fehlen denn noch?) Die Übereinstimmung zwischen Einnahmen und Ausgaben, der Lohn soll dem Lebensstandard angepaßt werden …[21] Verbesserungen werden noch nötig sein." (727, Reparaturschlosser, 33 Jahre.)

Ein anderer Teil dieser Gruppe sieht die Mitbestimmung deutlich im Zusammenhang mit den Bestrebungen der Arbeiterbewegung.

Beide Varianten, die ja auch der Sache nach sich nicht ausschließen, treten in vielen Protokollen gleichzeitig auf, jedoch nicht immer. Sehr oft (im ganzen etwa bei einem Viertel aller Befragten) tritt eine der beiden Tendenzen stärker hervor. Quantitativ erscheinen die beiden Varianten gleich stark zu sein, jedoch nicht qualitativ. Die Stellungnahmen jener Arbeiter, die die Mitbestimmung mit den Zielen und den Bemühungen der Arbeiterbewegung in Verbindung bringen, haben durchschnittlich ein höheres Niveau. Eine Reihe dieser letzteren Befragten dürfte jeweils in ihrem Kreis tonangebend sein, wenn die Rede auf die Mitbestimmung und ähnliche Fragen kommt.

Als Beispiele für die Art, in der die Mitbestimmung im Zusammenhang mit den Bestrebungen der Arbeiterbewegung gesehen wird, wollen wir zwei ausführliche Stellungnahmen zitieren, die beide von jungen Facharbeitern stammen. Untypisch ist das hohe Niveau dieser Äußerungen. Typisch jedoch ist ihr Inhalt: Alle Gesichtspunkte, die in den Aussagen der anderen zu dieser Gruppe gehörigen Arbeiter oft nur zerstreut und unklar auftauchen, werden hier im Zusammenhang behandelt und reflektiert. Typisch ist ferner die Verbindung von Engagement und

21 Der Befragte meint in dieser unfreiwillig kuriosen Formulierung, wie aus anderen Äußerungen hervorgeht, eine Bindung des Lohns an die Entwicklung der Preise.

Skepsis, die in den profilierten Stellungnahmen derer, die die Mitbestimmung bejahen, sehr häufig zu finden ist.

„Unter Mitbestimmung verstehe ich, daß den Arbeitern das Recht eingeräumt wird, sich an der Leitung des Werkes aktiv zu beteiligen … Es kann natürlich nicht jeder herkommen und sagen: ‚Ich will nun mitbestimmen' … Das ist ausgeschlossen. Da wäre bald alle Ordnung dahin. Wir sind also darauf angewiesen, uns Vertreter zu wählen … Sie machen ihren Einfluß geltend bis in die höchsten Spitzen der Werksleitung … Es ist sicher keine leichte Aufgabe, die diese Leute übernommen haben, aber eine dankbare Aufgabe. Dafür haben doch schließlich die Arbeiter jahrzehntelang gekämpft. Wenn die Mitbestimmung auch noch nicht vollkommen ist, … so ist sie doch immerhin ein Fortschritt. Und verbessern kann man immer noch. Wir müssen Geduld haben … Wir Arbeitnehmer können ja auf die Arbeitgeber gar nicht verzichten. Sie haben zwar nur mit Hilfe der Arbeiter die Werke hochgebracht. Aber von ihnen ging schließlich die Initiative aus. Und sollte es einmal zu einer Sozialisierung kommen, so muß man sehr darauf achten, daß man sich nicht einem Mächtigeren ausliefert … Wie das dann sein wird, ist noch sehr im Dunkeln. Aus diesem Grunde halte ich es nicht für gut, daß die Gewerkschaft zum Aktionär wird. Dann bekommt sie zuviel Macht, und ihr Verhältnis zum Arbeiter wird sofort ein anderes … Ich bin aus der Gewerkschaft, und ich weiß, was sie geleistet hat. Aber ich möchte nicht, daß sie eine Stellung erhält, welche ihrer Aufgabe widerspricht. Sie ist schließlich die einzige große Vertretung der Arbeitnehmer und kann deshalb nicht jemandem gegenüber sich selbst vertreten. Hier lauern Gefahren, die die Arbeiter kaum sehen. (Folgen der Mitbestimmung für den Arbeiter?) Die Mitbestimmung ist vor allem ein Segen für die Arbeiter. Aber es steckt ein Nachteil drin. Wenn nämlich der Arbeiter so an einem Werk beteiligt ist, kann man ihn auch verantwortlich machen für das, was aus diesem Werk wird … (Durchsetzen?) Das Mitbestimmungsrecht wird sich sicher durchsetzen. Dafür werden schon die Gewerkschaften sorgen. Nur durch den Kampf der Gewerkschaften ist das Mitbestimmungsrecht durchgesetzt worden, und solange sie bestehen, wird auch die Mitbestimmung erhalten bleiben. Daran sind ja nicht nur die Sozialdemokraten interessiert, sondern auch gewisse christliche Kreise. So muß man nicht fürchten, daß eine solche Regierung wie die jetzige das einmal beschlossene Gesetz wieder umstürzen wird. Gelegentlich hört man ja davon. Sollte dies passieren, würde es einen harten Kampf geben … Und überdies weiß ich nicht, was die Geldgeber dabei zu verlieren haben … Denken Sie nur einmal daran, was die Arbeiter seit Kriegsende erreicht haben. Glauben Sie, das bliebe erhalten, wenn wir nicht immer wieder darauf pochten, auf unsere Rechte, auf unsere Forderungen?" (142, Werkzeugmacher, 23 Jahre.)

„Unter Mitbestimmung verstehe ich die Mitarbeit der Arbeiter an der Leitung des Werkes. Die Arbeiter sind beteiligt, wo es sich um die Gelder des Werkes handelt, nicht, glaub ich, beim Verkauf, aber bei der Unterbringung, bei Neuanschaffungen und Neueinstellungen, in allen sozialen Belangen. Das ist schon sehr gut. Aber sie hat einen Haken … Man hat nämlich die Mitverantwortung vor die Mitbestimmung gestellt. Das geht wesentlich auf den Betriebsrat zurück. Immer wieder hören wir jetzt, daß wir verantwortlich für das Werk sind. Das ist schäbig. Die Verantwortung kann man sich nicht abkaufen lassen. Es ist nur ein dummes Reden, um uns einzuträufeln, das Wesen der Mitbestimmung liege in der Mitverantwortung. Die da oben sind sicher nicht so dumm, daß sie nicht wissen, was sie tun. Und sie wissen ganz genau, daß sie den Arbeiter in diesem Augenblick für das Ganze haftbar machen können … Dann werden nicht mehr unsere Interessen vertreten, sondern wir vertreten die Interessen des Werkes. Die interessieren uns aber gar nicht in erster Linie. Denn wir müssen doch daran denken, daß die ganze Mitbestimmung eine Folge des Kampfes des Arbeiters ist um ein gleiches Recht als Mensch. Da kann man uns doch nicht als Werkshörige in einem anderen Sinne gebrauchen. Es ist natürlich nicht immer so gewollt. Aber es ergibt sich leicht, weil unsere Betriebsräte oft nicht den starken Rücken haben, um unsere Interessen stets mit Nachdruck zu vertreten. Sie fühlen sich plötzlich sehr verantwortlich für das Werk. Sicher sind sie es auch, und nicht umsonst sind sie Betriebsräte, eine etwas zweideutige Sache, aber sie sind zunächst unsere Vertreter und nicht die Abgesandten und Lautsprecher der Werksleitung … Auf der anderen Seite kann man aus der Mitbestimmung alles machen, wenn man es klug anfängt … Die (Arbeitgeber) sind sicher nicht damit einverstanden. Aber ich kann sie auch gut verstehen. Wenn einem plötzlich gesagt wird, daß er nur mehr so und so viel behalten kann, dann wird er zuerst böse, obwohl er damit sicherer leben kann, da es ihm nicht mehr weggenommen wird. Nun ja, wir brauchen die Arbeitgeber, und ich weiß wirklich nicht, ob wir besser dran wären, wenn wir eine andere Form des Eigentums hätten. Gegen die Praktiken des Ostens bin ich radikal … In Amerika soll es eine Form der inoffiziellen Mitbestimmung geben. Da nehmen die Arbeiter teil, ohne daß deswegen Propaganda gemacht wird. Sie sind einfach da und werden gehört … Das halte ich für besser. Es ist dann alles schmiegsamer, wird nicht starr. Wenn es richtig gebraucht wird, ist es (das Mitbestimmungsrecht) gut. Wir sollten nicht vergessen, daß wir hier deswegen damit so gut fahren, weil die Arbeiter eher und mehr für das Werk nach 1945 getan haben als alle anderen Beteiligten. Sie waren es, die aus eigener Initiative mit dem Aufbau begannen. Ich bin damals jeden Morgen mit hungrigem Magen hierher gezogen, und was wir für richtig hielten, haben wir getan. Das hat man später auch anerkannt … Ja, geredet hat man so. Aber dann hat man es schnell wieder vergessen. Wir müssen aber gelegentlich daran erinnern. (Wird sich das Ganze nun durchsetzen?) Ich weiß nicht recht. Sicher nicht die Form, wie sie die Gewerkschaft vorgeschlagen hatte. Aber wenn es gelingen soll, brauchen wir eine starke einheitliche Gewerkschaft, die sich auf ihre wirtschaftlichen und sozialen Pflichten besinnt und unter allen Umständen ihre parteiliche Neutralität wahrt … Sonst ist es bald ganz aus.“ (144, Facharbeiter, 26 Jahre.)

Recht oft wird die Mitbestimmung als ein Kompromiß betrachtet, der möglich sein müsse, weil Unternehmer und Arbeiter im Grunde aufeinander angewiesen seien. Jedoch finden wir nur ganz selten die gefühlvollen Formeln und Phrasen, die in den offiziellen Äußerungen eine so große Rolle spielen und die die Hoffnung aussprechen, daß die Mitbestimmung alle sozialen Spannungen aufheben könnte. Diese Hoffnung teilen nur sehr wenige der befragten Arbeiter. Dagegen hoffen viele, daß die unvermeidlichen Auseinandersetzungen zwischen Arbeitern und Unternehmern mit Hilfe der Mitbestimmung in einer vernünftigen und für die Arbeiter erfolgreicheren Weise ausgetragen werden könnten als bisher.

c) Die Beurteilung der Betriebsvertretungen

Während zwei Fünftel der Befragten im großen und ganzen mit ihren Vertretern zufrieden sind, äußern sich zwei weitere Fünftel kritisch. Die Hälfte von diesen, also ein Fünftel aller Befragten, darf als ausgesprochen unzufrieden gelten. Das letzte Fünftel hat kein Urteil, bzw. möchte wegen zu geringer Erfahrung keines abgeben.

Es liegt in der Natur des Denkens, aber auch der Art, Gespräche zu führen, daß positive Urteile in der Regel sehr blaß und allgemein bleiben. Das Denken präzisiert sich meist erst in der Kritik: die Negation gibt die Möglichkeit, Einzelheiten zu unterscheiden. Ein profiliertes positives Urteil ist selten, denn es entsteht gewöhnlich erst, nachdem das Stadium der Kritik durchlaufen ist; es hat dann gewissermaßen den Charakter der doppelten Verneinung.

Deshalb läßt sich das, was die Arbeiter über ihre Betriebsvertreter denken, was sie von ihnen erwarten, ja sogar, was sie ihnen zugute rechnen, am besten aus den kritischen Äußerungen herauslesen, besser als aus lakonischen Feststellungen wie: „Ach, die sind schon im großen und ganzen in Ordnung." Aus diesem Grunde steht in diesem Abschnitt des Kapitels – wie übrigens auch in den nächsten – die Kritik der Arbeiter im Vordergrund der Erörterung. Dies darf nicht zu der Meinung verleiten, der Arbeiter von heute sei nicht fähig, eine Person oder eine Einrichtung anders als abwertend zu beurteilen. Eher schon ist mit der weiten Verbreitung einer Mentalität zu rechnen, die sich auf die Formel bringen läßt: Über das, was in Ordnung ist, lohnt es sich nicht, „große Sprüche zu machen".

Der Hauptvorwurf, den die Hüttenarbeiter ihren Vertretern machen, ist, daß sie ihr eigenes Wohl, vor allem die Eroberung und Bewahrung ihres Postens für wichtiger halten als ihre eigentliche Aufgabe. Nicht weniger als 107 Befragte (18 %) werfen „den" oder einigen Arbeitervertretern „Pöstchenjägerei" vor. 28 mal wird ausdrücklich betont, die gewählten Betriebsratsmitglieder hätten inzwischen vergessen, daß sie einmal Arbeiter waren. Äußerungen wie die folgenden sind häufig:

(Die richtigen Leute?) „Ich will nicht sagen, daß sie nichts taugen. Aber viele sind froh, daß sie unter den Arbeitern weg sind. Wenn die Leute in den Betriebsrat kommen, kommen sie aus ihrem Arbeitskreis weg. Es mag eine Weile gut gehen. Aber dann wollen sie schön leben. Der Mann braucht nicht mehr zu arbeiten. Natürlich: es gibt welche, die sich groß einsetzen." (575, Reparaturschlosser, 30 Jahre.) „Das sind wohl in der Regel die richtigen. Aber sobald die mal mehr verdienen als ein einfacher Arbeiter, sind das keine Arbeiter mehr. Wie sollen die dann noch die Sorgen von uns kennen … Wenn einer mal in so einen Aufsichtsrat aufgestiegen ist, gehört er praktisch nicht mehr zu uns. Das soll wohl auch so sein." (585, Schweißer, 48 Jahre.) „Wenn die mal oben sitzen, sitzen sie. Dann wissen sie nichts mehr von dem, was sie vorher gesagt haben. Es gibt natürlich Ausnahmen, aber die sind selten. Meist kennen sie, wenn sie einmal gewählt sind, Vater und Mutter nicht mehr." (487, Schmied, 45 Jahre.)

Liegt die Möglichkeit vor, an ein eigenes Erlebnis anzuknüpfen, dann gewinnt die Kritik an Plastizität. Freilich kommt es oft auch zu unsachlichen Verallgemeinerungen.

„Der Betriebsrat will mitbestimmen, aber dazu kann es gar nicht kommen, da die Betriebsräte viel zu lange im Amt sind. Die müßten jedes Jahr, besser noch jedes halbe Jahr neu gewählt werden. Wenn ich so sehe, wie sie auf den Feiern und Jubiläen mit den ‚Herren' saufen, dann weiß ich schon genug. Neulich war ich auf einem Jubiläum, wo ein Betriebsrat sich mit einer Reihe der Herren duzte. Da müßte doch eine kalte Wand zwischen sein." (511, Schnelläuferkranführer, 48 Jahre.) „Als ich auf der Brücke arbeitete, hatten wir einen Vertrauensmann, der setzte sich für uns gar nicht ein, sondern ließ alles laufen. Da wählten wir einen andern, der war gewerkschaftlich geschult und auf Zack. Ja, der hat vorher auch herumgeschrien und war dann froh, als er im Fettnapf saß. Ich traf ihn später wieder, da war er Nachtwächter in … (Haben Sie ihn gefragt, wie er Nachtwächter geworden war?) Nein, wir haben uns nur darüber unterhalten, wie das so zugeht mit gewerkschaftlichen Sachen. Der sagte mir: ‚Als ich gewählt worden war, mußte ich zum Chef reinkommen. Erst wurde ich in einen Ledersessel gesetzt. Was meinst du, wie ich mich fühlte. Dann bekam ich einen Cognac eingeschüttet und eine von dem Chef seine dicken Zigarren. Das soll man nie machen, da war ich nämlich schon gekauft." So geht das. Ein Arbeiter ist froh, wenn er nicht mehr zu arbeiten braucht, und dann denkt er gleich: Was gehen mich die anderen an, ich sitze jetzt fett drin. Der Chef hat ihn dann auch gleich mit Botengängen beschäftigt, der weiß ja auch, wie das geht. Die machen das schon richtig, daß man ihnen nichts wollen kann." (421, Fräser, 28 Jahre.)

Bei der Lektüre solcher Äußerungen muß man in Rechnung stellen, daß aus der Perspektive des Arbeiters sehr leicht der Eindruck entsteht, ein gewählter Vertreter sei korrumpiert. Während der Arbeiter an seinem Arbeitsplatz zurückbleibt, verschwindet das freigestellte Betriebsratsmitglied in ein fernes Büro. Über die umfangreiche Tätigkeit, die seiner dort harrt, weiß der Arbeiter nicht viel. Genau weiß er jedoch, daß sie unter angenehmeren Bedingungen stattfindet als seine eigene. Die blaue Jacke, mit der der neue Vertreter traditionsgemäß durch den Betrieb läuft, kann nicht darüber hinwegtäuschen, daß er den größten Teil des Tages in einem wohltemperierten Büro und nicht mehr am Hochofen verbringt. Seine neue Arbeit läßt auch nicht zu, daß er sich allzu oft in seinem alten Betrieb sehen läßt. Ferner ist es ausgeschlossen, daß er allen Forderungen und Wünschen, die an ihn herangetragen werden, Gehör verschafft, denn erstens ist seine Macht begrenzt, zweitens verbietet ihm der Überblick, den er nunmehr gewinnt, Zweckloses oder taktisch Falsches zu tun. Aus all den Gründen gerät er rasch in den Verdacht, er „setze sich nicht ein" und habe nur noch Interesse an seinem Posten.

Trotzdem kann die Bedeutung jener Kritik, die man unter dem Begriff „Korrumpierung" zusammenfassen kann und die sich vom Vorwurf der Servilität, Vergeßlichkeit, Ausnützung guter Beziehungen[22] bis zur massiven Behauptung der Käuflichkeit und des Verrats erstreckt, gar nicht unterschätzt werden.

Die Verwandlung eines gewerkschaftlich aktiven Arbeiters in einen Berufsfunktionär, deren entscheidende Phase oft die Wahl in den Betriebsrat ist, ist unter den heutigen Umständen ein sozialer Aufstieg und schließt deshalb die ganze Problematik der „homines novi" ein. Darüber hinaus entstehen aber weitere Schwierigkeiten, weil ein Arbeitervertreter sich die Unbekümmertheit eines Parvenu nicht gestatten darf. Er kommt auf seinen Posten, und man erwartet von ihm, daß er derselbe bleibt, der er bisher war. Aber er kann nicht derselbe bleiben, weil seine neue Aufgabe ihn zu einer völligen Änderung der Lebensweise zwingt. Unerwarteterweise treten sogar oft physiologische Probleme auf: Es ist nicht leicht, im vorgerückten Alter den Übergang von einer körperlichen Arbeit zu einem Sitzberuf zu finden. Die Umstellung der Lebensweise führt den Funktionär langsam aber sicher aus der Welt des Arbeiters hinaus. Er muß ideologisch kompensieren, was sich aus seinem alltäglichen Leben und Erleben nicht mehr von selbst ergibt. Da er ideologisch heute aber meist schlecht geschult ist, schon gar nicht aber eine Erziehung genossen hat, die ihn auf solche Veränderungen vorbereitet, gehört schon eine starke Persönlichkeit dazu, diesen Übergang ohne Schaden an Leib und Seele zu überstehen. Hinzu kommt, daß ein Überwechseln in die Funktionärskader heute in der Regel kein berufliches Risiko bedeutet. Der Weg führt nach oben und nur selten wieder in die Werkhalle zurück. Wer nicht wiedergewählt wird, hat meist die Chance, als Angestellter übernommen zu werden. Und

22 Ein Arbeiter antwortete auf die Frage nach den Betriebsvertretern nur: „An der Quelle saß der Knabe ..." (847)

es gibt natürlich Opportunisten, die sich nur um dieser Chance willen als Kandidat aufstellen lassen.

Die Arbeiter beobachten solche Veränderungen des Habitus an ihren ehemaligen Kollegen außerordentlich genau. Es ist nicht nur der Neid der Zurückbleibenden gegenüber einem aufsteigenden Kollegen, der sie dazu veranlaßt, sondern auch das grundsätzliche Mißtrauen, wie es aus wiederholten politischen Enttäuschungen entsteht, nicht zuletzt aber auch ein Stück marxistischer Entlarvungstechnik, die gleichsam in Fleisch und Blut übergegangen ist: Man kann sich nicht vorstellen, daß sich ein Mensch anders verhält als die sozialen Umstände, unter denen er lebt, ihm nahelegen und daß sich sein Verhalten nicht wandelt, wenn diese Umstände sich verändern. Dieser soziologische Blick, der trotz Trübung durch Neid, trotz Verzerrung durch Ressentiments schärfer und nuancierter zu sein pflegt, wenn er sich von unten nach oben richtet, als umgekehrt, reichert die skeptische Grundstimmung mit Erfahrungen und Beobachtungen an. Der Zweifel an der Integrität der Arbeitervertreter ist aber einer der Hauptgründe, weshalb so viele Arbeiter, die den Grundgedanken der Mitbestimmung bejahen, nicht an ihren Erfolg glauben.

Nicht so oft, dafür aber gerade von intelligenten Befragten, wird auf die Notwendigkeit von Ausbildung und Erfahrung der Arbeitervertreter hingewiesen (insgesamt von 9 %). Die Äußerungen zu diesem Punkt bilden eine ganze Skala vom optimistischen Selbstvertrauen bis zur völligen Resignation.

„Es sind genügend geeignete Leute da. Das hat sich nach dem Kriege gezeigt. Die Herren sind ja über alle Berge gewesen, und die Arbeiter haben das Werk wieder instand gesetzt. Da hat sich gezeigt, daß sie genug Leute hatten, die das organisieren konnten. Auch halten die Gewerkschaften ja genügend Kurse ab." (291, Werkzeugmacher, 64 Jahre.) „Es ist wohl schwer, Leute zu finden, die das können. In einem solchen Großbetrieb müssen sie ja sehr gut sein, auch in Allgemeinwissen. Wenn sie sich mit den Herren zusammensetzen, dürfen sie ja nicht wie die Stoffels auftreten." (391, Aufzugsmaschinist, 35 Jahre.) „Die Mitbestimmung ist ja ganz schön und gut, aber die meisten Arbeitervertreter sind gar nicht für ihre Aufgabe geeignet. Die müssen erstmal für den Aufsichtsrat vorgebildet werden. Sie müssen durch Schulen und Kurse gejagt werden. Als Maßnahmen sind die Einrichtungen wohl gut. Aber was nützt das, wenn die Leute geistig nicht mitkommen?" (526, Konvertermann, 35 Jahre.) „Das wird, wenn sich die Mitbestimmung wirklich durchsetzen soll, zwei Generationen dauern. In der Zwischenzeit müßte man den Nachwuchs gewerkschaftlich schulen." (682, Spezialstoßer, 33 Jahre.) „Ich glaube nicht, daß sich die Mitbestimmung durchsetzt. Ein Arbeiter, der tagtäglich dieselbe Arbeit macht, wird nicht zum Denken angeregt. Infolgedessen ist er nicht verhandlungsfähig... Deswegen werden die anderen immer im Vorteil sein." (575, Reparaturschlosser, 30 Jahre.)

Die befragten Arbeiter sind sich fast durchweg im klaren darüber, daß die Mitbestimmung in erster Linie durch Vertreter, nicht aber unmittelbar durch die Arbeiter wahrgenommen wird. Schlecht orientierte Hüttenarbeiter, die mitunter glauben, letzteres sei mit der Mitbestimmung gemeint, halten sie deshalb für utopisch. Die Problematik, die mit der Angewiesenheit auf Vertreter verbunden ist, scheint vielen sehr deutlich bewußt zu sein, fast überdeutlich, denn nicht wenige geraten in ein Dilemma: Einerseits wachen sie ängstlich darüber, ob der Gewählte „der Alte" bleibt, obwohl er in neues Milieu gerät; andererseits wissen sie, daß er nunmehr Fähigkeiten beweisen muß, die ein Arbeiter typischerweise nur schwer entwickeln kann. Das Bewußtsein, daß beides nur selten zusammenkommt, läßt die Skepsis zur Resignation werden. In einem der Gespräche, die wir vor der organisierten Befragung durchführten, äußerte ein Arbeiter: „Das Mitbestimmungsrecht ist etwas, das nie zum Klappen kommen kann … Es gibt keine Arbeitervertreter, die es fertigbringen, das alles durchzusetzen, wenn es überhaupt kommt. Wenn sie so geschickt sind, daß sie alles gut kennen, dann sind sie keine Arbeitervertreter mehr."

Aus den kritischen Bemerkungen kann man erkennen, was die Hüttenarbeiter an ihren Vertretern nicht schätzen. Wir können aber aus ihnen auch erschließen, welchen Typ sie sich als Vertreter ihrer Interessen wünschen, und zwar besser als aus den positiven Bemerkungen, die meist recht blaß sind. Es ist nicht der Agitatorentyp, der geschätzt wird, auch nicht der joviale Bonze, sondern der bescheiden gebliebene, schlichte Mann, dessen äußerer Habitus nichts von seiner Würde verrät, dem man aber zutraut, daß er „sich einsetzt" und seine Meinung mit Hilfe eines selbst erarbeiteten umfangreichen Wissens wirksam vertreten kann. In dem untersuchten Hüttenwerk gab es Betriebsratsmitglieder, die diesen Typ verkörperten. Sie genossen bei der Mehrzahl der Arbeiter Hochachtung und wurden auch von den ausgesprochen Unzufriedenen, die eine Minderheit darstellten, oft als Ausnahmen ausdrücklich erwähnt.

d) Die Gewerkschaften

Das Thema der Arbeiter-Organisationen wurde in unserer Befragung nicht in einer speziellen Frage angeschnitten. Dennoch ergab sich, daß 264 Arbeiter (44 %) auf die Gewerkschaften ausdrücklich zu sprechen kamen.[23] Von diesen ließen 200 (⅓ aller Befragten) in ihren Stellungnahmen erkennen, daß sie die Gewerkschaften als wesentlichen Träger der Arbeiterinteressen betrachten. Bedenkt man, daß

23 Die bloßen Erwähnungen der Gewerkschaften wurden nicht mitgezählt.

diese Äußerungen ungefragt gemacht wurden und daß die Hüttenarbeiter das Thema Gewerkschaft auch hätten aussparen können, so darf angenommen werden, daß aus diesen Stellungnahmen die Ansicht der Mehrheit spricht.[24]

Jene 200, die deutlich erkennbar die Gewerkschaften als wesentlichen Träger der Arbeiterinteressen ansehen, sind keineswegs durchweg blinde Gefolgsleute. 35 von ihnen erwähnen die Möglichkeit der Gewerkschaftsspaltung.[25] Vielfach kritisieren sie in diesem Zusammenhang nicht nur die „Spalter", sondern auch die Führung der Einheitsgewerkschaft, deren Fehler nach ihrer Meinung erst Spaltungsversuche möglich gemacht hatten.[26] Weitere 43 Befragte, die ebenfalls zu den erwähnten 200 Arbeitern gehören, üben in anderer Weise Kritik an der Gewerkschaft.

Die kritischen Argumente können in drei Gruppen eingeteilt werden.

Die erste Gruppe läßt sich auf die Formel bringen: „Die Gewerkschaften setzen sich nicht genügend ein, die Funktionäre haben ihre eigenen Interessen im Auge." Diese Kritik ähnelt vielen Äußerungen über die Arbeitervertreter, ja ist oft mit ihnen identisch, da die Betriebsvertreter zu gleicher Zeit auch als Exponenten der Gewerkschaft betrachtet werden.

> „Ich gebe zu, daß sie (die Gewerkschaft) notwendig ist als eine Opposition gegen den Arbeitgeber, und diese Aufgabe kann sie mit der Mitbestimmung lösen. Nur habe ich den Anschein, als wenn viele das als ihre eigene Sache ansehen, sie sprechen von Mitbestimmung und meinen ihren Posten in der Gewerkschaft." (222, 3. Tiefofenmann, 29 Jahre.)

Manchmal löst sich freilich die Kritik vom Räsonnement über angeblich typische Einzelfälle, und es kommt zu Gesamturteilen.

> „In den Leuten steckt kein Idealismus mehr, in den Betriebsräten so wenig wie in den Gewerkschaften. Die wollen nur ihre Posten, ihre guten Gehälter und sich damit eine gute Nummer machen. Oder im hessischen Metallarbeiterstreik. Da hatten sie angeblich nach 14 Tagen schon kein Geld mehr, um die Streikgelder zu bezahlen. Was ma-

24 Von den restlichen 63 äußerten sich 19 in einer Einzelfrage positiv über die Gewerkschaft, 24 wiederum zu einem Detail, ohne Stellung zu nehmen. 20 Arbeiter äußerten sich ausgesprochen negativ über die Gewerkschaft.

25 Kurz vor der Zeit der Befragung, die Anfang 1954 stattfand, waren zum ersten Mal in der Presse Nachrichten über eine beabsichtigte Neugründung der christlichen Gewerkschaften verbreitet worden. Die tatsächliche Gründung erfolgte erst später.

26 Keiner der Befragten befürwortete die Gründung einer gesonderten christlichen Organisation.

chen sie denn eigentlich mit den Millionen? Als hier vor Jahren mal ein Tag gestreikt wurde, sagten sie vorher, das sei kein Streik, sondern eine Arbeitsniederlegung … Die Gewerkschaft ist also eine Art von Krankenversicherung. Da kann ich mich aber anderswo günstiger versichern. Nein, von der Gewerkschaft ist nicht viel zu erwarten. Die sind erledigt. In den zwanziger Jahren da war noch Schwung und Idealismus in der Gewerkschaft, aber das ist alles verflogen und dahin." (415)

Es ist kein Wunder, daß insbesondere ältere Arbeiter von der Vergangenheit sprechen, in der die Gewerkschaften nach ihrer Meinung stärker und kämpferischer waren.

In einer anderen Gruppe von Äußerungen machten sich Bedenken gegenüber der Macht bemerkbar, die von der Organisation oder den Funktionären über die Arbeiter ausgeübt werden kann.

„Ich denke so über die Gewerkschaft: Als ich noch beim Unternehmer arbeitete, da waren da auch zwei Mann von der Leibstandarte. Die hatten sie vorher nicht in der Gewerkschaft haben wollen. Eines Tages kamen Vertreter der Gewerkschaft in den Betrieb und fragten, wer noch kein Mitglied ist. Die zwei von der Leibstandarte sagten, man habe sie nicht gewollt und selbstverständlich wollten sie auch jetzt nicht eintreten. Die Gewerkschaftler sagten ihnen, eines Tages müßten sie alle in die Gewerkschaft, auch sie. Ich habe etwas gegen den Zwang. Bei den Nazis haben sie den verurteilt, heute wollen sie den wieder einführen, das ist ja das Gleiche wie bei der Deutschen Arbeitsfront. Gegen diese Art der Gewerkschaft habe ich etwas." (222, Tiefofenmann, 29 Jahre.) „Die Leute wissen ja gar nicht, was sie für eine Macht in den Händen haben." (378, Werkzeugmacher, 33 Jahre.)

Während die Kritik in den ersten beiden Gruppen sich mehr auf allgemeiner Ebene bewegt und deshalb oft auch unscharf und verschwommen bleibt, orientiert sich eine dritte Gruppe an bestimmten Fakten. Es sind im engeren Sinne des Wortes *politische* Urteile; sie beziehen sich auf bestimmte Situationen, in denen die Gewerkschaften nach Ansicht der Befragten Fehler gemacht haben. Drei Ereignisse werden vor allem behandelt: Erstens natürlich die Einführung der Mitbestimmung, zweitens die Beteiligung der Gewerkschaften am Wahlkampf anläßlich der Bundestagswahl 1953, drittens die schon erwähnte für akut gehaltene Gefahr der Gewerkschaftsspaltung. Die letzten beiden Themen werden – sicher nicht mit Unrecht – häufig miteinander in Verbindung gebracht.

Einige typische Stellungnahmen dieser Art seien angeführt.

„Aber eine richtige Mitbestimmung gibt es nicht. Die Gewerkschaft hat nicht richtig aufgepaßt. 1945, als die Fabriken stillagen und die Unternehmer die Arbeiter anflehten, sie sollten doch arbeiten kommen, damals hätte man die richtige Mitbestimmung durchsetzen können. Heute aber ist es zu spät. Jetzt ist das Kapital schon wieder stark. Die Gewerkschaft hat nach dem ersten Krieg geschlafen, sie hat nach dem letzten Krieg geschlafen, und sie wird nach dem nächsten Krieg wieder schlafen. Nur als Böckler noch da war, machte man mehr Druck. Böckler war selber ein Kapitalist: Er war in verschiedenen Aufsichtsräten vertreten. Aber er hatte Interesse an den Arbeitern. Daher hat er sich für sie eingesetzt. Durch ihn hat man gesehen, daß das Kapital und die Arbeiter schon auskommen können, wenn man den Arbeitern das gibt, was sie gebrauchen.“ (732, Konvertermann, 52 Jahre.) „Wenn die Gewerkschaften so weitermachen, dann wird es wieder so schlecht werden wie früher. Als die Gewerkschaften 1945 anfingen, da hatten sie keinen Gegner. Da waren die da oben alle weg. Da hätten sie mehr rangehen sollen. Heute sind sie alle wieder da. Die hätten sich noch mehr für uns einsetzen sollen. Als 1951 die Urabstimmung war, da haben wir die wirtschaftliche Mitbestimmung richtig haben wollen. Wenn wir gestreikt hätten, wäre die auch gekommen. Aber dann haben die Gewerkschaften nachgegeben. Was wir jetzt haben, ist nicht die richtige Mitbestimmung.“ (Aber geht es in einer Demokratie nicht besser, wenn man einen Kompromiß schließt?) „Da haben Sie recht. Aber der Kompromiß muß annehmbar sein. Das, was uns Adenauer da 1951 angeboten hat, war nach meiner Ansicht nicht annehmbar. Da wäre noch ganz was anderes rauszuschlagen gewesen. Die Gewerkschaften müssen, wenn sich die Mitbestimmung halten soll, konsequenter sein.“ (681, Schweißer, 49 Jahre.) (Wird sich das Ganze nun durchsetzen?) „Vielleicht, aber bei der augenblicklichen Lage nicht. Jetzt, wo die Gewerkschaften sich wieder spalten. Ich finde, daß die Gewerkschaften eine viel größere Durchschlagskraft hätten, wenn sie ein Block wären. Aber jetzt gibt es schon wieder einen katholischen Arbeiterverein. Das geht auf den Einfluß der Kirche zurück. Wenn da auf der Kanzel verkündet wird: Ihr müßt einen katholischen Arbeiterverein machen, dann tun sie es. Und bei den Evangelischen ist es genau so. Wenn sie aber einen einheitlichen Block bildeten, dann könnten sie für *alle* Berufsgruppen etwas herausholen.“ (596, Walzenzugmaschinist, 45 Jahre.) „Die Gewerkschaften haben viel verloren seit der letzten Wahl (gemeint ist die Bundestagswahl 1953). Man merkt überhaupt nicht mehr, daß sie noch bestehen. Aber das eine ist sicher, wenn sie mal auffliegen sollten, dann können wir einpacken. Dann ist es auch mit der Mitbestimmung vorbei. Nur durch die Gewerkschaft sind wir soweit gekommen. Es sieht allerdings mau aus. Es fehlen die richtigen Führer, die mit denen da oben zu verhandeln verstehen. Das war unter Böckler anders … – Ja, sie (die Mitbestimmung) ist gut, das ist gar keine Frage. Wenn wir sie nur weiter durchsetzen. Das hängt eben doch sehr mit der Gewerkschaft zusammen … Ich glaube es nicht mehr. Die Gewerkschaft hat eine wichtige Gelegenheit verpaßt. Sie hätte nicht für einen ‚besseren Bundestag‘ Propaganda machen sollen.“ (145, Hilfsdreher, 22 Jahre.) „Wir sind ja doch ziemlich schwach im Augenblick, weil die Gewerkschaft nicht recht auf der Höhe ist … Die Gewerkschaft hat sich in Dinge hineingemischt, die sie nichts angehen. Sie hat erklärt, sie sei keine Partei, sondern neutral. Dann kann es sie auch nicht kümmern, ob jemand diese oder jene Konfession oder Partei vertritt. Das ist dann jedermanns eigene Sache. Sie hat sich ziemlich weit auf Parteipolitik eingelassen. Es gibt richtige Parteifunktionäre in ihr, und zwar von allen Seiten ... Die (die älteren Funktionäre) fangen an, auf Erfahrungen zu pochen. Was haben die alten Gewerkschaftler schon richtig gemacht? Ich meine, in einem solchen Falle sollte man abtreten. Aber sie wollen nur ihre Position behalten. Ich weiß, daß sie nicht dumm sind. Aber sie sollen doch nicht denken, daß wir dümmer sind. Da hat vor kurzem der Gewerkschaftsvorstand zur Remilitarisierung Stellung genommen und sie bejaht. Hat er ein Recht dazu? Für wen spricht er? Er soll sich lieber den wirtschaftlichen und sozialen Verpflichtungen widmen. Derselbe Fehler passierte zur Wahl. Solch ein Mist! Nun denken Sie vielleicht, das Beste sei, aus der Gewerkschaft auszutreten. Nein, der Meinung bin ich nicht. Man muß schon in ihr bleiben, denn sie ist die einzige Einrichtung, die wir Arbeiter haben. Ohne sie sind wir verraten und verkauft. Und sie hat in der Vergangenheit vieles geleistet. Das erkennen wir alle an. Aber sie kann nicht den jetzt eingeschlagenen Weg der Parteipolitik weitergehen. Sonst verliert sie allen Einfluß. Heute hört man nichts mehr von ihr. Warum nicht? Weil sie reingefallen ist ... Und so stehen wir völlig ohnmächtig da, wenn man uns mit Absatzschwierigkeiten droht. Daß es da oben Kräfte gibt, welche uns wieder drücken wollen, halte ich für ziemlich sicher. Für sie ist die Gelegenheit gekommen ... Aber wenn es gelingen soll (das Wirksamwerden der Mitbestimmung), brauchen wir eine starke und einheitliche Gewerkschaft, die sich auf ihre wirtschaftlichen und sozialen Pflichten besinnt und unter allen Umständen ihre parteiliche Neutralität wahrt. Das mag für manchen schwer sein, muß aber strikt durchgeführt werden. Sonst ist es bald ganz aus.“ (144, Facharbeiter, 26 Jahre.)[27–28]

Die z. T. außerordentlich heftige Kritik an der Einmischung der Gewerkschaften in den Wahlkampf im September 1953 darf nicht als eine grundsätzliche Animosität gegen Parteipolitik oder Politik überhaupt verstanden werden. Die weitverbreitete Aversion gegen alles, was mit Politik zusammenhängt, wird nur von einer Minderheit geteilt. Wirkliche Ablehnung einer Parteipolitik, verbunden mit der Bejahung einer unpolitischen Gewerkschaft, tritt nur vereinzelt auf.[29] Für die Mehrheit gehören Gewerkschaft und Mitbestimmung zum politischen Leben, wogegen nach ihrer Ansicht auch nichts einzuwenden ist. Wenn der Gewerkschaft relativ häufig vorgeworfen wird, sie habe sich in Parteipolitik eingemischt und da-

27–28 Vgl. die übrigen Ausführungen des gleichen Befragten auf S. 156 f.

29 Z. B. in folgender Äußerung: „Das größte Verbrechen, was sie jedenfalls gemacht haben, ist, daß sie nach Parteien gewählt haben. (Gemeint sind frühere Betriebsrats-Wahlen.) Da machten die nur Parteipolitik mit Handzetteln usw. Ekelhaft. Die sollen gewerkschaftliche Dinge am Herzen haben ... Das ist nun auch Gott sei Dank abgeschafft.“ (666)

durch ihre Position verschlechtert, so ist damit gemeint, die Gewerkschaft habe einen Fehler gemacht, indem sie zwei verschiedene politische Ebenen, die sie hätte getrennt halten sollen, miteinander vermischt hat.

e) Die Arbeitgeber

Die Arbeitgeber – die Mitglieder des Vorstandes und des Aufsichtsrates und erst recht die Aktionäre – sind für den Arbeiter eines großen Hüttenwerks Gestalten, zu denen er nur in Ausnahmefällen einen persönlichen Kontakt besitzt. Der Arbeiter ist durch zahlreiche Stufen der Hierarchie von ihnen getrennt, deren Inhaber zwar in irgendeiner Form die Arbeitgeber vertreten, jedoch nicht mit ihnen identisch sind. Wohl mögen dem Arbeiter die Namen einiger Vorstandsmitglieder und vielleicht auch der Name eines Großaktionärs bekannt sein. Aber die Kenntnis der Namen, ebenso die Abbildungen in der Werkszeitung, ja sogar Ansprache und Händedruck bei einem Dienstjubiläum können nichts daran ändern, daß die Arbeiter von den führenden Personen des Werks, in dem sie arbeiten, nur eine blasse und unkonkrete Vorstellung haben. Dennoch gibt es Anlässe für sie, sich auf irgendeine Art einen Begriff von der Einstellung und dem Verhalten der Arbeitgeber zu machen. Einer dieser Anlässe ist ohne Zweifel die Mitbestimmung.

Ob freilich ein solcher Anlaß dazu führt, daß ein Arbeiter sich nun tatsächlich ein Bild vom Unternehmer macht, das nicht ganz blaß und diffus ist, hängt von verschiedenen Faktoren ab: von seiner Aufgeschlossenheit überhaupt, von seinem Erfahrungsschatz, der ihn befähigen kann, einzelne Beobachtungen auszuwerten, und von seiner Vertrautheit mit politischen Meinungen, die Deutungen des Verhaltens der Arbeitgeber anbieten.

Die Äußerungen der Befragten zeigen, daß die Fähigkeit, sich ein Bild von dem Verhalten der Arbeitgeber zu machen, sehr verschieden groß war. Bei vielen Arbeitern stieß unsere Frage nach der Einstellung der Unternehmer auf ein völliges Vakuum. Bei anderen stellte sich wieder das Verhalten der „anderen Seite" als das Wirken einer dunklen, anonymen Macht dar, gleichsam als ob man es nicht mit handelnden Personen aus Fleisch und Blut zu tun hätte. Sehr viele Befragte jedoch versuchten, sich in die Situation des Unternehmers, an den die Forderung nach Mitbestimmung herangetragen wird, hineinzuversetzen, und nicht selten stoßen wir in den Äußerungen dieser Hüttenarbeiter auf eine Verbindung von Realitätssinn und Phantasie, die ein abgewogenes Urteil auch über eine Personengruppe ermöglicht, über die man nur wenig weiß.

Die Mehrheit der Befragten (58 %) vermutet auf der Unternehmerseite eine Gegnerschaft gegen die Mitbestimmung. Ein Teil von diesen erklärt ausdrücklich, es bestünde die Absicht,[30] die Mitbestimmung wieder abzuschaffen, andere meinen allerdings, trotz dieser Ablehnung bestehe Verhandlungsbereitschaft.[31]

Sieht man von dem Viertel der Befragten ab, das über die Einstellung der Unternehmer zur Mitbestimmung kein Urteil abgab, so bleiben nur noch wenige Befragte übrig. Nur 32 Arbeiter (5 %) meinten, die Unternehmer seien mit der Einführung der Mitbestimmung einverstanden. Jedoch zeigen die Begründungen, die sie geben, daß nur wenige mit einer wirklich positiven Haltung rechnen. Andere begründen das Einverständnis der Arbeitgeber mit Wendungen wie: „weil ihnen die Mitbestimmung nur Mühe abnimmt" oder „weil doch alles beim alten bleibt".

40 Befragte (7 %) äußern, einem Teil der Unternehmer sei die Einführung der Mitbestimmung recht, einem anderen Teil nicht, öfters wird von diesen Arbeitern zwischen der Haltung der Aktionäre und der der Direktoren unterschieden.[32]

25 mal (4 %) wird erklärt, den Unternehmern sei es gleichgültig, ob die Mitbestimmung eingeführt werde oder nicht; zumeist wiederum mit der Begründung, daß „ja doch alles beim alten bleibe".

Es ist also nur eine verschwindende Minderheit, die von den Unternehmern eine wirklich positive Haltung zur Mitbestimmung erwartet.[33] Denn jene Arbeiter, die nur deshalb nicht mit einer Gegnerschaft der Unternehmer rechnen, weil sich nach ihrer Meinung an deren Machtstellung ja doch nichts ändere, erwarten in Wahrheit natürlich nicht eine positive Haltung. Die große Mehrheit derjenigen Hüttenarbeiter, die ein Urteil über die Einstellung der Arbeitgeber abgeben, glaubt jedoch, daß diese die Mitbestimmung ablehnen.

Bei einer Angelegenheit wie der Mitbestimmung ist in den Augen der meisten Arbeiter der Arbeitgeber ein Gegner, und zwar der natürliche Gegner, der von seinem Standpunkt aus sich nicht anders verhalten kann. Zwar unterschieben viele Befragte den Unternehmern auch bösartige und rein egoistische Motive. Sehr viel öfter wird aber ihr Verhalten als ganz natürlich geschildert. Viele Arbeiter (11 %)

30 7 % aller Befragten.

31 10 % aller Befragten

32 Allerdings sind es einmal die Direktoren, die die Mitbestimmung ablehnen, weil sie an Macht einbüßten, während den Aktionären alles gleich sein könne, solange sie ihre Dividende bekämen; das andere Mal wird von den Direktoren, die an einer guten Zusammenarbeit mit den Arbeitern interessiert sein könnten, größeres Verständnis erwartet als von den Aktionären, die gerade aus Furcht um die Höhe der Dividende eine ablehnende Haltung zeigen müßten. Solche Gegenüberstellungen von Management und Aktionären kommen jedoch nur 13 mal vor. Die Worte „Kapitalist" und „das Kapital" werden jedoch in den Protokollen recht häufig gebraucht, vgl. S. 185 f.

33 Geradezu als Kuriosum kann folgende Äußerung gelten: „Die Unternehmer haben eingesehen, daß man mehr für den Arbeiter tun muß. Durch ihr christliches Gewissen sind sie darauf aufmerksam geworden. Daher sind sie auch mit der Mitbestimmung einverstanden." (234)

begründen diese Ansichten in Formulierungen, in denen sie sich ausdrücklich in die Lage eines Unternehmers, an den der Wunsch nach Mitbestimmung herangetragen wird, hineinversetzen. Allerdings wird auch dann in der Regel dem Standpunkt des Unternehmers der des Arbeiters entgegengesetzt[34].

> (Was meinen nun die da oben dazu?) „Lassen Sie sich von Ihrer Frau ins Portemonnaie schauen? Sie möchten nicht einverstanden sein. Das ist ja, wie wenn ihr an Ihren Kleiderschrank gehe." (792, Schnellläuferkranführer, 52 Jahre.) „Die geben das nicht gerne zu (die Mitbestimmung). Ich würde an deren Stelle auch sagen, was habt ihr mir ins Portemonnaie zu gucken. Auf der anderen Seite müssen aber auch die Arbeiter für ihre Arbeit befriedigt werden." (465, Werkzeugmacher, 52 Jahre.) „Denen kann man es nicht verübeln. Ein jeder sorgt für sich selber. Die wollen auch lieber 5 als 3 % Dividende einstecken. Aber am Ende ist das doch so, daß sie zusammen im Aufsichtsrat sitzen. Da müssen sie sich aufeinander abstellen." (321, Formschmied, 58 Jahre.)

Was erhofft werden kann, ist deshalb allenfalls ein Kompromiß, der von den Arbeitern erkämpft werden muß. Zwar wird auch immer wieder argumentiert, die Einführung der Mitbestimmung läge ja eigentlich im Interesse der Arbeitgeber oder laufe ihm wenigstens nicht zuwider. Aber nur selten entspringt eine solche Anspielung auf die „wahren" Interessen einer echten Überlegung.[35] Meist haben wir es nur mit einer polemischen Floskel oder einer irrealen Abschweifung zu tun, auf die sofort das „Aber" der vermuteten Realität folgt. Der Tenor ist: „Eigentlich sollten die Unternehmer mit den Arbeitern konform gehen, aber die Unternehmer denken nicht sozial." (196) Der Arbeitgeber ist nicht nur in der Frage der Mitbestimmung ein Gegner, sondern überhaupt der Gegenspieler der Arbeiter. Die Mehrheit denkt sich das Verhältnis zwischen Arbeitern und Arbeitgebern polar, nicht als eine übergreifende Ordnung.[36] Mit einem solchen Gegner kann man vielleicht aus beiderseitiger Einsicht einen Kompromiß schließen; wahrscheinlicher ist schon, daß man ihm etwas abtrotzen muß, wenn man überhaupt etwas erreichen will. Aber sehr viele Arbeiter haben auch diese Hoffnung aufgegeben.

---

34 Nur vereinzelt machen Arbeiter den vermuteten Standpunkt des Unternehmers selbst zu eigen. Vgl. S. 175.

35 Eine echte Überlegung scheint folgender Äußerung zugrunde zu liegen: „Die (Arbeitgeber) sind sicher nicht damit einverstanden. Das ist wohl keiner, wenn es da plötzlich Leute gibt, die auch ein Wort mitreden wollen. Aber es ist ja kein Nachteil für sie, wenn sie den Arbeiter hinzuziehen. Das meine ich. Und vielleicht sind sie gar nicht so unzugänglich, wie uns früher erzählt wurde." (145)

36 60 % der Protokolle ließen deutlich ein polares Schema erkennen, 10 % die Vorstellung einer übergreifenden Ordnung.

Sie sind der Meinung, daß die Polarität von einem „Oben“ und „Unten“ unaufhebbar ist.[37]

Die Mitbestimmung ist ein exemplarischer Fall: Die Arbeitgeber – „die Herren“, „die da oben“, „die Kapitalisten“ – sind nicht bereit, freiwillig ein Stück von ihrer Macht aufzugeben; ebensowenig werden sie auf die materiellen Vorteile verzichten, die sie dieser Macht verdanken und die auch wieder Quelle der Macht sind. Daß eine solche Macht nicht zuletzt auf einem Monopol des Wissens um die geschäftlichen Vorgänge, ja der Informiertheit und Bildung überhaupt beruht, ist vielen Arbeitern bewußt. Sie stellen deshalb mit immer neuen Wendungen das Spiel um die Mitbestimmung als einen Kampf dar, in dem es um den Einblick der Arbeiter und ihrer Vertreter geht in das, „was gespielt wird“. Die stehenden Redensarten sind, die Unternehmer ließen sich nicht „in die Bücher“ bzw. „in die Karten“ sehen. Dieses Argument wird gern auch von Befragten verwendet, die über die Einführung der Mitbestimmung Bescheid wissen. Denn auch nach der Einführung könnte man – so fürchten sie – einen Arbeitervertreter daran hindern, Einsicht zu nehmen, bzw. ihm etwas vormachen, insbesondere wenn er nur geringe Kenntnisse besitzt. Hinter der Forderung nach guter Schulung der Funktionäre steht vor allem der Wunsch, Vertreter zu haben, die auch verstehen, was in den „Büchern“ oder „Aufstellungen“ steht, und die deshalb nicht Verschleierungsversuchen zum Opfer fallen.

Die Treffsicherheit und Anschaulichkeit, mit der diese Zusammenhänge immer wieder dargestellt werden, dürfen nicht darüber hinwegtäuschen, daß den Ausführungen nur selten unmittelbare Anschauung zugrunde liegt. Vielmehr handelt es sich gewöhnlich um Veranschaulichungen, die durch Analogien zur eigenen Erfahrungswelt möglich werden. Gleichwohl können sie den Kern der Sache treffen. Die biedere Redeweise von den „Büchern“, in die der Arbeitgeber den Einblick genauso verwehrt wie der kleine Lebensmittelhändler, der tatsächlich seine Einnahmen und Ausgaben noch in richtige Bücher einträgt, das Bild von den Kartenspielern und der Vergleich mit der Ehefrau, die das Portemonnaie ihres Mannes kontrollieren möchte, stellen ein zentrales Problem der Mitbestimmung ohne Zweifel richtig dar. Aber es sind eben Veranschaulichungen, die auf einer Übertragung einer unmittelbaren Erfahrung auf etwas beruhen, das dieser Erfahrung unzugänglich bleibt. Hinter den vielen volkstümlichen Formulierungen – z. B. „Geld regiert die Welt“ – steht in Wahrheit deutlich die ideologische Tradition. Reichtum, Befehlsgewalt und Wissen sind in ihrer wechselseitigen Bedingtheit und Untrennbarkeit immer noch in den Augen vieler Arbeiter das Kennzeichen der Macht des Kapitalismus. Man spürt auch heute noch, daß Generationen von Arbeitern eingehämmert worden ist, daß auf dieser Dreieinigkeit die

37 Vgl. Abschn. V, S. 219 ff.

Stärke des Gegners beruhe und daß es deshalb ungeheurer Anstrengung bedürfe, einen solchen Feind zu besiegen.

Diese hohe Einschätzung der Macht des Gegenspielers, die in der alten Arbeiterbewegung bewußt gepflegt wurde, um die Kampfkraft und die Aktivität zu steigern, verwandelt sich bei den ideologisch unsicher gewordenen und zur Skepsis neigenden Arbeitern von heute vielfach in ein Unterlegenheitsbewußtsein, das freilich nicht ohne weiteres mit einem Minderwertigkeitsgefühl im psychologischen Sinn gleichgesetzt werden darf. Zahlreiche Arbeiter feiern die Macht des Kapitals mit beredten Worten, in denen manchmal das Pathos des Kommunistischen Manifestes, der schwungvollsten Apotheose des Kapitalismus, die es gibt, nachzuklingen scheint. Aber die revolutionäre Folgerung fehlt so gut wie immer, und die Resignation überspült oft die Hoffnung auf partielle Erfolge und tragbare Kompromisse.

Die „hohe Meinung", die die Arbeiter von den Unternehmern haben, besitzt noch eine andere Quelle. Die außerordentlich heftige Kritik, die viele Arbeiter nicht nur an ihren Vertretern, sondern auch an der Arbeiterschaft selbst üben, verführt dazu, dem Gegner alle die Eigenschaften zuzuschreiben, die man in den eigenen Reihen vermißt. Da die Arbeiter sich selbst vor allem Uneinigkeit, Gleichgültigkeit, fehlende Zielstrebigkeit und Mangel an Geschultheit vorwerfen, entsteht das seltsame Bild einer stets in sich einigen, wachsamen, politisch aktiven und stets zielbewußt, mit höchstem Raffinement handelnden Kapitalistenklasse, gegen die – diese Konsequenz scheint sich manchmal ungewollt zu ergeben – kaum ein Kraut gewachsen ist. Äußerungen wie die folgenden sind typisch:

> (Durchsetzen?) „Nein, das Kapital wird immer stärker sein. Vielleicht setzt sich die Mitbestimmung, wenn sie kommt, anfangs durch. Aber dann gewinnt das Kapital wieder die Oberhand." (231, Aufgeber, 28 Jahre.) „Nein, das glaube ich nicht. Die Fabrikanten und Unternehmer, die das Geld haben, werden mächtiger sein und versuchen, ihre alten Rechte zurückzuerlangen." (047, Werkzeugmacher, 62 Jahre.) „Solange wie es den Aktionären paßt, dulden sie den ganzen Spuk. Aber wenn die Lage kritisch wird – und das kommt, man merkt es ja schon –, dann jagen sie den Betriebsrat zum Teufel. Die haben dann nichts mehr zu melden und müssen froh sein, wenn sie nicht auch noch ihre Posten verlieren. Die Aktionäre machen doch, was sie wollen." (511, Schnellläuferkranführer, 48 Jahre.) „Die andere Seite schläft aber nicht. Die versucht, die Mitbestimmung bei den Holding-Gesellschaften abzuschaffen …[38] Wenn die Gewerkschaft

38 Zur Zeit der Befragung fand der sogen. „Mannesmann-Prozeß" statt, in dem entschieden wurde, daß die Regelung der Mitbestimmung, wie sie 1951 für die Montan-Industrie eingeführt worden war, nicht ohne weiteres auf die neugegründeten Holding-Gesellschaften übertragen werden kann.

stark bleibt, kann sie vielleicht gegen das Kapital etwas erreichen. Man darf aber nicht vergessen, daß das Kapital wie Pech und Schwefel zusammenhält." (733, Platzablader, 29 Jahre.) „Ja – das wäre gut, aber es (das Mitbestimmungsrecht) kann auch irgendwie abgeschafft werden. (Warum? Wie?) Wenn die Gewerkschaften Mitglieder loswerden. Der Unternehmer merkt das sofort, ob die Gewerkschaft schwach oder stark ist. Das ist ganz logisch und klar, denn die sind ja nicht dumm." (474, Werkzeugmacher, 50 Jahre.) „Solange Leute von Arbeitnehmerseite drin sind (im Aufsichtsrat), die wenig verstehen und vielleicht auch manchmal klein beigeben, bleibt alles so, wie es jetzt ist. Wenn aber mal wirklich fähige Leute drin sind, dann kann es sein, daß sich das Kapital zusammentut und versucht, die Mitbestimmung zu unterdrücken. Der Arbeiter muß kleingehalten werden. Er soll gut leben können, aber er darf nicht zuviel zu sagen haben, denn sonst will er womöglich nicht mehr arbeiten." (565, Elektriker, 26 Jahre.)

In den Äußerungen über die Unternehmer traten marxistische Tradition und taktische Sprechweise der alten Arbeiterbewegung stärker in den Vordergrund als dort, wo die Arbeiter über ihre Vertreter, über die Gewerkschaft oder über sich selbst sprachen. Das ist kein Wunder: Während die tägliche Erfahrung im letzteren Fall ständig die alten Doktrinen überwuchert, abschleift und revidiert, ist der Unternehmer eine wichtige, aber der unmittelbaren Erfahrung eher noch schwerer als früher zugängliche Gestalt. Ohne den Schlüssel einer Ideologie könnte er kaum inhaltliche Bestimmtheit gewinnen. Es ist kein Wunder, wenn er immer noch als „Kapitalist" bezeichnet wird, während sein Gegenbegriff, der „Proletarier", aus dem Sprachschatz der Arbeiter verschwunden ist.[39] Eine gewisse Ironie liegt in der Tatsache, daß das aus pädagogischen Gründen überhöhte, zu einem mahnenden Kontrast umstilisierte Unternehmerbild auf den skeptischen Arbeiter von heute eine einschüchternde Wirkung ausübt.

f) Zusammenfassung: Typen der Einstellung zur Mitbestimmung

Bejahung, Ablehnung, Resignation und Teilnahmslosigkeit: Diese vier Verhaltensweisen geben ein rohes Schema, nach dem sich die Einstellungen der Arbeiter zur Mitbestimmung einteilen lassen. Wir wollen uns an dieses Schema halten, dabei aber jedesmal auf die gegensätzlichen Einstellungen hinweisen, die sich hinter diesen Gruppierungen verbergen.

39 Vgl. S. 185 ff.

Die Teilnahmslosen: Wir sahen, daß bei allen Auszählungen, die das Thema der Mitbestimmung betrafen, eine größere Gruppe von Protokollen übrigblieb, die wir mit Ausdrücken wie „Vakuum", „unentscheidbar", „nicht zu ersehen" etc. charakterisierten. Je nachdem wie groß die Chance war, unmittelbare Erlebnisse am Arbeitsplatz heranzuziehen, schwankte diese Gruppe zwischen einem Sechstel und einem Drittel der Befragten. Bei der Frage nach dem Arbeitsdirektor war sie z. B. größer als bei der nach den Aufgaben des Betriebsrates. Wir können sagen, daß bei mindestens einem Fünftel der Arbeiter unsere Fragen nach der Mitbestimmung völlig ins Leere stießen.

Bei näherer Betrachtung stellt sich heraus, daß diese Gruppe in sich keineswegs einheitlich zu beurteilen ist.

Der größere Teil – der genaue Umfang läßt sich allerdings nicht feststellen – besteht aus Menschen, in deren Gesichtskreis ein Thema wie Mitbestimmung nicht vorkommen kann. Ein älterer Wieger in der Möllerung am Hochofen, der zu Hause seinen Kotten bewirtschaftet, begründete seine Unwissenheit, die bei jeder Frage erneut zutage trat, mit folgenden Worten:

> „Damit habe ich mich noch nie befaßt oder nur ganz wenig. Man unterhält sich ja nicht, wenn man im Zuge (auf dem Weg zur Arbeit oder auf dem Heimweg) sitzt. Da schläft immer alles. Abwechselnd ist einer immer wach, der die anderen weckt, wenn sie aussteigen müssen. Bei der Arbeit geht es immer hopp-hopp. Entweder arbeiten wir oder wir essen unser Butterbrot. Und zu Hause hat man auch noch was zu tun." (295)

Erst als die Frage nach der Verwendung des Totogewinns gestellt wurde, taute er auf. Was zum Vorschein kam, war kein weltfremdes Luftschloß, sondern ein durchdachter Lebensplan, der zur Hälfte bereits realisiert war und dessen Erfüllung durch den Totogewinn nur beschleunigt worden wäre. Natürlich handelte es sich um umfangreiche Anbauten an seinem Haus, in denen die Familie seines Sohnes und seiner Tochter untergebracht werden sollten. Der Befragte war keineswegs einfältig. Aber für politische Gespräche oder überhaupt für Unterhaltungen, die über seinen Arbeitsplatz oder sein dörfliches Leben hinausgehen – von Lektüre ganz zu schweigen ist in seinem Leben kein Platz, höchstens in der Eisenbahn, – aber „da schläft immer alles". Bei ihm findet sich kein Affekt gegen Politik, kein „Rückzug in die Intimsphäre". Seine einzige Chance, mit der „großen Welt" in Berührung zu kommen, wäre seine Arbeit im Hüttenwerk. Aber dort verrichtet er eine schwere Arbeit, die ihn kaum zur Besinnung kommen läßt, in die er eintaucht und die er nach der Schicht wieder von sich abschüttelt, um sein eigentliches Leben zu beginnen. Er geht zur Arbeit ins Hüttenwerk, wie sein Großvater in den Forst gegangen sein mag: Bei einer kleinen Landwirtschaft muß etwas dazuverdient werden, insbesondere wenn man fünf Kindern eine gute Ausgangsstellung erarbeiten möchte. Sein Leben ist ausgefüllt. Es entsteht keine Lücke, wenn er sich keine Rechenschaft über seine Situation als Industriearbeiter ablegt. Seine Welt ist überhaupt nicht die „industrielle Arbeitswelt".

Man darf nicht vergessen, daß dieser Typ des klassischen „Kötters" eine moderne Entsprechung im ländlichen, vielfach seiner Mentalität nach stets ländlich gebliebenen Nebenerwerbssiedler besitzt.

Eine ganz andere Gruppe der Teilnahmslosen stellen die „gebrannten Kinder" dar. Sie spüren, daß die Mitbestimmung etwas mit Politik zu tun hat; und alles, was mit Politik zusammenhängt, halten sie sich vom Leibe. Dieser Typ ist schwächer vertreten als der eben geschilderte. Wahrscheinlich ist er in der Arbeiterschaft überhaupt seltener als etwa im Bürgertum anzutreffen. Trotzdem begegneten wir in den Protokollen Äußerungen wie den folgenden:

> (Mitbestimmung?) „Ich habe mich noch nie mit Politik befaßt und werde das auch nie tun. Ich war noch nie in einer Partei und werde auch nie in eine reingehen. (Nun hat die Mitbestimmung nicht unbedingt was mit großer Politik zu tun, aber haben Sie sich noch nie gefragt, was Mitbestimmung ist? Die ist doch für den Arbeiter gemacht und muß ihn interessieren.) Nein, mit Politik will ich mich nicht beschäftigen." (861, Apparatewärter, 29 Jahre.) (Mitbestimmung?) „Ist das mit Versammlungen und so? ... Das grenzt an Politik, da hab ich mich nie dran gestört. Das ist für mich, als ob eine Litanei dahingelesen wird." (257, Schmelzer, 24 Jahre.) „Ich habe mich nie dafür interessiert. Alles, was irgendwie mit Politik zusammenhängt, halte ich mir vom Leibe. Da kommt doch nichts heraus." (543, Ofenmann, 65 Jahre.)

Diese Befragten haben – im Gegensatz zu der ersten Gruppe der Teilnahmslosen – eine Einstellung zur Politik, allerdings eine negative: Sie verschanzen sich hinter einer schlechten Erfahrung und ziehen sich in ihre engste – meist familiäre – Welt zurück. Aber sie haben keine Einstellung zur Mitbestimmung. Sie lehnen es ab, sich die elementarsten Kenntnisse zu verschaffen, die erst eine Einstellung ermöglichen würden.

Ein Kolonnenführer fand die klassische Formulierung für jene Tendenz des bewußten Rückzugs in eine abgekapselte private Umwelt. Er schloß die Erzählung seiner Lebensgeschichte mit den Worten ab:

> „Ich will nie wieder Soldat werden und in keine Partei oder Versicherung eintreten. Meine Partei ist meine Familie. Da bin ich dann auch mein eigener Bundespräsident." (274, Gewindewalzer, 37 Jahre.)

Eine völlige Beziehungslosigkeit zu Fragen der Mitbestimmung findet sich oft auch bei ganz jungen Befragten, in deren Leben es offenbar noch keinen konkreten Anlaß zu einer Beschäftigung mit diesem Thema gegeben hat. Obwohl sie sich auf keinerlei schlechte Erfahrung berufen können, verwenden auch sie gern die Topoi des „gebrannten Kindes“, da diese den Gesprächspartner zu entwaffnen pflegen. Er kann nur schwer Gegenargumente finden, die ihn nicht in den Verdacht bringen, ein Mann zu sein, der „Sprüche macht.“[40]

Prinzipielle Ablehnung: Diejenigen, die die Mitbestimmung prinzipiell ablehnen, sind sehr viel weniger zahlreich als die Unbeteiligten. Selbst wenn man annimmt, daß einige Arbeiter ihre ablehnende Haltung hinter Desinteressement und Teilnahmslosigkeit verbargen, so dürfte der Anteil derjenigen, die die Mitbestimmung grundsätzlich ablehnen, doch noch unter einem Zehntel der Befragten bleiben. Diese Gruppe muß jedoch noch einmal unterteilt werden. Denn die ablehnenden Stellungnahmen gründen sich auf zwei völlig verschiedene Denkweisen: Ein Teil bringt gegen die Mitbestimmung Argumente vor, die einen ungebrochenen bürgerlichen Eigentumsbegriff voraussetzen. Ein anderer Teil begründet die Ablehnung der Mitbestimmung mit sozialistischen Gedankengängen.

Die ersteren folgern aus dem Eigentum der Produktionsmittel die absolute Verfügungsgewalt über alles, was mit diesen Produktionsmitteln geschieht. Als Anschauungsmaterial dient öfters der Handwerksbetrieb, dessen autoritäre Ordnung sie kennen und offensichtlich auch anerkennen, was keineswegs die Regel unter den befragten Arbeitern ist.[41] Genauso wenig wie der Meister nach ihrer Ansicht einen Anlaß hat, sich von seinen Gesellen hineinreden zu lassen, hat ihn der Arbeitgeber in einem Großbetrieb. Der Gedanke, daß das Eigentum an Produktionsmitteln möglicherweise unter anderen Gesichtspunkten betrachtet werden müßte als ein Sparkassenbuch oder eine Wohnungseinrichtung, liegt ihnen völlig fern. Das beweisen solche Äußerungen wie „Wo dat mein Geld ist“ und „Das ist ja so, wie wenn ich an Ihren Kleiderschrank gehe.“ (792)

Die zweite Gruppe der Ablehnenden hält die Mitbestimmung für einen schädlichen Kompromiß, durch den die Arbeiterschaft nur Scheinrechte erhält, in Wirklichkeit aber in ihrer Kampfbereitschaft geschwächt wird, öfters wird die Einführung der Mitbestimmung als ein Manöver angesehen, das von den Arbeitgebern bewußt aus diesen Gründen in Szene gesetzt worden ist.

> (Mitbestimmung?) „Ach, das ist auch so ein Wort. Das soll nur beruhigen ... Man will den Leuten eben damit die Augen verschließen vor den wahren Zuständen.“ (585, Universalschweißer, 48 Jahre.)

40 Vgl. Abschn. V, S. 246 ff.

41 Die Unfreiheit im Kleinbetrieb ist einer der wichtigsten Einwände gegen diesen, der von jenen vorgebracht wird, die sich für den Großbetrieb entscheiden. Vgl. Abschn. III, S. 104.

Die beiden Typen grundsätzlich ablehnender Einstellung finden wir nur bei wenigen Befragten. Der erste Typ (die Ablehnung aus einem bürgerlichen Eigentumsbegriff heraus) stellt einen Sonderfall dar. Diese Einstellung ist zwar für viele Arbeiter nachvollziehbar, wie die zahlreichen Äußerungen zeigen, in denen die Befragten versuchen, sich in den Unternehmer hineinzuversetzen. Aber nur eine kleine Gruppe setzt dem vermuteten Unternehmerstandpunkt nicht den Standpunkt des Arbeiters entgegen, sondern macht sich den des Unternehmers zu eigen.

Der zweite Typ, die Ablehnung der Mitbestimmung als einer Halbheit oder einer Farce, die den eigentlichen Interessen der Arbeiterschaft eher schadet als nützt, steht nicht so isoliert. Die gleichen Gedankengänge finden wir – meist weniger ausgeprägt – auch in der großen Gruppe der Resignierten, ja auch unter denen, die grundsätzlich positiv zur Mitbestimmung stehen, sich jedoch in kritischer Weise mit den Problemen ihrer Durchführung beschäftigen.[42]

Resignation: Sehr viel größer ist die Zahl derer, die die Mitbestimmung zwar nicht für schädlich halten, die oft sogar ihre Grundgedanken ausdrücklich bejahen, die ihr aber keine Zukunftschance geben. Wir haben gesehen, daß ein Drittel der Befragten erklärte, die Mitbestimmung werde sich nicht durchsetzen. Rechnet man noch jene hinzu, die zwar keine Wiederabschaffung erwarten, jedoch der Ansicht sind, daß sich durch die Einführung der Mitbestimmung „ja doch nichts ändere", so kommt man zu dem Ergebnis, daß die Stellungnahmen von etwa zwei Fünftel der Befragten unter dem Begriff der „Resignation" zu fassen sind. Zu diesem Verzicht gelangen sie jedoch auf zweierlei Art. Es ergibt sich eine ähnliche Unterteilung wie bei den Unbeteiligten.

Die erste Gruppe ist nicht ganz leicht zu charakterisieren. Die Hüttenarbeiter, die zu ihr gehören, leben allerdings nicht, wie wir es von der ersten Gruppe der Teilnahmslosen behaupteten, völlig abgekapselt von der Welt in ihrem engen Lebenskreis. Sie haben eine Vorstellung von der großen Welt: Sie ist unabänderlich in ein „Oben" und ein „Unten" geteilt. Aber die Mentalität, die aus ihren Stellungnahmen spricht, die Wortwahl und die Art, wie sie ihre Behauptungen begründen, erwecken den Eindruck, als ob sie nicht an die spezifische Situation des modernen Industriearbeiters gebunden seien. Vielmehr begegnen wir hier einer Haltung, wie sie wahrscheinlich zu allen Zeiten für untere Schichten der Gesellschaft typisch war. Es ist die Resignation der „kleinen Leute", die wissen, daß „die Großen" es sind, die die Geschichte machen, und daß sich die Geschichte stets auf dem Rücken der „Kleinen" abspielt. Diese Resignation braucht nicht mit Ressentiment verbunden zu sein. Nicht selten findet man unter diesen Befragten indi-

42 Vgl. Abschn. V, S. 240 ff.

viduelles Selbstbewußtsein, Berufsstolz und innere Ausgeglichenheit. Aber ihre Ansicht über den Weltlauf steht viel zu fest, als daß sie die Möglichkeit einer Veränderung der Verhältnisse durch die Mitbestimmung ernsthaft erörtern würden.

> „Weil das noch nie dagewesen ist, daß der Arbeiter den Großen bestimmt, denn Geld regiert die Welt, und das wird bleiben." (578, Platzablader, 53 Jahre.) „Ich glaube nicht, daß sich die Sache durchsetzen wird. Die Großen wollen das ja nicht, und der kleine Arbeiter kann nichts dagegen machen." (038, Schmelzer, 43 Jahre.) „Der Arbeiter ist immer der arme Mann, der eben nur arbeiten muß. Den Reibach, wie man so sagt, machen die anderen." (583, Werkzeugmacher, 62 Jahre.)

Diese Einstellung ist auch nicht durch die Mitteilung zu erschüttern, daß die Mitbestimmung bereits eingeführt sei. Wird ihnen dies entgegengehalten, dann heißt es oft:

> „Das steht doch alles nur auf dem Papier. (Aber das ist doch Gesetz?) Gesetz, Gesetz (lacht). Wer hält sich hier schon dran. Das mag formell so sein. In Wirklichkeit sieht das ganz anders aus." (684, Reparaturschlosser, 44 Jahre.) (Sie sagten doch selbst, die Mitbestimmung sei Gesetz?) „Och, da gibt es so viele Gesetze. Da hebt eines das andere auf. Das hat nichts zu sagen." (486, Werkzeugmacher, 40 Jahre.)

Angesichts dieses grundsätzlichen Zweifels an der Wirksamkeit und „Rechtlichkeit" von Gesetzen erscheinen die einzelnen Einrichtungen der Mitbestimmung erst recht als fragwürdig. Wird das Gespräch auf die paritätische Zusammensetzung des Aufsichtsrats gebracht, so lautet die Antwort öfters: „Die Stimmen der anderen wiegen schwerer" (587), oder: es seien „zuviel Klauseln" darin (573). Der elfte Mann wird manchmal als „sogenannter neutraler Mann" bezeichnet[43] (192).

Die zweite Gruppe der Resignierten pflegt ihre Einstellung nicht mit einem pauschalen Hinweis auf den Weltlauf zu begründen. Für sie ist nicht alles von vornherein entschieden; es wird noch argumentiert. Wir können eine gewisse Parallelität zu den „gebrannten Kindern" – der zweiten Gruppe der Teilnahmslosen – feststellen, die ihre Gleichgültigkeit mit Erfahrungen begründen, allerdings meist auf einem niedrigeren Niveau als die Resignierten, von denen hier die Rede ist. Auf die einzelnen Argumente, die vorgebracht werden, soll hier nicht noch einmal eingegangen werden. Nur ein Aspekt soll noch erwähnt werden. Eine Reihe von Arbeitern erklärt die Mitbestimmung für eine zeitgebundene Angelegenheit, und zwar gewöhnlich mit der Begründung, daß ihre Einführung auf die besondere Situation nach dem Kriege, insbesondere auf den Einfluß der Alliierten zurück-

---

43 Vgl. Abschn. V, S. 241 ff.

zuführen sei. Die inzwischen veränderten Verhältnisse führten aber dazu, daß die Mitbestimmung entweder abgeschafft oder faktisch unwirksam gemacht werde. Diese Arbeiter stellen z. T. politische Betrachtungen auf hohem Niveau an. Die interessanteste Stellungnahme ist die eines Reparaturschlossers.

> „Die Gewerkschafter wollen mir sagen, die Mitbestimmung ist ihr Verdienst! Was hier bewilligt wird, sind nur die Anordnungen der Alliierten. Die dringen darauf, daß die Produktion von den Arbeitern aufgenommen wird. (Warum dringen die darauf?) Damit Deutschland nicht sobald wieder einen Krieg macht. (Wie kann das einen Krieg verhindern?) Wenn die Kapitalisten einen großen Gewinn machen, können sie damit einen großen Teil der Produktion kaufen, d.h. sie bestimmen, was produziert wird. Was kaufen sie? Nicht Essen, Kleidung und andere Konsumgüter, d.h. Güter, die verbraucht werden, sondern Investitionsgüter, um noch mehr zu produzieren und noch größeren Gewinn zu machen. Dadurch wächst die Kapazität zuviel – sie können nicht mehr absetzen – wo sollen sie damit hin? Erste Möglichkeit: andere zwingen, die Überproduktion abzunehmen. Wie zwingt man? Mit Gewalt! Zweite Möglichkeit: die Produktion von Waffen und Kriegsmaterial. Was die Alliierten wollen, ist, daß die Arbeiter einen größeren Teil vom Gewinn erhalten. Mit dem Geld kaufen sie Güter, die verbraucht werden. Also wie am Anfang gesagt – daß die Produktion von den Arbeitern aufgenommen wird. Davon sind wir aber sehr weit. Früher kostete eine Tonne Stahl 75 Mark, heute 400. Früher bekam der Arbeiter 275 Mark Lohn im Monat, heute 400. Früher konnte er sich für einen Monatslohn 3½ Tonnen, heute nur eine Tonne kaufen … Es sieht so aus, als ob die Alliierten das Mitbestimmungsrecht heute schon bereuen, oder daß sie nicht mehr den Einfluß haben. Da lassen wir uns aber keine grauen Haare wachsen. Wir sind ja ein geduldiges Wesen. So klein im Getriebe." (555, Reparaturschlosser, 46 Jahre.)

Obwohl Eigenwilligkeit und Niveau diese Äußerung zu einem Sonderfall machen, so zeigt sich doch etwas Typisches. Nach einer scharfsichtigen Betrachtung, die politisches Interesse und eigenes Nachdenken zeigt, mündet sie ein in die „Kleine-Leute-Topik".

Eine Anzahl von befragten Arbeitern läßt sich auch durch die Resignation, die meist die Folge politischer Enttäuschungen ist, die Freude an der Betrachtung nicht nehmen. Immer wieder erlebte der Interviewer, daß ein intelligenter Arbeiter mit Anteilnahme über alle Einzelheiten der Mitbestimmung sprach und zuletzt auf die Frage „Wird sich das Ganze nun durchsetzen?" mit einem überraschenden „Nein" antwortete. Freilich stand hinter diesem „Nein" meist Bitterkeit, nicht ironische Abgeklärtheit wie bei dem zitierten Reparaturschlosser.[44]

44 Vgl. Abschn. V, S. 230 f.

Positive Einstellung: Diejenigen, die die Mitbestimmung bejahen und ihr eine Zukunftschance geben, machen etwa ein Drittel der Befragten aus. Wir hatten festgestellt, daß fast alle, die sich überhaupt ernsthafte Gedanken über die Mitbestimmung machen, in ihr nicht nur eine innerbetriebliche, sondern eine Angelegenheit sehen, die in allgemeine gesellschaftliche Zusammenhänge hineingreift und deshalb politisch relevant ist.[45] Wir konnten weiterhin zwei Tendenzen bei diesen Befragten feststellen: Erstens einen allgemeinen Fortschrittsglauben. Die Mitbestimmung ist die Folge eines allgemeinen technischen und wirtschaftlichen Fortschritts, dessen Früchte nunmehr auch dem Arbeiter zugute kommen sollen. Zweitens: Die Mitbestimmung ist ein Erfolg der Arbeiterbewegung. Die beiden Tendenzen schließen sachlich einander nicht aus, sondern können sich durchaus ergänzen. Sie sind deshalb auch in vielen Protokollen gemeinsam vertreten. Oft sind die Stellungnahmen jedoch deutlich nur von einer der beiden Tendenzen beherrscht. Aber auch bei diesen Äußerungen stellt sich bei näherer Betrachtung heraus, daß die Einstellungen nicht so stark voneinander abweichen wie es scheint.

Auch in jenen Aussagen, in denen kein Wort an das Gedankengut des Sozialismus und der Arbeiterbewegung erinnert und die Mitbestimmung lediglich als ein Stück des allgemeinen wirtschaftlichen und gesellschaftlichen Fortschritts erscheint, wird oft auf die Notwendigkeit der Gewerkschaften hingewiesen, freilich in einer Tonart, mit der man von nützlichen Werkzeugen spricht.

Bei den anderen Stellungnahmen wiederum, deren Sprech- und Denkweise deutlich auf die sozialistische Tradition der Arbeiterbewegung verweist, stellt sich, wenn man genauer hinblickt, sehr oft heraus, daß die Mitbestimmung eigentlich gar nicht unter sozialistischem Aspekt bejaht wird; womit gemeint ist, daß sie nicht als eine Übergangsform zur Sozialisierung angesehen wird.[46]

Als was wird nun von dieser zweiten Gruppe die Mitbestimmung angesehen? Die Frage ist wichtig, denn in dieser Gruppe befinden sich die aktivsten Mitglieder der Arbeiterorganisationen. In der Regel befinden sie sich auf einem eigentümlichen Mittelweg: Sie verbinden die meist unausgesprochene Anerkennung oder besser: Inkaufnahme der kapitalistischen Wirtschaftsordnung mit der Forderung auf „gerechten Anteil" und gesicherten Einfluß der Arbeiterschaft. Zu welcher Konzeption neigen sie? Es ist nicht die offizielle These von der „Gleichberechtigung von Kapital und Arbeit", der sie anhängen. Die Skepsis, die auch sie beherrscht, hindert sie, daran zu glauben, daß das Ergebnis „Gleichberechtigung" sei, wenn Kapitalisten und Arbeitervertreter sich paritätisch an einen Tisch setzen. Sie stellen sich die Mitbestimmung eher als einen immer neu praktizierten Kom-

45 Vgl. S. 154.
46 Die Bejahung der Mitbestimmung als einer Etappe auf dem Wege zur sozialistischen Wirtschaft ist nur bei ganz wenigen Befragten festzustellen.

promiß vor, der die unaufhebbaren Gegensätze nicht ausgleicht und der, je nach der Lage, die besteht, mehr zugunsten der einen oder der anderen Seite ausfällt. Sie erwarten von der Mitbestimmung nicht eine grundlegende Veränderung der Welt, wie es der klassenbewußte Arbeiter von der Sozialisierung erwartete. Aber sie glauben, daß die Mitbestimmung der Arbeiterschaft einen größeren Einfluß in der Gesellschaft und damit auch in der Politik sichern könne. Insofern ist ihr positives Verhältnis zur Mitbestimmung auch ein Teil ihrer Hoffnung, daß es doch möglich sein müsse, aus dem tödlichen Zirkel von technischem Fortschritt, Überproduktion, Krise und Krieg auszubrechen.[47]

Wir fragten nach der „Konzeption" dieser Arbeiter. Aber wir müssen feststellen, daß diese Einstellung nicht als „Konzeption" bezeichnet werden kann. Die positiven Formulierungen bleiben bei allem Scharfsinn, der sich in den kritischen Äußerungen zeigt, unscharf und verschwommen. Dies ist kein Wunder. Denn außer dem Partnerschaftsgedanken und der These „Mitbestimmung als Übergang zum Sozialismus" wird den Arbeitern keine Formel angeboten; und für beide sind sie im Grunde zu skeptisch. Es wäre zuviel verlangt, wollte man glauben, daß sie selbst eine Konzeption, die den Charakter einer Doktrin oder wenigstens eines Schlagwortes haben müßte, hervorbringen würden.

Nur in einzelnen Aussagen überdurchschnittlich intelligenter jüngerer Arbeiter findet man Denkansätze zu einer Auffassung, die der Mentalität vieler gerecht werden könnte. Die Gefahr einer allzu großen Macht der Gewerkschaft und ihrer Funktionäre wird von ihnen ohne große Gemütsbewegung registriert und einkalkuliert. Sie ziehen daraus die Folgerung, daß ein „Endsieg" unter Umständen gar nicht im Interesse der Arbeiterschaft liege. Außerdem finden sich bei ihnen bereits einige Anzeichen für jenes in Deutschland bekanntlich seltene „sportliche" Verständnis der Demokratie. Man kann aus ihren Ausführungen herauslesen, daß sie das Verhältnis von Unternehmern und Arbeitervertretern ähnlich ansehen wie das parlamentarische Spiel von Regierung und Opposition, wobei die Arbeitervertreter freilich schwerlich aus der Rolle der Opposition herauskommen können.

3 Bemerkungen zum politischen Denken der Arbeiter

a) Das Verhältnis von Nachdenken und Formulieren

„Es gibt nämlich keine deutsche Alltagssprache mehr … Es gibt im Deutschen jenseits der Mundarten weder einen Jargon noch eine Volkssprache noch sonst irgendein wesentliches Ausdruckselement, das sein Leben der modernen Masse-

47 Vgl. Abschnitt V, S. 210 ff.

nexistenz in den Armeen, den Betrieben und den Großstädten verdankt."[48] Also gibt es auch keine Arbeitersprache? Keinen Fabrikjargon? Wir müssen Friedrich Sieburg rechtgeben: abgesehen von einer Reihe recht plastischer Spezialausdrükke, die Gegenstände der Arbeitsumwelt bezeichnen, hat die neuartige Umwelt der industriellen Arbeit nicht das geschaffen, was den Namen „Jargon" verdient. Das ist auf den ersten Blick verwunderlich – denn neue Erlebnisse pflegen neue Begriffe und Deutungen zu erzeugen, die sich in der Sprache widerspiegeln –, aber es ist auch nicht unerklärlich: Die Welt des Arbeiters ist heute in Deutschland keine Welt für sich; sie kann keinen sprachlichen Raum bilden, nicht nur, weil der Arbeiter tausendfach mit der übrigen Gesellschaft in Berührung kommt, sondern auch weil er gezwungen ist, Denkformen und Begriffe, die anderen sozialen Sphären entstammen, zu benutzen, um sich in seiner eigenen Alltagswelt zu orientieren. Im Zuge der Technisierung hat der Arbeiter gelernt, Fremdwörter fast mit der gleichen Geläufigkeit zu benutzen wie der Akademiker. Der ständige Kontakt mit Behörden, mit außerbetrieblichen und betrieblichen „Dienststellen" aller Art hat Spuren auch in seiner Sprache hinterlassen, wie z. B. die weite Verbreitung der scheußlichen Adverbialbildungen mit der Endung „-mäßig"[49] zeigt. Auch gibt es Einflüsse des Landserdeutsch, dem Friedrich Sieburg – sicherlich mit Recht – den Rang eines wirklichen Jargons abstreitet.

Nirgends aber finden wir so viele aus anderen sozialen Sphären stammende sprachliche Formen wie in den politischen Aussagen. Hier nämlich, beim Nachdenken über Gegenstände, die größtenteils jenseits des Bereichs der unmittelbaren Erfahrung liegen, die fast ausschließlich mittelbar gegeben sind und nur in ihren letzten Auswirkungen gelegentlich in der eigenen Welt anschaulich werden, ist der Arbeiter auf die sprachlichen Ausformungen der öffentlichen Kommunikationsmittel angewiesen, die nicht von seinesgleichen und nur selten für ihn gemacht sind. So sind politische Gespräche durchsetzt mit schlecht assimiliertem Zeitungsdeutsch wie – wenn auch seltener – mit den Blüten der Funktionärssprache.

Als Kind unserer Zeit wird der Arbeiter überflutet von Eindrücken, Informationen, rasch wechselnden Szenen, die sich nicht von allein zu geschlossenen Bildern zusammenfügen. Auch mit großer geistiger Aktivität vermag er nur selten eine Deutung zu finden, mit der sich „etwas anfangen" läßt. Er ist wohl in der Lage, durch Analogien zur eigenen Erfahrung hier und da in dieses Gewirr der Eindrücke und Informationen vorzustoßen; auch stehen ihm Schlüssel überlieferten Gedankenguts zur Verfügung. Aber es bleibt genug übrig, was er nicht mit „legitimen" geistigen Mitteln verarbeiten kann. Er muß zu Behelfen greifen,

48 *Friedrich Sieburg*, Die Lust am Untergang, Hamburg 1954, S. 331 f.
49 Z. B. „arbeitsmäßig", „lohnmäßig".

zu Stereotypen, den Lückenbüßern des Denkens, zu Verkürzungen und zu läppischen Floskeln, die nicht mehr als ein Achselzucken ausdrücken. So begegnen wir sehr oft Äußerungen, in denen sich nichts äußert, Meinungen, die nichts konkret meinen.

Auf der anderen Seite verblüfft uns in den Protokollen gerade bei politischen Themen die große Zahl origineller und plastischer Bemerkungen. Ihre Prägnanz, ihre Dichte und Bildhaftigkeit üben eine faszinierende Wirkung auf einen wissenschaftlich ausgebildeten Leser aus, dem gerade diese Art des Ausdrucks nicht zur Verfügung steht, und er wäre geneigt, wie die Romantiker an eine sprachliche Sonderbegabung des einfachen Volkes zu glauben, wenn er nicht im nächsten Augenblick wieder von einer verwaschenen Phrase oder einer anderen sprachlichen Unart unserer Zeit abgeschreckt würde. Ein gutes Beispiel für dieses Nebeneinander von sprachlicher Laschheit und Schilderungskraft ist die bereits zitierte Erzählung von dem gekauften Vertrauensmann, der „gewerkschaftlich auf Zack" war und schließlich vom Chef mit Botengängen beschäftigt wurde.[50]

In Wahrheit entspringt beides der gleichen Situation. Der nachdenkliche Arbeiter befindet sich, wenn er über Politik spricht, in der Lage eines kritisch eingestellten Menschen, der ohne eine wissenschaftliche oder wissenschaftlich geprägte Bildung oder gar eine spezielle Methode sich mit relativ komplizierten Sachverhalten auseinandersetzen muß. In diese Situation gerät natürlich nicht nur er, sondern auch viele Menschen aus anderen sozialen Schichten. Aber seine Lage unterscheidet sich in charakteristischer Weise von der des Intellektuellen, d. h. eines Menschen, dessen Denkweise auch da von der Wissenschaft geprägt ist, wo er nicht Spezialist ist. Der Arbeiter muß versuchen, mit den Mitteln, die er besitzt, mit den Denk- und Ausdrucksmöglichkeiten seiner Sprache, mit den Anschauungsgehalten seiner Erlebniswelt, Tatsachen zu verarbeiten, die sich zugleich aufdrängen und entziehen. Dieser Versuch gelingt nur teilweise, dann freilich oft in glänzender und eigenwilliger Form. Wo er nicht gelingt, erliegt der Sprecher dem Überangebot von Stereotypen, Phrasen und Halbwahrheiten, d. h. er beginnt zu „pfuschen".

Wo die Chancen und Grenzen seiner Ausdrucksmöglichkeiten liegen, kann man sich klarmachen, wenn man sein Verhältnis zur Sprache mit dem des Gebildeten vergleicht.

Ein Mensch, der nach den heutigen Begriffen als gebildet gilt, weiß gewöhnlich, wie sehr er von der Sprache, in der er denkt, abhängig ist, wie sehr *sie* es ist, die für ihn denkt. Sprachbewußtsein halten wir ja gerade für ein wichtiges Merkmal der Bildung. Aber trotzdem ist es für ihn schwer nachzuvollziehen, daß der

---

50 Vgl. S. 159.

Nicht-Gebildete – wie auch der Autodidakt, der durchaus gebildet sein kann – in weit stärkerem Maß der Sprache, in der er denkt, ausgeliefert ist. Das überlieferte Bildungsideal, wie es von unseren Höheren Schulen und Universitäten angestrebt wird, fordert in hohem Maße Sprachbildung. Dazu gehört, daß die Sprache ins Bewußtsein gehoben und objektiviert wird. Dies ermöglicht bis zu gewissem Grade Distanzierung des Denkens vom sprachlichen Ausdruck und damit Relativierung, Kontrolle und gegebenenfalls Manipulierung sprachlicher Mittel, letzteres in Form von Kunstsprachen, Terminologien, Sprachregelungen usw.

Gerade auf diesen Möglichkeiten baut das wissenschaftliche Denken, aber auch das Gespräch auf der Ebene literarischer Bildung auf. Dem geistig aufgeschlossenen Arbeiter sind diese Möglichkeiten im allgemeinen versagt, er muß einen anderen Weg suchen. Fast könnte man sagen: er muß eine andere Technik des Denkens und Sprechens entwickeln.

Kann man die Sprache der Wissenschaft und der literarischen Bildung mit einem empfindlichen, in kleine, auswechselbare Teile zerlegbaren, mit Kontrolluhren versehenen Apparat vergleichen, so ähnelt die Sprechweise, der wir in den profilierten Protokollen begegnen, eher der Technik eines Freskomalers, der sofort, großflächig und überzeugend das gestalten muß, was er meint. Schon der erste Wurf muß glücken, denn es gibt keine Chance nachträglicher Korrektur.

Aus der Not wird eine Tugend gemacht. Da der Sprachschatz zu arm an abstrakten Begriffen ist, als daß einzelne Fäden aus dem Knäuel der Zusammenhänge herausgelöst werden könnten, muß die Überzeugungskraft der Aussage gerade aus der Kompaktheit der Formulierung kommen, aus der unauflöslichen Verbindung von individueller Anschauung und typisierender Sprache, die einer Meinung Dauerhaftigkeit verleiht.

Das Verhältnis zum Wort wird auf diese Weise zwar verbindlich, aber auch unelastisch. So ist einem Arbeiter der ausdrückliche Akt einer terminologischen Festlegung selten geläufig. Während der Wissenschaftler um der Verständigung willen problematische und schiefe Wörter als Termini akzeptiert und dies auch riskieren darf, da er durch Definitionen das Gemeinte immer wieder überprüfen kann, pflegt sich ein Arbeiter umgekehrt zu verhalten. In dem Augenblick, in dem er anfängt nachzudenken, rekurriert er auf den ursprünglichen Wortsinn. Trifft der Wortsinn auf den gemeinten Sachverhalt nicht zu, so kann man ihn nach seiner Meinung auch nicht so bezeichnen. Dieses Rekurrieren auf den Wortsinn, das außerordentlich beliebt ist, darf weder als Pedanterie noch als Spielerei aufgefaßt werden.

Es ist eine ursprüngliche Form, mit der das selbständige Denken anhebt und damit auch die Distanzierung vom herrschenden Gerede. Dieses Verfahren führt bei einer soziologischen Erhebung gelegentlich zu Überraschungen. Ein typisches Beispiel hierfür war die Beantwortung der Frage „Ist die Mitbestimmung hier im

Werk eingeführt?" Viele Arbeiter, und zwar oft gerade gutinformierte und nachdenkliche, antworteten mit „Nein", obwohl sie ganz genau wußten, daß es einen Arbeitsdirektor und Arbeitnehmervertreter im Aufsichtsrat gab und daß diese Institutionen vor einigen Jahren unter dem Namen „Mitbestimmung" eingeführt waren.[51] Aber „Mitbestimmung" hieß für sie: Die Arbeiter oder wenigstens ihre Vertreter *können* „mit bestimmen". Da dies nach ihrer Meinung nicht in nennenswertem Ausmaß der Fall war, sagten sie schlicht: „Es gibt hier keine Mitbestimmung." Freilich war es nicht schwer, den wahren Kenntnisstand dennoch festzustellen, weil die Frage nicht isoliert gestellt worden war.

Es ist ausgeschlossen, daß ein sprachliches Denken, das sich nicht analytisch an einen Gegenstand herantastet, sondern ihn gewissermaßen als ganzen in einem Zugriff, in einer kompakten Formulierung zu fassen versucht, dies ständig auf originelle Weise vollbringen kann. Es ist selbstverständlich darauf angewiesen, auf Bewährtes zurückzugreifen. Das Bewährte ist typischerweise nicht ein purer Gedanke, der nun in eine neue sprachliche Form gekleidet wird, sondern ein Topos, d. h. ein Gedanke, der bereits eine sprachliche Fixierung besitzt, die wörtlich weitergegeben wird. Wie an anderer Stelle ausgeführt ist, gibt es eine sehr große Zahl von Topoi in den Protokollen.[52] Auch der selbständig denkende Arbeiter, der nicht so phantasievoll sein kann, um immer wieder neue „Verdichtungen" selbst zu produzieren, kann auf Topoi nicht verzichten. Ein Topos ist deshalb nicht immer Ausdruck einer stereotypen Meinung, nicht immer das gewichtlose Füllsel eines lükkenhaften Gedankenganges. Er kann auch die Eigenschaften einer Münze haben, auf deren Feingehalt man sich verlassen kann und deren Wert nicht sinkt, wenn sie oft den Besitzer wechselt.

Inhalt und Form der politischen Topoi halten eine charakteristische Mitte zwischen Sprichwort und Schlagwort. Auch fehlt den vielfach gedankenlos dahingesprochenen Wendungen die absichtliche Politur eines Kunstproduktes, die dem Schlagwort zu eigen ist. Sie sind eine allmähliche Kristallisation der Umgangssprache. Vom Sprichwort unterscheiden sie sich wiederum dadurch, daß dem Sprecher ihr Zitatcharakter nicht bewußt ist. Sie sind selbst Argument, nicht Illustration einer These. Außerdem haftet der Art ihrer Pointierung ein aggressives Moment an. Sie können ihre Herkunft aus der Kritik und Polemik nicht verleugnen.

---

51 Vgl. S. 136.
52 Vgl. Abschn. II, S. 90 ff.

b) Arbeitgeber und Arbeitnehmer in der Ausdrucksweise der Hüttenarbeiter

Die Sprache ist stets ein nützlicher, allerdings kein zuverlässiger Wegweiser für den Soziologen. Nicht jedes verwendete Wort deutet auf das Vorhandensein eines entsprechenden Gedankens. Der Denkfaule gebraucht gedankenschwere Termini als Stereotypen, ohne etwas zu denken. Der schlichte Mensch behilft sich gelegentlich mit einer Phrase, weil sein armer Wortschatz keine schlichte Formulierung für das Gemeinte enthält. Ganzen Vorstellungskomplexen ist ihre ideologische Herkunft nicht mehr anzumerken, weil sie den Charakter eines „abgesunkenen Kulturguts" angenommen haben und damit auch ein anderes sprachliches Gewand.[53] Bei zentralen Themen, bei Themen, die immer wieder behandelt werden, darf man jedoch damit rechnen, daß die Vorstellungen auch eine adäquate Ausdrucksweise finden. Das gilt z. B. für die wichtigsten Fragen der sozialen Selbsteinschätzung und Verortung.

Wie bezeichnen die Arbeiter die Arbeitgeber, d. h. jene „Anderen", die die Kontrahenten in den Fragen der Mitbestimmung sind und die überhaupt die Folie ihrer sozialen Verortung abgeben müssen?

Nur selten benutzen sie das Wort Unternehmer, jenen Begriff, mit dem Arbeitgeber sich selbst am liebsten bezeichnen. Freilich ist dieses Wort bei den Hüttenarbeitern der untersuchten Werke bereits usurpiert für einen speziellen Personenkreis. Unter einem Unternehmer wird fast immer der Inhaber eines kleinen Betriebes, meist einer „Fremdfirma", die im Werksbereich bestimmte Aufgaben zu erledigen hat, verstanden. Die typische Redeweise lautet: „Erst habe ich beim Unternehmer gearbeitet. Dann wurde ich ins Werk übernommen." Nirgends wurde von „Managern" gesprochen. Das mag sich vielleicht seit der Zeit der Befragung etwas geändert haben. Denn in der heute üblichen Bedeutung ist dieses Wort in Deutschland erst in neuerer Zeit aufgekommen. Immerhin war auch damals, als die Gespräche stattfanden, der „Manager" bereits ein Modewort in weiten Kreisen geworden. Dagegen wurde sehr oft der aus paternalistischen Zeiten stammende Ausdruck „die Herren" gebraucht, freilich ohne den Beiklang der Ehrerbietung, den er früher gehabt haben mag. Die häufigste und unkonkreteste, aber deshalb vielleicht am besten passende Bezeichnung ist „die da oben", denn sie drückt das wichtigste und zugleich am wenigsten bestreitbare Merkmal aus, das „Obenstehen" im Vergleich zum „Untensein" der Arbeiter.[54] Beliebt waren aber auch die Worte

---

53 Vgl. S. 194. So hat sich z. B. das Mehrwertdenken erhalten, obwohl der traditionelle Terminus „Mehrwert" so gut wie ausgestorben ist.

54 Wegen seiner Gebräuchlichkeit, die uns bekannt war, und seiner Unkonkretheit glaubten wir, diesen Ausdruck auch selbst bei der Befragung verwenden zu dürfen.

„Kapitalist“ und „das Kapital“. Wenn von „dem“ Kapital die Rede ist, so kann darunter auch das investierte Geld verstanden sein. In der Regel ist aber eindeutig die Personengruppe gemeint, die Kapital besitzt bzw. verwaltet und dadurch Macht ausübt. Hier ist der traditionelle Sprachgebrauch der Arbeiterbewegung also noch lebendig. Das „Kapital“ ist eine durch wirtschaftliche Kategorien bestimmte Klasse, und zwar die Gegenklasse. Wir versuchten bereits zu erklären, warum sich hier der traditionelle Sprachgebrauch erhalten hat.[55] Während sich sonst viele ideologische Termini verloren haben, weil der bezeichnete Sachverhalt uninteressant oder mit dem überlieferten Wort nicht mehr recht zu treffen war, hat hier der Mangel an differenzierendem Wissen den Begriff konserviert und bisher nicht einmal das Modewort „Manager“ aufkommen lassen.

Wie steht es nun mit den alten Gegenbegriffen „Proletarier“ und „Proletariat“? Heinz Kluth[56] stellte auf Grund der Hamburger Befragung von Berufsschülern fest, daß die jugendlichen Arbeiter von heute mit den Begriffen „Proletarier“ und „Proletariat“ kaum noch etwas anfangen könnten. Vielfach seien die Wörter völlig unbekannt. Nur ein Bruchteil verbinde mit ihnen einen Sinn, der etwa in die richtige Richtung weise. Auch die erwachsenen Arbeiter, die von uns befragt wurden, benutzten diese Wörter nicht, obwohl die Befragung viele Anlässe bot, mit ihnen zu operieren. Sicher kann man annehmen, daß die älteren Arbeiter noch ihre Bedeutung kennen. Aber aus dem alltäglichen Vokabular sind sie offenbar ausgeschieden.

Dies braucht uns nicht zu wundern. Auf den relativ gut verdienenden Stahlarbeiter paßt der Begriff „Proletarier“ nicht. Wieweit er früher zum alltäglichen Wortschatz dieser Arbeitergruppe gehört hat, läßt sich schwer feststellen. Denn aus der Literatur, vor allem aus den Arbeiterbiographien, ist uns in der Regel nur die Redeweise politisch aktiver Arbeiter bekannt. Heute jedoch könnte keine Verheißung und kaum ein Erlebnis die Stahlarbeiter, die wir kennengelernt haben, dazu veranlassen, das Wort „Proletarier“ mit all seinen Nebenbedeutungen auf sich anzuwenden. Sie sind nun einmal nicht mehr Menschen, die „nichts zu verlieren haben als ihre Ketten“. Und ihre Lage ist nicht so exzeptionell, als daß sie den Reiz des Umschlagens einer ursprünglich diffamierenden Bezeichnung in einen Ehrentitel empfinden könnten. Oder anders ausgedrückt: Es bedarf zur Herstellung ihres Selbstbewußtseins nicht der Dramatik, die in den Begriffen „Proletarier“ und „Proletariat“ liegt.

Wie aber spricht der Arbeiter von sich selbst? Er könnte von sich natürlich auch schlicht als „Arbeiter“ reden. Nun ist allerdings der Begriff des Arbeiters heute ebenfalls problematisch geworden. H. Kluth behauptet auf Grund der Ham-

55 Vgl. S. 172.
56 Arbeiterjugend gestern und heute, aaO., S. 147 ff., S. 346.

burger Berufsschülerbefragung nicht, daß er in gleicher Weise im Aussterben befindlich sei wie der des „Proletariers". Jedoch glaubt er, daß er von Bedeutungswandlungen ergriffen sei, die ihn seiner soziologischen Prägnanz berauben. Auch der „Arbeiter"-Begriff hätte in der jüngeren Vergangenheit seine Fixierung und umfassende Bedeutung unter politischem Aspekt erhalten und gerate deshalb mit dem Zerfall des proletarischen Klassenbewußtseins ebenfalls in Fluß. Einerseits sei deutlich eine Einengung zu bemerken, durch die er gewissermaßen zu einer „Berufsbezeichnung der Berufslosen" werde, d. h. derer, die *nur* Arbeiter seien und keine besondere fachliche Qualifikation aufwiesen. Andererseits sei zugleich aber auch eine Ausweitung festzustellen, eine Tendenz, alle Menschen, die arbeiten, Arbeiter zu nennen.

Der Nationalsozialismus habe mit dem Schlagwort vom „Arbeiter der Stirn und der Faust" demagogischen Nutzen aus dieser Entwicklung ziehen können, die bei seinem Aufkommen schon in Gang war. Kluth führt zustimmend Sombarts Wendung an, daß „Arbeiter" eines der „völlig sinnlosen Worte" sei, und glaubt, die These aufstellen zu können, der Arbeiter sei im Begriff, „seine Existenz zu dementieren".[57-58]

Die Protokolle unserer Befragung zeigen nun, daß die Befragten sich nur in wenigem so einheitlich verhalten wie in der Anwendung des Wortes „Arbeiter". Die Jungen wie die Alten, die qualifizierten Facharbeiter genauso wie die Hilfsarbeiter sprechen von sich als „Arbeitern". Natürlich verwenden sie dies Wort nicht als Berufsbezeichnung. Ist vom Beruf die Rede, so nennt selbstverständlich jeder die präzise Bezeichnung: Dreher, Walzer, Schmelzer etc., insbesondere wenn sie eine Qualifikation ausspricht. Verlegenheitshalber – und dies mag vielleicht Kluths These verständlich machen – wird, wenn von einer bestimmten Tätigkeit gesprochen wird, „Arbeiter" statt „Hilfsarbeiter" gesagt. Das scheint sehr oft bei unserer Frage nach dem Beruf des Vaters der Fall gewesen zu sein. Aber der Grund ist leicht einzusehen: Nicht weil sich der Begriff „Arbeiter" eingeengt hat, sondern gerade weil er umfassend geblieben ist, wird er gern genannt, denn er läßt offen, ob der Genannte qualifizierte oder unqualifizierte Arbeit getan hat.

All dies deutet also nicht auf einen Bedeutungswandel. Was unter „Arbeiter" verstanden wird, zeigen so gut wie sämtliche Protokolle: nämlich die Angehörigen derselben Personengruppe, die auch in der offiziellen Terminologie „Arbeiter" genannt werden. Diese Personengruppe wird als Kollektiv gedacht. Und mit diesem Kollektiv identifizieren sich so gut wie alle Befragten. Der Soziologe mag immerhin zweifeln, ob es angesichts der Vielfalt industriellen Lebens „den" Arbeiter gibt. Aber er muß sich darüber klar sein, daß niemand so oft von „dem" Arbei-

57-58 Arbeiterjugend gestern und heute, aaO, S. 19, S. 55.

ter spricht wie der Arbeiter selbst. Die Aussagen zeigen immer wieder, daß Ausdrücke wie „die Arbeiter", „die Arbeiterschaft", „der Arbeiter" oder „wir Arbeiter" in gleicher Bedeutung oft kurz hintereinander von den gleichen Befragten gebraucht werden. Und zwar werden sie stets in dem Augenblick verwendet, in dem das Gespräch die spezielle Sphäre des Berufs und der Arbeitsstätte überschreitet und von größeren Zusammenhängen die Rede ist: vom Werk und seiner sozialen Ordnung, von der Industrie, von der gesamten Gesellschaft und von Politik. So ist es stets der „Arbeiter", der dem „Kapital" oder auch den „Herren", „denen da oben" gegenübergestellt wird, nicht aber der Facharbeiter, der Handwerker, der Schmelzer, der Drahtwalzer. Kein Berufsstolz oder gar Berufsdünkel – auch den fanden wir – kann davon abhalten, bei Fragestellungen dieser Art von sich als Arbeiter zu sprechen. Daß das Wort „Arbeiter" nicht nur ein unentbehrlicher formaler Terminus ist, der Personen in einem bestimmten versicherungsrechtlichen Verhältnis zusammenfaßt,[59] sondern konkreten Inhalt besitzt, erkennt man z. B. gerade aus der Beliebtheit der singularischen Form, die die Einheit des Kollektivs betont. Mitunter wird sogar die grammatikalisch kuriose Redensart „Der Arbeiter ist sich nicht einig" gebraucht. Die folgenden Zitate verdeutlichen den Sprachgebrauch:

> „Dazu will ich sagen, daß ein sozialer Wohlstand dem einzelnen Arbeiter durch den technischen Fortschritt vielleicht gar nicht gegeben wird. Es ist schon immer so gewesen, daß die Obersten den Arbeiter, den kleinen Mann, nie hochkommen lassen, und das wird auch nie anders." (577, Reparaturschlosser, 28 Jahre.) „Das Kapital des Werkes, die Produktion und der Verbrauch werden auch vom Arbeiter mitbestimmt … Wenn der Arbeiter genug Geld kriegt, pfeift er auf seine Vorrechte. Das sieht man doch am Prämiensystem … Ich bin Arbeiter und Sie sind Studierter … Man will wieder wie früher aus dem Arbeiter Kapital rausschlagen. Die schlechten Zeiten sind für den Unternehmer eben vorbei. Wir hätten das Mitbestimmungsrecht voll und ganz, wenn die Arbeiter sich untereinander einiger wären. Aber die da oben haben das eben so eingerichtet, daß sich die Arbeiter untereinander nie einig werden können … Der Arbeiter ist für die Mitbestimmung nicht reif. Die kann er nicht verdauen. Er kann niemals einig bleiben. Daran wird die Mitbestimmung scheitern." (682, Spezialwerkzeugstoßer, 33 Jahre.) „Wo Mitbestimmung ist, kann der Arbeiter auch mehr mitreden, das ist klar … Man sollte sich eigentlich dafür mehr interessieren, man weiß zu wenig davon, und es ist doch für den Arbeiter wichtig." (724, Reparaturschlosser, 28 Jahre.) „Der Arbeiter weiß noch nicht, was er alles daran hat. Man hätte ihn, meine ich, besser belehren müssen, bevor man ihm solche Rechte gab. Sie sehen es ja an mir …" (584, Reparaturschlosser, 29 Jahre.)

59 Arbeiterjugend gestern und heute, aaO., S. 16 f.

Diese Äußerungen stammen aus Gesprächen mit – teilweise hochqualifizierten – Facharbeitern. Man erkennt, mit welcher Selbstverständlichkeit auch gerade diese Befragten sich selbst als „Arbeiter" identifizieren, selbst dann, wenn sie das Kollektiv, zu dem sie sich rechnen, kritisieren.

H. Kluth erwähnt[60] den beliebten Topos „Der Arbeiter ist ja doch stets der Dumme" und meint, daß diejenigen, die ihn gebrauchen, gleichsam in Gedanken ein „aber nicht ich" hinzusetzen. Diese Redensart sei geradezu ein Symptom dafür, daß junge Arbeiter sich selbst nicht mehr eigentlich als Arbeiter empfänden. Der stereotype Satz „Der Arbeiter ist ja doch der Dumme" ist in den Gesprächen mit den Hüttenarbeitern ebenfalls sehr oft aufgetaucht, aber fast stets bezog ihn der Sprecher auch auf sich selbst. Resignierend, mit einem Einschlag von Selbstironie glaubte er die eigene Gruppensituation zu charakterisieren.

In diesem Sprachgebrauch spricht sich das aus, was wir als „Arbeiterbewußtsein" bezeichnen.[61] Um dieses im Zusammenhang darstellen zu können, bedarf es noch weiterer Überlegungen.

c) Gegenwärtigkeit vergangener Ereignisse

In der politischen Rhetorik genauso wie im alltäglichen Gespräch erleben wir immer wieder, daß Ansprüche oder Entscheidungen ihre Legitimation nicht durch knappe Schlußfolgerungen erhalten, sondern durch ermüdende, weitschweifige Erzählungen längst bekannter Geschehensabläufe. Der zuhörende Intellektuelle wird dann leicht ungeduldig und beschuldigt den Redner der Redseligkeit oder Gedankenflucht. In Wahrheit zeigt der Sprecher häufig ein legitimes Verhalten, das demjenigen, dessen Denken in irgendeiner Weise von der Wissenschaft geprägt ist, fremd zu werden pflegt. Die aktuelle Stellungnahme bleibt bei diesem Vorgehen eingebettet in die konkrete Gesamtheit eines Geschehensablaufs: einer „story" oder einer „Historie". Diese Ganzheit wird nicht zerlegt in nackte Tatsachen und Lehren, die man aus ihr ziehen könnte, die beide in Wahrheit bereits Abstraktionsprodukte sind, sondern bleibt ungeteilt als Vergangenheit konkret.

Das politische Denken der befragten Hüttenarbeiter ist nun freilich auch durchsetzt von Denkformen abstrakter Art. Wir finden Verdeutlichungen durch Quantifizierung und Modelle ideologischen Ursprungs. Dennoch gewinnen ihre Stellungnahmen die größte Sicherheit und Gewichtigkeit dort, wo es gelingt, ein Stück konkret erlebter Geschichte gegenwärtig zu machen.

60 Arbeiterjugend gestern und heute, aaO., S. 176.
61 Vgl. Abschn. V, S. 258 ff.

Diese primäre Form der Geschichtlichkeit eines menschlichen Verhaltens – in diesem Falle der aktuellen Stellungnahme – ist uns wohl vertraut. Wir besinnen uns nur seltener auf sie, weil die Vergegenwärtigung der Vergangenheit, präziser gesagt: das „Zur-Gegenwart-Machen" der Vergangenheit, vielfach geprägt wird durch ein Geschichtsbewußtsein, das überwiegend vermittelt ist: durch Lernprozesse, Sehenswürdigkeiten, Theorien, Propaganda etc. Diese Vermittlungen drängen das unmittelbare Erlebnis, das unter größeren Aspekten sowieso nicht ausreicht, um die eigene Situation zu verorten, so weit in den Hintergrund, daß die eigene Erinnerung sogar verfälscht und umgedeutet oder — was fast auf das Gleiche herauskommt – einer einseitigen Selektion unterworfen werden kann. Ja, es gibt sogar den Verzicht auf die Vergegenwärtigung von Selbsterlebtem: Abstrakt denken wir über Dinge nach und beurteilen sie falsch, obwohl die eigene Erinnerung an den Hergang der Ereignisse genügend konkrete Vorstellungen enthält, um das Bild zu korrigieren.[62]

Wir wollen uns hier jedoch auf einige Vorstellungskomplexe beschränken, in denen sich jeweils ein Stück selbsterlebter Geschichte spiegelt. Es ist zweckmäßig, hierbei den Begriff „selbsterlebt" nicht allzu eng zu fassen. Z. B. auch das, was gerade noch blasse Jugenderinnerung ist, durch die Erzählungen der Väter jedoch nachträglich Konturen erhalten hat, besitzt jene Unmittelbarkeit und Konkretheit, die wir meinen. Dasselbe gilt für die Kriegserlebnisse, die der Kollege am Biertisch erzählt, wenn sie aus eigenem Miterleben des Krieges nachvollziehbar sind.

Die für das Geschichtsbild und damit auch das politische Urteil relevanten Erlebnisinhalte der heutigen Arbeiter sind nicht die gleichen wie etwa in der Zeit der Weimarer Republik. Es wird oft darauf hingewiesen, daß es heute keine Arbeiter mehr gibt, die bewußt die Zeit der Sozialistengesetze miterlebt haben, und daß nur ältere Leute als Erwachsene Anteil an den Ereignissen von 1918 genommen haben. Zu wenig wird aber bedacht, daß inzwischen neue Ereignisse zu Erlebnissen geworden sind und die Erfahrungsurteile mitprägen.

Das Material unserer Befragung kann keinen erschöpfenden Überblick über die vorhandenen, in Betracht kommenden Erfahrungsbestände geben, wohl aber Hinweise. Unzulänglich ist unser Material vor allem hinsichtlich der Auswirkungen der individuellen Kriegserlebnisse, die nur mittelbar spürbar sind. Dennoch ist eines feststellbar: Die Tatsache, daß der letzte Krieg mehr noch als der Erste Weltkrieg viele Männer ins Ausland verschlagen hat, erweiterte ohne Zweifel den Horizont. Wahrscheinlich ist es nicht so sehr die Erweiterung des Wissens – der Soldat hat wenig Gelegenheit, welches anzusammeln – als die Veränderung der Ausgangspunkte jeder Überlegung. In derselben Richtung wirkt die

62 Als Schulbeispiel hierfür können die Wandlungen dienen, die das deutsche Bewußtsein vom Ersten und Zweiten Weltkrieg in den jeweils nachfolgenden Friedensjahren erfahren hat.

eigentümliche „Internationalisierung", die das Leben unter einem Besatzungsregime oder in einem Gefangenenlager mit sich bringt. Den heute lebenden Arbeitergenerationen ist es nicht möglich, den „Franzmann", den „Katzelmacher" oder „den" Amerikaner so zu sehen, wie es die Väter noch 1914 vermochten. Eine Relativierung nationaler Aspekte, eine abwägende Beurteilung ausländischer Politik geht dem Arbeiter von heute, dem jüngeren vielleicht noch mehr als dem älteren, viel leichter von der Hand als den Großvätern, denen ein ideologischer Internationalismus mühsam und mit mangelhaftem Erfolg anerzogen wurde.

Ferner scheint es, daß die weitverbreitete Ablehnung der Wiederbewaffnung nicht allein durch propagandistische Beeinflussung zustande gekommen ist, sondern auch durch Kriegserlebnisse und vor allem das Erlebnis des Zusammenbruchs. Die Befragungsergebnisse berechtigen in diesem Punkte nur zu Vermutungen, denn das Thema der Wiederbewaffnung wurde aus naheliegenden Gründen nicht angeschnitten. Es war aber auffallend, daß viele Arbeiter gerade bei Fragen, die nichts unmittelbar mit der Remilitarisierung zu tun hatten und auch keine durch Propaganda vorgebahnte Assoziationschance boten, auf dieses Thema zu sprechen kamen, und zwar fast durchweg in negativen Stellungnahmen.[63]

Auch die starke Neigung zur Resignation in politischen Fragen ist vielfach erlebnisbedingt in dem weiten Sinn, in dem wir hier von Erlebnissen sprechen. Es gibt zwar heute in Deutschland keine politische Gruppe, die es ernsthaft darauf anlegt, den Arbeiter einzuschüchtern. Keiner größeren „arbeitgeberfreundlichen" Zeitung käme es z. B. in den Sinn, in einer Polemik gegen gewerkschaftliche Forderungen den Konflikt als einen einfachen Machtkampf darzustellen. Stets wird sie in solchen Fällen auf die „wahren Interessen" der Arbeiter anspielen, die mit den Zielen der Gewerkschaftsleitung jedoch nicht identisch seien. Dennoch ist das Gefühl, befeindet zu werden und dem feindlichen Gegner politisch unterlegen zu sein, unter den Arbeitern, wie wir gesehen haben, weitverbreitet. Eine Ursache hierfür ist das tägliche Erlebnis der Arbeitsumwelt, das dem Arbeiter immer wieder vor Augen führt, daß nicht *er* es ist, der die Entscheidungen fällt, sondern „die da oben" oder „die Herren". Es liegt nahe, diese Erfahrung auf die Sphäre der Politik zu übertragen. Eine andere Ursache ist die erlebte individuelle Machtlosigkeit gegenüber den modernen Superstrukturen. Nicht weniger wichtig ist aber ein Drittes: Die Arbeiter von heute haben noch öfter als die Arbeiter der zwanziger Jahre erlebt, daß die Hoffnungen der Arbeiterbewegung enttäuscht wurden. Diese Enttäuschungen griffen unmittelbar in die Erlebnissphäre ein. Die Zerschlagung der Gewerkschaft, die radikale Durchführung des Führerprinzips im Betrieb

63 So brachten nicht weniger als 37 Arbeiter die zur Zeit der Befragung bestehenden, inzwischen längst überwundenen Absatzschwierigkeiten der Stahlindustrie mit der Frage der Wiederbewaffnung in Verbindung. Vgl. Abschn. III, S. 113.

(„Betriebsführer“ und „Gefolgschaft“), die Verfälschung des Gewerkschaftsgedankens durch die Arbeitsfront, die harten Arbeitsanforderungen während des Krieges, die die Errungenschaften der Arbeiterbewegung (z. B. den Achtstundentag) teilweise illusorisch machten, und für manche schließlich auch der Zusammenbruch einer Politik, die ja ebenfalls das Glück des kleinen Mannes versprochen hatte, all das verstärkte die Tendenz zu einer Resignation, die schon im Jahre 1933 nicht gering gewesen ist.

Auch die Zeit von 1918 bis 1933 war für den politisch bewußten Arbeiter vorwiegend eine Zeit der Enttäuschungen. Wohl brachte sie die Erfüllung wichtiger sozialpolitischer Forderungen. Aber es sind nur die wenigen Jahre von 1925 bis 1929, in denen er ihre Früchte genießen konnte. Vorher war sein Leben durch die Inflation, danach durch die Weltwirtschaftskrise bestimmt.

Hinzu kommt, daß die Revolution von 1918 weder von Kommunisten noch von Sozialdemokraten als „gelungen“ betrachtet werden konnte. Denn im Prinzip hatte sich an der Wirtschaftsordnung nichts geändert und die Versuche, nachträglich doch noch zu einer anderen Ordnung zu gelangen, wurden durch Truppen zerschlagen, deren gegenrevolutionäre Tendenzen klar erkennbar waren. Daß die Niederwerfung der Aufstände teilweise im Auftrag einer sozialdemokratischen Reichsregierung geschah, d. h. daß eine „Arbeiterregierung“ auf Arbeiter schießen ließ, erzeugte eine Bitterkeit, die heute noch manchmal im Gespräch mit älteren Arbeitern zu spüren ist.

In dieser Zeit entstand wahrscheinlich auch die durch nichts zu erschütternde Meinung, „die Arbeiter seien sich nicht einig“. Diese Ansicht ist nicht nur das Ergebnis von Zeitungslektüre: Der Arbeiter des Ruhrgebiets konnte die Kämpfe, während derer sein Herz bestimmt nicht auf der Seite der Reichswehr war, selbst in seiner Heimatstadt erleben. Und in der Folgezeit erfuhr er die Gespaltenheit der Arbeiter in jedem Streik und in allen Wahlkämpfen, die damals härter waren und nachhaltiger in den Alltag eingriffen als heute. Die Einzelheiten dürften den jüngeren Arbeitern oft nicht mehr bekannt sein. Aber von Bedeutung für sie war ohne Zweifel, daß ihre Väter nicht in der Lage waren, mit Stolz und ungebrochener Hoffnung auf späteren Sieg die Niederlage von 1933 hinzunehmen, wie es etwa den Sozialdemokraten zur Zeit der Sozialistengesetze möglich war. Das Jahr 1933 und alle folgenden Ereignisse lieferten die Bestätigung eines Pessimismus, der schon vorher langsam herangewachsen war. Die junge Generation wuchs von vornherein in ihn hinein. Zum mindesten bot er in Form einer habituellen Skepsis eine Ausrede, sich nicht ernsthaft mit den Zielen der alten Arbeiterbewegung zu beschäftigen, deren praktische Verwirklichung vorerst sowieso ausgeschlossen war.

Der Wiederaufbau der Arbeiterorganisationen begegnete nach 1945 einer Skepsis, die es in der Arbeiterschaft wahrscheinlich nicht einmal in den Zeiten der Weimarer Republik gegeben hatte, obwohl gerade damals die ersten Anfänge einer Resignation zu suchen sind. Unter den bewußtseinsbildenden Erlebnisbeständen waren also diejenigen in den Vordergrund getreten, die eine skeptische oder gar pessimistische Einstellung zur aktuellen Politik begünstigten und die politische Aktivität lähmten.

Wie steht es nun mit den Ereignissen nach 1945? Gab es solche, die das politische Selbstvertrauen der Arbeiterschaft stärken konnten und damit auch zur Aktivität ermunterten? Wir müssen beachten, daß wir hier nicht aus der Perspektive des Arbeiterfunktionärs fragen dürfen, der in der Tat nach 1945 Chancen des Wirkens und zugleich des individuellen sozialen Aufstiegs fand wie nie zuvor, sondern aus der Perspektive des Arbeiters, der sich seiner vom Funktionär unterschiedenen Situation bewußt ist. Auch vielen Arbeitern ist die rasche wirtschaftliche und soziale Verbesserung ihrer Lage seit Kriegsende bewußt, und teilweise schreiben sie diese den Arbeiterorganisationen, vor allem den Gewerkschaften zu. Daß das „Betriebsklima" (übrigens ein Wort, das von den befragten Arbeitern nicht gebraucht wird) besser ist als früher, wird oft betont. Die Erhöhung des Lebensstandards wird zwar kaum ausdrücklich anerkannt, was freilich bei einem Lohnempfänger fast auf Selbstverleugnung hinausliefe, wird aber auch nicht gerade abgestritten. Auf die Wichtigkeit der Organisationen wird sehr oft hingewiesen, gern in der negativen Formulierung, daß ohne Gewerkschaft der Arbeiter verraten und verkauft sei.

Aber werden diese selbsterlebten Gewerkschaftserfolge von den Arbeitern als *eigene* Erfolge angesehen? Stellen sie sich im Bewußtsein als „Siege der Arbeiterschaft" dar, die das Selbstvertrauen in das eigene Handeln zu stärken vermögen? Bilden sie den Erlebnishorizont für eine Identifikation der Arbeiter mit ihren Organisationen? Oder herrscht, wie Bednarik dem jungen Arbeiter von heute nachsagt,[64] die Tendenz vor, von den Errungenschaften der Arbeiterbewegung genauso zu profitieren wie von den Einrichtungen des Wohlfahrtsstaates, nämlich möglichst viel herauszuholen, ohne sich an eines von beiden zu engagieren? Auf diese Frage läßt sich keine eindeutige Antwort geben. Die wiedererweckten Gewerkschaften waren nicht in gleichem Sinne das Produkt eines Zusammenschlusses der Arbeiter wie die alten. Sie waren eines Tages wieder da, und der Einzelne trat ein, weil es nun einmal Tradition war, weil er dazu gedrängt wurde oder weil er in einem persönlichen Anliegen die Gewerkschaft brauchte. Freilich bildete sich allmählich dann doch so etwas wie Solidarität wieder heraus. Aber es wäre zuviel gesagt, wenn man diese als kämpferisch charakterisieren wollte. Dazu waren die Anlässe gewerkschaftlicher Aktivität in der Nachkriegszeit für den einzelnen Arbeiter zu undramatisch. Oder um auf das eigentliche Thema dieses Ab-

64 *Karl Bednarik,* Der junge Arbeiter von heute – ein neuer Typ, Stuttgart 1953, S. 53.

schnittes zurückzulenken: So wichtig, zusammengerechnet, die Einzelerfolge für die Situation des Arbeiters waren, für sich genommen waren sie jeweils zu unbedeutend, als daß sie zu bewußtseinsbildenden Erinnerungen und damit zum geschichtlichen Horizont aktiven politischen Verhaltens werden konnten. Es kam wohl zu Zuspitzungen der Situation, aber nur selten mußten Konflikte vom Arbeiter selbst ausgetragen werden.

Ein bezeichnendes Beispiel ist der Kampf um die Einführung der Mitbestimmung. Fast wäre es zu einem allgemeinen Streik gekommen. Aber dann kam es zu einer Einigung, und der Streik war nicht mehr nötig. Das Interesse flaute wieder ab, und nicht wenige Arbeiter bemerkten gar nicht, daß die Mitbestimmung einige Zeit später in den Werken eingeführt wurde. Manche Arbeiter erklärten, sie wüßten gar nicht, „wie das damals ausgegangen ist", andere meinten, es sei wohl „alles wieder eingeschlafen". Man erkennt: der Kampf um die Mitbestimmung ist bei jenen Arbeitern, die seinen Abschluß nicht mehr realisierten, ganz bestimmt auch nicht zu einem Erlebnis geworden, das aktuelle Stellungnahmen profiliert.

Man kann dies bis zu einem gewissen Grade verallgemeinern. Die Mitbestimmung mag für viele Arbeiter eine wichtige Angelegenheit sein. Aber es fehlt ihr etwas: Der erfolgreiche Kampf um sie lebt im Bewußtsein der meisten nicht als ein „Ereignis" weiter.

Daß es gelegentlich auch heute zu Erlebnissen dieser Art kommt, zeigt ein anderes Beispiel, das unsere bisherigen Behauptungen zwar nicht aufhebt, aber etwas einschränkt. Auch in der westdeutschen Arbeiterschaft der Nachkriegszeit hat es einmal so etwas wie ein heroisches Erlebnis gegeben: bezeichnenderweise war es nicht ein politischer Kampf, sondern der erste, unter größten Entbehrungen durchgeführte Wiederaufbau der Werke in den Jahren unmittelbar nach dem Kriege. Immer wieder wird in den Gesprächen auf jene Zeit verwiesen. Typische Wendungen sind: „Damals haben wir für eine Zigarette den Tag gearbeitet", „Wir haben die Werke aufgebaut – wo waren denn damals die Herren?", „Damals sind wir mit hungrigem Magen jeden Tag ins Werk gezogen und haben getan, was wir für richtig hielten."

In der Tat hing damals sehr viel von der freiwilligen und mit Geld nicht zu vergütenden Aktivität der Arbeiter und der Gewerkschaften ab. Daß dieses Verhalten, wie häufig behauptet wird, sogar Demontagen verhindert hat, weil man nicht wagte, bereits wieder in Gang gesetzte Anlagen abzubauen, ist bekannt.

Die Berufung auf diese Leistung spielt als Argument für die Mitbestimmung eine große Rolle. Bedenkt man aber, daß dieser erste Wiederaufbau in der Vorwährungsreformzeit fast die einzige bedeutende konkrete Kollektiverinnerung aus der Nachkriegszeit darstellt, die aktives politisches Verhalten auf den Plan rufen und legitimieren konnte, so wird die Problematik des politischen Denkens der Arbeiterschaft deutlich. Erstens bietet die Erinnerung ja eigentlich nur ein zusätzliches Argument für den Anspruch auf Mitbestimmung, das ein Anhänger der Marxschen Mehrwertlehre, genau genommen, nicht notwendig hätte. Nun ist die Mehrwertlehre tatsächlich so etwas wie ein „abgesunkenes Kulturgut" geworden. Aber unsicher, wie die Arbeiter heute in ihrem Urteil sind, bedürfen sie des Hinweises auf eine Zeit, in der sie nicht einmal sinnvoll entlohnt worden sind.

Zweitens ist das Tun, auf das sich das Argument beruft, kein eigentlich politisches Tun gewesen, sondern Arbeit. Es läßt sich nur eine Forderung auf diesem Tun gründen, aber keine Lehre aus ihm ziehen. Es stellt keine Erfahrung dar, die sich auf die politische Praxis anwenden läßt. Es bietet Gelegenheit zum Räsonnieren und zum Argumentieren gegen den Gegner. Aber es ist kein Stoff für eine interne Diskussion, die weiterführt, und ist deshalb auch nur beschränkt „ideologisch verwertbar". Deshalb kann diese Erinnerung auch nur Argument für die Generation sein, die diese Wiederaufbauzeit selbst miterlebt hat. Sie kann nicht tradiert werden wie etwa das hundertfach durchdiskutierte Erlebnis einer gelungenen oder auch mißlungenen Revolution.

d) Von der Utopie zum Ablaufmodell

Das Geschichtsbewußtsein einer sozialen Gruppe und damit auch ihr politisches Denken kann nicht allein auf Erlebnissen aufbauen, auch wenn diese zur Erfahrung verarbeitet sind. Genauer: Die Destillation des unmittelbaren Erlebnisses zur Erfahrung gelingt angesichts der Größenordnung und Vielfalt der Sachverhalte geschichtlichen Ranges nur dann, wenn andere Wissensquellen und Denkschemata hinzukommen, die die Erlebnisse ergänzend aufschließen und auch das ansprechbar machen, woran die nuancenreichste Alltagssprache scheitern muß. Diese vermittelnden Denkformen und Wissensbestände können in verschiedener Gestalt auftreten: als Bildung, als religiöse Tradition oder auch als Ideologie.

In einem geschichtlichen Bewußtsein vermischen sich stets mittelbar und unmittelbar gegebene Bestände. Wo es sich zu einem Geschichtsbild rundet, gehen sie eine unauflösliche Legierung ein. Zum mindesten gilt dies für den Kern eines solchen Bewußtseins, z. B. für die Formen der Verortung in der Gesellschaft und im geschichtlichen Ablauf. Diese sind teils ausgesprochene, teils unausgesprochene Voraussetzungen des politischen Denkens. Die Verwobenheit von Unmittelbarem und Mittelbarem ist geradezu ein Merkmal des geschichtlichen Bewußtseins, und man könnte die These vertreten, daß die Ungeschichtlichkeit da anfängt, wo eine der beiden Komponenten zur Bedeutungslosigkeit herabsinkt. Wir wollen diesen Zusammenhang an einem Beispiel erläutern.

Es ist bekannt, daß der Übergang vom „utopischen" zum „wissenschaftlichen Sozialismus" die utopischen Elemente im Denken der Arbeiterbewegung nicht ausschalten konnte. Ja, es hieße diese Auseinandersetzung mißverstehen, wollte man ihr diesen Sinn unterlegen. Wir wollen hier nicht auf die geistesgeschichtlichen Probleme eingehen, die dem Begriff der „Utopie“ anhaften, auch nicht auf das Verhältnis von Utopie und Eschatologie. Für unsere augenblickliche Fragestellung genügt es, unter einer Utopie das Bild einer vollkommenen Zukunftsgesellschaft zu verstehen, deren Verhältnisse sich grundlegend von der gesellschaftlichen Wirklichkeit unterscheiden, in der die Anhänger der Utopie leben. Der grundlegende Unterschied, der als Kontrast dem politischen Handeln Schwung, Dramatik und ideologische Stabilität zu geben vermag, bedeutet aber zugleich auch eine so große Trennung von Ideal und Wirklichkeit, daß das alltägliche politische Handeln, auf Nahziele angewiesen, in Gefahr geraten kann, richtungslos zu werden. Je perfekter das Zukunftsbild, desto schwerer ist es, dem politischen Denken und Verhalten eine täglich benutzbare Brücke zum eigentlichen Fernziel zu erhalten.

Man kann den Kampf um die Verwissenschaftlichung des Sozialismus nun – obwohl dies natürlich nur ein Teilaspekt ist – verstehen als ein Bemühen um einen Brückenschlag von der Wirklichkeit zur Utopie, die somit ihren unverbindlichen, realitätsfernen Charakter verlieren soll. Dies geschah nicht nur durch eine komplizierte Theorie über das Verhältnis von Theorie und Praxis und durch den wissenschaftlichen Aufweis der Gesetzmäßigkeit, mit der der Geschichtsprozeß auf das Ziel der klassenlosen Gesellschaft hinlaufen soll, sondern – und dies ist für die politische Praxis der orthodoxen Marxisten wichtig – durch die Benennung der jeweils möglichen Zustände und Verhaltensweisen und ihre Einordnung in den großen dialektischen Geschichtsprozeß, wodurch sie die Funktion sinnvoller, ja notwendiger Zwischenstufen übernehmen.

Das „Parteichinesisch“, die umständliche, spitzfindige und vielen unverständliche Sprache, mit der in kommunistisch regierten Ländern oft scheinbar ganz einfache Sachverhalte erörtert werden, hat seine Wurzel vor allem in dieser Praxis.

Diese Art des dialektischen Denkens ist nun auch in ihren vergröberten Formen dem größten Teil der westdeutschen Arbeiter heute fremd und war es wahrscheinlich auch früher schon. Selbst in den östlichen Ländern dürfte nur ein Bruchteil der „Klassenbewußten“ tatsächlich in diesen Figuren denken.

Entscheidend ist aber – auch für das Bewußtsein der Arbeiterschaft selbst –, daß auch die offizielle Sprechweise innerhalb der nichtkommunistischen deutschen Linken von dieser Denktradition schon seit langem nicht mehr ernsthaft bestimmt wurde. Bereits in den zwanziger Jahren machte sich in den linksstehenden freien Gewerkschaften genauso wie in der Sozialdemokratie das Fehlen einer Methode bemerkbar, mit der sich das utopische Fernziel, an das man immer noch glaubte, mit den aktuellen Entscheidungen der praktischen Politik in Verbindung bringen ließ.

Dieser Vorgang spiegelt sich in dem Gegensatz von Doktrin und Realpolitik, der die Führerschaft spaltete, in der Arbeiterschaft große Unsicherheit des Urteils verbreitete und die bereits vorhandene Skepsis stärkte.

Die Erinnerung an diese Zeiten, die Angst vor der eigenen Uneinigkeit, vor allem die Sorge um den Bestand der Einheitsgewerkschaft und die unmittelbar nach dem Zweiten Weltkrieg entstandene Chance, praktische Politik zu betreiben, mag in der Führerschaft der Arbeiterorganisationen die Tendenz erzeugt haben, „fruchtlose theoretische Diskussionen" und damit auch Diskussionen über das „utopische Fernziel" auf die lange Bank zu schieben. Die so oft enttäuschte und ernüchterte Arbeiterschaft der Nachkriegszeit hatte dagegen nichts einzuwenden. Erörterungen über die Verwirklichung der klassenlosen Gesellschaft, die, falls überhaupt realisierbar, in kaum vorstellbare Ferne gerückt war, wären sowieso nur einem skeptischen Achselzucken begegnet. Selbst die Diskussionen, die nach 1945 über die Sozialisierung der Grundstoffindustrien geführt wurden, haben aller Wahrscheinlichkeit nach wenig Interesse gefunden; jedenfalls haben sie in den Stellungnahmen der befragten Hüttenarbeiter nur ganz geringe Spuren hinterlassen. Die Vorteile, die aus dem – teilweise bewußt geübten – Verzicht auf Diskussionen über theoretische, programmatische und weltanschauliche Fragen entstanden, waren mit den Händen zu greifen: Es war in Westdeutschland nach dem Zweiten Weltkrieg bequemer, Arbeiterpolitik zu treiben, als früher in Deutschland oder auch heute im Osten, wo jede taktische Schwenkung eine exegetische Bearbeitung der klassischen Schriften erfordert.

Ob die so gewonnene Elastizität nun einer anders fundierten Zielstrebigkeit oder nur einem sich realpolitisch gebenden Opportunismus zugute kam: Die Arbeiter jedenfalls waren, obwohl sie sich in ihrer Mehrheit nach dem Krieg wieder ihren alten Organisationen zuwandten, in ihrer Urteilsbildung in stärkerem Maße sich selbst überlassen als in der Vergangenheit. Und es ist kein Wunder, wenn die Unsicherheit des Urteils wuchs.

Eine Einsparung auf dem Gebiet der Utopie hat in einer politischen Massenorganisation eine ganz andere Bedeutung als in einer kleinen Aktionsgruppe, die auch durch einige praktische Nahziele zusammengehalten werden kann. Denn die Utopie, das in die fernere Zukunft projizierte gesellschaftliche Wunschbild, hat ja nicht nur die Funktion, Begeisterung zu erzeugen, Hoffnungen wachzuhalten und Trost zu spenden, sondern ist die Instanz, vor der sich das aktuelle Einzelurteil bewähren muß. Sie gibt den Maßstab, an dem Folgerichtigkeit und Niveau des Urteils gemessen werden. Das ist um so mehr dann der Fall, wenn der Urteilende kein Funktionär oder Aktivist, sondern ein Durchschnittsbürger ist, der sich nur nebenbei mit Politik beschäftigen kann und nicht in der Lage ist, alle oder auch nur die wichtigsten Faktoren soweit zu überblicken, wie es nötig ist, um einen aktuellen Sachverhalt zu beurteilen. Soll er nicht das Opfer der Resignation oder gar des Ressentiments werden, das in unserer wissensgläubigen Zeit sich leicht mit dem Gefühl hoffnungsloser Uninformiertheit verbindet, so ist die Ideologie mitunter der einzige Helfer. Die Klammer, die die Ideologie zusammenhält und ihr Dauer verleiht, ist aber die Utopie.

Die Utopie gewinnt so eine eminent praktische Bedeutung. Sie ist nicht einfach der konträre Gegensatz zur „Realpolitik", nicht nur der Störenfried jeder vernünftigen Entscheidung. Sondern ihr Vorhandensein kann zur Bedingung werden für das Funktionieren eines politischen Systems, das die Politisierung eines großen Teils der Bevölkerung zur Voraussetzung hat.

Das politische Denken der Arbeiter, wie es in den Antworten auf unsere Fragen und in anknüpfenden Betrachtungen zutage tritt, erweckt den Eindruck, als ob wir es mit einem eigentümlichen Zwischenstadium einer Entwicklung zu tun hätten. Stücke der ideologischen Tradition des Vulgärmarxismus haben sich erhalten. Teilweise sind sie aus der Helle grundsätzlicher Formulierungen in das Halbdunkel unerörterter Denkvoraussetzungen abgesunken. Trotzdem – oder gerade deshalb – prägen sie immer noch das politische Denken vieler Arbeiter und geben ihm nicht selten ein höheres Niveau, als es das Denken anderer sozialer Gruppen hat. Wir brauchen diese Tatsache hier nicht noch einmal zu belegen. Erinnert sei nur an die Selbstverständlichkeit, mit der große Teile der Arbeiterschaft Technik, Wirtschaft, Gesellschaft und Politik einschließlich der Außenpolitik als eine Einheit, nicht als isolierte Bereiche betrachten. Es sind also immer noch Teile des alten Gedankenguts lebendig. Aber es sind nur Stücke. Die utopische Verklammerung der einzelnen Gedankengänge fehlt. Damit fehlt auch die positive Antwort, die die Kritik davor bewahrt, zur Resignation und zum moralisierenden Räsonnement abzusinken. Es hat nun auch den Anschein, daß erhalten gebliebene Bruchstücke des Vulgärmarxismus sich heute verselbständigen und zum Teil ihren Sinn verändern oder gar ins Gegenteil verkehren.

Die marxistische Vorstellung, daß die wirtschaftliche Lage die soziale Position und diese wiederum das politische Verhalten determiniere, läßt sich gut auch auf die Schicht arrivierter Arbeiterfunktionäre anwenden, zumal wenn sich genügend Fälle zur Exemplifizierung anbieten. Wenn nun keine Hoffnung auf einen Endzustand besteht, in dem alle Klassenprobleme gelöst sein werden, gibt es auch keine Möglichkeit, die Korruption in den eigenen Organisationen als „Übergangserscheinung" anzusehen, wie es etwa die immanente Kritik in den östlichen Ländern vermag. Die Kritik am Gewerkschaftsapparat erhält deshalb leicht einen grundsätzlichen Charakter und erzeugt Hoffnungslosigkeit. An anderer Stelle versuchten wir zu zeigen, wie die ungebrochene Wissenschafts- und Bildungsgläubigkeit der Arbeiter, die in früheren Jahren bewußt von der Arbeiterbewegung gepflegt wurde, mitunter in ein Unterlegenheitsgefühl gegenüber den Unternehmern umschlug. Daß Wissen nicht nur Macht ist, sondern auch Macht legitimiert, ist noch heute Überzeugung vieler Arbeiter. Aber mancher begründet seine resignierenden Ausführungen mit dem Satz: „Die Herren haben schließlich studiert."

Das interessanteste Beispiel für diese Art der Transposition ideologischer Bruchstücke ist das Schicksal der Lehre vom „imperialistischen Krieg". Hier hat sich eine marxistische Konzeption fast vollständig erhalten: Die technische Entwicklung steigert einerseits die Produktion, verringert andererseits die Zahl der Arbeitsplätze. Dadurch kommt es zu Überproduktion und Absatzschwierigkeiten auf der einen, zu Arbeitslosigkeit auf der anderen Seite. Das „Kapital" versucht, durch Aufrüstung Absatzschwierigkeiten und Arbeitslosigkeit zu beheben, aber auch die eigene Position zu stärken, falls der Kampf um neue Absatzmärkte zu kriegerischen Auseinandersetzungen führt. Die Aufrüstung führt zwangsläufig zum Krieg. Aber das Schlußstück der Doktrin fehlt: nämlich daß dieser Krieg, in dem sich die kapitalistischen Mächte untereinander aufreiben, die Gelegenheit für die siegreiche proletarische Revolution herbeiführt. Sie ist nur bei vereinzelten, offensichtlich kommunistisch eingestellten Befragten zu finden. Der Gedankengang geht gewöhnlich in einer anderen Richtung weiter: Nachdem der Krieg beendet ist, den die Kapitalisten (die ja „viel internationaler sind als wir Arbeiter") recht gut überstanden haben, erwachsen angesichts der allgemeinen Zerstörung und des angestauten Nachholbedarfs ungeahnte Chancen für die industrielle Produktion. Der Wiederaufbau bringt Arbeit für alle, aber auch große Gewinne für die Kapitalisten. Wenn der Wiederaufbau beendet ist, entsteht allerdings die gleiche Verlegenheit, und alles spricht dafür, daß das Spiel wieder von vorn beginnt.

Man erkennt, wie stark sich in dieser weitverbreiteten Konzeption marxistisches Denken erhalten hat: z. B. die Klassenbedingtheit der Weltpolitik, die Vorstellung einer grundsätzlich dynamischen Wirtschaft, die von sich aus kein Gleichgewicht finden kann, sondern stets zu Katastrophen neigt. Aber die marxistische Grundvorstellung von einem linearen, auf ein Ziel hinführenden Geschichtsprozeß verwandelt sich in eine Zyklentheorie oder in ein Ablaufmodell, in das die einzelnen Ereignisse und die eigene Situation eingeordnet werden können.

Die geistige Situation, in die viele Arbeiter durch den Verlust utopischer Hoffnungen bei gleichzeitigem Weiterbestand marxistischer Denkschemata geraten sind, enthält allerdings auch besondere Chancen. Zum mindesten die Intelligentesten werden zum selbständigen Denken angeregt: Die Skepsis, wenn auch nicht die Resignation, macht hellsichtig. Das ideologische Erbe kann als Schlüssel zur Deutung benutzt, aber bei Bedarf auch wieder relativiert werden. Die überlieferten Denkschemata werden gelegentlich ganz individuell variiert.[65] Auch wenn das politische Denken das sinngebende utopische Element einbüßt, kann es durchaus wachbleiben, insbesondere wenn die kritische Tradition einer großen Ideolo-

65 Vgl. z. B. S. 178.

gie noch lebendig ist. Im Einzelfall kann die Ernüchterung das Interesse für aktuelle Detailfragen und die Urteilsfähigkeit sogar steigern. Allerdings gilt dies nur für die geistig Beweglichsten, deren Interesse durch Verlust utopischer Hoffnungen nicht so rasch erlahmt und deren Wissen immerhin so groß ist, daß es eine eindeutige ideologische Verklammerung entbehren kann, ohne daß sofort das Gefühl der Uninformiertheit und Hilflosigkeit entsteht. Das gleichwohl bestehende Gefühl, nicht wirklich Bescheid zu wissen, wird dann zum fruchtbaren Zweifel. Für die Mehrzahl aber gilt, daß das Gleichgewicht zwischen Ideologie und Erfahrung gestört ist, nachdem die Utopie über Bord geworfen wurde. So kommt es, daß viele Arbeiter in ihrem politischen Urteil „schwimmen", wie Redner schwimmen, die im Begriff sind, „den Faden zu verlieren". Obwohl ihr Selbstbewußtsein sehr ausgeprägt ist, obwohl ein wacher gesunder Menschenverstand vorhanden ist und ein teilweise recht kompliziertes ideologisches Instrumentarium zur Verfügung steht, fühlen sie sich in ihrem Urteil nicht sicher. Sie wissen sehr genau, was sie nicht wollen, aber nicht recht, was sie wollen. Und sie scheinen sich auch darüber im klaren zu sein, daß sie nicht wissen, was sie eigentlich wollen sollten.

Es entsteht die Frage, wie bei der Mehrzahl der Arbeiter das heute noch vorhandene politische Interesse auf die Dauer wachbleiben kann, wenn – gleichsam auf Vereinbarung – von Fernzielen nicht mehr gesprochen wird. Die Politik als Spiel um die Macht interessiert den Durchschnittsarbeiter wenig, denn er weiß sehr genau, daß er persönlich keine Macht erringen wird. Sinkendes Interesse führt aber zur Uninformiertheit. Diese steigert das Gefühl der Machtlosigkeit und lähmt die Aktivität. Die kritische Anteilnahme am politischen Geschehen bildet sich allmählich zurück zum Räsonnement einer „Klein-Leute-Resignation", wie sie in den meisten Zeiten der Weltgeschichte die Massen beherrscht hat.

Ist das zur Zyklen-Theorie oder zum Ablaufmodell umgedeutete marxistische Geschichtsbild ein Symptom für einen kommenden Verzicht der Arbeiterschaft auf die aktive geschichtliche Rolle, die sie in den letzten hundert Jahren gespielt hat? Oder spiegelt sich in ihm der wache und skeptische Geist einer Übergangsperiode? Diese Frage dürfte heute niemand entscheiden können.

Abschnitt V
Das Gesellschaftsbild des Arbeiters – Versuch einer Typologie

Vorbemerkung zur Methode

Die Interpretationen der Aussagen zum technischen Fortschritt (Abschnitt II), zu wirtschaftspolitischen Problemen (Abschnitt III) und zur Mitbestimmung (Abschnitt IV) beruhten trotz mancher Unterschiede in der Darstellung, die sich aus dem Thema und Material ergaben, auf der gleichen Auswertungsmethode: Ausgehend von der Verschlüsselung des Protokolltextes und der dadurch ermöglichten Quantifizierung wurde zunächst eine Übersicht über den Bestand der Stellungnahmen gegeben. Ein tieferes Verständnis der Argumente und Wertungen war aber nur zu gewinnen, wenn wir immer wieder zum konkreten Beispiel, zum Text der Befragungsprotokolle zurückkehrten. Erst aus dem Wechselspiel des Schemas und des Einzelfalls ergab sich eine Interpretation, die zugleich kontrollierbar und anschaulich sein konnte.

Die Aufgabe, vor der wir jetzt stehen, erfordert eine Modifikation der bisher angewandten Auswertungsmethode. Die folgenden Interpretationen müssen fast ausschließlich aus der Analyse des unmittelbaren Textes der Befragungsprotokolle entwickelt werden. Wie dies geschehen ist, kann aus der Darstellung selbst leicht ersehen werden. Zur allgemeinen Orientierung sind daher nur wenige Vorbemerkungen über die Art unseres Vorgehens nötig.

1. Die Stellungnahmen zu den einzelnen Fragen verweisen in den meisten Fällen auf ein Gesamtbild, das sich der Befragte von der Gesellschaft und seiner eigenen Position in dieser Gesellschaft macht. Es ist allerdings nicht möglich, die Eigenart dieses Gesamtbildes aus *einem bestimmten* Werturteil abzuleiten; wir müssen daher alle einzelnen Stellungnahmen eines Befragten heranziehen und vergleichen.

Selbstverständlich weist jedes einzelne Befragungsprotokoll irgendwelche Eigenarten auf, die sich in anderen nicht finden. Danach könnten wir theoretisch

– entsprechend der Gesamtzahl unserer Befragungen – 600 verschiedene „Typen“ bilden. Andererseits wäre es denkbar, daß wir „das“ Gesellschaftsbild zu konstruieren versuchten, indem wir eine Reihe von Maßstäben setzten, denen alle 600 Protokolle gerecht werden. Beides entspräche offensichtlich nicht dem Sinn einer Typologie. Unser Versuch ist überhaupt nur deshalb lohnend, weil die Aussagen der meisten Befragten eine so profilierte, aber nicht uniforme Gesamtanschauung aufweisen, daß sich von vornherein die Zweckmäßigkeit eines Mittelweges zwischen der Abgrenzung durch extrem spezielle und extrem allgemeine Kriterien abzeichnet.

Trotzdem ergibt sich natürlich die Frage, wie sich verschiedenartige Gesamtanschauungen formulieren und voneinander abgrenzen lassen. Die Antwort kann hier nur auf gleichsam experimentellem Wege gefunden werden. Wir mußten aus dem Text der Protokolle allmählich Merkmale und Abgrenzungen entwickeln und diese laufend solange korrigieren, bis wir den Eindruck hatten, daß unsere Kriterien den einzelnen Protokollen gerecht würden. Dabei mußten begriffliche Festlegungen, die logisch einwandfrei und durchsichtig waren, oft wieder aufgegeben werden, weil sich allmählich herausstellte, daß sie zu starr oder zu eng waren, um bestimmte Einzelfälle zu erfassen, um besondere Akzente und Varianten „aufzunehmen“. Es wird vielleicht interessieren, daß die im Folgenden entwickelte Typologie nach der Analyse von 60 Protokollen in den Grundzügen feststand. 40 weitere Protokolle, die wir zur Kontrolle heranzogen, zwangen nur noch zu geringfügigen Korrekturen.

2. Der Hinweis auf den experimentellen Charakter der Typen-Bildung erschöpft natürlich nicht die Problematik unseres Versuches. Vor allem unterstellen wir nicht, daß wir unsere Kriterien einfach den Texten zu entnehmen brauchten, unsere Typologie also lediglich das Produkt einer aufmerksamen Lektüre sei. Wahrscheinlich haben wir bestimmte Vorstellungen und vielleicht auch Vorurteile an die Texte herangetragen. Selbst wenn man nicht von vornherein das Material durch eine begriffliche Systematik präjudiziert, sondern sich von den Texten führen und belehren läßt, bleibt es immer noch sehr fraglich, ob die zutreffenden Eindrücke schließlich den angemessenen begrifflichen Ausdruck erhalten. Wir haben durch die Anführung zahlreicher *Beispiele* versucht, unsere Entscheidungen soweit wie möglich kontrollierbar zu machen.[1]

1 Soweit wie möglich: Denn es können aus den Protokollen nur relativ kurze Auszüge wiedergegeben werden, deren Auswahl vom Leser nicht nachgeprüft werden kann. Doch enthalten unsere Auszüge nicht nur Stellungnahmen, die auf den Typus hindeuten, für den sie als Beispiele angeführt werden. Es wird zumindest in einigen Fällen versucht, einen Gesamteindruck des Gesprächs zu vermitteln. Außerdem sind gelegentlich auch Grenzfälle zitiert worden, deren Zuordnung sich weniger eindeutig entscheiden läßt. – Damit schließlich auch die

3. Ein weiteres, grundsätzliches Bedenken ergibt sich aus der Tatsache, daß unsere Protokolle auf einem begrenzten Wechselspiel von Frage und Antwort beruhen. Könnte die Anlage unserer Befragung, die Art und Folge der Gesprächsführung, nicht einem Arbeiter besonders entgegenkommen, dessen Gesellschaftsbild durch unsere Fragen angesprochen, herausgefordert wird, – während ein anderer sich schwerer zur Geltung bringt, weil seine Vorstellungen und Probleme von unseren Fragen nicht berührt werden? Diese Möglichkeit läßt sich natürlich niemals ganz ausschalten. Wir haben sie jedoch schon bei der Vorbereitung der Befragung bedacht und versucht, unsere Fragen so allgemein und offen zu stellen, daß sie jede Wendung des Gesprächs, jede Anpassung des Interviewers an die Gedankengänge des Befragten zuließen. Im ersten Abschnitt ist darüber ausführlich berichtet. Nach unseren Erfahrungen in den Gesprächen und nach erneuten Überlegungen glauben wir, daß es uns gelungen ist, einen einseitig hemmenden Einfluß irgendwelcher Art zu vermeiden, soweit dies in den Grenzen unserer Methode überhaupt erreicht werden konnte. Vielleicht hat der besondere Akzent, den wir auf das Thema „Mitbestimmung" legten, ein bestimmtes Ordnungsdenken (Typus zwei) stärker zur Geltung kommen lassen, als dies ohne diese Akzentuierung geschehen wäre. Aber auch hier liegt keine Verzerrung vor, sondern höchstens die Überbetonung einer möglicherweise besonders zeitgebundenen Einstellung.

Dennoch bleibt zu bedenken, daß wir Einzelprotokolle vor uns haben, die jeweils mit unterschiedlichem Erfolg die Gedanken der Befragten festgehalten haben. Daher müssen wir uns vor einer zu weitgehenden Psychologisierung des Einzelfalles wie vor einer allzu großen Differenzierung des Gesamtmaterials hüten.

1 Die Gesellschaft als Ordnungsgefüge

a) Die statische Ordnung (Typus eins)

Wir beginnen mit einem Beispiel und zitieren einige Aussagen eines Umwalzers, der seit mehr als zwanzig Jahren an der Feinstraße des Walzwerks tätig ist:

> (Zusammenhalt der Arbeitsgruppe?) „Klar. Bei uns klappt alles sehr gut. Mit den Vorgesetzten und mit den Arbeitskollegen … Bei uns helfen sich alle. (Vorgesetzte?) … Da ist noch der Walzmeister. Mit dem arbeiten wir Hand in Hand zusammen. Dann weiter noch der Chefobermeister. Schließlich gibt es noch den Betriebsführer. Den muß man

Bemerkungen gut verständlich werden, die auf den Erfahrungsbereich der alltäglichen Arbeit anspielen, haben wir, soweit sich die Gelegenheit dazu bot, als Beispiele Aussagen der Umwalzer ausgewählt, deren Arbeit im Anhang ausführlich beschrieben ist.

besonders dann fragen, wenn man über zwei Tage Urlaub haben will, die kann nämlich der Obermeister nicht geben. (Einführung technischer Neuerungen?) Der Chefobermeister erklärt das alles. Der hat nämlich die allgemeine Aufsicht und kann das alles besser übersehen. Dem kann man auch mal einen Vorschlag machen. Wenn er dann sagt, das ist gut, wird es ausprobiert und, wenn es nichts taugt, wieder abgeschafft. Man kann das alles dem Obermeister sagen, der hört einen an. (Noch etwas zu erfinden?) Zu erfinden wird es bei der Art von Walzerei nichts mehr geben. Ich kann mir das jedenfalls nicht vorstellen … Bei unserer Arbeit wird es anderswo keine besseren Walzen geben als bei uns. (Technischer Fortschritt?) … Die Technik hat uns … den 8-Stunden-Tag gebracht. In den Jahren 1910–1915 wäre das nicht möglich gewesen. Da mußte man eben 12 Stunden schuften. An einen 8-Stunden-Tag war da nicht zu denken. Man wurde einfach mit der Arbeit nicht fertig, und wenn man 30–35 Tonnen schaffte, war das schon eine dolle Leistung. Die Technik fehlte aber … Der Mensch lernt immer mehr dazu. Das bringt die Natur mit sich … (Groß- oder Kleinbetrieb?) Ich arbeite lieber im Großbetrieb. Im Kleinbetrieb kann man nicht selbständig genug arbeiten. Man hat immer das Gefühl, man würde bei der Arbeit beobachtet. (Was ist seit Kriegsende hier anders geworden?) … Für die Lehrlinge haben sie eine große Schule gebaut. Dann ist die Unterstützungskasse ganz groß herausgekommen. Wenn man mal krank ist und drei Wochen nichts bekommt, erhält man danach einen Zuschuß. Ich war länger krank und bekam DM 40.– und dann später nochmals DM 40.–. Als meine erste Frau krank war, die danach starb, bekam ich bei deren Beerdigung viel ersetzt. Dann wird bei uns eine neue Waschkaue gebaut. Die alte soll abgerissen werden … Das Einvernehmen ist viel besser als früher … Wir haben auch dazu den Arbeitsdirektor. Der soll unsere Interessen da oben vertreten. Wenn wir Sorgen haben, soll er unsere Beschwerden anbringen. (Mitbestimmung?) Ja, die Arbeiter sollen nicht etwa die Produktion mitbestimmen. Das macht die Werksleitung allein. Nur der Betriebsrat wird zu vielen Sachen zugezogen. Das muß so sein. Umgekehrt kann dann auch der Betriebsrat nichts ohne die Direktion machen. Die muß er vorher benachrichtigen. (Betriebsrat?) Im großen und ganzen bin ich mit dem Betriebsrat gut hingekommen. Bestimmte Betriebsräte haben bestimmte Sachen zu machen. Zum Beispiel einer den Wohnungsbau. Die regeln das immer ganz gut. Die kennen alle Leute auf dem Wohnungsamt. Die können damit besser fertigwerden. Wenn ich da zum Beispiel hinkomme, habe ich es viel schwerer. Mir haben die vom Betriebsrat auch sehr gut geholfen, als ich mich um meine jetzige Wohnung bemüht habe. (Was sagen denn die da oben dazu?) Begeistert sind die da oben wohl nicht. Aber wenn sie einen reinsehen lassen, dann sollen das wenigstens keine Außenstehenden sein, keiner, der mit dem Werk nichts zu tun hat. (Aktionäre?) Die sehen, daß sie gut mit dem fahren, was nun mal ist. Wenn ich selbst Unternehmer wäre, würde ich auch sehen, ob ich mit der Mitbestimmung gut führe. Wenn ich meinen Teil dann rausschlagen könnte, wäre ich ganz zufrieden und fände das ganz gut. So halten es wohl auch die Aktionäre. (Durchsetzen?) Warum soll das nicht bestehen

> bleiben? Das hängt immer von den politischen Umständen ab. (Angestellte?) Die stehen sich auch nicht besser oder schlechter als wir … (Was könnte im Werk noch besser werden?) Da ist alles so in Ordnung. Ich meine, das kann alles ruhig so bleiben. Auch die sozialen Einrichtungen sind ganz in Ordnung." (485)

Was bedeutet hier das Wort „Ordnung?" Es hat offensichtlich nicht die Bedeutung eines *Ideals,* das der Wirklichkeit entgegengesetzt wird. Es handelt sich auch nicht um eine *Idee,* die ein Durchschauen, ein tieferes Verständnis der Wirklichkeit ermöglicht. Nichts weist in den Aussagen des Befragten darauf hin, daß er sich bewußt ist, Erfahrungen in bestimmter Weise zu interpretieren. Er ist zunächst einmal *zufrieden* mit dem, „was nun mal ist". Er fühlt sich seinem Arbeitsplatz und dem Werk verbunden, der Betriebsrat hat ihm geholfen, der Obermeister ist entgegenkommend, die Ausgleichskasse hat sich bewährt.

Es sind aber nicht nur diese guten Erfahrungen, die den Tenor seiner Aussagen bestimmen. Damit diese Erfahrungen so zur Geltung kommen können, wie es hier geschieht, muß noch ein zweites hinzukommen: Eine ganz unproblematische, aber entschiedene und vorbehaltlose Einstellung gegenüber dem, was andere Leute tun, die *nicht* Arbeiter sind. Der Obermeister hat die allgemeine Aufsicht (er kann alles besser übersehen), der Arbeitsdirektor vertritt unsere Interessen, die Werksleitung lenkt die Produktion, der Betriebsrat wird hinzugezogen, – „das muß so sein". Dies ist der Kernsatz, auf den sich alle Stellungnahmen beziehen lassen. Jedermann hat seine Funktion (das muß so sein) in einer Ordnung, mit der man ganz gut fahren kann, wenn man seinen Teil herausschlägt. So hält er es selbst, und „so halten es wohl auch die Aktionäre". Das ist ebenso einleuchtend und muß ebenso einkalkuliert werden wie der technische Fortschritt, den die Natur eben mit sich bringt. Die Technik darf ebensowenig fehlen wie die Obermeister oder der Betriebsrat. Alles hat seinen Ort, seine *Funktion* in dieser Ordnung.

„Ordnung" bedeutet hier also nicht nur Zufriedenheit mit den Umständen auf Grund guter Erfahrungen – es ist alles „in Ordnung" –, sondern auch die Anerkennung verschiedenartiger gesellschaftlicher Funktionen. Genauer: Das Verständnis dessen, was die „Anderen", tun, als Ausübung einer gegebenen, nicht in Frage gestellten Funktion. Es ist also alles nicht nur „in Ordnung", sondern auch „in einer Ordnung".

Das gesellschaftliche Ordnungsgefüge wird allerdings nicht als ein besonderes und bestimmtes bewußt. Es wird jeweils so hingenommen und nur soweit aktuell, wie es die Personen und Umstände erfordern, die begegnen oder interessieren. Diese Art, sich von der Gesellschaft ein Bild zu machen, hat etwas Endgültiges und ist in ihrer Arglosigkeit äußerst selbstsicher. Bezeichnend, wie der Wortlaut einer beunruhigenden Frage sich sofort umsetzt: „Wird sich das Ganze (die Mitbestimmung) durchsetzen?" – „Warum soll das nicht *bestehen* bleiben?"

Das „Bestehende" wird hier als statische Ordnung gesehen, aber nicht etwa in einer idyllischen oder glorreichen Harmonie. Eine solche Idealisierung liegt nicht nur diesem Typus, sondern allen befragten Hüttenarbeitern völlig fern. Der Feinwalzer weiß recht gut, daß es gar nicht so leicht ist, „seinen Teil herauszuschlagen". Auch die „politischen Umstände" können sehr unangenehm werden. An einer Stelle, die wir nicht zitiert haben, wird die Möglichkeit eines bevorstehenden Krieges erwähnt. Ein andermal heißt es auf unsere Frage, weshalb der Absatz der Hüttenindustrie nachgelassen habe: „Ich denke mir, das liegt an der Politik. Die Besteller halten sich jetzt zurück. Die warten erst ab, wie die Ost-West-Krise da in Berlin zu Ende geht. Die lassen danach erst ihre Aufträge hinausgehen. Jeder sieht sich eben vor. Keiner will ein Risiko eingehen." Solche unerfreulichen Tatsachen werden also nicht einfach beiseitegeschoben. Die Ost-West-Krise ist wie eine Gewitterwolke, die sich leicht auch über dem Hüttenwerk und dem eigenen Arbeitsplatz entladen könnte. Doch diese Gefahr betrifft lediglich die „Umstände", die sich verschlechtern oder verbessern können. Die verschiedenen gesellschaftlichen Funktionen und die Motive, nach denen die Menschen handeln, werden nicht problematisch. Die „Besteller" handeln vielmehr genauso, wie es der Feinwalzer vermutlich auch tun würde, wenn er ein Besteller wäre. Jeder kalkuliert sein Risiko ein, Feinwalzer, Besteller und Aktionär. Das hat nichts zu tun mit dem Glauben an eine Harmonie, in der sich alle Fragen versöhnlich und menschenfreundlich von selbst erledigen. Es ist vielmehr nötig, daß der Arbeitsdirektor „unsere Interessen", die Interessen der Feinwalzer und der anderen Arbeiter, „da oben" vertritt. Jeder muß wissen, was er will. Jeder kann aber auch erreichen, was ihm an seinem gesellschaftlichen Ort, in seiner Funktion zukommt. Ob ihm das, was ihm zukommt, auch *zusteht* – das ist eine Frage, die sich innerhalb des Horizontes dieser statischen Ordnungsvorstellung überhaupt nicht stellt.

Unser Beispiel vermittelt vielleicht einen etwas zu einseitigen Eindruck von dem Typus, der hier charakterisiert werden soll. In allen Aussagen, die wir anführen, prägt sich natürlich auch das besondere Temperament, die individuelle Psychologie eines bestimmten Menschen aus. Der zitierte Feinwalzer hat offensichtlich seine Vorstellungen ebenso aus seiner westpreußischen Heimat mitgebracht – und an ihnen festgehalten – wie sein ruhiges Temperament, sein zufrieden-naives Sichabfinden mit dem, was ist und sein muß. Diese Gegebenheiten können wir nicht einfach aus dem Spiel lassen. Wir können nur feststellen, daß weder alle Westpreußen über ein gleiches Temperament verfügen, noch alle Hüttenarbeiter, deren Stellungnahmen von einer statischen Ordnungsvorstellung bestimmt werden. Um dies zu unterstreichen, wählen wir ein weiteres, von dem ersten stark abweichendes Beispiel.

Ein Umwalzer an der Drahtstraße des Walzwerks, der das besonders ausgeprägte Standesbewußtsein seiner Berufsgruppe hat (vgl. S. 283 ff.), reagiert auf den Bau einer neuen kontinuierlichen Drahtstraße auffallend optimistisch:[2] „Die Arbeit wird dadurch leichter, auch für den Arbeiter. Das wirkt sich auch auf den Verdienst aus. Mehr Tonnen bedeuten mehr Verdienst. Die Prämien steigen und damit der Ansporn. So hat das Werk und der Arbeiter etwas davon." (124) Da sich dieser Drahtwalzer keine Hoffnung macht, an die neue Straße übernommen zu werden, gilt sein Urteil offensichtlich nur im allgemeinen, für „die" Arbeiter und „das" Werk. Ebenso sieht er in seinen Stellungnahmen zum technischen Fortschritt ganz von seiner eigenen Position ab, er klammert sie sogar ausdrücklich aus:

> „Die Wissenschaft geht ja immer weiter. Der Fortschritt ergibt sich daraus. In den Labors wird viel gearbeitet, viele Menschen sind da tätig, um immer neue Erfindungen zu verbessern. Das ist unaufhaltsam und ist auch gut so. Man sieht ja in den Hüttenwerken, wieviel Ingenieure damit beschäftigt sind, ständig neue Maschinen zu entwickeln. Auf den Universitäten sitzen die Professoren, die sich ständig bemühen, der Menschheit das Leben zu erleichtern ... Ich habe ja nur Verstand fürs Arbeiten. Aber wer sich mit der Wissenschaft beschäftigt, der will sie auch immer weiter treiben ..."

Erst in den Fragen zur Mitbestimmung verweist er auf eine eigene Kompetenz zur Urteilsbildung:

> „Bei so vielen Arbeitern können doch nicht alle gleichzeitig was zu sagen haben. Das muß für uns der Betriebsrat tun ... Bei der Mehrzahl der Arbeiter fehlt die Aufklärung. Wir von den christlichen Vereinen haben ja Schulung, wir interessieren uns dafür. Woher die Aufklärung kommt, ist ja gleich, ob sich der Mann selber unterrichtet oder ob die Gewerkschaft das macht. Den meisten aber ist das ganz egal ... Die vom Betriebsrat müssen erst denken lernen, die sind viel zu oberflächlich. Da lachen die Herren ja über sie. Die sind ja viel geschulter. Das fehlt den anderen, ohne daß sie es wissen ... Wer will das aber der Gegenseite verübeln, die haben genauso ihre Aufgaben wie wir auch ... So sehr die Menschen auch glauben, alles selbst zu machen, sie werden doch von Gott gelenkt. Das geschieht nicht immer durch Wunder, sondern dadurch, daß Gott jedem Menschen seinen Verstand gegeben hat, den er nun so anwenden muß, wie Gott es will."

Daß auch hier die Vorstellung einer umfassenden Ordnung zugrunde liegt, bedarf keiner ausführlichen Erläuterung. Die anderen, die nicht Arbeiter sind, werden als Repräsentanten sinnvoller gesellschaftlicher Funktionen ebenso selbstverständlich anerkannt wie in unserem ersten Beispiel. Mit welchem Recht aber

2 An der kontinuierlichen Drahtstraße werden keine Umwalzer mehr benötigt. Der Berufsstand der Umwalzer ist durch diese technische Neuerung also gefährdet. Vgl. S. 306 ff.

nennen wir diese Ordnung „statisch"? Spricht nicht der feste Glaube an den technischen Fortschritt dagegen?

Der Glaube an eine fortschreitende technische Entwicklung impliziert noch keine Vorstellung von einer progressiven gesellschaftlichen Ordnung. Man darf sich hier nicht irreführen lassen durch Redewendungen wie „die Wissenschaft geht immer weiter" – „um der Menschheit das Leben zu erleichtern" – „das ist unaufhaltsam". Mit den klassischen bürgerlichen wie proletarischen Fortschrittsideologien haben diese Topoi, diese überkommenen und übernommenen Redewendungen, nur noch sehr wenig zu tun. Sie sind freilich auch nicht leer oder sinnlos. Die Technik wird anerkannt. Denn dieser Typus stellt überhaupt keine Gegebenheiten grundsätzlich in Frage. Wie sollte sich aber die Anerkennung anders ausdrücken als in einer Bejahung der technischen Entwicklung, des Fortschreitens der Technik? Daß es immer weitergeht, ist ein Merkmal des Phänomens – jeder Zweifel an diesem „Weitergehen" wäre Kritik, Polemik, prinzipielle Skepsis. Mit anderen Worten: Der Status quo kann überhaupt nur anerkannt werden, wenn die Technik eo ipso als technischer Fortschritt hingenommen wird. Hier liegt also kein Widerspruch vor, sondern eine innere Konsequenz dieses Gesellschaftsbildes einer statischen Ordnung. Das heißt natürlich nicht, daß ein anderes Gesellschaftsbild – aus anderen Gründen – nicht auch zur Anerkennung des technischen Fortschritts führen kann. Unsere Überlegung weist aber auf einen Unterschied von „statischer Ordnung" und „konservativer Ordnung" hin: Ein konservatives Denken impliziert nicht die Anerkennung des Status quo und kann gerade deshalb, so paradox das klingt, zu einer Position gelangen, in der die Technik bejaht, aber der technische Fortschritt abgelehnt wird.

Die Bedeutung des Fortschrittglaubens, den wir hier vor uns haben, liegt darin, daß er eine Gegebenheit hinnimmt und akzeptiert. Die Technik darf nicht „fehlen", wie es in unserem ersten Beispiel sinngemäß hieß. Die beste Formulierung dieser Überzeugung stammt von einem Tiefofenmann, dessen Aussagen das gleiche Gesellschaftsbild zugrunde liegt: „Überhaupt alles Moderne ist recht gut. Das Ganze macht mir Spaß ... Die Technik gehört in die Welt des Menschen." (446) Genau dies meint auch unser Drahtwalzer, der so stark von der gesellschaftlichen Bedeutung der Professoren und Ingenieure beeindruckt ist.

Aber er kritisiert zugleich die Fähigkeiten der Betriebsräte und fordert eine bessere Schulung. Diese Polemik wird zunächst überraschen. Bezeichnender für ein statisches Ordnungsbild wäre etwa folgende Reaktion auf unsere Frage nach den Arbeitervertretern: „Die richtigen Leute? Ja, sonst wären die ja nicht oben, sonst würden wir die nicht wählen. Die müssen Kenntnisse haben und reden können." (176) Aber auch die kritischen Bemerkungen des Drahtwalzers richten sich nicht gegen die soziale Ordnung des Werkes oder gegen die Mitbestimmung im allgemeinen. In Frage gestellt werden nicht die Funktionen der Betriebsräte, sondern ihre Fähigkeit, diesen Funktionen stets gerecht zu werden. Herkunft und Motiv dieser Bemerkungen sind klar. Der Drahtwalzer ist davor gewarnt worden, wie er an anderer Stelle erzählt, kommunistische Betriebsräte zu wählen. Kommunisten – so ist ihm wahrscheinlich gesagt worden – operieren zwar mit allgemeinen politischen Phrasen, die manchem Eindruck machen, aber sie sind viel zu „oberflächlich", um den konkreten Aufgaben als Betriebsräte gerecht zu werden. Diese Warnung hat ihm eingeleuchtet. Außerdem ist er stolz auf seine besondere Schulung, von der viele andere, die es vielleicht nötiger hätten, nicht profitieren. Die kritischen Bemerkungen, die er uns gegenüber äußert, geben ihm Gelegenheit, diese Schulung geltend zu machen. Allerdings war das auch die einzige Gelegenheit, die sich bot, – denn viel Erfolg hat die Belehrung offenkundig nicht gehabt: Seine Kenntnisse über die Mitbestimmung sind sehr lückenhaft, seine Feststellungen teilweise falsch. Es handelt sich hier also um eine Kritik, die auf derselben Ebene liegt wie seine wiederholt ausgesprochene Maxime: „Die Menschen müßten nicht soviel an sich selber denken, sondern auch an ihre Mitmenschen." Das Gefüge der gesellschaftlichen Ordnung und seine Teile – etwa die „Gegenseite" – werden in diesen Bemerkungen niemals fragwürdig. Das „Suum cuique" ist hier durchaus statisch, als Anerkennung der Gegebenheiten zu verstehen.

Es braucht kaum betont zu werden, daß wir ein christliches Ordnungsdenken nicht grundsätzlich mit einem statischen Denken identifizieren. Die Zuordnung wird in jedem individuellen Fall von neuem entschieden werden müssen, – ebenso wie die Herkunft des im ersten Beispiel angeführten Feinwalzers zwar die patriarchalischen Züge seiner Vorstellungen erklärt, aber selbstverständlich noch nicht unbedingt für ein statisches Ordnungsdenken ausschlaggebend ist. Wichtig erscheint uns vor allem die unterschiedliche Ausprägung dieses Denkens in den beiden angeführten Fällen: Im Gegensatz zum ersten Beispiel ist das Ordnungsdenken im zweiten Fall bewußt und wird explizit formuliert. Damit verbindet sich eine größere Beweglichkeit, eine Variabilität der Stellungnahmen, die sogar eine begrenzte Kritik zuläßt. Andererseits ist erstaunlich, daß es diesem Drahtwalzer gelingt, den Bau der neuen Drahtstraße so distanziert und objektiv zu beurteilen. Hier spürt man deutlich eine Erziehung, das „Allgemeine" zu sehen oder besser „einzusehen", sich von dem Nutzen eines notwendigen Übels überzeugen zu lassen.

Wir stellen abschließend noch einmal die wichtigsten Merkmale dieses Typus zusammen:

1. Eine *individuelle Zufriedenheit* mit den gesellschaftlichen Verhältnissen ist notwendig. Denn eine Gesellschaft, in die man sich nicht einzufügen und in der man nicht „seinen Teil herauszuschlagen" vermag, könnte nicht als Ordnung verstanden und als statisch hingenommen werden. Die individuelle Zufriedenheit

schließt jedoch nicht aus, daß Einzelheiten kritisiert und Verbesserungen erhofft werden. Je weniger prinzipiell und bewußt das Ordnungsdenken allerdings ist, um so ungestörter muß die Zufriedenheit sein, wenn die Gesellschaft als statisches Ordnungsgefüge erscheinen soll. Umgekehrt erlaubt ein sehr bewußtes Ordnungsdenken gleichsam kritische Exkursionen, ohne damit seinen prinzipiellen Charakter zu verlieren. Ein Vergleich zwischen den beiden angeführten Beispielen bestätigt diese Überlegung.

2. Der gegenwärtige Zustand darf *nicht als grundsätzlich bedroht,* als gefährdet *bewußt werden.* Daher dürfen auch keine Zweifel am technischen Fortschritt aufkommen, – was selbstverständlich nicht ausschließt, daß zum Beispiel die Spannung zwischen Ost und West zur Kenntnis genommen oder die Möglichkeit eines künftigen Krieges erwähnt werden. Solche Bemerkungen besagen wenig, denn „die Politik“ braucht ja nicht in das Ordnungsdenken einbezogen zu werden, sondern kann als eine Art Naturereignis einfach ausgeschlossen bleiben. Der Typus, den wir hier beschreiben, wird diese Abgrenzung stets mehr oder minder starr vollziehen, – sonst wäre heute wohl auch für vertrauensvolle Gemüter der Glaube an eine statische Ordnung ein allzu gewagtes Unterfangen.

3. Die Aufgaben der Meister, Angestellten, Betriebsräte, Unternehmer, Aktionäre, „Besteller“ müssen als *sinnvolle und notwendige gesellschaftliche Funktionen* hingenommen werden. Jeder hat das Recht, seine Interessen wahrzunehmen, seine Rolle zu spielen. Das Nebeneinander dieser Interessen führt zwar nicht zu einer allgemeinen Harmonie, es vollzieht sich aber in einer Ordnung, an der alle teilhaben und von der alle profitieren. Wie das Gefüge der Funktionen und Interessen im ganzen aussieht, bleibt natürlich meist im Dunkeln. Es genügt, wenn sich dieses Gefüge im einzelnen kundtut und zu bewähren scheint.

b) Die progressive Ordnung (Typus zwei)

Die formale Gegenüberstellung von „statischer“ und „progressiver“ Ordnung soll nicht die Konstruktion komplementärer Typus-Paare begründen. Mit solchen begrifflichen Festlegungen könnten wir zwar die Übersicht erleichtern, aber der Eigentümlichkeit der verschiedenen Typen nicht gerecht werden. Die Zusammenfassung der ersten beiden Typen unter den Begriff des „Ordnungsgefüges“ hat lediglich den Zweck, diese durch einen übergeordneten Gesichtspunkt von den folgenden Typen abzugrenzen. Es wird damit aber nicht unterstellt, daß es sich in beiden Fällen um die gleiche, lediglich durch den Unterschied von progressiv und statisch modifizierte Ordnungsvorstellung handelt. Die Ordnungsvorstellungen sind vielmehr ihrer Herkunft, Struktur und Konsequenz nach im ersten und zweiten Typus verschiedener Art.

Wir beginnen wieder mit einem ausführlichen Beispiel. Die Zitate sind dem Befragungs-Protokoll eines Spezialschweißers entnommen, der eine abgeschlossene Lehre hinter sich hat und über zwanzig Jahre im Werk tätig ist.

> (Technischer Fortschritt?) „Der ist soweit ganz gut, wenn er für den Arbeiter auch verwandt wird. Aber meist benutzen die Unternehmer diese technischen Fortschritte nur für sich. Der Lohn bleibt meist derselbe und die Arbeit auch. Nur daß der technische Fortschritt eine gewisse Arbeitslosigkeit herbeiführt … Aber ich meine auch, daß der technische Fortschritt immer nur durch den Krieg herbeigeführt wird. Im Frieden entstehen ganz selten technische Neuerungen. Denken Sie doch mal an die Flugzeuge und die Atomkraft! Das sind doch alles Dinge, die durch den Krieg gekommen sind. Vielfach werden sie auch für den Frieden verwandt. Aber das ist selten so … Meist läuft der technische Fortschritt auch auf den Krieg hinaus. Die Menschheit müßte da zusammenhalten, um das zu ändern. Das wäre nach meiner Meinung der beste Fortschritt überhaupt. (In 50 Jahren?) Ja, manche sagen – eines Tages platzt die Welt auseinander. Das halte ich aber für Unsinn. Die Menschen werden doch sicher noch etwas klüger. Das sollte man wenigstens hoffen … Wenn ich in 50 Jahren noch zu Fuß über die Straße gehe, zeigen die Leute mit dem Finger auf mich und sagen: ‚Mensch, muß der Geld haben, der hat Zeit, zu Fuß zu gehen.' Ich meine, das ist in 50 Jahren alles mehr modernisiert. Noch mehr als in Amerika. Als ich in Arizona war (Kriegsgefangenschaft), da gab es krumme und schiefe Indianerhütten. Da floß, wenn es regnete, das Wasser nur so herein. Dann gingen diese Wilden aus den Hütten heraus zu ihren schweren Wagen, wie die Straßenpanzer modern und mit allen Schikanen, und legten sich in den Wagen rein, damit sie nicht naß wurden. Wir haben ja nun feste Häuser. Aber das kommt mit der Motorisierung bei uns eines Tages auch so. (Was ist seit Kriegsende im Werk anders geworden?) Ja, Sie müssen mich besser fragen: ‚Was war anders vor dem Kriege und was ist anders nach dem Kriege?' Da kann man besser drauf antworten. Vor dem Krieg sagte man immer, das sei hier ein Unkostenbetrieb. Deswegen könne man uns kein Weihnachtsgeld, keine Vergünstigungen geben. Aber nach dem Krieg hat sich herausgestellt, daß das alles nicht stimmt. Da hat der Betriebsrat und die Gewerkschaft es durchgedrückt, daß wir das alles bekamen – genau wie die anderen Werke. Vor dem Krieg wurde jeder Meister, der ein guter Antreiber war; der brauchte noch nicht einmal seinen Namen schreiben zu können. Heute werden nur Leute Meister, die eine besondere Schule absolviert haben und besondere Fachkenntnisse haben. Die Antreiberei ist vorbei. Es ist auch nach dem Krieg viel mehr gebaut und geplant worden als vor dem Krieg. (Mitbestimmung?) Da sollen die Arbeiter durch ihre Vertreter mitreden und mitplanen und sagen: ‚Das gibt es nicht – und das ist in Ordnung!' Und wenn es dann ganz gerecht zugehen soll, bekommen am Jahresende die Arbeiter auch etwas

von dem Profit ab, den man im Jahre herausgeschuftet hat, und nicht alles die Aktionäre … (Es folgen genaue Angaben über den Aufsichtsrat) … Aber die meisten wissen das nicht. Die sind das selbst in Schuld, wenn uns die anderen auf dem Kopf herumtanzen, obwohl wir die Macht haben, das zu verhindern. Man muß eben seine Rechte kennen! (Die richtigen Arbeitervertreter?) Ich meine, in der Regel sind das die richtigen. Die müssen eben doch was können, wenn sie da oben sitzen. Die meisten von uns meinen, das wäre so leicht. Das sollen die doch einmal selbst machen. Da würden ihnen die Augen aufgehen, wenn sie das tun müßten. (Was sagen die da oben dazu?) Ja, ich denke, die sind davon nicht sehr angetan. Die würden lieber allein bestimmen. Aber ich meine, das mit der Mitbestimmung, das ist eine sehr gerechte Sache. Wenn ich hier arbeite, dann will ich auch wissen, wofür ich das tue, und nicht nur für die Aktionäre. Schließlich habe ich doch auch praktische Kenntnisse und kann mir ein Urteil bilden. Da sind natürlich auch ein paar Doofe. Aber die können ja dann den Mund halten … Schließlich ist es ja nicht allein ein Grund, wenn ich nur Geld habe und nix im Kopf, daß ich den ganzen Reibach mache. Es muß doch zum Geld auch noch die Arbeit und die Idee dazukommen. Es ist also gerecht, wenn man den Überschuß teilt. Du gibst das Geld, ich die Arbeit und die Idee. Was rauskommt, teilen wir. Oder meinen Sie nicht, daß das nicht zuviel verlangt ist? Da kann man doch über die Mitbestimmung denken, wie man will. Aber sie ist in ihrem Ziel gerecht … (Angestellte?) … Wichtig wäre meiner Ansicht nach die Gleichstellung von Arbeitern und Angestellten. Die Angestellten werden in vielen Dingen noch besser behandelt.“ (488)

Diese Reflexionen sind offensichtlich reichhaltiger, komplizierter als die Gedankengänge, die wir als Beispiele für den ersten Typus anführten. Entsprechend ist auch das Gesellschaftsbild, das ihnen zugrunde liegt, viel umfassender und nuancenreicher. Auf den ersten Blick könnte man sogar annehmen, daß es sich hier um eine Art Privatphilosophie eines Einzelnen handle, die in ihren wesentlichen Merkmalen durchaus individuell und nicht wiederholbar sei. Das ist jedoch keineswegs der Fall. Im Gegenteil, diese „Privatphilosophie“ wird sogar von mehr Befragten vorgetragen als das Ordnungsbild des ersten Typus. Ihre wesentlichen Merkmale wiederholen sich verblüffend oft und genau. Um einen Vergleich zu ermöglichen, zitieren wir die Aussagen eines Formschmieds, der ebenfalls eine Facharbeiterlehre abgeschlossen hat und länger als zwanzig Jahre im Werk arbeitet. Auch hier wieder wird die originelle Form der Argumentation auffallen. Der Gehalt der Argumente (die wir diesmal in stärkerer Kürzung wiedergeben) unterscheidet sich aber kaum von den Reflexionen des Spezialschweißers:

(In 50 Jahren?) „… Viel mehr kann kaum produziert werden. Wer soll das abnehmen? Selbst wenn wieder für die Rüstung gearbeitet wird. Es wird wahrscheinlich sehr viele Arbeitslose geben. Diejenigen, die noch in Arbeit sind, müssen alle die anderen mit ernähren ... Ich kann mir schlecht denken, wohin das führen soll mit der Industrie, die immer weiter produziert. (Was ist seit Kriegsende anders geworden?) Der Ton ist anders geworden, herzlicher, kameradschaftlicher, auch von den Vorgesetzten aus. Es ist aber nicht so, daß sich die Menschen in ihrem Charakter geändert haben, sondern das ist auf die Umstände zurückzuführen. Das kommt durch all die Vorteile, die der Arbeiter nach dem Kriege erreicht hat. (Mitbestimmung?) Durch die Mitbestimmung haben die Arbeiter die Möglichkeit, gleichberechtigt und in gleicher Zahl mit den Vertretern des Unternehmers, des Besitzers, – sagen wir einmal: des Kapitals im Aufsichtsrat zu sitzen ... Die Mitbestimmung ist aber noch nicht vollkommen. Die Gewerkschaft hat mehr verlangt, und das Mitbestimmungsgesetz ist das, was dann eingeführt worden ist. Um einmal idealistisch zu sprechen: Die Aktionäre geben das Geld, das Kapital. Wir können kein Geld bieten, aber wir bieten unsere Arbeitskraft an. Wir meinen, daß das noch mehr ist als das tote Kapital. In dem Sinne haben wir noch keine Mitbestimmung. (Die richtigen Arbeitervertreter?) ... An den allgemeinen Erfolgen kann man nicht den Einzelnen erkennen ... Es wird aber schon manch einer dabei sein, der das aus Idealismus macht ... (Die da oben?) Hier in unserem Werk kann man nicht klagen. Da sind sie aufeinander eingestellt. (Aktionäre?) Denen kann man es nicht verübeln. Ein jeder sorgt für sich selber. Die wollen auch lieber fünf als drei Prozent Dividende einstecken. Aber am Ende ist es doch so, daß sie miteinander im Aufsichtsrat sitzen. Da müssen sie sich aufeinander einstellen. (Folgen, Durchsetzen?) ... Es sollte noch viel mehr dabei herauskommen. Die Arbeit müßte viel mehr berücksichtigt werden. Dazu gehört auch die richtige Verteilung der Produktion. Der Arbeiter soll auch bestimmen können, ob etwas für den Krieg hergestellt werden soll oder nicht ... In unserem Werk ist es ganz gut, weil hier Entgegenkommen von Seiten der Werksleitung herrscht. Aber die Arbeiter allgemein haben noch nicht das richtige Mitbestimmungsrecht." (321)

Den Aussagen des Spezialschweißers und des Formschmieds liegt offensichtlich das gleiche Gesellschaftsbild zugrunde, obwohl die Formulierungen sehr individuelle Akzente aufweisen. Wir versuchen, die wesentlichen Merkmale dieses Gesellschaftsbildes zu erfassen.

1. Beide Facharbeiter sind mit ihrer gegenwärtigen Lage im großen und ganzen zufrieden. Doch ist dies nicht – wie beim ersten Typus – eine Zufriedenheit mit einem Zustand, mit etwas Feststehendem und Konstantem, sondern die *Zufriedenheit mit etwas Erreichtem, mit den Verhältnissen einer Entwicklungsstufe.*

Während für den ersten Typus die Mitbestimmung meist als selbstverständliche, natürliche Gegebenheit erscheint, die nun einmal „da" ist, wird sie hier als historische Leistung, als Fortschritt im Rahmen der Arbeiterbewegung gesehen. Bezeichnend ist die Korrektur unserer Fragestellung durch den Spezialschweißer: Er will nicht einfach über die Gegenwart sprechen, sondern einen genauen Vergleich zwischen den Verhältnissen vor dem Kriege und nach dem Kriege herstellen. Unsere Fragestellung ist ihm zu allgemein, zu „unhistorisch". Auch der Formschmied fürchtet offensichtlich, daß wir nicht das rechte Bild von der Entwicklung erhalten, wenn er uns nur von der Verbesserung des Umgangstons der Vorgesetzten erzählt. Ein Kommentar ist notwendig. Denn solche Fortschritte fallen nicht vom Himmel; die Menschen werden nicht ohne Anlaß plötzlich umgänglicher. Wir sollen uns keine sentimentalen Illusionen machen: es handelt sich nicht um eine moralische Wiederaufrüstung, sondern um eine objektive Veränderung der Verhältnisse durch die Leistungen der Arbeiter nach dem Kriege.

Diese Zufriedenheit mit der gegenwärtigen Lage ist kein Sich-zufrieden-Geben. Sie verbindet sich vielmehr mit dem Bewußtsein, daß noch mehr erreicht werden kann, daß es weitergeht. Doch wirkt sie sich ähnlich wie beim ersten Typus auf die gesamten Stellungnahmen positiv aus: Die Urteile sind abgemessen, unpolemisch, betont „gerecht" und sachlich, frei von Ressentiment und blinder Aggressivität.

2. Überraschend sind die sehr ähnlichen Reaktionen auf unsere Fragen nach dem technischen Fortschritt. Als durchgehendes Merkmal dieses Typus können wir allerdings nur festhalten, daß *keine Katastrophen-Prognosen* gegeben werden. Aber auch ein bedingungsloser Fortschrittsoptimismus findet sich sehr selten. Die meisten Stellungnahmen liegen in der Mitte zwischen beiden Extremen – und zwar mit einer auffallenden Bewußtheit. Das Urteil pendelt sich gleichsam aus; schließlich bleibt eine spürbare Skepsis zurück, die sich ausdrücklich von jedem naiven Enthusiasmus distanziert, sich aber auch nicht in ein prinzipielles Verdammungsurteil hineinsteigert. Wir ergänzen unsere Auszüge durch die Stellungnahmen eines Umwalzers (695) und eines Werkzeugmachers (378), deren Gesellschaftsbild dem hier beschriebenen Typus entspricht:

> „... Und was die neue Straße an Draht produziert! Wo will man denn den überhaupt verwenden? ... Ich denke manchmal darüber nach, was daraus würde, wenn alle Länder, die ganz kleinen Staaten auch und auch die Agrarländer, die ganz weit weg sind, sich alle eigene Industrien aufbauten: Afrika, Indien usw. Die hochindustrialisierten Länder wie Deutschland, Frankreich, Amerika haben ja davon gelebt, daß sie diesen Ländern geliefert haben und dafür Wolle und Nahrungsmittel bezogen haben. Wenn das mal aufhört, dann können wir unseren ganzen Bedarf in einem Vierteljahr herstellen." (695)

> „Der technische Fortschritt ist ganz gut. Wenn das richtig gelenkt wird, kann es den Leuten nie über den Kopf wachsen. Aber die Menschen müssen mehr aufpassen, daß nicht einige die Produktionsmittel anhäufen und damit den Fortschritt an sich reißen und damit die Welt diktatorisch regieren. Die Kräfte, die da frei werden, sind unge-

> heuer. Aber man muß aufpassen ... Wenn der Mensch sich selbst nicht vergißt, kann ihm der Fortschritt nicht gefährlich werden. Der Mensch muß die Kräfte wecken, die in ihm sind, und sie nicht verkümmern lassen – sonst wird er überrannt. So muß er z. B. lernen, mit Geschwindigkeit umzugehen. Der Mensch ist den höchsten Anforderungen gewachsen, jedoch nicht von heute auf morgen. Das Menschenmaterial muß für den Fortschritt aufgebessert werden durch Erziehung – nein, nicht Erziehung, durch sachkundige Anleitung ... Das Leben ist noch viel interessanter als die Technik." (378)

Beide Beispiele, dies sei nur am Rande angemerkt, sind auch in ihrer Gegensätzlichkeit interessant: Im ersten Fall handelt es sich um die spezifische Arbeiterbildung, die in allen wirtschaftlichen Fragen zum Ausdruck kommt. Das Interesse der alten Arbeiterbewegung für Wirtschaftsfragen verbindet sich mit einer besonderen Erfahrung des Hüttenarbeiters: Er wird von allen Absatzschwankungen schneller und unmittelbarer betroffen und stößt daher, soweit er sich überhaupt Gedanken macht, viel eher und intensiver auf weltwirtschaftliche Zusammenhänge als etwa ein bildungsdurstiger Friseur, ein Gemüsehändler oder ein Angestellter. Im zweiten Fall werden dagegen Maximen entwickelt, die ganz individuell und originell zustande gekommen sind. Diesem Werkzeugmacher ist es gelungen, seine Lektüre populärwissenschaftlicher Literatur wirklich nutzbar zu machen. Dabei hat er sogar den intellektuellen Verdacht gegen jede gelenkte „Erziehung" übernommen und – wie das Beispiel zeigt – offenbar auch verstanden.

Es ist nicht schwer zu verstehen, weshalb die Arbeiter, für die sich die Gesellschaft als progressive Ordnung darstellt, im allgemeinen besonders reflektiert und oft skeptisch über den technischen Fortschritt urteilen. Erstens setzt dieses Gesellschaftsbild eine gewisse Intelligenz und Wachheit voraus, die der Glaube an eine statische Ordnung zum Beispiel nicht erfordert. Zweitens weiß ein Hüttenarbeiter besonders gut, daß technisch-wirtschaftliche Fakten mit sozialen Interessen in Konflikt geraten können. Dieser Konflikt wird natürlich um so aktueller und bewußter, je stärker die Hoffnung auf eine progressive gesellschaftliche Entwicklung ist.

3. Die Arbeiter, die an eine progressive gesellschaftliche Ordnung glauben, fühlen sich fast ohne Ausnahme der Gewerkschaft verbunden: *Die Initiative muß stets von der Arbeiterbewegung ausgehen.* Diese Überzeugung hindert sie natürlich nicht daran, einzelne Maßnahmen oder die unzureichende Ausbildung der Arbeitervertreter zuweilen hart und besonders scharfsinnig zu kritisieren.[3] Bezeichnend sind die vorsichtigen, ausgewogenen Urteile über den Betriebsrat, die wir oben angeführt haben. Keiner dieser Gruppe verfällt in eine Meckerei ohne Ziel

3 Vgl. die Beispiele in Abschnitt IV, S. 159 ff.

und Sinn, wie wir sie beim dritten Typus oft finden werden. Auch die Macht der anderen Seite, die den vierten Typus stark beeindruckt und schließlich zur Resignation veranlaßt, erscheint hier nicht als unüberwindliches Hindernis. Schlechte Erfahrungen werden nicht verallgemeinert, sondern sachlich erklärt: „Wir waren ein wenig zu unvorbereitet, aber das wird sich ändern. Dafür hat die Gewerkschaft noch zu sorgen." (547)

4. *Ein Ausgleich der Interessen ist möglich.* Jeder, der etwas zu bieten hat, kann auch seinen Teil erhalten. Freilich ist der Anteil der Arbeiter noch nicht groß genug.

Diese „Verteilungsphilosophie" hat zwei Voraussetzungen: Ein ungebrochenes Selbstbewußtsein des Arbeiters *als* Arbeiter und das Vertrauen in die Vernunft der anderen Seite.

Das Selbstvertrauen wird sogar zuweilen übersteigert. Erinnern wir uns an den Vorschlag des Spezialschweißers: „Du gibst das Geld, ich die Arbeit und die Idee." Die Hinzufügung der „Idee" ist offenbar nicht nur eine Arabeske, die eine glanzvolle Redewendung abrunden soll: an anderer Stelle des Gesprächs wird ausdrücklich behauptet, daß die Anregungen zu technischen Neuerungen meist von den Arbeitern stammten. Aber sehen wir von dieser Übersteigerung ab, so bleibt immer noch ein handfester Kern: Der selbstsichere Stolz auf die Priorität und Produktivität der eigenen Leistung. „Auf unseren Knochen können sie erst ihr Geld verdienen" (547) – „Denn schließlich leben sie ja von der Produktivität der Arbeiter." (695) Dieser Stolz beruht nicht etwa auf dem Glauben an eine Unersetzlichkeit des *einzelnen* Arbeiters oder auf der Tatsache, daß die körperliche Arbeit ja *auch jemand* verrichten muß. Im Gegenteil, gerade hier liegt die Schwäche der Argumentation. Denn wer ist dieser „Jemand?" Jeder Hüttenarbeiter weiß aus eigener Erfahrung oder Beobachtung, daß der einzelne Arbeiter ausgewechselt werden kann. Er kennt die Problematik der Rationalisierung und des Arbeitsplatzwechsels. Ein spezieller Berufsstolz könnte ihm daher nicht die Selbstsicherheit geben, die hier notwendig ist. Er muß sich als Teil *der Arbeiterschaft* sehen, auch wenn er diese nicht mehr als Klasse im ursprünglichen Sinn des Wortes versteht. Denn nur im Namen „der" Arbeiterschaft kann er „die" Produktivität, die primäre Leistung zur Erstellung der Lebensgüter, für sich in Anspruch nehmen. Nur durch diese Identifikation ist die Selbstsicherheit der Verteilungsphilosophie möglich.

Aber auch die „andere Seite", die das nun einmal notwendige Kapital zur Verfügung stellt, wird keineswegs geringschätzig beurteilt, – dazu ist der ökonomische Sinn, der in dieser ganzen Argumentation herrscht, viel zu ausgeprägt. Das Wort „Ausbeuter" fällt in diesem Zusammenhang nicht mehr. Man appelliert daher an die Vernunft der anderen Seite und weist, wie die beiden zitierten Facharbeiter, auf die Gerechtigkeit des Anspruchs der Arbeiterschaft hin. Ein Spezialdreher, der die Frage ganz ähnlich anfaßt, stellt die Vorteile für beide Seiten noch eindringlicher dar: „Die Hauptleitung haben die doch nach wie vor. Und sie haben es erreicht, daß der Arbeiter durch Mitbestimmung und Prämiensystem am Betrieb interessiert ist. Das ist doch ein Beitrag zur Lösung der sozialen Frage. Wenn sie auch lieber alles behalten wollten, – wer was dazugibt, behält doch auch seinen Besitz, nicht?" (683) Ein jüngerer Feinwalzer, den wir bereits zitiert haben (547), will weniger vom Vorteil eines Ausgleichs als vom Nachteil möglicher Konflikte überzeugen: „Das Kapital wird sich mit der Lage abfinden. Das ist immer noch besser als ewiger Streik und dauernde Streitigkeiten." Noch versöhnlicher formuliert sein Arbeitskollege von der Feinstraße: „Es kann ja auch allen zum Vorteil sein. Wir müssen zusammenarbeiten." (541)

5. *Die Funktion der Arbeitgeber wird anerkannt.* Diese Anerkennung wird allerdings selten grundsätzlich formuliert, sondern entweder einfach vorausgesetzt oder nur im Vorübergehen mit wenigen Worten bestätigt: „Ich bin auch der Meinung, daß man die Privatinitiative (!) der Unternehmer und Arbeitgeber wahren muß. Wer ein solches Werk leitet, muß auch besondere Rechte haben. Sonst fehlt aller Anreiz zur Arbeit." (541) Oder: „Allerdings soll zum Beispiel ein Betriebsleiter nicht mit dem gleichen Geld nach Hause gehen wie ich. Aber man braucht es wiederum nicht zu übertreiben." (695) Damit wären offensichtlich auch die beiden oben zitierten Facharbeiter einverstanden. Auch sie stellen die Notwendigkeit der Aufgaben der Unternehmer und der Leistungen des „Kapitalgebers" nicht in Frage. Sie verkünden nicht einen Herrschaftsanspruch der Arbeiterschaft. Die gegenwärtige Ordnung soll nicht umgestürzt werden: Nicht eine neue Ordnung, sondern eine bessere Verteilung wird gefordert. Selbst diese These können wir noch weiter einschränken: Auch das gegenwärtige Verteilungsprinzip wird anerkannt, – es kommt lediglich noch nicht ausreichend zur Geltung.

6. *Die gegenwärtige Ordnung ist nicht statisch, sondern progressiv.* Die Stellungnahmen, die wir zitiert haben, implizieren, daß wir uns in einer sich entwickelnden, progressiven Ordnung befinden. Das heißt allerdings nicht, daß jeder Einzelne diese Progressivität vorbedenkt und vorplant. Es ist nicht zu erwarten, daß stets konkrete Ziele genannt werden. Die Forderung nach einer Angleichung an die Rechte der Angestellten, besserer Altersversorgung, neuen Waschräumen usw. sind immer nur aus einem konkreten Anlaß entstanden und auf die konkrete Situation bezogen. Es ist kein Zeichen für einen Glauben an die Progressivität der gegenwärtigen Ordnung, wenn solche Forderungen erhoben werden, und es spricht nicht gegen diesen Glauben, wenn sie zufällig nicht genannt werden. Man darf auch nicht erwarten, daß die Reflexionen über eine gerechte Aufteilung des „Gewinns" zu Vorschlägen führen, die bis ins einzelne gehen. Dazu sind die Vorstellungen von diesem „Gewinn" und seiner Aufteilung zu allgemein. Vor allem

aber wird der Arbeiter meist vor sinnlosen Spekulationen durch seine Überzeugung bewahrt, daß zu allen technischen und wirtschaftlichen Maßnahmen „Fachkenntnisse" gehören.

Von einer Sozialisierung ist in diesem Zusammenhang gar nicht oder nur in sehr vagen Andeutungen die Rede. Auch das ist verständlich. Denn diese Forderung würde die gegenwärtige Ordnung grundlegender in Frage stellen, als es dem Gesellschaftsbild dieses Typus entspricht. Gegenwärtig erscheint der Gedanke an eine Sozialisierung daher noch als Konsequenz eines ausgesprochen militanten Denkens in den Begriffen der Klassengesellschaft (Typus fünf). Doch ist es nicht ausgeschlossen, daß die Hoffnung auf eine zukünftige Sozialisierung sich mit dem hier dargestellten Gesellschaftsbild allmählich verbindet.

Wir fassen abschließend die wesentlichen Merkmale dieses Gesellschaftsbildes noch einmal thesenartig zusammen: Es besteht eine Zufriedenheit mit der gegenwärtigen Lage, die als Entwicklungsstufe verstanden wird (1). Die Urteile über den technischen Fortschritt sind verhältnismäßig reflektiert und oft skeptisch; Katastrophendiagnosen werden jedoch niemals gegeben (2). Die Initiative zu einem weiteren sozialen Fortschritt muß von der Arbeiterbewegung ausgehen (3). Ein Ausgleich der Interessen zwischen Arbeiter und Arbeitgeber ist prinzipiell möglich: auch die gegenwärtige Ordnung ist bereits eine Form dieses Ausgleichs (4). Die Funktionen der Unternehmer und Aktionäre werden nicht in Frage gestellt (5). Konkrete Ziele, die über die Forderung einer gerechteren Verteilung hinausgehen, werden nicht formuliert; die Stellungnahmen implizieren lediglich, daß sich die gegenwärtige Ordnung weiterentwickeln muß (6).

Aus den Stellungnahmen geht klar hervor, welche außerordentlich große, ja entscheidende Bedeutung die Nachkriegsentwicklung in der Hüttenindustrie für die Urteilsbildung dieses Typus besitzt. Die wichtigste Rolle spielt zweifellos das Mitbestimmungsgesetz, dessen Intentionen verstanden und den eigenen Vorstellungen angepasst wurden. Diese Wirksamkeit wäre allerdings nicht denkbar, wenn nicht eine Reihe unmittelbarer Erfahrungen vorbereitend, ergänzend und bestätigend hinzukämen: Wir erinnern noch einmal an die Leistungen der Arbeiter beim Wiederaufbau der Werke nach dem Kriege, an die bessere Position gegenüber dem unmittelbaren Vorgesetzten, das Betriebsrätegesetz von 1947, die Prämiensysteme, Ausgleichskassen, Weihnachtsgratifikationen. Seit dem Kriege kann der Hüttenarbeiter das Bewußtsein haben, an der gegenwärtigen Ordnung produktiv beteiligt zu sein. Daher läßt sich die Anerkennung dieser Ordnung vollziehen, ohne daß die Identifikation mit der Arbeiterbewegung aufgegeben werden muß. Es sind keine neuen Ideen hinzugekommen: jeder einzelne Grundzug des dargestellten Gesellschaftsbildes ist in älteren Ideologien nachweisbar.[4] Aber

4 Vgl. S. 235 ff.

in dieser Ausprägung handelt es sich doch um ein Gesellschaftsbild, das erst heute für den Arbeiter – und die Arbeiterbewegung – eine ausschlaggebende Bedeutung gewinnen kann.

2 Die Gesellschaft als unabwendbare Dichotomie

a) Die Dichotomie als kollektives Schicksal (Typus drei)

Das Gesellschaftsbild dieses dritten Typus beruht auf einer Überzeugung, die alle Vorstellungen eindeutig und einseitig bestimmt: In der menschlichen Gesellschaft gibt es *ein „Oben" und ein „Unten"*, starr, unabweisbar, unabwendbar. Wir, die Arbeiter, gehören zum unteren Teil und können ihm nicht entrinnen. *Denn die anderen sind stärker.*

Versuchen wir, diese Überzeugung in einem Bild wiederzugeben, – denn es handelt sich viel eher um ein Bild, das die Vorstellungen beherrscht, als um eine reflektierte Konzeption: Durch die Gesellschaft geht ein Schnitt, eine Schlucht ohne Brücke. Auf der einen Seite befinden sich viele Menschen, auf der anderen nur wenige. Die Vielen versuchen manchmal – auch heute wieder –, die Schlucht zu überwinden. Aber die Teilung, die Dichotomie, läßt sich nicht rückgängig machen. Denn die Wenigen verfügen über den wertvolleren Teil, sie sind mächtiger und einig. Es hat also keinen Zweck, sich Illusionen zu machen: eine Verständigung oder ein Ausgleich ist hoffnungslos. Die Schlucht wird bleiben.

Dieses Bild ist anschaulich und einfach. Aber gerade deshalb müssen wir in der Beurteilung einzelner Stellungnahmen, die einen Aspekt dieses Bildes zu enthalten scheinen, sehr vorsichtig sein. Einige dieser Aspekte sind nämlich fast jedem Arbeiter geläufig und können beliebig in die Antworten auf unbequeme Fragen eingestreut werden. Der Gedanke zum Beispiel, daß die anderen doch stärker seien, liegt ausgebildet in festen Redewendungen vor, den „Topoi", die zum sprachlichen Repertoire gehören und gleichsam griffbereit zur Verfügung stehen. Ein solcher Topos lautet etwa: „Wo das Geld ist, ist die Macht". Häufig fällt dieser Satz, ohne daß sich der Gedanke, den er enthält, auf die übrigen Stellungnahmen irgendwie auswirkt.

Auf ähnliche Redewendungen wird zurückgegriffen, um das unbestimmte Gefühl auszudrücken, daß die Arbeiter für alles herhalten müßten, daß sie immer die Dummen seien. Zum Beispiel: der technische Fortschritt, der Verdienst der anderen geht stets „auf unsere Knochen". Auch diese Feststellung bleibt oft ohne Konsequenzen und gibt lediglich eine Stimmung wieder, die mitschwingt, ohne beherrschend zu werden.

Unter Umständen hat auch eine Formulierung, die auf das beschriebene Bild hinzudeuten scheint, aber sprachlich *nicht* an einen Topos gebunden ist, nur eine periphere Bedeutung. Ein Feinwalzer, den wir oben zitiert haben (547), läßt sich zum Beispiel in seiner Urteilsbildung eindeutig von der Vorstellung einer progressiven gesellschaftlichen Ordnung leiten; trotzdem bemerkt er gelegentlich: „Einer, der ja einmal Arbeiter ist, verfällt diesem Stand und kommt nicht wieder heraus. Der muß sich damit abfinden, der ist irgendwie unten in der menschlichen Gesellschaft." Dieses Gefühl mag ihn persönlich vorübergehend beherrschen, es bestimmt aber nicht sein Gesellschaftsbild. Denn er glaubt durchaus nicht, daß die anderen immer die Stärkeren seien und daß sich die Arbeiter daher mit ihrer Lage abfinden müßten.

Viele ähnliche Beispiele ließen sich aufzählen. Woran liegt es, daß gerade dieses Bild der Gesellschaft als einer unabwendbaren Dichotomie in einzelnen Bemerkungen so oft auftaucht, – der Dichotomie in ein Oben und Unten, in Licht und Schatten, in Macht und Ohnmacht? Es gibt mehrere Gründe, auf die wir zurückkommen werden. Aber auch ohne besondere Erklärungen ist es unmittelbar verständlich, daß dieses Bild den Stimmungen eines Mannes sehr oft entsprechen kann, der körperliche Arbeit innerhalb einer umfangreichen Arbeitsorganisation Tag für Tag verrichten muß und eine relativ geringe Chance hat, hinter die „Kulissen" dieser Organisation zu sehen. Auch ein klassenbewußter Marxist vergißt zuweilen sein soziales Selbstbewußtsein und gesteht sich resignierend ein, daß er persönlich doch „irgendwie unten in der menschlichen Gesellschaft" bleiben muß. Aber sein Gesellschaftsbild wird nicht von diesen Stimmungen beherrscht, sie verstärken höchstens die Aggressivität seiner Argumente.

Nur für diesen dritten Typus ist es charakteristisch, daß alle seine Stellungnahmen ohne Widerspruch und ohne bemerkenswerte Variationen diesem einfachen Bild einer unabwendbaren Dichotomie verhaftet sind. Die Gesichtspunkte, die dieses Bild bietet, sind natürlich schnell erschöpft. Die Stellungnahmen sind daher ziemlich eintönig und sprachlich sehr oft an Topoi gebunden. Bemerkenswert ist lediglich, daß jedes Thema immer wieder in der gleichen Weise angefaßt wird: das kollektive Schicksal der Arbeiter ist ein für alle Mal festgelegt – die Dichotomie von Macht und Ohnmacht muß grundsätzlich hingenommen werden.

Wir geben aus den Befragungsprotokollen von fünf Umwalzern und einem Facharbeiter, die wir diesem Typus zurechnen, die verhältnismäßig lebendigsten und anschaulichsten Aussagen wieder. Zunächst die entscheidende Überzeugung von der überlegenen Stärke der „Anderen" in den Stellungnahmen zur Mitbestimmung:

> „Die Belegschaft soll mit dem Kapital mitbestimmen. Die sollen kontrollieren, was das Kapital vorschlägt. Aber das werden wir niemals kriegen, denn das Geld regiert die

> Welt … Was da bisher geschehen ist, das hat das Kapital verwirklicht. In Wirklichkeit sagen die: ‚Wir bestimmen und anders keiner.“ Das wäre ja noch schöner als schön.“ (178) „Die Arbeitervertreter kann man ja bestechen. Wo das Geld ist, ist die Macht. Und wenn die Arbeitervertreter wirklich einen Beschluß durchgesetzt haben, dann kann man die Ausarbeitung des Beschlusses so machen, daß doch nichts draus wird … Die wollen sich nicht in die Karten sehen lassen … Wenn sie sich wirklich einmal auf Mitbestimmung einlassen, dann so, wie es ihnen am bequemsten ist: also für den Arbeiter möglichst viel Mitverantwortung, aber wenig Mitbestimmung.“ (796) „Mitbestimmung gibt es bei uns nicht. Da können sich die Gewerkschaften noch so sehr bemühen. Das Kapital ist zu stark.“ (891) „Wir haben nichts mitzubestimmen. Das bestimmt die Direktion. Was die sagen, wird gemacht – damit ist der Bart ab.“ (271) „Das ist alles Rederei. Wir haben nichts mitzubestimmen. Das haben die Gewerkschaften eingefädelt, und wenn einer mitbestimmt, sind es höchstens die Gewerkschaftssekretäre und Bonzen … Die da oben kümmern sich sowieso nicht drum. Der Betriebsrat kann ja nichts machen, wenn die nicht wollen. Damals mußten sie ja nachgeben (1947), weil sie noch nicht wieder fest im Sattel saßen, aber heute?“ (270) „Man will die Arbeiter doch nur beruhigen. Sie sollen meinen, jetzt bin ich fein raus. In Wirklichkeit sind die doch da oben nur geduldet … Der Betriebsrat hat da seine Leute mit im Aufsichtsrat sitzen. Aber wie sollen die denn den Mund aufmachen können? … In Wirklichkeit regiert ja doch das Kapital. Die Arbeit kann dagegen nicht an.“ (684)

Die Arbeitervertretung kann natürlich unter diesen Umständen kein Vertrauen erwarten, – entweder ist sie viel zu schwach oder sie ist korrumpiert und macht mit dem Kapital gemeinsame Sache:

> „Wenn die heute so einen Posten kriegen, sind sie bedacht, ihn zu behalten, denn da brauchen sie nicht mehr zu arbeiten. Die da oben beißen sich nicht gegenseitig. Und wenn mal einer darunter ist, der rebelliert, der wird rausgekantet.“ (178) „Im Aufsichtsrat sitzen zwei Betriebsräte. Aber die sind hoffnungslos in der Minderheit. Die können höchstens Vorschläge machen, aber sie werden überstimmt.“ (796, vgl. die oben zitierte Aussage, ebenso 891.) „Wenn die ihr Schäfchen im Trockenen haben: Sie wissen ja, wie das so geht. Wenn sie ihre Anstellung (!) dann in der Tasche haben, ist erstmal für die alles erledigt, und sie kümmern sich um den Arbeiter kaum … Die werden an dem Platz doch bloß geduldet … Die Betriebsräte bekommen ihre 500 bis 600 Mark monatlich und kleben natürlich an ihrem Platz wie die Stockfische.“ (271, 270 s. oben.) „Die meisten, die im Betriebsrat sitzen, sind schon öfter drin gewesen und werden immer dahin lanciert.“ (684)

Der technische Fortschritt ist ein Manöver des Kapitals, dem Arbeiter kommt er meistens nicht zugute:

„Viele werden arbeitslos … Das Kapital ist darauf bedacht zu verdienen. Die gehen über Leichen. Sie werden ihre Produktion immer zu steigern suchen …" (178) „Im allgemeinen hat der Arbeiter nicht viel davon. Es wird immer nur mehr gehetzt, je weiter der technische Fortschritt geht … Wie es wird, können wir nicht beurteilen. Dazu sind wir viel zu kleine Leute." (796) „Der technische Fortschritt macht uns ja arbeitslos … Von dem technischen Fortschritt hat nur das Kapital einen Vorteil … Ja, wenn der Arbeiter dann auch entsprechend verdient. Aber meistens ist es anders, nämlich daß das Kapital allein den Nutzen davon hat … Wie das zustande kommt, können wir nicht beurteilen, dazu sind wir viel zu kleine Leute." (891) „Je mehr, daß sie gemacht haben, je schlechter geht es mit der Arbeit … Ich glaube, daß es mit jeder technischen Verbesserung wohl für den Arbeiter schlimmer wird. Wie man immer weniger Leute braucht, ist ja denen ihr Hauptproblem … Was müssen die verdienen!" (271) „Das machen sie alles, um die Produktion zu heben und die Kosten zu senken … Das Kapital will verdienen … In 10 Jahren können wir nur noch drei Tage in der Woche arbeiten. Dennoch produziert man mehr und mehr." (270) „Jede technische Neuerung ist zum Nachteil des Arbeiters. Wenn früher an einer Maschine zwölf Mann gebraucht wurden, braucht man heute nur noch fünf Mann oder noch weniger … Gewiß, das ist ein technischer Fortschritt, aber keiner für den Arbeiter. Der wird brotlos … Der technische Fortschritt ist der Ruin des Arbeiters." (684)

Nicht alle Urteile über den technischen Fortschritt sind so negativ, aber immer besteht der Verdacht, daß es irgendwie nicht mit rechten Dingen zugeht: Auch die technische Entwicklung ist ein Werkzeug, ein Machtmittel des Kapitals und ein Zeichen für die Ohnmacht der Arbeiter. Wie diese Macht aber nun eigentlich aussieht und wer sie ausübt – das bleibt für diesen Typus völlig im Dunkeln. Unternehmer, Aktionäre, oft auch die Gewerkschaftsfunktionäre und „der Staat" werden einfach zu „denen da oben" gerechnet, ohne daß ein Versuch bemerkbar wäre, Gruppen oder Funktionen zu unterscheiden. So kann der zuletzt zitierte Facharbeiter des Glaubens sein, ein Teil der Gewerkschaftsbeiträge werde an den Staat abgeführt …

Eine stereotype Vorstellung von „denen da oben" ist allen gemeinsam: daß sie dort viel Geld haben, sich nur für Geld interessieren und daß ihnen das Geld eine überlegene Macht verleiht. Ihr sonstiges Tun und Lassen kann nach dieser Erkenntnis pauschal beurteilt werden: „Die Arbeitsdirektoren kriegen ihre schweren tausend Mark und tun nichts." (178) Oder drastischer, auf die Frage nach den Aktionären: „Die sehen zu, wie sie mehr Geld verdienen können. Alles andere ist ihnen egal. Sie haben den ganzen Tag nichts zu tun als ihre Devisenpapiere zu unterschreiben. Sonst haben sie ihre Sekretärin. Sie brauchen nichts zu arbeiten, noch weniger als ein Lumpenhändler, der durch die Straßen zieht und ruft: ‚Lumpen, Knochen, Papier'." (270) Das grenzt freilich an eine Selbstpersiflage dieser Vorstellungswelt. Die Willkür der Formulierung ist aber wohl bewußt und beabsichtigt: sie soll zeigen, daß es ganz unnötig ist, sich über das Tun und Lassen der anderen besondere Gedanken zu machen.

Auch die weniger originellen Stellungnahmen haben oft diesen halb resignierten, halb souveränen Akzent: Wir wissen ja sowieso Bescheid … Es hat gar keinen Zweck, sich über „die da oben" lange aufzuhalten. „Was die sagen, wird gemacht – damit ist der Bart ab." Natürlich will man auch von der Politik nichts wissen, obwohl das Gefühl besteht, daß sie überall „hineinspielt" und wirksam ist. Ähnlich wie der technische Fortschritt wird sie von den anderen dirigiert und ist für den Arbeiter eine dauernde Gefahr. Aber es hat gar keinen Zweck, sich da hineinzumischen: „Wir wollen ja nicht politisch werden …"

Jeder, der höher hinauf kommt, wird mit Mißtrauen betrachtet. Er hat auf jeden Fall den Vorteil, daß man nicht mehr kontrollieren kann, ob er arbeitet und was er tut. Das wird er sicherlich ausnutzen. Es ist bezeichnend, daß zwar die Schwäche und Käuflichkeit der Betriebsräte kritisiert werden, aber nicht ihre mangelhafte Ausbildung und ihr zu geringes Wissen. Vermutlich würde die Tatsache, daß die Betriebsräte etwas können müssen, gar nicht abgeleugnet werden, wenn ein anderer darauf hinwiese. Aber das ist für diesen Typus kein Problem, da von „dort oben" doch nichts zu erwarten ist.

Es könnte vielleicht der Eindruck entstehen, daß die Arbeiter, die wir hier zitiert haben, besonders uninteressiert und verbittert seien. Davon ist jedoch nichts zu merken, sobald Fragen ihrer alltäglichen Arbeit angeschnitten werden. Die fünf Umwalzer haben einen ausgesprochenen Berufsstolz und das exklusive Standesbewußtsein, das wir an anderer Stelle charakterisiert haben. Sie beschreiben ihre Arbeit interessiert und lebendig und urteilen ausgesprochen vernünftig über ihre unmittelbaren Vorgesetzten. Aber sobald unsere Fragen über den unmittelbaren Erfahrungsbereich hinausgehen, wird gleichsam ein anderes Bewußtsein „eingeschaltet", ein Bewußtsein, das „sowieso Bescheid weiß" und für das es daher nur noch wenige konkrete und interessante Tatsachen gibt. Es besteht kaum noch die Bereitschaft, Informationen aufzunehmen. Dieses zweite Bewußtsein beruft sich plötzlich auf die „kleinen Leute", auf die eigene Ohnmacht – mit dem Bewußtsein des selbstsicheren Spezialarbeiters hat es nichts mehr zu tun.

Jenseits des eigenen Erlebnisbereichs beginnt eine andere Welt, die auf den Arbeiter einwirkt, an die er aber nicht heranreicht. Das „zweite Bewußtsein" hat sich von dieser Welt ein Bild gemacht, das ihm erklärt, weshalb es zwecklos ist, von „drüben" oder von „oben" irgendetwas Positives zu erwarten. Es wirkt gleichsam abschirmend, abwehrend. Aber das kann es nur, weil es die Einwirkung des Kapitals oder des technischen Fortschritts auf den eigenen Erlebnisbereich nicht ableugnet, sondern erklärt. Es findet also eine Auseinandersetzung statt, wenn sie auch in stereotypen, vorgezeichneten Bahnen verläuft. Art und Gehalt der Auseinandersetzung entsprechen der eigenen Situation sehr genau: Die Zweiteilung des eigenen Bewußtseins wiederholt und objektiviert sich in dem Glauben an eine gesellschaftliche Dichotomie von Macht und Ohnmacht.

b) Die Dichotomie als kollektives Schicksal und als individueller Konflikt (Typus vier)

Zwischen den Gesellschaftsbildern des dritten und vierten Typus wären nur unwesentliche Unterschiede festzustellen, wenn wir ausschließlich nach den Resultaten und Konsequenzen der einzelnen Stellungnahmen fragten. Auch der vierte Typus lehnt die Arbeiterbewegung in ihrer heutigen Form ab oder traut ihr doch keine nennenswerten Erfolge zu, obwohl er davon überzeugt ist, daß die Arbeiter berechtigte Forderungen zu stellen haben. Auch für ihn ist das Kapital letzten Endes die stärkere Macht. Aber sowohl die Opposition gegenüber der heutigen Arbeiterbewegung wie die Resignation vor der Macht der anderen sind hier Ausdruck eines *kritischen Bewußtseins,* das sich von der „abschirmenden", defensiven Kleine-Leute-Ideologie des dritten Typus sehr deutlich unterscheidet.

Die Vertreter des vierten Typus sind ausgesprochen intelligente Individualisten, die ihre Situation kritisch prüfen und schließlich negativ beurteilen. Dabei sind ihre Überlegungen und Argumente im einzelnen sehr verschiedenartig. Wir werden jedoch sehen, daß ihr Bild der heutigen Gesellschaft und die Art, in der sie persönlich Stellung nehmen, eine grundlegende Gemeinsamkeit aufweisen.

Die Befragungsprotokolle müssen diesmal verhältnismäßig ausführlich wiedergegeben werden, da es zu dem besonderen Charakter dieses Typus gehört, daß er sehr eingehend, sehr lebendig und auch in den Details interessant argumentiert. Als Beispiele haben wir die Aussagen von zwei Feinwalzern und einem Reparaturschlosser ausgewählt. Der erste hat eine abgeschlossene Handwerkslehre hinter sich, ist zu Beginn des Krieges in das Hüttenwerk eingetreten und etwa 40 Jahre alt. Er berichtet sehr anschaulich von den Problemen seiner täglichen Arbeit und hat an seinem Arbeitsplatz verschiedentlich selbst technische Verbesserungen vorgeschlagen.

> (Technischer Fortschritt?) „Solange wir Arbeit haben, ist der technische Fortschritt gut und richtig. Die Entwicklung ist nicht aufzuhalten. Aber die Nachteile überwiegen doch schließlich. Es gibt immer mehr Menschen und immer weniger Arbeitsplätze. Da liegen ungeheure Gefahren. (Es folgen längere Ausführungen über die Gefahren. – Wie kommt der technische Fortschritt zustande?) Durch die Technik und Ingenieure. Jeder will ja leben. Sie haben alle gelernt und wollen es nun auch anbringen. Nur auf diese Weise kann jeder seine Position sichern … Es kann ja nicht gut ausgehen. Aber

ich sag immer: Nach mir die Sintflut! Krieg wird es sicher geben. Es wird dahin kommen, weil zum Schluß nur jeder noch an sich selbst denkt. (Nachlassen des Absatzes in der Hüttenindustrie?) Keiner glaubt so recht, daß wir Absatzschwierigkeiten haben. Damit verfolgt man irgendeinen Zweck, wenn man uns das erzählt … Arbeit und Verdienst sind ja abhängig. Bei speziellem Eisen machen wir eben weniger Tonnen, haben aber nicht weniger Arbeit. Darüber machen wir uns natürlich Gedanken … Jetzt wird bei uns sehr wenig Thor-Stahl gemacht. Das liegt vielleicht an der Witterung. Man baut weniger. Aber dafür machen wir viel mehr Formeisen. Zum Beispiel haben wir Aufträge von 500 t Winkeleisen. Wer braucht denn das auf einmal? Das müssen doch Aufträge sein, die sich langsam angesammelt haben. Es ist natürlich schlecht für uns, weil wir bei allen Spezialeisen weniger verdienen. Da kommen nicht so viel Tonnen heraus. Unser Akkord ist zu wenig darauf abgestimmt … Gelegentlich sehen wir schon mal in den Büchern nach, die der Vorarbeiter am Warmbett führt. Darin steht genau, wer den Auftrag gibt. Vorher haben wir so was nicht gehabt. (Was ist seit Kriegsende anders geworden?) … Unzufriedenheit besteht vielfach mit dem Betriebsrat. Das liegt daran, daß der Betriebsrat nur für die Handwerker sorgt, weil er sich selber meist aus Handwerkern zusammensetzt. Das zeigt sich vor allem im Lohn; die anderen sind prozentual viel besser in der Zwischenzeit gestiegen. Wir fühlen uns alle betrogen. Das Schlimmste ist, man kann unseren Lohn nicht ausrechnen. Wenn wir mal meinen, daß wir viele Tonnen gemacht haben, kriegen wir nur geringen Lohn. Umgekehrt ist es nie. Das gibt laufend große Enttäuschungen. Das Akkordsystem ist ganz undurchsichtig. Jede Tonne wird verschieden berechnet. Wir müssen ganz auf die Rechenkunststücke des Lohnbüros vertrauen. Und damit steht es schlecht. (Mitbestimmung?) Die Mitbestimmung ist ganz gut, aber wir merken zu wenig davon. Ich meine, wir müßten in allem, was unternommen wird, mitsprechen, wir bzw. unsere Vertreter. (Gemeint sind die Vertreter der Umwalzer.) Bei allen Lohnverhandlungen, bei allem, was das Werk angeht. Aber davon merkt man nichts. Wir dürfen nicht als vollkommen rechtlos angesehen werden. Dann sind wir nur ein Spielball in der Hand des Kapitals. Aber wir haben nicht viel Macht. Wenn bei uns mal einer protestiert und erklärt, die Arbeit sei zu schwer und der Lohn zu gering, dann setzt man ihn schnell vor die Tür. Da spielt es keine Rolle, wie lange der Betreffende im Werk ist, wie gut er bisher gearbeitet hat. Und wir denken immer an unsere Existenz. Es ließe sich sonst vieles machen, wenn wir einig wären. Aber man droht uns, und dann schrecken die meisten zurück. Das ist verständlich, aber davon wird unsere Lage nicht besser. Hier (an der Feinstraße) müßte es eben eine Mitbestimmung geben. Wir müßten das Recht haben, unsere Interessen zu vertreten. Aber wer duldet das schon. Ich kann es mir auch nicht vorstellen … Auf gütigem Wege ist wenig zu erreichen. Wir sind notwendig auf den Kampf angewiesen. Aber dabei ist es nie sicher, ob wir nicht den kürzeren ziehen. Ich weiß nicht, ob die Macht des Kapitals absolut stärker ist als wir sind, jedenfalls aber ist sie stark, weil sie sich auf wenige beschränkt und diese eher einig sind. (Wahl der Vertreter?) Wir wählen nach Listen, auf denen stehen eine

Menge Namen. Die meisten sind unbekannt. Ich weiß aus Erfahrung, daß die meisten Arbeiter sich die Sache sehr leicht machen. Es müssen 21 Leute gewählt werden. Da fangen sie an, von oben her anzukreuzen, oder sie suchen sich die Vertreter aus nach den Berufsbezeichnungen. Ein Angestellter? Kommt nicht in Frage. Ein Vorarbeiter? Das sind auch solche Hunde. Aber ein Arbeiter? Ja, den streiche ich an. So geht das. Auf diese Weise kommen immer wieder dieselben durch, wenn sie nur vorne im ABC stehen … (Die richtigen Leute?) Ob die richtigen Leute durchkommen oder nicht, ist ziemlich gleichgültig. Dafür sorgt schon die Werksleitung, daß es denen nicht zu schlecht geht. Sie stecken alle unter einer Decke. Komm, wenn wir beide zusammenhalten, geht es uns beiden gut. Was kümmern uns die anderen. Der Arbeiter ist ja zu dumm, als daß er gefährlich werden könnte. (Aufgaben der Betriebsräte?) … Im großen und ganzen sollen sie unsere Interessen vertreten. Das ist nicht immer eine angenehme Aufgabe, das glaube ich schon. Aber ich habe doch den Eindruck, daß keiner so recht wagt, einmal laut zu protestieren. Die ducken sich genau so wie wir! Es fehlen die richtigen Männer, die einen starken Rücken haben. (Was sagen die da oben dazu?) Die sind sicher vollkommen dagegen, machen aber gute Miene zum bösen Spiel. Das fällt ihnen auch nicht schwer, weil sie immer noch die größere Macht haben. Jedenfalls in Wirklichkeit. Wir sind alle von ihnen abhängig. Es ist natürlich klar, daß sich niemand gern in seine Sachen hineinreden läßt. Das habe ich auch nicht gerne, wenn mir jemand in den Geldbeutel sieht und Forderungen stellt. Praktisch tun wir ja gar nichts anderes, wenn wir die Mitbestimmung verlangen. (Welche Folgen hat die Mitbestimmung für den Arbeiter?) Es könnte ganz gut sein, wenn es durchkäme. Darauf darf man aber nicht warten. Ich glaube jedenfalls nicht daran. Der Arbeiter bleibt Arbeiter, er bleibt abhängig, ist niemals selbständig. Er kann nur eines tun: seine Pflicht, möglichst anständig verdienen und beizeiten abgehen. Das ist alles. Auch die Mitbestimmung wird daran nichts ändern. Vielleicht könnte es uns in mancher Hinsicht besser gehen. Vielleicht. Aber ich weiß nicht, wie es vonstatten gehen soll. (Durchsetzen?) Ich glaube nicht. Wir können die Arbeitgeber nicht ersetzen. Es ist letztlich gleichgültig, wer Arbeitgeber ist. Wir müssen immer mit ihm rechnen. Die Herren können wechseln, nicht aber die Methoden. Jedenfalls nicht, solange gearbeitet wird. Und das müssen wir. Ich glaube also nicht daran, daß wir einmal mehr Rechte haben werden als heute. Das ist unmöglich. Obwohl ich es mir wünsche. (Soziale Lage der Angestellten?) … Ihre Arbeit ist angenehmer. Das fällt sehr ins Gewicht. Ich würde auch lieber nur vormittags arbeiten, wenn ich dann auch weniger verdiente. Und sie können in guter Kleidung arbeiten. Das gibt eine ganz andere Atmosphäre. Es ist schon besser. (… wenn Sie DM 30 000 im Toto gewännen?) Ich würde versuchen, in ein Geschäft einzusteigen. Man könnte von dem Geld schon selbständig (Handwerksmeister) werden. In meinem alten Beruf, das wäre möglich … (Was sollen Ihre Kinder werden?) … Ich werde mein Mädchen zur höheren Schule schicken, wenn es die nötige Begabung hat. Es soll es einmal besser haben als sein Vater. Ich wäre auch gern zur höheren Schule gegangen.“ (645)

Im Laufe des Gesprächs ändert sich offenbar die Stimmung: Solange von den Feinwalzern die Rede war – der Befragte hält ungewöhnlich lange an seinen unmittelbaren Problemen fest –, blieb der Ton aggressiv und fordernd: Der Akkord ist unzureichend kalkuliert, das Lohnsystem undurchsichtig, Proteste der Arbeiter werden verhindert. Die Umwalzer müßten weniger ängstlich und einiger sein, – dann könnten sie etwas erreichen. Sobald allerdings die Worte „Kampf" und „Kapital" fallen, wird der Ton skeptischer. Der Schwung der Polemik bricht sich, aber er schlägt noch nicht um in hoffnungslose Resignation. Erst nachdem das Gespräch auf die allgemeine Mitbestimmung, auf Betriebsrat und Werksleitung übergegangen ist, verliert sich der Elan vollständig. Es ist sehr wichtig, daß die Umwalzer einig sind, aber es ist „ziemlich gleichgültig", ob die richtigen Arbeiter bei der Betriebsratswahl durchkommen. Schließlich stecken doch alle unter einer Decke … Der Pessimismus, der sich jetzt durchsetzt, ist ganz unpolemisch und ohne Ressentiment; er bemüht sich um betont gerechte, abgeklärte Urteile: Die Betriebsräte ducken sich genau so wie wir – schließlich läßt sich niemand gerne in seinen Geldbeutel sehen —, wir können die Arbeitgeber nicht ersetzen. Im Anfang stehen der Wille, die eigene Lage – die Lage der Feinwalzer – zu verbessern, die Hoffnung auf eine progressive Entwicklung, ja sogar die Bereitschaft zum Kampf. Am Ende die unabwendbare Dichotomie: Der Arbeiter bleibt Arbeiter – die Herren können wechseln, aber nicht die Methoden.

Bevor wir uns diese Resignation näher zu erklären suchen, wollen wir ein weiteres Beispiel prüfen. Der zweite Feinwalzer ist ebenfalls 40 Jahre alt, hat aber keine Handwerkslehre hinter sich und ist bereits kurz vor Kriegsbeginn ins Werk eingetreten. Der Gedankengang des Gesprächs weist keinen so ausgesprochenen Bruch auf, wie dies in unserem ersten Beispiel der Fall war:

> (Einführung technischer Neuerungen?) „Das machen der Betriebsführer und die Betriebsingenieure. Aber die können das oft nur auf dem Papier. Man hat oft den Eindruck, daß Theorie und Praxis da nicht übereinstimmen. Zum Beispiel bei der neuen Drahtstraße: Auf dem Papier machen die so und so viel Tonnen, und in Wirklichkeit … Da ist noch so ein Problem: Wenn etwas vom Arbeiter vorgeschlagen wird, dann heißt es nur: ‚Du hast ja keine Ahnung davon, verstehst nichts von Formeln und Mathematik!" Wenn dann schließlich später mal so ein Vorschlag ausgeführt wird, dann fällt es doch nicht auf den Arbeiter zurück, dann haben es doch immer die anderen gemacht. (Technischer Fortschritt?) Der technische Fortschritt ist schon eine schöne Einrichtung. Er ist es aber nur dann, wenn die körperliche Anstrengung durch ihn herabgesetzt wird und der Verdienst gleichzeitig derselbe bleibt. Oftmals ist es aber so, daß die Arbeiter ihren Arbeitsplatz verlieren, doch zumindest Lohnausfall haben, weil sie dann an den Maschinen nur noch eine Kontrollaufgabe haben. – Außerdem ist es natürlich kein Fortschritt, wenn man Atombomben baut. Das sagt das Wort ‚Bombe' schon. Na-

türlich kann man die Atomenergie auch zum Segen der Menschheit ausnutzen. Das wird man sicher später auch machen, daß man in den Gebieten, wo Kohle und Öl fehlt, die Atomenergie ausnutzt. Wenn man sie so ausnutzt, dann kann man den technischen Fortschritt nur begrüßen. Aber woran liegt das, daß man das nicht tut? Wahrscheinlich muß man da verantwortungsvollere Regierungen haben … Die immer den Krieg als Allheilmittel ansehen, das sind doch die großen Geldleute. Die verdienen durch den Krieg, und denen macht es deshalb auch nichts aus, weil sie die Gelegenheit haben, schnellstens wegzukommen, nach Südamerika usw. Wer es ausbadet, sind immer die Armen, die diese Gelegenheit nicht haben. Wenn es nun eines Tages Atombomben geben würde, die nicht wie jetzt nur 10 km oder 15 km im Umkreis wirken, sondern Tausende von Kilometern, also eventuell so: wenn in Südeuropa eine fällt, wird ein Teil Nordafrikas und Asiens in Mitleidenschaft gezogen, dann würden es sich vielleicht diese Leute überlegen, überhaupt Krieg zu machen, weil dann alles Weglaufen in andere Kontinente nichts mehr nützt, sondern es jetzt nur noch Zufall ist, wenn man verschont bleibt. (Es folgen Ausführungen über eine zukünftige deutsche Wehrmacht, über Roboter und über Mondraketen. – Was ist seit Kriegsende im Werk anders geworden?) Dabei muß man vorsichtig sein. Man kann zum Beispiel nicht die Sozialhäuser als sozialen Fortschritt bezeichnen. Das ist nur was fürs Auge. Da hat man mehr Leute, also muß man mehr Umkleideräume und Waschräume bauen. Das ist einfach selbstverständlich. Auch daß die Löhne angestiegen sind, ist kein sozialer Fortschritt: Die Preise steigen, folglich muß auch der Lohn steigen. Das würde auch ohne Gewerkschaft passieren müssen, denn auch der wildeste Knauser muß das einsehen. Ein sozialer Fortschritt wäre es nur dann, wenn die Preise blieben und der Lohn stiege, so daß der Lebensstandard erhöht wird. Deshalb kann man sagen, daß das alles nur eine natürliche Einrichtung ist. Was die Gewerkschaften geleistet haben, ist deshalb alles nichts Hundertprozentiges. Die allerdings rechnen sich das schon zum Verdienst an, wenn sie hier ein neues Klosett bauen. – Das einzige, was vielleicht ein Fortschritt ist, ist die Erhöhung der Urlaubszeit. Auf der Zeche ist das heute noch schlechter. (Mitbestimmung?) Wenn sich die Firma irgendwie verändern soll, zum Beispiel sie soll in irgendein Kartell aufgenommen werden, dann fragt kein Mensch den Arbeiter. Dann heißt es, ihr habt ja eure Vertreter gewählt, die werden wir fragen. Aber die Vertrauensmänner und der Betriebsrat machen nur das, was der Arbeitsdirektor will und anordnet, nicht das, was die Arbeiter wollen … (Wahl der Arbeitervertreter?) Da sollen eigentlich nur die gewählt werden, die befähigt sind. Aber zum Beispiel ich lasse mich aufstellen, ich bin ja auch Gewerkschaftler wie alle Arbeiter, die bezahlen – nur vergessen das die Herren Funktionäre oft –, dann kann ich Betriebsrat werden, ohne geringste Ahnung zu haben … (Aufgaben des Betriebsrates?) Die sollen die Forderungen vor den maßgebenden Stellen vertreten, durchsetzen, oder denen wenigstens klarmachen, daß sie im Unrecht sind. Aber alles verläuft sang- und klanglos. Die bekommen herrliche Posten und wollen sich gar nicht hundertprozentig einsetzen. Das ist es, was ich an der deutschen Gewerkschaft verurteile … (Was sagen die da oben dazu?) Die sind damit nie einverstanden. Das Mitbestimmungsrecht wird in Wirklichkeit nur nach außen hin verwandt, um das Ansehen der Aktionäre zu festigen. In Wirklichkeit werden die sich schwer dagegen verwahren, wenn die Arbeiter zum Beispiel weniger oder vorsichtiger arbeiten wollen, weil sonst die Unfallgefahr zu groß ist. Wenn das eintreten sollte, dann fällt die Mitbestimmung sofort flach. So wird das Mitbestimmungsrecht jedenfalls nie durchkommen. (Arbeitsdirektor?) … In erster Linie ist er wohl den Aktionären verantwortlich, daß alles hier gut läuft. Dann soll er wohl auch für die Arbeiter da sein. So etwa 75 % wird er nach oben und 25 % nach unten arbeiten. Der Name Direktor zeigt ja schon, daß er nach oben arbeitet. (Folgen der Mitbestimmung?) Positive Erfolge wird es kaum haben. So, wie es eigentlich sein soll, wird es sich nie durchführen lassen. Aber wenn jeder einzelne Betriebsrat auch zuviel Macht bekäme, dann käme es nur zu Schiebereien und Machtkämpfen, das ginge dauernd hin und her, und von einer ersprießlichen Zusammenarbeit könnte keine Rede mehr sein. (Lage der Angestellten?) Jeder soll nach seiner Arbeit bezahlt werden. Angestellte muß es auch geben, aber warum heißen die Angestellte"? Wenn man keinen Unterschied kennen will zwischen Arbeitern und Kopfarbeitern, dann dürfen auch keine Leute mehr angestellt werden. Auch die Unterschiede bei der Krankenkasse müßten wegfallen … Die haben einige Vorteile, aber wenn man mal genauer hinsieht: intelligenter als die Arbeiter sind die auch nicht, sie unterscheiden sich nur dadurch, daß sie körperlich nicht arbeiten und immer saubere Hände haben … (Was sollen Ihre Kinder werden?) … Meine Tochter will ich in die Schule schicken. Meine Vorfahren, bis ins 17. Jahrhundert zurück, waren alle arm und haben ihre Kinder nie auf eine Schule schicken können. Nun soll von meiner Sippe endlich mal einer auf die Schule, wenn es auch ein Mädel ist …" (868)

Jede einzelne Frage ruft einen neuen Gedankengang hervor: Der Befragte hört genau zu und entwickelt folgerichtig, fast methodisch seine Gedanken. Er hat aber nicht nur einen ausgeprägten Sinn für Fragestellungen, sondern auch für die Aussagekraft der Sprache: „Bombe", „Direktor", „Angestellter", – diese Worte sagen ihm etwas, sie haben eine Bedeutung, über die es sich lohnt nachzudenken. Es zeigt sich, daß sie die Personen und Sachverhalte entlarven, die sie bezeichnen: „Bombe" kann nie etwas Gutes sein; „Direktor" ist immer jemand, der oben ist und folglich „*nach* oben" arbeitet; „Angestellter" ist jemand, der rechtlich eben *nicht* Arbeiter ist. Also ist das Gerede, daß man zwischen Arbeitern und Kopfarbeitern nicht mehr unterscheiden wolle, nur ein Bluff. Ebenso wie die Propaganda für den „sozialen Fortschritt": Man braucht nur das Wort „Fortschritt" ernstzunehmen, um zu erkennen, daß weder die Sozialhäuser noch die Lohnerhöhungen einen Fortschritt darstellen. Vielmehr werden beide nur den veränderten Gegebenheiten gerecht. Sie sind eine „natürliche" Einrichtung, eine notwendige Maßnahme, der sich auch „der wildeste Knauser" nicht verschließen könnte.

Reflexionen und Resignation bewahren diesen Feinwalzer von vornherein vor aggressiven Gesten und großen Worten. Zwar empfindet er ebenso wie sein oben zitierter Kollege besonders stark die Mißachtung und Geringschätzung des Arbeiters im Betrieb. Aber den Schwung zu einer wirklichen Polemik bringt er nicht auf: Die Betriebsingenieure schützen sich vor einer allzu großen Aktivität der Arbeiter eben mit ihren Formeln und ihrer Mathematik, ebenso wie die Unternehmer mit den herrlichen Posten, die sie den Arbeitervertretern zur Verfügung stellen können. Da ist nichts zu machen. Und wer es ausbadet, sind immer die Armen. „So wie es eigentlich sein soll, wird es sich nie durchführen lassen."

Die Intelligenz und der Variantenreichtum der Argumente dieses Feinwalzers lassen wahrscheinlich beim ersten Lesen nicht gleich bewußt werden, wie groß die Müdigkeit, der Pessimismus seines Bildes von der gegenwärtigen Situation des Arbeiters eigentlich sind. Doch wird es deutlich geworden sein, daß dieser zweite Feinwalzer sich noch erfolgreicher als der erste um eine gewisse Souveränität der Urteilsbildung, um eine Distanzierung von der eigenen Bedingtheit bemüht. Einem dritten, etwa fünfzigjährigen Reparaturschlosser gelingt diese Distanzierung noch vollkommener. Seine Arbeitskraft ist für ihn nur noch Mittel, das ihm ein unabhängiges Privatleben ermöglicht. Die spezifischen Probleme des Industriearbeiters sind für ihn erledigt:

(Technischer Fortschritt?) „Wenn der technische Fortschritt nicht dem Kriege dient, halte ich ihn für gut. Denn der Krieg steckt uns noch in den Knochen, und jeder, der vom technischen Fortschritt spricht, denkt an den Krieg. Das ist auch ganz verständlich, denn jeder spricht beim technischen Fortschritt sofort von der Atombombe und den anderen Errungenschaften, die bisher nur dem Kriege zugute kamen. Dann hat der technische Fortschritt auch zur Folge, daß viele Leute erwerbslos werden. Das muß so eingerichtet werden, daß sie an einem anderen Arbeitsplatz Verwendung finden. Dann ist das richtiger technischer Fortschritt! … Aber ich bin Pessimist. Ich meine, wenn man da nicht eine Kontrolle einrichtet, endet das alles in einem Chaos … Die Menschheit muß sich da selbst schützen. (Großbetrieb – Kleinbetrieb?) Ich arbeite am liebsten in dem Betrieb, in dem ich mich finanziell am besten stehe. Alles andere ist mir gleichgültig. Für mich ist die Arbeit doch nur Mittel zum Leben. (Mitbestimmung? – Hat die Gesetzestexte zu Hause gesammelt und gibt die wichtigsten Bestimmungen exakt wieder) … Nach meiner Ansicht ist das aber erst dann richtig durchgeführt, wenn auch der Jahresabschluß den Arbeiter in Form einer Gratifikation berücksichtigt. Solange ist das doch nur eine halbe Sache. (Die richtigen Arbeitervertreter?) Nein! Zwei oder drei Idealisten werden darunter sein. Aber es ist doch menschlich, daß die anderen nur auf den Posten aus sind. Die wollen nur Geld sehen. Das ist doch normal. (Was sagen die da oben dazu?) Ich kann mir vorstellen, daß die oft über die Mitbestimmung lächeln. Was soll denn das auch, wo unsere Industrie bereits soweit wieder reaktiviert ist? So ein Direktor, der die höhere Schule besucht hat und der doch normalerweise ein gewisses Bildungsmaß erreicht hat, der läßt sich doch von einem Arbeiter nichts reinreden. Das halte ich auch für normal. (Aktionäre?) Bei denen ist das genauso. Die haben das Geld und damit haben sie die Macht in den Händen. (Durchsetzen?) Nein! Ich kann mir nicht vorstellen, daß auf die Dauer die Arbeiter überhaupt fähig sind, diese Rechte auszuüben … Die meisten meinen wunders welche Fachkenntnisse sie hätten … Der Arbeiter müßte für die Mitbestimmung besonders geschult sein. Sonst kann er da nie mit. Das aber kann nicht im Interesse der anderen sein. Ich stehe der ganzen Sache sehr skeptisch gegenüber. (Ersparnisse?) Ich habe so meine privaten Ambitionen. Ich lese sehr viel. (Zitiert im Laufe des Gesprächs griechische und moderne Philosophen, kennt offenbar die klassische deutsche Literatur ausgezeichnet.) Daneben höre ich gern Opern- und Orchestermusik. Ich spiele selbst nicht. Aber ich versäume, wenn nicht gerade Wechselschicht ist, kein Konzert … Sport habe ich auch früher viel getrieben. Heute lese ich nur noch die Sportzeitung, das ist der Ausgleich zum Geistigen … Ich sage immer: die Arbeiter, überhaupt die Menschen, die nur ihre Arbeit im Kopf haben, die sind doch zu bedauern. Es gibt doch in der Welt noch so viele andere schöne Sachen. Die Menschen tun mir leid, die die nicht kennen. (… wenn Sie DM 30 000 im Toto gewönnen?) Zum ersten würde ich dieses Geld anlegen. Das ist das Wichtigste. Dann würde ich vielleicht versuchen, mir eine eigene Existenz aufzubauen, und mit meiner Frau ein Geschäft eröffnen.“ (703)

Die Forderung nach Gerechtigkeit, die Beschwerde über die Geringschätzung des Arbeiters, der Zorn über die Schwäche der Arbeitervertreter – all dies ist hier abgetan. Sogar von einer Resignation läßt sich kaum mehr sprechen, denn dieser Reparaturschlosser identifiziert sich überhaupt nicht mehr mit dem Schicksal der Arbeiter. Er hat es aufgegeben zu polemisieren. Er begnügt sich mit Feststellungen. Dabei steht er den Problemen der Mitbestimmung nicht etwa grundsätzlich fern. Er war früher sogar aktiv in der Arbeiterbewegung tätig, hat die öffentliche Diskussion über das Mitbestimmungsrecht aufmerksam verfolgt und die Gesetzestexte gesammelt. Er weiß hervorragend Bescheid. Aber inzwischen hat er sich von diesen Fragen völlig gelöst. „Für mich ist die Arbeit nur noch ein Mittel zum Leben.“ Das ist keine Phrase, sondern eine Position, die aus einer tiefen Enttäuschung hervorgegangen ist.

Wir haben diesmal absichtlich drei sehr verschiedenartige Beispiele ausgewählt, weil dieser vierte Typus verhältnismäßig weit gefaßt werden soll. Es ist selbstverständlich, daß sich so individuelle Negationen einer gesellschaftlichen Situation nicht auf einen einfachen Nenner bringen lassen. Es gibt in der Regel nur wenige Möglichkeiten, eine Situation zu bejahen, aber sehr zahlreiche, sie zu verneinen. Trotzdem ist es erstaunlich, wie ähnlich diese Negationen hier vollzogen werden: sie münden alle in die Anerkennung der gesellschaftlichen Dichotomie und ihrer Unabwendbarkeit. In allen Fällen, die wir diesem Typus zurechnen, wird diese Dichotomie zu einem individuellen Konflikt. Die wesentlichen Unterschiede zwischen den Aussagen der drei zitierten Arbeiter sind lediglich darauf zurückzuführen, daß dieser individuelle Konflikt verschieden ausgetragen wird und daß er in einem verschiedenen Grade bereits überwunden ist. Der erste hadert noch mit den Ungerechtigkeiten, die ihm am Arbeitsplatz widerfahren; auch der zweite ist noch für die Geringschätzung des Arbeiters, seine Wehrlosigkeit und Uneinigkeit empfindlich, aber er rechtet nicht mehr darüber; der dritte hat sich bereits ganz in eine private Existenz zurückgezogen und begnügt sich damit, seine Arbeitskraft zu verkaufen.

Alle drei aber haben eine ausgesprochene Sensibilität gegenüber der spezifischen sozialen Misere des Industriearbeiters entwickelt. Sie empfinden besonders stark die Geringschätzung und Ohnmacht des Arbeiters, seinen engen Wirkungsbereich, den Zwang, sich im Betrieb widerstandslos zu fügen. Die Hoffnung aber, daß von innen oder von außen, von oben oder von unten eine Hilfe kommt, daß ihre Lage grundlegend verändert wird, haben sie aufgegeben. Allerdings könnte man sich persönlich verbessern: als Angestellter würde man in guter Kleidung und in einer ganz anderen Atmosphäre arbeiten, man würde immer saubere Hände haben; als Handwerksmeister könnte man einen eigenen Betrieb, als Händler einen kleinen Laden aufmachen. Das wäre schon besser. Daher soll auch die Tochter etwas lernen.

Es gibt also noch die Möglichkeit eines sozialen Aufstiegs und den Wunsch, ihn mitzuerleben. Was hat dieser Wunsch zu bedeuten?

Man hat heute allzu schnell das Schlagwort der „Verkleinbürgerlichung" bereit, sobald eine Tendenz des Arbeiters festgestellt wird, die spezifische Bedingtheit seiner Situation zu überwinden. Aber handelt es sich hier wirklich um die Sehnsucht nach einer kleinbürgerlichen Existenz? Ja und nein. Ja, denn de facto will man in das Kleinbürgertum hinüberwechseln. Nein, wenn unterstellt wird, daß eine kleinbürgerliche Mentalität vorhanden sein müsse, um diesen Wunsch aufkommen zu lassen. Der Typus, um den es sich hier handelt, ist offensichtlich nicht durch eine kleinbürgerliche Mentalität bestimmt. Er will einfach aus *seiner* Misere heraus, denn er hat ein Bewußtsein und eine Sensibilität entwickelt, die ihn die Enge und Bedingtheit seiner Situation besonders intensiv empfinden lassen. Nicht jedem ist es gegeben, in der privaten Existenz einen Ausgleich, durch individuelle Interessen eine Kompensation zu finden. Und auch das wäre nur ein beschränkter Rückzug, kein Ausweg. Was bleibt diesem Arbeiter also anderes übrig, als der Gedanke an die bessere Arbeitsatmosphäre in den Bürostuben, an die bessere Kleidung und die sauberen Hände, den kleinen Betrieb oder die Selbständigkeit des Ladenbesitzers? Es ist natürlich sehr fraglich, ob sich die Hoffnungen, die er mit diesem Wunsch verbindet, nicht als trügerisch erweisen. Aber die Hoffnungen müssen jedenfalls nicht bedeuten, daß er sich eine kleinbürgerliche Mentalität zu eigen gemacht hat und *deshalb* auch Kleinbürger werden will.

Betrachten wir die Kritik, die hier an der Gesellschaft ausgeübt wird, noch einmal genauer: Sie ist großzügig, diskussionsbereit und individualistisch, sie bemüht sich darum, die eigenen Erfahrungen zu objektivieren. Diese Art der Kritik scheint uns vieles mit den Reflexionen eines *spätbürgerlichen Bewußtseins* gemeinsam zu haben. Wir denken an die Gebrochenheit der politischen Konzeption, den Pessimismus, die betonte Ausgewogenheit der Argumente, die fast akademische Intelligenz, die weniger moralisiert als die Bodenlosigkeit der Illusionen aufzeigt, das Mißtrauen gegenüber allen heroischen Lösungen. Diese reflektierte Skepsis bleibt nicht an die eigene gesellschaftliche Situation gebunden, sie trifft „die" Gesellschaft, wie sie sich aus der Perspektive des Industriearbeiters darstellt. Das gilt allerdings nicht nur für diesen Typus allein, aber in seiner Skepsis offenbart sich doch etwas Besonderes, das wir nicht einfach als pauschale Verabsolutierung der eigenen Erfahrungen abtun können: ein Unbehagen an der Gesellschaft.

Überall werden positive Möglichkeiten, werden Chancen für die Lösung sozialer Probleme entdeckt. Aber stets werden sie wieder mit einer skeptischen Geste beiseitegeschoben oder verworfen: Natürlich, die Menschheit könnte sich vor den Gefahren des technischen Fortschritts selbst schützen, – „aber ich bin Pessimist". Sicherlich gibt es unter den Arbeitervertretern zwei oder drei Idealisten, – aber die anderen, das ist normal und menschlich, sind nur auf einen Posten aus. So ein Direktor könnte sich vielleicht in die Papiere sehen lassen, – aber er denkt gar nicht daran, das ist auch ganz normal. Die Arbeiter könnten vielleicht geschult werden, – aber daraus wird auch nichts werden. (Ergebnis: Ich habe meine privaten Ambitionen …) Oder: Die Arbeiter könnten vielleicht aktiv an technischen Verbesserungen mitarbeiten, – wenn die Ingenieure das zuließen. Die Atomenergie könnte man zum Segen der Menschheit ausnutzen, – wenn man verantwortungsvollere Regierungen hätte. Ein Krieg könnte vielleicht verhindert werden, – wenn man eine Bombe erfände, die ganze Erdteile und mit ihnen auch die großen Geldleute in die Luft sprengte. (Sonst ist gegen diese Geldleute nichts Erfolgversprechendes zu unternehmen.) Die Betriebsräte könnten auf die wirtschaftlichen Maßnahmen des Werkes schon einen Einfluß ausüben, – wenn sie nicht nur täten, was der Arbeitsdirektor sagt, und sich mit ihren herrlichen Posten zufrieden gäben. Es wäre großartig, wenn die Arbeiter weniger und vorsichtiger arbeiten dürften, – aber dann wäre es mit der Mitbestimmung sofort zu Ende. (Ergebnis: So, wie es eigentlich sein soll, wird es sich nie durchführen lassen.) Schließlich: Der technische Fortschritt ist gut und richtig, – allerdings überwiegen, genauer besehen, die Nachteile. Die Mitbestimmung ist ganz gut, – allerdings merken wir wenig davon. Wir könnten uns vielleicht mehr Rechte am Arbeitsplatz erobern, –

wenn wir nicht zu ängstlich und zu uneinig wären. Wir müßten das Recht haben, unsere Interessen zu vertreten, – aber wer duldet das schon. Wenn unsere Forderungen durchkämen, wäre es gut, – aber ich glaube nicht daran; außerdem können wir die Arbeitgeber doch nicht ersetzen. Die stecken alle unter einer Decke, – allerdings ist es letztlich gleichgültig, wer Arbeitgeber ist. (Ergebnis: Wir bleiben doch immer abhängig!)

Diese Denkform ist nicht durch Ressentiments bestimmt, und sie ist nicht einfach ein Ausdruck von Denkfaulheit. Es herrscht eine Müdigkeit, die auf einem grundsätzlichen Mißtrauen gegen alle sozialen Ambitionen der Menschen beruht. Jede denkbare gesellschaftliche Entwicklung, jedes Programm ist fragwürdig geworden. Dieses Mißtrauen, dieses Unbehagen ist nicht gleichzusetzen mit dem bekannten Vorbehalt gegen alles, was mit dem „Staat" und mit „Politik" zu tun hat; gerade diese typisch kleinbürgerliche Aversion fehlt. Politische Fragen werden nicht einfach ausgeklammert, sondern durchaus in die Kritik einbezogen. Es gibt überhaupt keinen gesellschaftlichen Sachverhalt von aktueller Bedeutung, über den sich mit diesen Arbeitern nicht ein vernünftiges Gespräch beginnen ließe. Sie sperren sich nicht gegen Informationen, sondern lediglich gegen Illusionen. Diese Abwehr ist allerdings so stark, daß sie überhaupt keiner politischen Ideologie, keiner Propaganda, keinen Programmen mehr zugänglich sind. Auch eine betriebliche oder staatliche Sozialpolitik hat hier keine Chance mehr. Werksleitung und Gewerkschaft, Staat und Partei sind nicht mehr zuständig, – hier helfen nur noch individuelle Lösungen.

Wir dürfen allerdings nicht vergessen, daß die Enttäuschung, die zu dieser „heimatlosen Opposition" geführt hat – im Gegensatz zu den Erfahrungen des spätbürgerlichen Bewußtseins – sehr jungen Datums sind. Die Loslösung von der Arbeiterbewegung ist wahrscheinlich erst endgültig nach dem Scheitern der Erwartungen vollzogen worden, die auf das Mitbestimmungsrecht gesetzt wurden. Das beste Zeugnis dafür ist eine Geschichte, die uns der Reparaturschlosser erzählte.

Kurz nach der Einführung der Mitbestimmung, als er noch in einem anderen Großbetrieb beschäftigt war, besuchte er einen alten Gewerkschaftsfunktionär, mit dem er sich im Kriege befreundet hatte. Der Funktionär ist inzwischen ein großes Tier geworden, mit großem Wagen und großer Villa. Die beiden finden keinen Kontakt mehr. „Da hatte ich zum ersten Mal das Empfinden: da sitzt ein ganz anderer als der, mit dem du noch beim Kommiß Griffe gekloppt hast. Als er so dasaß und sprach mit mir wie ein Pfarrer mit einem Kommunionskind, da dachte ich an früher. – Sie kennen doch den ‚Faust' von Goethe? Da kommt doch bei der Walpurgisnacht so ein besonderer Typ vor. Der nennt sich ‚Parvenu'! An den wurde ich da erinnert."

Der Parvenu spricht nur folgende vier Zeilen:

„Wir waren wahrlich auch nicht dumm,
Und taten oft, was wir nicht sollten.
Doch jetzo kehrt sich alles um und um,
Und grade, wo wirs recht erhalten sollten!“

3 Die Gesellschaft als Klassengesellschaft

a) Die Reform der Gesellschaftsordnung – eine Mission der Arbeiterbewegung (Typus fünf)

Der Begriff der Klassengesellschaft ist wie jeder politisch-geschichtsphilosophische Begriff nicht nur die Bezeichnung eines Sachverhaltes, sondern zugleich ein Argument und als Argument eine Waffe. In der wissenschaftlichen Diskussion hat er diese scharfe Spitze allerdings vielfach verloren. Er wurde mit Erfolg rubriziert und neutralisiert, indem man ihn zu einem Trabanten im zahllosen Gefolge des allgemeinen Ordnungsbegriffes der „Sozialstruktur“ gemacht hat. Wir verwenden den Begriff der Klassengesellschaft hier wieder in seiner politisch-geschichtsphilosophischen Bedeutung. Er ist demnach nur unter zwei Voraussetzungen anwendbar: wenn er die gegenwärtige Gesellschaftsordnung entlarven und die Tatsache ihrer bevorstehenden Veränderung begründen soll. Die Kritik der Gesellschaft als Klassengesellschaft impliziert den Glauben an die Möglichkeit und die Forderung nach dem Vollzug ihrer Aufhebung.

Der Industriearbeiter sieht die Gesellschaft stets in einer Zweiteilung und nicht als komplexes Gefüge *vieler* Klassen, – gleichgültig, ob er sie als unabwendbare Dichotomie resignierend hinnimmt oder als Klassengesellschaft kritisiert. Geschieht das letztere, so wird die Gesellschaft als *abwendbare* Dichotomie begriffen, als Dichotomie vor ihrer Aufhebung. Die Zweiteilung wird entlarvt als Ausbeutung der arbeitenden Klasse durch die über die Produktionsmittel verfügende Klasse. Es versteht sich von selbst, daß damit auch ein Kompromiß nicht mehr möglich ist, wie er in der Verteilungsphilosophie und dem Glauben an die Progressivität der gegenwärtigen gesellschaftlichen Ordnung (Typus zwei) zum Ausdruck kommt.

Aber ist nicht ein Kompromiß anderer Art möglich? Die Arbeiterbewegung und ihre Theoretiker haben im Laufe der geschichtlichen Entwicklung gezeigt, wie dehnbar der Begriff der Klassengesellschaft ist. Beide Voraussetzungen – die Entlarvung der Gesellschaft als System der Ausbeutung und die Forderung der Aufhebung dieses Systems – können so allgemein gefaßt werden, daß sie sich mit reformistischen und evolutionistischen Tendenzen verbinden lassen. Man kann sich auf die Forderung einer Sozialisierung und einer zentral gelenkten Planwirtschaft beschränken, ohne den Begriff der Klassengesellschaft aufzugeben und ohne auf das ihm entsprechende Pathos und Vokabular ganz zu verzichten. Freilich gehört die Verbindung des kritischen Begriffs der Klassengesellschaft mit einer reformistischen Ideologie wohl zu den schwierigsten theoretischen Problemen, die sich die bürgerliche Gesellschaftstheorie gestellt hat. Wir kennen dieses Dilemma aus zahlreichen Versuchen.

Es war von vornherein anzunehmen, daß es für die Industriearbeiter zwischen dem Ordnungsdenken des zweiten Typus und der orthodoxen Konzeption des Klassenkampfes noch diesen mittleren Weg einer Reformideologie gibt, – oder besser, daß diese Möglichkeit auch heute noch besteht, nachdem sie die Industriearbeiter besonders in den zwanziger Jahren sehr lebhaft beschäftigt hat. Aber es war auch zu erwarten, daß sich hier die gleichen Schwierigkeiten wiederholen, die sich in der Geschichte der Arbeiterbewegung gezeigt haben. Die Mehrzahl der Protokolle, die in Frage kommen, weisen daher zahlreiche Abbiegungen, Inkonsequenzen und Lücken im Gedankengang auf. Dennoch lassen sie sich überhaupt nur dann unter einem Gesichtspunkt zusammenfassen, wenn man sie als Annäherungsversuche an eine reformistische Theorie zu verstehen sucht.

Ihre wichtigsten gemeinsamen Merkmale sind das Bekenntnis, daß die gegenwärtigen gesellschaftlichen Verhältnisse *grundsätzlich abzulehnen* sind, die Überzeugung, daß eine *Veränderung* dieser Verhältnisse möglich und notwendig ist, und der Glaube an die *Mission der Arbeiterbewegung*, die sich in der Vorbereitung und Durchführung dieser Veränderung erfüllt. Im Gegensatz zum progressiven Ordnungsdenken des Typus zwei werden die gegenwärtigen gesellschaftlichen Verhältnisse als System kritisiert, aus dem sich alle einzelnen sozialen Mißstände ableiten lassen. Diese Kritik bedient sich des Vokabulars und oft auch einiger grundlegender Einsichten, die vom orthodoxen Marxismus übernommen worden sind. Das Pathos des revolutionären Proletariats und die Bedingungslosigkeit der entlarvenden Kritik sind allerdings weitgehend ersetzt durch wirtschaftspolitische Argumentationen, die im Tenor einer politischen Opposition vorgebracht werden. Der Gegensatz der Klassen ist hier eher ein „Klassenkonflikt" als ein Klassenkampf. Daher ist auch aus einigen Stellungnahmen, die wir diesem Typus zurechnen, nicht mit Sicherheit zu entnehmen, ob die Forderung nach einer radikalen Veränderung der gegenwärtigen Gesellschaftsordnung nicht nur ein Erbstück darstellt, das in das verfügbare Repertoire der Zeitkritik mit eingebracht worden ist, aber sachlich mit den wirklichen Wünschen und Hoffnungen nur noch wenig zu tun hat. Außerdem ist die Arbeiterbewegung nicht mehr in allen Fällen die einzige politische Kraft, der Vertrauen entgegengebracht wird. Obwohl ihr eine besondere Mission zuerkannt wird, hat sie ihren Ausschließlichkeitscharakter als einziges Instrument des Fortschritts verloren. In den beiden Beispielen, die wir zitieren, wird bezeichnenderweise einmal die „Verstaatlichung" mit der Einsetzung von Beamten als Direktoren, das andere Mal der Übergang von der Profit- zur Bedarfswirtschaft als Ziel einer „paneuropäischen Wirtschaftspolitik" gefordert. In anderen Aussagen finden sich ähnliche Varianten; sie sind offenbar teilweise erst in letzter Zeit entstanden und werden wahrscheinlich auch verhältnismäßig schnell wechseln. Wir können sie nicht im einzelnen berücksichtigen und müssen uns darauf beschränken, die drei oben angegebenen Merkmale als Modell zu betrachten, das von diesem fünften Typus entweder angestrebt oder teilweise bereits wieder überwunden ist.

Zunächst zitieren wir – in starker Kürzung – einige Bemerkungen eines Schmelzers, der etwa fünfzig Jahre alt und bereits über zwanzig Jahre im gleichen Werk tätig ist:

> (Technischer Fortschritt?) „... Das bedeutet auf der einen Seite Arbeitserleichterung, aber zugleich Ersparnis von Arbeitskräften. Mit denen kann man dann nach gewisser Zeit – wenn nämlich genug beisammen sind – nichts anderes machen, als sie über den Haufen schießen lassen. So kommt es zu Kriegen. Augenblicklich scheint es wieder einmal soweit zu sein. Was soll sonst der Lärm um die Remilitarisierung? ... Auch eine Absatzkrise hat man schon wieder. Das ist natürlich Mache und zielt darauf, Arbeitslosenheere zu schaffen, denen dann nichts anderes übrig bleibt, als sich einziehen zu lassen ... (Es folgt eine Erörterung der Frage, ob ein stehendes Heer das richtige Mittel wäre, die Arbeitslosigkeit zu beseitigen. Die Frage wird aus wirtschaftlichen Gründen verneint. Das Militär könne nicht soviel konsumieren wie die arbeitenden Menschen.) Es kommt also darauf an, die Leute weder arbeitslos werden zu lassen, noch sie zum Militär zu schicken, sondern ihnen Arbeit zu verschaffen. Wenn man sie zum Beispiel Häuser bauen läßt, dann braucht man auch Eisen und kann so die Wirtschaft in Gang bringen. Aber eine solche Lösung des Problems liegt natürlich nicht im Sinne derer, die am Krieg verdienen. Daher ist auf Vernunft nicht eher zu hoffen, bis die gegenwärtigen gesellschaftlichen Verhältnisse verändert sind ... (Kriege werden vorbereitet, damit man nach der Zerstörung des Materials wieder produzieren und verdienen kann.) So viele Millionen, wie die besitzen, kann man gar nicht auf ehrliche Weise verdienen. Entweder hat man das Geld den Arbeitern weggenommen, die man zu schlecht bezahlt hat, oder man hat die Sachen zu teuer verkauft. Wahrscheinlich beides! Und so geht das immer weiter. Man sieht das ja an der Währungsreform. Die Aktien sind 1:1 oder sogar noch besser umgestellt worden, die kleinen Sparer aber kriegten das Geld abgenommen. Nach einem verlorenen Krieg braucht man eben eine Inflation. Das kennen wir schon: einer muß den verlorenen Krieg bezahlen. Dann macht man kurzerhand eine Inflation. Man hat wohl nicht eher Ruhe, als bis die großen Industrien verstaatlicht sind. (Mitbestimmung?) Das ist auch so eine Sache. Die Mitbestimmung ist von vornherein so eingerichtet, daß die Arbeiter nicht viel zu sagen haben. Wenn man eine richtige Mitbestimmung will, muß man die Werke der Stahlindustrie und den Berg-

> bau verstaatlichen. Dann werden Beamte als Direktoren eingesetzt, und der Gewinn kann unter der Arbeiterschaft verteilt werden, soweit man ihn nicht für die notwendigen Reparaturen und Verbesserungen braucht. Das hat viele Vorteile. Vor allem den, daß mehr gearbeitet wird, denn jeder Arbeiter sagt sich dann, das ist unser Werk, wir arbeiten für unsere Rechnung. Auch wird dann nicht mehr so verschwenderisch mit dem Material umgegangen. Verstaatlichung – das verstehe ich unter Mitbestimmung. Was wir jetzt haben, ist nichts Halbes und nichts Ganzes. Wir haben das Mitbestimmungsrecht, bestimmen aber nicht mit. (Durchsetzen?) Nur im Zusammenhang mit der Verstaatlichung. Wenn die nicht kommt, wird man schon Mittel und Wege finden, das Ganze zu stoppen und abzudrosseln." (119)

Auszüge aus den Stellungnahmen eines weiteren Schmelzers (der mit seinem oben zitierten Arbeitskollegen nicht in derselben Gruppe arbeitet) zeigen die gleiche Tendenz:

> (Technischer Fortschritt?) „... Seit etwa 1870 ist die Technik großen Stils im Gange. Seitdem haben wir drei Kriege gehabt, von denen einer immer noch schlimmer ist als der vorherige ... (Forderung einer „Pan-Europa-Union", Gedanken über Politik, über die Industrialisierung Rußlands, über die Kirchen und den Klassenkampf; daraus einige Sätze:) Die Nationen sind eifersüchtig aufeinander, sie machen sich gegenseitig Konkurrenz, und durch die Politik suchen sie sich die günstigsten Bedingungen für dieses Konkurrieren zu verschaffen. Man sieht das ja an der heutigen Politik, die wie alle Politik Wirtschaftspolitik ist. So ist das auch mit der Saar ... Auch Luther hat das Entstehen einer kapitalistischen Wirtschaftspolitik nicht verhindern können. Oder glauben Sie etwa, daß die großen Vermögen des 19. Jahrhunderts durch christliche Nächstenliebe entstanden sind? Irgendwo muß der Profit ja herkommen ... Ich habe gelesen, daß im 19. Jahrhundert neunjährige Kinder in die Fabriken gesteckt wurden, während man die älteren an die Luft setzte. Und dazu hat man die Arbeiter verachtet. Da ist es kein Wunder, wenn es zu Klassenkämpfen gekommen ist. Man kann eben eine ganze Schicht von Menschen nicht ausbeuten und sie obendrein mißachten, ohne daß diese Menschen eines Tages losschlagen. So ist es in Rußland gewesen, und so ist es auch 1918 in Deutschland gewesen. Wenn es nicht wieder zu Klassenkämpfen kommen soll, muß man menschlich miteinander umgehen und nicht auf die Arbeiter als die ‚dummen Arbeiter' herabsehen ... (Nachlassen des Absatzes der Hüttenindustrie?) ... Man muß den Übergang von der Profitwirtschaft zur Bedarfswirtschaft vollziehen. Das muß das Ziel einer paneuropäischen Wirtschaftspolitik sein. Und dazu muß man die Grundstoffindustrie sozialisieren. Anders ist die ständige Kette von Krieg und Frieden, von Zerstörung und Wiederaufbau nicht zu durchbrechen. An sich sind ja auf der Erde genug Güter, um alle Menschen zu ernähren. Die Erde ernährt alle Menschen, und daher haben alle auf sie in gleichem Maße Anspruch. Kriege brauchen an sich nicht zu sein.

> Aber solange die Profitwirtschaft besteht, wird es nicht zu einer friedlichen Verteilung der Güter der Erde kommen ... Auch in Rußland ist kein Idealismus. Den aber brauchen wir vor allen Dingen. Ohne Idealisten kann man weder Europa vereinigen, noch die europäische Wirtschaft sozialisieren. (Mitbestimmung?) Mitbestimmung bedeutet, daß der von der Belegschaft gewählte Betriebsrat in bestimmten Fragen mit der Werksleitung verhandelt, daß also die Werksleitung nicht mehr diktatorisch zu bestimmen hat, was gemacht wird – denn wenn nur *eine* Seite bestimmt, dann ist das ja wohl Diktatur ... Die jetzige Mitbestimmung ist ja keine wirtschaftliche Mitbestimmung, daher muß man sie nur als Schritt auf dem Wege zu einer Sozialisierung der Grundstoffindustrie betrachten ..." (018)

Die alte sozialistische Arbeiterbildung kommt hier noch einmal lebendig und voll zur Geltung. Man kann, besonders im ersten Beispiel, genau die Zeit feststellen, in der sich diese Arbeiter die entscheidenden Argumente angeeignet haben: Die Frage der Remilitarisierung führt zurück zu der Diskussion um ein stehendes Heer in den zwanziger Jahren, die Bemerkungen über die Währungsreform verweisen auf die Erfahrungen der Inflation. Erstaunlich, wie sich die Fähigkeit erhalten hat, politische Ereignisse als Erscheinungen eines bestimmten Wirtschaftssystems zu entlarven: Zwischen technischem Fortschritt, Ersparnis an Arbeitskräften, Wirtschaftskrise, Remilitarisierung, Währungsreform, Mitbestimmung und Verstaatlichung ergibt sich ein logischer Zusammenhang. Es gelingt nach wie vor, eine geschlossene Deutung der Tatsachen zu entwickeln. Der Streit um die Saar läßt sich durchschauen, wenn man weiß, daß alle Politik im Grunde Wirtschaftspolitik ist. Die Abwertung des Geldes ist verständlich, wenn man sich klarmacht, daß Kriege bezahlt werden müssen. Und wenn man sich keine Illusionen darüber macht, *wer* sie bezahlt, wird man sich auch nicht über die günstige Umstellung der Aktien wundern.

Die Polemik erschöpft sich hier nicht in sich selbst, wie dies etwa beim dritten Typus der Fall ist. Die Kapitalisten sind nicht mehr geheimnisvolle Gestalten, die irgendwo hinter den Bergen sitzen und Unheil stiften. Sie sind vielmehr Exponenten eines Systems. Daher geht es auch in erster Linie nicht darum, bestimmte Personen oder eine bestimmte Klasse als Urheber allen Unheils anzuklagen, sondern sich dieses Unheil als zwangsläufiges Ergebnis einer bestimmten Wirtschaftsordnung zu erklären. Diese Wirtschaftsordnung ist die primäre Gegebenheit, auf der alle gesellschaftlichen Verhältnisse beruhen.

Hier liegt zugleich die Möglichkeit eines positiven Ansatzes. Denn die marxistische Grundkonstruktion schafft die Voraussetzung, sekundäre gesellschaftliche Gegebenheiten aus der Kritik auszuklammern, gerade weil sie in ihrer betonten Distanz der „objektiven Erkenntnis" nicht primär an soziale Affekte und Ressentiments appelliert. Würde sie notwendig einen blinden sozialen Haß erzeugen, dann wäre weder ein Vertrauen auf die als Werksdirektion eingesetzten Beamten noch der Glaube an die Ordnungs-Funktion des Staates möglich. Der Evolutionismus wäre in der Form, die wir hier vorfinden, ohne die marxistische These von der Priorität der Wirtschaftsordnung nicht denkbar.

Aber so lebendig und aktuell die Argumentation dieser beiden Schmelzer auch ist, – es besteht kein Zweifel, daß es sich hier nur noch um die letzten Vertreter einer ideologischen Tradition handelt, deren Kraftquellen in der Vergangenheit liegen. An die Stelle dieses Klassenbewußtseins tritt das Arbeiter-Bewußtsein des zweiten Typus, das zwar einige Züge der Tradition bewahrt hat, aber ohne geschichtsphilosophische Kategorien auskommt. Die beiden Schmelzer wissen im übrigen selbst, daß sie Repräsentanten einer älteren Generation der Arbeiterbewegung sind. Sie halten ihr zwar die Treue, aber sie beurteilen die Entwicklung mit der Sorge des alten Avantgardisten:

> „Die Jungen sind nicht genügend interessiert. Sie haben andere Dinge im Kopf. Das ist sehr schlimm für die Sache der Arbeiter, da man sich nur in jungen Jahren alles aneignen kann, was man zur Vertretung der Arbeiterinteressen braucht. Aber daran ist wohl nichts zu ändern, da die Jungen offensichtlich nicht wollen. Was da werden soll, weiß ich nicht. Denn die Alten sind ja nicht ewig im Betrieb.“ (119) „Die Belegschaftsversammlung wird von 3000 bis 4000 Leuten besucht, aber ein Fußballspiel von 70 000! Die jungen Leute haben nichts im Kopf als Mädchen, Amüsement, schöne Kleidung, Kino, nichts als das. Dann aber klagen sie über die hohen Gewerkschaftsbeiträge. Dabei überlegen sie nicht, daß gerade die Gewerkschaft ihnen ihr heutiges Leben erst möglich gemacht hat. Mein Vater hat mir erzählt, wie die Arbeiter früher gelebt haben. Kartoffeln, ohne etwas dabei, dünn mit Margarine bestrichenes Brot und schwarzen Kaffee, ab und zu mal einen Hering – das ist das Essen der Arbeiter früher gewesen. Und woher ist das anders geworden, wenn nicht durch die Gewerkschaften, durch den Kampf der Gewerkschaft? Den jungen Leuten geht es zu gut. Die haben nie Streiks, Aussperrungen, lange Arbeitslosigkeit und dergleichen mitgemacht.“ (018)

Wie schon betont, weisen andere Stellungnahmen aus der kleinen Gruppe, die wir diesem fünften Typus zugerechnet haben, gewisse Abweichungen auf. Eine wesentliche Ergänzung zu den Gedanken der beiden Schmelzer enthalten sie aber nur in einem Punkt: der *Kritik* an der Klassengesellschaft. Auf diese Ergänzung können wir hier verzichten, da gerade die kritischen Argumente in den Urteilen der Marxisten noch klarer und schärfer formuliert zur Geltung kommen.

b) Die Konzeption des Klassenkampfes (Typus sechs)

Der Typus des orthodoxen Marxisten ist unter den von uns befragten Arbeitern nur sechsmal vertreten. Drei Befragungsprotokolle sind allerdings wirklich klassische Beispiele. Es wäre aufschlußreich, jedes einzelne ausführlich wiederzugeben und zu interpretieren, da es sich in allen drei Fällen um ausgeprägte Individualitäten mit origineller und teilweise selbständiger Urteilsbildung handelt. Nun gehört es aber zu den Merkmalen dieses Typus, daß er auf jede unserer Fragen mit einer kleinen Abhandlung antwortet. Er hat nicht nur ein Lehrbuch des Marxismus im Kopf, sondern wendet es auch auf zahllose aktuelle Ereignisse an und gibt sehr persönliche, oft interessante, aber endlose Kommentare. Diesen individuellen Varianten können wir im Rahmen der hier entwickelten Typologie nicht gerecht werden und müssen uns daher darauf beschränken, aus jeweils einem der drei Protokolle die Stellungnahmen zu den wichtigsten Stichworten zu zitieren: Staat und Klasse – technischer Fortschritt und Ausbeutung – Kirche und Kapital – Kapital und Arbeit – Revolution.

Staat und Klasse:

„Jeder Staat ist ein Klassenstaat. Jede Regierung ist die Regierung einer Klasse. Ich habe im Rundfunk mal ein Gespräch aus London gehört, an dem Lindsay Frazer und solche Leute teilgenommen haben. Da gibt es also sehr verschiedene Arten von Demokratie, in England eine ‚liberale Demokratie'", in Amerika wieder eine andere, in Frankreich eine und in Rußland wiederum eine andere. Auch die Demokratien sind Klassenstaaten. Jetzt haben wir auch eine Demokratie, eine Demokratie nach amerikanischem Muster. Ich brauche mir aber nur anzusehen, wieviel Industrielle und Schwerindustrielle da im Bundestag sitzen, um zu wissen, was das hier für eine Demokratie ist. Eine der Arbeiterschaft jedenfalls nicht ... Die von der Regierung betriebene Politik der Gewerkschaftsspaltung paßt auch in das Bild einer Klassendemokratie. Die versuchen, die Arbeiterschaft gegeneinander aufzuhetzen, und dann haben sie leichtes Spiel ... Es gibt eben verschiedene Klassen, das darf man nicht vergessen. Und wenn sie das auch verbergen wollen, es ist doch so ..." (313)

Technischer Fortschritt und Ausbeutung:

„Die Profite steigern sich durch den technischen Fortschritt. Die Arbeiter sind immer schon ausgebeutet worden, aber je technisch besser die Betriebe funktionieren, um so größer wird die Ausbeutung. Die einen schneiden sich die Profite weg, die anderen können stempeln gehen, wenn ihnen das nicht paßt." (415 – Der Zusammenhang zwischen technischem Fortschritt und Krieg wird von allen Marxisten ebenso dargestellt wie von den Reformisten und vielen anderen Arbeitern, allerdings ausführlicher und schärfer formuliert.)

Kirche und Kapital:

„Die Kirche steckt mit dem sogenannten Kapital unter einer Decke, Kirche und Kapital bilden eine Klasse. Die Kapitalisten freuen sich darüber, wenn viele Arbeiter arbeitslos sind, da können sie die Arbeitskraft billiger einkaufen. Und darum schalten sie die Kirchen ein … Die haben dafür zu sorgen, daß die Ärzte nichts machen können (Geburtenregelung) … Wenn die Arbeitslosigkeit aber zu groß wird – wenn die Arbeiter nämlich kein Geld haben, können sie nichts kaufen, und dann nützt die Überproduktion nichts mehr, man bringt sie nicht an den Mann – dann macht man einen Krieg. Die Kirche segnet dann die Waffen. Ist das etwa christlich? Christus hat gelehrt, die Menschen sollen sich wie Brüder und Schwestern zueinander verhalten, und das siebente (!) Gebot lautet: Du sollst nicht töten …" (313 – Die Polemik wird sehr ausführlich fortgesetzt. Der Befragte nennt sich selbst einen „christlichen Kommunisten". Auch die übrigen Marxisten sprechen ausführlich über den Zusammenhang von Kirche, Kapital, Geburtenregelung und Krieg.)

Kapital und Arbeit:

„Es gibt zwei Klassen von Menschen, die einen sind oben und profitieren, sie können auf die Schulen gehen und rücken wieder in die Stellungen auf, die anderen sind unten und bleiben auch unten. Das wird erst anders, wenn die Kriege abgeschafft werden … Das Kapital ist international, internationaler als die Arbeiterschaft. Die arbeiten genau zusammen … Gibt man den Arbeitern einigermaßen anständig etwas zu fressen, dann sind sie wieder begeistert. Ich kenne das genau: In den zwanziger Jahren haben sie erst immer auf die Republik geschimpft. Aber wie die wirtschaftliche Lage sich besserte, da war die Republik auf einmal gut. Wie es aber Ende der zwanziger und Anfang der dreißiger Jahre wieder schlechter wurde, da ging die Schimpferei wieder los. Das wundert mich allmählich nicht mehr. Dazu kommt allerdings, daß die Arbeitervertreter nichts mehr taugen, daß wir nicht mehr die richtigen alten Arbeiterführer haben wie seinerzeit Engels und Marx, Lassalle und Bebel … In den Leuten steckt kein Idealismus mehr, in den Betriebsräten so wenig wie in den Gewerkschaften … Die sind erledigt. In den zwanziger Jahren – da war noch Schwung und Idealismus in der Gewerkschaft, aber das ist alles verflogen und dahin …" (415)

Revolution:

> „In 50 Jahren haben wir eine große Revolution hinter uns. Sie wird im Westen anfangen, in Frankreich oder in Italien, wo die Linksparteien sehr stark sind. Das Volk läßt sich 99 mal niederknüppeln und zusammenschießen, wie man das jetzt gerade in Italien gemacht hat, aber beim 100. Mal geht das schief. Oder durch eine große Streikwelle wird die Revolution ausgelöst. In jedem Streik steckt ein Stück Revolution. Die Unzufriedenheit in Frankreich und Italien ist noch größer als hier. Aber auch hier werden die Arbeiter langsam unzufrieden … Die Herren wissen, was ihnen bevorsteht. In Frankreich und in Italien wird es losgehen, dann schlägt der Funke über nach Deutschland, und dann geht die blutigste Revolution los, die es je gegeben hat. Und das ist auch verständlich. Denn die Herren haben Deutschland jetzt zum dritten Mal in den Schlamassel geführt … Dann werden die Brandstifter nicht glimpflich davonkommen wie 45, dann geht es ihnen an den Kragen. Auch durch einen Krieg können sie die kommende Revolution nicht verhindern. Sie werden das zwar versuchen … Aber auch der Krieg kann sie nicht retten. Denn die Russen sind binnen kürzester Zeit hier im Lande. Dann hätten sie allerdings den Triumph, vorher noch einmal alles zerstört zu haben." (416)

Eine so entschiedene Vorstellung von einer kommenden Revolution entwickelt allerdings nur der zuletzt zitierte Arbeiter. Die anderen sprechen wenig oder gar nicht von der Zukunft. Das entspricht einer Unsicherheit ihrer Situation, die sich leicht erklären läßt.

Zwar fühlen sich alle einer Opposition zugehörig, aber es wird (außer in dem einen zitierten Fall) nicht klar, welche Macht diese Opposition repräsentiert. Die Urteile über die Sowjetunion sind unsicher und reserviert, obwohl stets die außerordentliche Leistung der Industrialisierung ausdrücklich erwähnt und anerkannt wird. Die Haltung gegenüber der Gewerkschaft ist mißtrauisch und geringschätzig. Auch auf die Arbeiterschaft als Ganzes kann man sich nicht mehr verlassen. Nur der Zwang der Verhältnisse wird sie zur entschlossenen Tat treiben. Im Augenblick sieht es aber offensichtlich nicht danach aus, – wo sollen diese Marxisten also die Maßstäbe hernehmen, die ihre Opposition über eine prinzipielle Polemik gegen die heutige Gesellschaftsordnung hinausführen könnte? Eine politische Macht, der sie vertrauen und die Entscheidungen über die Zukunft überlassen könnten, ist nicht vorhanden. Es bleibt also gar nichts anderes übrig, als die überlieferte Lehre anzuwenden mit dem Bewußtsein, daß man recht hat und die Dinge durchschaut, aber nicht in der ausgesprochenen Hoffnung, daß sich dieses Rechthaben handgreiflich in der Zukunft beweisen ließe. Mit anderen Worten: Diese Marxisten sind – mit einer Ausnahme – keine politische Opposition mehr. Denn dazu gehört notwendig das Bewußtsein, Repräsentanten der politischen Macht von morgen zu sein, nicht nur recht zu haben, sondern auch recht zu bekommen.

Es ist allerdings denkbar, daß sich dieses politische Dilemma mit Hilfe utopischer Vorstellungen überwinden ließe. Die orthodoxe Lehre bietet hier bekanntlich kaum einen Anhaltspunkt. Aber das wäre noch nicht ausschlaggebend. Denn auch die marxistische Arbeiterschaft ist im Laufe ihrer Entwicklung, wie wir heute noch erkennen können, von Vorstellungen des utopischen Sozialismus beeinflußt worden. Erinnern wir uns zum Beispiel an die im vorigen Abschnitt zitierte Redewendung, daß die Erde genug Güter berge, um alle Menschen zu ernähren. Auf den ersten Blick ist das nur eine Feststellung, die ebensogut von einem Bevölkerungstheoretiker oder einem Nationalökonomen stammen könnte. Für den Industriearbeiter ist sie jedoch einmal ein Glaubensbekenntnis gewesen. Als Glaubensbekenntnis besagt sie, daß sich die ökonomischen Probleme einer zukünftigen Gesellschaftsordnung auf die gerechte *Verteilung* der Güter beschränkten. Wir finden einen Rest dieser Vorstellung in dem Gesellschaftsbild des zweiten Typus und seinen Argumenten wieder, die wir als „Verteilungsphilosophie" bezeichnet haben. Aber dort ist die Beschränkung auf ein begrenztes wirtschaftspolitisches Argument bereits vollzogen, der Gedanke an eine grundsätzlich neue Ordnung schon aufgegeben worden. Die polemische Wirkung dieser These beruht jedoch vor allem darauf, daß sie die Problematik der Güter*produktion* weitgehend ignoriert und damit die sinnfälligsten Argumente außer Kraft setzt, die für die Aufrechterhaltung der kapitalistischen Wirtschaftsordnung angeführt werden können. In diesem Sinne kann sie, wie wir im vorigen Abschnitt gesehen haben, auch weiterhin verwendet werden. Es ist allerdings verständlich, weshalb nur noch sehr wenige Arbeiter davon Gebrauch machen: Die Überzeugungskraft und der subjektive Glaubenswert dieser These ist in hohem Maße von der sozialen Situation ihrer Vertreter abhängig. Sie ist ein typisches Argument des Arbeitslosen, des sozial gefährdeten Industriearbeiters. Für einen Arbeiter, der 500 Mark im Monat verdient, ist es evident, daß die Erde genug Güter birgt, um auch ihn zu ernähren. Die These verliert ihre Spitze, sobald sie subjektiv selbstverständlich wird: Nur wenn die Ernährung, die Teilnahme an den Gütern der Erde, in Frage gestellt ist, hat sie die ideologische Kraft, die aus der Notwendigkeit der Selbstbehauptung entsteht. Hier bestätigt sich die alte Einsicht, daß der radikale Angriff nur aus einer radikalen Verteidigung kommen kann. Ist die Verteidigungssituation überwunden, so setzt sich die aggressive These um in ein Argument zum Aushandeln von Anteilen.

Ein zweites Beispiel. Einer der zitierten marxistischen Arbeiter (313) erklärt konsequent, daß die Mitbestimmung, wie jeder Versuch eines Ausgleichs in der kapitalistischen Wirtschaft, keinen Sinn habe. Denn solange der Kapitalismus herrsche, seien natürlich die Kapitalisten auch die Stärkeren. Das nützten sie in den entscheidenden Fällen aus. Erst wenn der Kapitalismus überwunden sei, nähmen die Menschen aufeinander Rücksicht. Dann aber wolle überhaupt niemand mehr mitbestimmen. „Dann nämlich stimmen alle zusammen". Auch dieser Rest einer kommunistischen Utopie hat keinen konkreten Vorstellungswert mehr. Gerade der marxistische Arbeiter kann heute die Arbeiterschaft nicht als eine Einheit vieler Werktätigen sehen, die „zusammenstimmen". Er kennt ja die verschiedenartigen Tendenzen, verurteilt die Pöstchenjägerei, beklagt die Lauheit der jungen Arbeiter, die Resignation vieler älteren, – sein Glaube an die Arbeiterklasse läßt sich nur noch mit Hilfe der Krisentheorie aufrechterhalten. Das idealistische Bild eines spontanen „Zusammenstimmens" hat seine Überzeugungskraft verloren. Dieses Bild verdankt seine Suggestion dem Pathos des Kampfes um die soziale Selbstbehauptung, der Massenstreiks, der Konflikte mit Staat und Polizei, – kurz, der Atmosphäre handgreiflicher kollektiver Aktionen. Daß die Arbeiter in einem Zustand der Befriedigung – vor oder nach der Revolution – von *einem* Geist beflügelt gemeinsame Entschlüsse faßten, würde dieser Marxist heute selbst nicht mehr glauben, wenn man ihn darauf festlegte. Seine Bemerkung, die wir zitiert haben, ist daher nicht mehr als eine Floskel, auf die er gleichsam in der Atempause zwischen zwei kritischen Argumenten zurückgreift.

Die Vorstellungen des utopischen Sozialismus, die für die radikale Arbeiterschaft eine ideologische Bedeutung hatten, sind an eine bestimmte soziale Situation gebunden und verlieren mit der Veränderung dieser Situation ihre Überzeugungskraft. Sie können daher auch für den marxistischen Arbeiter den fehlenden realpolitischen Rückhalt nicht mehr ersetzen.

Der marxistische Arbeiter befindet sich heute in der permanenten Opposition des orthodoxen Theoretikers. Gerade die Permanenz seiner Opposition unterscheidet ihn auch von den Vertretern des fünften Typus. Das kommt am klarsten in der Beurteilung der Mitbestimmung zum Ausdruck. Während der orthodoxe Marxist die Mitbestimmung grundsätzlich als einen Versuch ablehnen muß, die Fronten zu verwischen, ist sie für die alten sozialistischen Avantgardisten zwar eine halbe Sache, aber immerhin ein Schritt auf dem Wege zur Sozialisierung der Grundstoffindustrie. Ihre Opposition ist lediglich die „innere" Opposition des linken Flügels im Rahmen der Arbeiterbewegung, – also eine politisch eindeutige Verortung, die ein persönliches Handeln nicht nur ermöglicht, sondern sogar erfordert. Sie sind nur deshalb in einer schwierigen Lage, weil sie die typische Sorge des alten Avantgardisten haben müssen, vielleicht doch nicht die ersten, sondern die letzten Vertreter einer großen Idee zu sein … Die permanente Opposition des orthodoxen Marxisten ist dagegen im wesentlichen ein intellektuelles Verhalten, – gleichgültig ob er sich ganz auf sein persönliches Besserwissen beschränkt hat oder ob er sich noch selbst an der Vertretung der Arbeiterinteressen beteiligt. Denn diese Beteiligung – wir haben das mehrfach beobachten können – wird naturgemäß das Handeln eines „alter ego“ und hat kaum noch eine Beziehung zu der eigenen theoretischen Position.

Dementsprechend liegt die gegenwärtige Bedeutung der marxistischen Arbeiter vorwiegend in ihrem intellektuellen Einfluß.

Man unterschätzt diesen Einfluß deshalb leicht, weil man eine fundamentale Leistung der Ideologie übersieht: Jede Ideologie bietet eine außergewöhnliche Informationschance. Ohne Vor-Urteile, um dasselbe mit anderen Worten zu formulieren, ist es überhaupt nicht möglich, sich Informationen anzueignen. Kenntnisse können nur dann entstehen, wenn eine Möglichkeit der Einordnung, eine Abstufung der Interessen, ein Wertmaßstab gegeben sind. Das spezifische Bildungsgut des Industriearbeiters ist nun zweifellos überwiegend marxistischer Herkunft. Die Auswahl der Informationen, die er sich zu eigen gemacht hat, ist weitgehend durch das marxistische Gesellschaftsbild bestimmt. So ist es zu erklären, daß die Tatsachen, die uns auf Grund unserer Fragen von den Arbeitern mitgeteilt wurden, in ihrer Selektion auch dann noch stark marxistisch bestimmt waren, wenn diese Ideologie selbst ganz aus dem Bewußtsein verschwunden zu sein schien. Das macht weiterhin verständlich, weshalb die marxistischen Arbeiter als Informationsträger auch heute noch eine so bedeutende Rolle in den Betrieben spielen.

4 Ergänzungen und Übersicht

a) Drei Gruppen ohne Gesellschaftsbild

Die sechs dargestellten Typen unterscheiden sich nicht nur durch eine verschiedenartige Bewertung bestimmter gesellschaftlicher Sachverhalte. Auch die Aspekte und die Reichweite der Vorstellungen sind verschiedenartig und dementsprechend auch die von den Werturteilen „gemeinten“ Sachverhalte. Wir gehen auf diese Frage in einer Übersicht über die einzelnen Typen ausführlicher ein. Hier muß zunächst an zwei Gemeinsamkeiten erinnert werden, die alle sechs Typen aufweisen und die es uns ermöglichten, den Begriff des Gesellschaftsbildes auf so verschiedenartige Bewußtseinsphänomene auszudehnen: Die Vorstellungen von gesellschaftlichen Sachverhalten gehen erstens jeweils *über das unmittelbar Erlebte hinaus* – und sei es auch nur durch Verallgemeinerung der eigenen Erfahrungen. Die „Apperzeption“ gesellschaftlicher Sachverhalte vollzieht sich zweitens so, daß *der eigene gesellschaftliche Ort innerhalb eines größeren Zusammenhangs* gesehen werden kann.[5]

5 Vgl. hierzu Abschnitt I, insbes. S. 7 ff.

Nun gehen die Vorstellungen von gesellschaftlichen Sachverhalten niemals völlig in dem unmittelbar Erlebten auf. Ihr Horizont wird immer – und sei es auch nur in fragmentarischen Ansätzen – diese Unmittelbarkeit übergreifen und damit eine gewisse gesellschaftliche Verortung ermöglichen, auch wenn dies nicht bewußt ist und nicht formuliert werden kann.

In *diesem* Sinne hat also jeder Mensch ein Gesellschaftsbild. Eine konkrete Abgrenzung ist erst möglich, wenn wir die beiden erwähnten Kriterien durch den Anspruch verschärfen, den unsere Untersuchungsmethode eo ipso enthält: Es muß dem Befragten möglich sein, seine Vorstellungen zu formulieren, und es müssen ihm, damit er auf bestimmte Fragen antworten kann, Sachverhalte einfallen, welche sich auf Grund der Vorstellungen, die er sich von ihnen gemacht hat, mit der Frage in einen Zusammenhang bringen lassen. Nun gibt es aber eine Gruppe von Befragten, die diesem Anspruch nicht gerecht werden, sobald die Fragen über ihren unmittelbaren Erlebnisbereich hinausgehen. Aus ihren Antworten läßt sich daher auch nicht entnehmen, daß sie sich ein Bild von ihrem eigenen gesellschaftlichen Ort innerhalb eines größeren gesellschaftlichen Zusammenhangs machen. Diese Gruppe hat daher *für uns* kein darstellbares Gesellschaftsbild.

Die Existenz dieser Gruppe ist grundsätzlich durch die Untersuchungsmethode bedingt. Darüber hinaus aber sollte die Folge unserer Fragen, die stufenweise über den unmittelbaren Erlebnisbereich hinausführen, in bestimmter Weise selektiv wirken. Ausmaß und Art dieser Selektion sind nicht zufällig zustande gekommen; sie ergeben sich aus unserer Problemstellung und waren uns – dies sei nochmals betont – auf Grund längerer Gesprächserfahrungen ungefähr bekannt, bevor wir die Befragung begannen.

Wie sehen nun die Antworten eines Hüttenarbeiters aus, der mit denjenigen Fragen, die über seinen unmittelbaren Erlebnisbereich hinausführen, offensichtlich überfragt wurde? Wir geben zunächst als Beispiel einen Auszug aus dem Befragungsprotokoll eines etwa 50jährigen Feinwalzers. Sein Vater war Landarbeiter, er selbst hat einen sehr wechselvollen Berufsweg hinter sich, ist aber mehr als zehn Jahre im Werk tätig und schildert seine Arbeit genau und sehr interessiert.

> (Was halten Sie überhaupt vom technischen Fortschritt?) „So weit denke ich nicht. Ich sage immer: Nach uns die Sintflut. (Wie kommt der technische Fortschritt zustande?) Das machen die Meister, die Ingenieure und Unternehmer. (Nachlassen des Absatzes in der Hüttenindustrie?) Wir haben doch genug Aufträge. Arbeiten ununterbrochen und im Akkord. Und dabei sollen wir Schwierigkeiten haben? (Was halten Sie davon?) Och, ich mache mir keine Gedanken darüber. (Was ist hier im Werk seit Kriegsende anders geworden?) Die neue Drahtstraße. Und noch eine Menge andere Sachen. Aber davon weiß ich nichts. Das interessiert mich auch nicht. Ich tue meine Arbeit und damit basta. Mehr kann unsereiner nicht tun. (Was verstehen Sie unter Mitbestimmung?) Die Mit-

bestimmung? Ist die eigentlich durchgekommen?[6] Dafür habe ich nur ein geringes Interesse. (Welche Folgen?) Das kann ich nicht sagen. Es soll ja Nutzen haben. Wenn wir mal über alles mitbestimmen. (Durchsetzen?) Vielleicht. Ich hoffe es. Wenn es mal so weit ist, wird es ja in manchem sicher besser werden. (Angestellte?) Denen geht es besser als uns. Die bekommen mehr Geld. (Was könnte besser werden?) Die Pension. Es gibt zwar eine Rente von 100 DM für 40 Dienstjahre. (Die Angabe ist nicht zutreffend.) Das wechselt ganz nach Verdienst. Das hat alles einen Kniff. Wir kommen ja nie recht dahinter." (447)

Das Gespräch ist – mit Ausnahme des zitierten Ausschnitts – keineswegs farblos und langweilig verlaufen. Sobald es aber über den unmittelbaren Erlebnisbereich des Befragten hinausführte, war es praktisch zu Ende, – ganz gleich, wie die „spekulativen" Fragen formuliert wurden und welches Thema sie berührten. „Nach uns die Sintflut": das gilt nicht nur für die Zukunft, sondern für alles, was jenseits des Horizontes einer eng begrenzten Gegenwärtigkeit liegt. Ein Rückblick, ein Vergleich mit früheren Erfahrungen interessiert ebensowenig wie die Personen und Institutionen, die „von oben" auf die eigene Existenz einwirken. Dieses „Oben" wird gleichsam durch eine dichte, niedrige Wolkendecke verhüllt. Es ist nicht auszumachen, weshalb es einmal herabregnet und einmal die Sonne hindurchscheint. Es mag wohl bestimmte Ursachen und Regelmäßigkeiten geben, aber „das hat alles einen Kniff, wir kommen nie recht dahinter".

Die Aussagen, in denen sich diese Beschränkung des Vorstellungsbereichs kundtut, sind allerdings nicht immer so blaß und gleichlautend wie in dem zitierten Beispiel. Sie weisen sogar in der Mehrzahl der Fälle bestimmte Akzente auf, die uns einen Hinweis auf die spezifische Bewußtseinslage der Befragten geben. Drei verschiedene Gruppen lassen sich unterscheiden.

Die Aussagen der *ersten* Gruppe haben den Akzent des souveränen Nichtwissens, den wir schon beim dritten Typus beobachtet haben. Aber im Gegensatz zum dritten Typus ist hier die „Informationssperre" so durchgehend wirksam, daß der Anspruch auf eine Urteilsbildung praktisch aufgegeben wird. Werturteile, die dann und wann unterlaufen, sind mehr eine Verlegenheitslösung als eine Überzeugung und haben stets die Form überkommener, eingefahrener Stereotypen. Ein Beispiel: „Mitbestimmung? Davon verstehe ich nichts und weiß ich nichts, weil ich mich dafür überhaupt nicht interessiere … An der Betriebsratswahl hatte ich gar kein Interesse mehr, als ich auf einem Anschlag las: Weil keine Vorschläge gemacht worden sind, bleibt alles beim alten. Es war nach meiner Ansicht

6 Die Frage spielt auf das gleiche Ereignis an, wie die folgende Aussage eines anderen Befragten: „Wir hatten mal 'ne Abstimmung. Da waren 80 % dafür. Bis jetzt hat man davon aber nichts gemerkt." (553)

ein Wechsel unbedingt notwendig." (849) Der Anschlag enthielt wahrscheinlich die Kandidatenliste der Gewerkschaften und den Hinweis, daß keine andere Liste eingereicht worden sei.[7] Aber der Sachverhalt spielt hier überhaupt keine Rolle. Der Befragte hat nichts gegen die Gewerkschaften und nichts gegen die Betriebsräte einzuwenden. Er hat lediglich die Formulierung „keine anderen Vorschläge" herausgegriffen, um mit einem Stereotyp die ganze Frage erledigen zu können. Weshalb „ein Wechsel unbedingt notwendig" ist und wie dieser Wechsel aussehen soll – darüber macht er sich, wie das weitere Gespräch zeigt, keinerlei Gedanken. Von den Betriebsräten weiß er lediglich zu berichten, daß sie für die Einhaltung der Arbeitszeit sorgen müßten.[8] Von „denen da oben" sagte er nur: „Darüber mache ich mir keine Kopfschmerzen. Ich sehe bloß die schönen Wagen, die hier manchmal durchs Werk, fahren …"

Der Hinweis auf den notwendigen Wechsel und die Bemerkung über die schönen Wagen sind beide Ausdruck eines stereotypen, unspezifischen, pauschalen *Vorbehalts:* Ich lasse mich auf diese Dinge nicht ein, aber ich halte auch nichts von ihnen. Oder noch zugespitzter: Ich weiß, daß ich nichts davon weiß, aber ich bin überzeugt, daß es sich auch nicht lohnt, etwas davon zu wissen, weil ich „sowieso Bescheid weiß". In diesem „sowieso Bescheid wissen" verbinden sich zwei Momente: Das Nicht-Anerkennen und das Nicht-zur-Kenntnis-Nehmen des Entfernten, des Überlegenen, des Fremden. Während der dritte Typus sich noch zusammenhängende Vorstellungen von der anderen Sphäre macht und daher noch abschirmende Werturteile formulieren kann, „verteidigt" sich diese Gruppe durch den stereotypen Vorbehalt; ihr „souveränes Nichtwissen" ist eine Abwehr, die schließlich zur absoluten Informationssperre führt.

Auch unsere Frage nach den Betriebsräten löst überraschend häufig diese Reaktion aus. So erklärt ein junger Arbeiter aus dem Walzwerk, dem beim besten Willen keine Tatsache einfällt, mit der er seinen Vorbehalt gegen die Mitbestimmung stützen kann: „Die einen (Betriebsräte) werden richtig sein, aber die anderen, vor allem die, die man nicht kennt, die taugen sicher nicht viel." (885) Er selbst kennt nur seinen Vertrauensmann. Die anderen gehören zur Sphäre des Entfernten, Fremden, Überlegenen. Die Mitbestimmung, heißt es an anderer Stelle, „kommt von oben", und eine weitere Frage ergibt, daß mit diesem „Oben" die Betriebsräte und Vertrauensleute gemeint sind. Hier deutet sich eine Entwicklung an,

7 Die Zahl der Kandidaten muß in diesem Falle doppelt so groß sein wie die Zahl der zu wählenden Betriebsräte.

8 Die ältere Belegschaft hat ein bestimmtes Vorrecht: Sie braucht Beginn und Ende ihrer Anwesenheit im Betrieb nicht durch die Kontrolluhren nachprüfen zu lassen. Das wird verschiedentlich allzu stark ausgenutzt. Der Betriebsratsvorsitzende sprach daher auf einer Belegschaftsversammlung, die kurz vor unserer Befragung stattfand, einige ermahnende Worte, die der Befragte offenbar zufällig behalten hat.

die auch durch manche Aussage intelligenter Arbeiter bestätigt wird: Die Betriebsräte werden allmählich zu dieser „oberen" Sphäre des Fremden und Überlegenen hinzugerechnet und ziehen damit auch den entsprechenden Vorbehalt auf sich.

Eine *zweite* Gruppe wehrt die Fragen nicht ab, die über ihren Erlebnisbereich hinausgehen, sondern versucht lediglich, sie immer wieder auf den eigenen Erlebnisbereich zu reduzieren oder durch Analogie einen Kontakt herzustellen. Beides will allerdings nicht ganz gelingen. Es fehlt einfach an Vorstellungskraft und Phantasie. Diese Gruppe ist dem ersten Typus (statische Ordnung) sehr ähnlich; sie kommt aber über einige fragmentarische Urteile nicht hinaus.

Über die technischen Neuerungen am Arbeitsplatz und ihre Auswirkungen kann diese Gruppe berichten, was sie unmittelbar erlebt hat. Aber der Sprung von diesen konkreten Erfahrungen zu einem Urteil über den technischen Fortschritt im allgemeinen stellt Anforderungen, denen sie nicht mehr gewachsen ist. Wir mußten uns meist damit begnügen, das Gespräch über den Arbeitsplatz und seine technischen Gegebenheiten einfach fortzusetzen. In den wenigen Fällen, in denen dieser Sprung doch gelang, handelt es sich um Assoziationen, die zufällig zustande kamen und mit Hilfe des Interviewers ausgenutzt werden konnten. Dafür ein Beispiel. Ein ehemaliger Landarbeiter kann mit der Frage, wie die Welt in 50 Jahren aussieht, nichts anfangen. Der Interviewer hat aber Geduld. Schließlich fällt der Satz: „Der Verkehr wird noch schlimmer sein, man wird kein Pferd mehr sehen." Der Interviewer nimmt diese Bemerkung auf und fragt, ob dies ein Vorteil oder ein Nachteil sei. Damit bietet sich für den ehemaligen Landarbeiter ein Ansatz: „Der Unterschied ist der: Ein Pferd vor dem Pflug tritt immer in die Furchen, während ein Trecker sie immer wieder feststampft. Aber sicher wird es dann wieder eine neue Erfindung geben, die diesen Nachteil wieder auf hebt. Es gibt in der Entwicklung für alles Schädliche oder Verkehrte ein Gegenmittel." (725) Pferd, Trecker und Landarbeit sind hier immer noch stärkere Realitäten als die Produktionsanlagen eines Hüttenwerks und der eigene Arbeitsplatz.

Ebenso wie der erste Typus hat diese Gruppe kein Mißtrauen gegen die Mitbestimmung und ihre Organe. Aber Kenntnisse und Urteile beschränken sich völlig auf das selbst Erlebte: „Wir gehen zum Vertrauensmann, wenn wir was haben." (261) Oder: „Wenn ich irgendwelche Vorschläge habe, kann ich die sagen." (875) Mit den weiteren Instanzen hat der Arbeiter nichts mehr zu tun: „Das geschieht alles über die Vertrauensmänner, die wählen wieder den Betriebsrat (!), der seinen Vorstand, und der macht alles." (725) Der Vorstand aber, der „alles macht", und erst recht die Werksleitung entziehen sich dem Urteil: „Die oberen Herren bleiben meiner Ansicht nach gerne für sich allein." (725)

Hier sind kein polemischer Akzent und auch kein gefühlsmäßiger Vorbehalt spürbar. Andererseits sind aber auch Wissen und Vorstellungskraft so gering, daß man nicht von einem Ordnungsdenken sprechen kann. Man vertraut wohl darauf, daß jeder das Seine tut; aber es besteht keinerlei Antrieb, die gesellschaftlichen Funktionen in einem Zusammenhang zu sehen. Nur in Einzelfragen und sehr fragmentarisch wird gelegentlich auf die Besonderheit einer Funktion und die „vorschriftsmäßige" Verteilung der Aufgaben hingewiesen: Technische Verbesserungen zum Beispiel, um noch einmal den früheren Landarbeiter zu zitieren, „machen Höhere als wir, die sich darauf verstehen. Da können wir nicht mit. Es hat keinen Zweck, wenn man ohne Vorkenntnisse an einer Sache herumbastelt. An meinem Motorrad z. B. bastle ich auch nicht. Das muß vorschriftsmäßig sein." Das ist keine Anerkennung einer gesellschaftlichen Funktion der Ingenieure und Techniker, sondern lediglich die Erfahrung der eigenen Unzuständigkeit. Die „Höheren" werden nicht in ein Gesellschaftsbild einbezogen; sie sind gleichsam hypothetische Figuren, die man auf Grund bestimmter erfahrener Wirkungen voraussetzen und hinnehmen muß.

Von diesen beiden Gruppen unterscheiden wir als *dritte* eine Gruppe sehr junger Arbeiter, die von gesellschaftlichen Spannungen, wirtschaftlichen Konflikten, politischen Bedenken noch völlig unberührt sind. (Es handelt sich selbstverständlich nur um den kleineren Teil der jungen Arbeiter, nicht um „den" jungen Arbeiter als Verhaltens-Typus.) Die jungen Arbeiter, die zu dieser Gruppe gehören, haben die gegenwärtige Betriebsverfassung, einen bestimmten Standard der Technisierung und ein bestimmtes Lohnniveau einfach vorgefunden und als Selbstverständlichkeiten hingenommen. Sie sind überrascht, daß sie über die Mitbestimmung eine Meinung haben sollen; daß es Absatzschwierigkeiten gibt, die sie etwas angehen; daß die technische Entwicklung die Grundverhältnisse des menschlichen Lebens irgendwie beeinflussen könnte. Sie denken völlig ungeschichtlich. Der Betriebsrat ist eine Institution wie andere auch – eine Arbeiterbewegung als „Bewegung" existiert für sie überhaupt nicht. Der oben zitierte Schmelzer (018/S. 220 f.) hat völlig recht, wenn er sich darüber beklagt, daß viele der jungen Arbeiter keine blasse Ahnung von den Erfolgen der Arbeiterbewegung haben, daß sie nichts von Streiks, Aussperrungen und langer Arbeitslosigkeit wissen und sich nicht mehr vorstellen können, wie der Arbeiter früher gelebt hat. Wer beschreibt ihnen das? Dem 40jährigen Schmelzer hat es noch sein Vater erzählt: „Kartoffeln, ohne etwas dabei, dünn mit Margarine bestrichenes Brot und schwarzen Kaffee, ab und zu mal einen Hering – das ist das Essen der Arbeiter früher gewesen." Ist das nur irgendeine längst vergangene und möglichst zu vergessende Schauergeschichte? Es ist sehr fraglich, ob der junge Arbeiter ohne dieses Wissen jemals ein konkretes Verhältnis zu dem gesellschaftlichen Gefüge finden kann, in das er heute hineinlebt. Gerade das Bild einer progressiven Ordnung – also die Form, in der Mitbestimmung und Betriebsverfassung, Arbeitsordnung und Werksleitung heute positiv vom Arbeiter gesehen und akzeptiert werden können – setzt ein Geschichtsbewußtsein voraus.

Diese jungen Arbeiter, die überhaupt noch kein Bewußtsein ihrer gesellschaftlichen Situation entwickelt haben, üben heute noch keinerlei Einfluß auf die Arbeiterbewegung und das soziale Leben in den Betrieben aus. Sie machen sich noch nicht einmal hemmend bemerkbar. Auf unsere Fragen antworteten sie weder mit dem polemischen Unterton des „souveränen Nichtwissens" noch mit einem mühsamen Versuch, den fernliegenden Themen des Gesprächs so gut es geht gerecht zu werden. Die Themen überraschen sie einfach; sie stellen sachlich und ehrlich fest, daß sie sich keine Gedanken darüber gemacht haben.

Für die Arbeiterbewegung wirft diese Gruppe ein Problem auf, das sehr „bürgerlich" anmutet: Kann die Überlieferung der alten Traditionen, die früher viel stärker innerhalb der Familie und der Arbeitsgruppen weitergegeben werden konnte, durch eine planmäßig gelenkte „historische Bildung" ersetzt werden? Die Informationsmittel der Arbeiterbewegung haben sich offensichtlich noch kaum darauf eingestellt, daß sie bei einer Gruppe junger Arbeiter keinerlei Kenntnisse der geläufigsten Ereignisse, Institutionen und Begriffe voraussetzen können, sondern auf ein völliges Vakuum stoßen. Aus dieser Unkenntnis könnte sehr leicht die Haltung des gewollten Nichtwissens, die Informationssperre, hervorgehen, die für die zweite der drei beschriebenen Gruppen kennzeichnend ist.

b) Der quantitative Anteil der einzelnen Typen

Die Bedeutung des quantitativen Anteils der einzelnen Typen an der Gesamtzahl der Befragten ist mit großer Vorsicht zu beurteilen. Es sei noch einmal daran erinnert, daß wir die Arbeiter eines bestimmten Hüttenwerks im Ruhrgebiet befragt haben. Wahrscheinlich gibt die *Struktur* der vorliegenden Typologie ein annähernd repräsentatives Bild von den Vorstellungen der Arbeiter in der Hüttenindustrie und darüber hinaus der Industriearbeiter in den Großbetrieben. Aber die *Gewichtsverteilung* wird in den einzelnen Fällen sehr verschiedenartig sein. Es gibt keinen Anhaltspunkt, der es uns erlaubte, die von uns festgestellten Quantifizierungen zu verallgemeinern.

Wir müssen uns ferner daran erinnern, daß uns eine zureichende historische Vergleichsmöglichkeit fehlt. Überliefert ist uns lediglich das Gesellschaftsbild einer Elite der Arbeiterbewegung. Wie stark die Schicht war, die dieses Gesellschaftsbild repräsentierte, wissen wir nicht. Die Arbeiterbiographien sind häufig von ausgesprochenen Einzelgängern geschrieben. So aufschlußreich ihre Kenntnis in vieler Hinsicht auch ist, – sie bieten keinen Maßstab, an dem wir die Ergebnisse unserer Untersuchung messen könnten.

Die Angaben der folgenden Tabelle sind geschätzt. Um genaue Zahlen zu ermitteln, hätten wir nach der Aufstellung der vorliegenden Typologie sämtliche

600 Protokolle noch einmal kodifizieren müssen. Dies war jedoch unnötig, da wir über zureichende Anhaltspunkte für eine begründete Schätzung verfügten. Wir konnten uns erstens auf eine Auszählung von 100 den einzelnen Typen zugeordneten Befragungsprotokollen stützen und uns zweitens an der Kodifizierung und Quantifizierung der *einzelnen* Antworten sämtlicher 600 befragter Arbeiter orientieren. Die Abweichungen, die eine Totalauszählung gegenüber unseren Angaben aufwiese, würden sehr gering sein und sachlich in keinem Fall ins Gewicht fallen.

Der Anteil der einzelnen Typen an der Gesamtzahl der Befragten[1]

	Typus	Befragte insgesamt	in %	1–6 in %
1.	Typus eins (statische Ordnung)	60	10	14
2.	Typus zwei (progressive Ordnung)	150	25	34
3.	Typus drei (Dichotomie als kollektives Schicksal)	150	25	34
4.	Typus vier (Dichotomie als individueller Konflikt)	60	10	14
5.	Typus fünf[2] (Reform der Gesellschaftsordnung)	12	2	3
6.	Typus sechs[2] (Klassenkampf)	6	1	1
7.	Kein Gesellschaftsbild	120	20	
8.	Protokoll unzureichend[2]	12	2	
9.	Nicht berücksichtigte Zwischenformen	30	5	
		600	100	100

1 Der quantitative Anteil der einzelnen Typen wurde geschätzt a) auf Grund einer Auszählung von 100 Befragungsprotokollen, die in die vorliegende Typologie eingeordnet wurden, b) auf Grund der Kodifizierung und Quantifizierung aller *einzelnen* Antworten der gesamten 600 Befragten.

2 Die unter den Positionen 5, 6 und 8 angeführten Zahlen beruhen auf einer Gesamtauszählung.

2 % der Befragten (Position 8 der Tabelle) wurden nicht berücksichtigt, weil die Protokolle offensichtlich die Vorstellungen und Urteile des Befragten nur unzureichend wiedergeben. (Dies gilt jedoch nur für die vorliegende Typologie, nicht für die Auswertung der einzelnen Antworten.) In der Regel hat bereits der Interviewer auf solche Fälle hingewiesen.

Eine weitere Gruppe von etwa 5 % der Befragten (Position 9 der Tabelle) ließe sich zwar prinzipiell in eine Typologie der Gesellschaftsbilder aufnehmen. Entweder sind aber ihre Wertmaßstäbe besonders wenig ausgeprägt oder ihre Vorstellungen sind besonders verworren, so daß sie nur als Grenzfälle den einzelnen Typen zuzuordnen wären. Damit wir aber die Typen nicht allzu weit und unprofiliert fassen müssen, haben wir auch diese Gruppe ausgeschieden.

Auf die Aufschlüsselung der Sozialdaten der Vertreter einzelner Typen mußten wir aus den angegebenen Gründen verzichten. Wir verweisen daher auf die entsprechenden Angaben in den Abschnitten über die Einstellungen zum technischen Fortschritt, zur Mitbestimmung und zu den Wirtschaftsfragen. Hier nur eine allgemeine Bemerkung zur Altersgliederung: Die Vertreter des Typus fünf und sechs sind ausschließlich ältere Arbeiter (40 Jahre und älter). Einen Typus, der nur von jungen Arbeitern vertreten wird, gibt es dagegen nicht. Jedoch ist der Anteil der unter 30-Jährigen am Typus zwei (progressive Ordnung) bemerkenswert groß.

c) Übersicht: Die Reichweite der Vorstellungen in den einzelnen Gesellschaftsbildern

Wir knüpfen an einen bereits erwähnten Gesichtspunkt an, der uns Gelegenheit gibt, rückblickend noch einmal eine kurze Übersicht über die dargestellten Typen zu geben: Die Vorstellungen von gesellschaftlichen Sachverhalten, die für die einzelnen Gesellschaftsbilder relevant werden, besitzen eine äußerst unterschiedliche „Reichweite". Während der Vorstellungs-Horizont des einen Typus nur gerade über den eigenen Erlebnisbereich hinausgeht und alle Ereignisse der „großen Welt", der „hohen Politik" ohne Einfluß bleiben, spielen für den anderen Typus sehr komplexe und relativ fernliegende Tatsachen eine bedeutende Rolle: zum Beispiel die Spannungen zwischen Ost und West, die Kriegsgefahr, die Absatzkrise in Verbindung mit dem Korea-Konflikt und der Montanunion, die Aufrüstung, die Internationalität „des Kapitals", die Industrialisierung unterentwickelter Länder, die Währungsreform und Inflation wie überhaupt alle wirtschaftspolitischen Fragen. Wir müssen uns in diesem Zusammenhang noch einmal klarmachen, daß die einzelnen Gesellschaftsbilder nicht nur durch einen jeweils bestimmten Zusammenhang verschiedener Werturteile gekennzeichnet sind, sondern daß sich in ihnen auch ein bestimmter Grad der Informiertheit, der Urteilsfähigkeit, ja der geistigen Initiative und Phantasie kundtut. Kenntnisse und Werturteile, Gegenstand des Urteils und Art des Urteils sind nicht voneinander zu trennen. Darum war es so wichtig, daß die Gesprächsführung dem einzelnen Arbeiter nicht nur in der Bewertung bestimmter Sachverhalte freie Hand ließ, sondern weitgehend auch in der Auswahl der Sachverhalte selbst, die in das Gespräch einbezogen werden sollten.

Für das Gesellschaftsbild des *Typus eins* (statische Ordnung) haben Ereignisse der „großen Welt" keinerlei Bedeutung. Er ignoriert sie zwar nicht unbedingt, aber sie werden für seine Urteilsbildung niemals relevant. Die „hohe Politik" wird ebenso aus seinem Ordnungsdenken ausgeschlossen wie etwa die Veränderlichkeit des Wetters. Beide sind nicht etwas konstant oder wirkungslos, – die „Umstände" können sich sehr unangenehm auf die Absatzlage der Hüttenindustrie und auf den Verdienst des Hüttenarbeiters auswirken. Niemand jedoch, der in dem Ordnungsgefüge dieses Typus einen Stellenwert besitzt, kann dafür verantwortlich gemacht werden: weder die Arbeitervertretung noch die Werksleitung, weder die Ingenieure noch die Erfinder, weder die Angestellten noch die Kaufleute, von denen die Aufträge gegeben werden. Dieser gesellschaftliche Mikrokosmos wird von Naturereignissen aller Art affiziert, aber nicht in Frage gestellt. Ein statisches Ordnungsdenken wäre auch, wie bereits betont wurde, schwerlich zu leisten, wenn die weltpolitischen Ereignisse in das Gesellschaftsbild einbezogen würden. Hier geht die Begrenzung der Vorstellungen also bereits aus der inhaltlichen Bestimmtheit des Gesellschaftsbildes hervor.

Für das Gesellschaftsbild des *Typus drei* (unabwendbare Dichotomie) gibt es dagegen keinerlei Abgrenzungen oder Abstufungen. Es ist in seiner Weise „total", weil es alle Vorstellungen, die über den eigenen Erlebnisbereich des Hüttenarbeiters hinausgehen, mit Hilfe einer eindeutigen Schablone grundsätzlich erfassen kann. Werksleitung, Kriegsgefahr, Betriebsrat, Absatzkrise, Remilitarisierung, technischer Fortschritt – all dies sind nur verschiedene Begriffe, die sich auf den einzigen Nenner bringen lassen: „die Macht des Kapitals". Ebenso sind Arbeitslosigkeit, Antreiberei und Machtlosigkeit nur Merkmale des einen kollektiven Arbeiter-Schicksals. Obwohl dieses Gesellschaftsbild also grundsätzlich alles umfaßt und jedes denkbare weltpolitische Ereignis ohne weiteres einzubeziehen vermag, ist die Reichweite der differenzierenden Vorstellungen und damit auch die Informiertheit dieses Typus äußerst gering. Die Probleme der industriellen Arbeitswelt und der Weltpolitik reduzieren sich auf eine einzige stereotype Grundvorstellung.

Der *Typus vier* (unabwendbare Dichotomie als individueller Konflikt) differenziert dagegen zunächst sehr genau: er erwägt die verschiedenen Aspekte des technischen Fortschritts, er übersieht die Möglichkeiten der Mitbestimmung, und er macht sich Gedanken über die verschiedensten weltpolitischen Ereignisse – informiert, selbständig und scheinbar unvoreingenommen. Die Reduktion auf die Dichotomie-Vorstellung erscheint als ein sekundärer Vorgang, als Ergebnis einer kritischen Prüfung. Freilich führen die Überlegungen immer wieder auf diesen einen Punkt zurück: sie zeigen stets wieder die gleiche Grundfigur der Resignation und des ergebnislosen Erwägens positiver Möglichkeiten. Trotzdem läßt sich kein bestimmter „Kurzschluß" feststellen. Werksleitung und Regierung, Industriebetrieb und Staat, soziale Betriebspolitik und Weltpolitik werden nicht naiv identifiziert. Es liegt auch keine bestimmte ideologische Konzeption vor, in der die Zusammenhänge zwischen der „großen" und der „kleinen" Welt von vornherein schematisiert werden. Solche Zusammenhänge werden zwar festgestellt und interpretiert – das entspricht dem Niveau dieses Typus –, aber die Selektion der Sachverhalte ist lediglich durch sein persönliches Interesse und durch mehr oder minder zufällige Informationen bestimmt. Sein Gesellschaftsbild impliziert also zum Beispiel nicht, daß er Vorstellungen von den Ursachen einer Absatzkrise oder eine bestimmte Einstellung zur Remilitarisierung hat. Er steht nicht – wie der Typus drei – unter dem Zwang, sich aus jedem Ereignis einen Vers – und immer den gleichen Vers – machen zu müssen. Was diesen Typus kennzeichnet, ist also nicht primär die Bewertung und Selektion bestimmter gesellschaftlicher Sachverhalte – obwohl eine bestimmte Bewertung vorliegt –, sondern die Form seines Denkens, die einer besonderen Bewußtseinslage entspricht.

Für den *Typus fünf* und den *Typus sechs* (evolutionäre und revolutionäre Klassengesellschaft) ist bezeichnend, daß die Zusammenhänge zwischen der „großen" und der „kleinen" Welt eindeutig schematisiert werden. Das spricht natürlich nicht gegen den Erfahrungsgehalt und die Konkretheit der einzelnen Urteile; es besagt lediglich, daß eine feste ideologische Konzeption vorliegt, deren wesentliche Leistung gerade in der Aufdeckung und Fixierung solcher Zusammenhänge besteht. Im Gegensatz zum dritten und vierten Typus implizieren diese Ideologien Vorstellungen von ganz bestimmten Sachverhalten: Es muß Klarheit bestehen über die entscheidende Bedeutung des technischen Fortschritts für die Gesellschaftsordnung, über den wirtschaftspolitischen Hintergrund weltpolitischer Konflikte, über die Konsequenzen des Privateigentums an den Produktionsmitteln, über die geschichtliche Mission der Arbeiterbewegung. An dieses Gefüge von Überzeugungen müssen sich, wenn es formulierbar und „verwendbar" bleiben soll, aktuelle Informationen gleichsam ankristallisieren. Daher ist eine ungewöhnliche Wachheit, eine Aufnahmebereitschaft für bestimmte Informationen vorhanden, die nicht mehr von zufälligen Interessen bestimmt wird. Der Aufnahmebereitschaft entspricht eine Aufnahmefähigkeit, die ebenfalls bis zu einem gewissen Grade von der persönlichen Intelligenz des Einzelnen unabhängig werden kann. Besonders die orthodoxe marxistische Ideologie bietet eine fast unbegrenzte instrumentale Verfügung über gesellschaftliche Zusammenhänge, die sich aus einer gewissen

Distanz betrachten lassen. Die Selbstsicherheit der Marxisten läßt merklich nach, sobald diese Fernsicht nicht mehr möglich ist und konkrete Fragen (Betriebsrat, Werksleitung, Arbeitsdirektor) unmittelbar beurteilt werden müssen. Ideologien, die diesen Namen verdienen, sind stets mehr oder minder „weitsichtig".

Den *Typus zwei* (progressive Ordnung) nennen wir diesmal an letzter Stelle, weil seine Einstellung zur „großen Welt" sich am besten durch Vergleiche mit den übrigen Typen charakterisieren läßt. Er hat das Erbe des Klassenbewußtseins vom Typus fünf übernommen. Aber die strenge Grenze der Klassen-Dichotomie wird vor allem – freilich nicht ausschließlich – in einem engeren Bereich gezogen. Das ausgeprägte Arbeiterbewußtsein, das hier zur Geltung kommt, gewinnt seine Kriterien primär im Industriebetrieb und stellt seine Ansprüche primär an den Industriebetrieb. Sein Gesellschaftsbild bezieht sich, soweit es durch eindeutige Wertungen bestimmt ist, auf Unternehmer und Arbeiterschaft, Werksleitung und Betriebsrat, Lohn und Leistung. Die Entschiedenheit der Wertungen und die besonderen Akzente dieses Gesellschaftsbildes verlieren sich mit der zunehmenden Distanz der Tatsachen, die im Laufe der Gespräche berührt werden. Trotzdem entsteht nicht ein ähnlicher gesellschaftlicher Mikrokosmos wie für den Typus eins. Die „Fernsicht" der alten Ideologien ist keineswegs ganz verloren gegangen. Sie hat sich lediglich weitgehend vom Schema gelöst und eine verhältnismäßig undogmatische Beweglichkeit gewonnen. Dieser Typus ist – ebenso wie der Typus vier – sehr vielseitig interessiert und aufgeschlossen. Auffallend sind besonders die universalen Aspekte, unter denen er den technischen Fortschritt betrachtet. Er ist auch darin mit dem Typus vier verwandt, daß nicht alles, was er erwähnt, einen Bezug zur eigenen Situation zu haben braucht und nicht von vornherein mit bestimmten Vorzeichen versehen wird. Obwohl er eindeutige Grenzen zwischen der Arbeiterschaft und den „Anderen" zieht, sind die Fronten für ihn nicht erstarrt und ein für allemal festgelegt. Man kann vielleicht sagen, daß der ideologisch-prinzipielle Charakter der Dichotomie-Vorstellung durch eine rechnerisch-kühle Komponente aufgelockert ist, durch eine Mentalität, die zum Aushandeln von Anteilen bereit ist. In diesem unsentimentalen und kritischen Sinne läßt sich hier von einer Dichotomie-Vorstellung sprechen, die durch die Gedanken der „Partnerschaft" entschärft wird. Es sei allerdings nochmals betont, daß diese Einstellung sehr wahrscheinlich steht und fällt mit der Hoffnung auf eine weitere positive Entwicklung der Mitbestimmung

5 Schlußbetrachtung: Arbeiterbewußtsein und Dichotomie

Trotz der erheblichen Differenzen zwischen den einzelnen Gesellschaftsbildern, die wir noch einmal hervorgehoben haben, lassen sich durchgehend zwei gemeinsame Grundzüge feststellen: Alle Arbeiter, mit denen wir gesprochen haben und die überhaupt ein Gesellschaftsbild in dem von uns definierten Sinne entwickeln, sehen die Gesellschaft als – unabwendbare oder abwendbare, unüberbrückbare oder „partnerschaftlich" zu vermittelnde – *Dichotomie*, und sie beantworten die Frage nach ihrem eigenen gesellschaftlichen Ort durch ein *Arbeiterbewußtsein*, das es ihnen ermöglicht, sich innerhalb der Gesamtgesellschaft als Teil der Arbeiterschaft zu verstehen. Diese beiden gemeinsamen Grundzüge sollen im folgenden näher bestimmt werden.

Das Arbeiterbewußtsein, das alle Typen entwickelt haben, enthält zwei verschiedenartige Elemente, die wir das Leistungs- und das Kollektivbewußtsein nennen.

Wir haben im Laufe der Darstellung bereits mehrfach hervorgehoben, daß die Hüttenarbeiter in der überwiegenden Mehrzahl ihre Arbeit nicht mit dem Verkauf der Arbeitskraft gleichsetzen. Das versteht sich eigentlich von selbst, denn jeder Beruf gibt der Arbeit einen spezifischen Leistungsakzent. Sowohl der Buchhalter wie der Kleingewerbetreibende, der Arzt wie der Verwaltungsbeamte erfüllen einen Leistungsanspruch besonderer Art und entwickeln ein entsprechendes Bewußtsein. Ebenso haben die Arbeit des Schmelzers für den Schmelzer und die Arbeit des Walzers für den Walzer den Charakter einer besonderen Leistung. Selbst Hilfsarbeiter wie die Platzablader oder Blocklagerarbeiter betonen die Fähigkeiten, die für ihre Tätigkeit erforderlich sind. Besonders stark ist dieses Selbstbewußtsein naturgemäß ausgeprägt bei den Facharbeitern und den Spezialarbeitern an hochtechnisierten Produktionsmitteln, deren Bedienung eine „technische Intelligenz" und „technische Sensibilität" voraussetzt.[9] In diesem *berufsspezifischen* Leistungsbewußtsein liegt daher eher eine differenzierende Tendenz. Es ermöglicht dem Facharbeiter, sich von dem angelernten Arbeiter, dem Spezialarbeiter, sich vom Hilfsarbeiter zu distanzieren. Wäre es allein oder überwiegend bestimmend, so würde es zur Auflösung des Zusammengehörigkeitsgefühls der Arbeiterschaft führen. Das ist aber offensichtlich nicht der Fall, – trotz mancher Prognosen, die in dieser Richtung gegeben worden sind. Gerade die Facharbeiter sind heute ebenso wie früher diejenige Gruppe, die dieses Zusammengehörigkeitsgefühl am bewußtesten entwickelt hat und im Rahmen der Arbeiterbewegung am erfolgreichsten vertritt.

9 Die Phänomene der technischen Intelligenz und der technischen Sensibilität haben wir beschrieben in: Technik und Industriearbeit, aaO, S. 203 ff. u. S. 191 ff.

Wenn es also ein Leistungsbewußtsein gibt, das ein Element des gemeinsamen Arbeiterbewußtseins ist, muß es sich unabhängig von den Merkmalen der einzelnen Berufsgruppen auf gemeinsame Merkmale der Arbeit beziehen. Dieses „allgemeine" Leistungsbewußtsein des Arbeiters spielt, wie wir gesehen haben, im Gesellschaftsbild des Typus zwei eine entscheidende Rolle. Am wenigsten ausgeprägt vertritt es der Typus drei. Auch er hat sich allerdings gleichsam unterhalb seiner Kleine-Leute-Ideologie ein entsprechendes Selbstbewußtsein erhalten.

Die Arbeiterschaft hat etwas zu bieten, das dem Kapital – dem „toten Kapital" – zumindest ebenbürtig, wenn nicht überlegen ist: die Arbeit – die „menschliche Arbeit". Sie wird verstanden als *körperliche* Arbeit, das heißt diejenige menschliche Tätigkeit, die am sinnfälligsten „Arbeit" ist; als *produktive* Arbeit, das heißt eine unmittelbar wertschaffende Leistung; als *primäre* Arbeit, das heißt eine Funktion, die für die anderen, für die Gesellschaft, eine fundamentale Voraussetzung ihrer Existenz schafft.

Auch sehr intelligente Arbeiter, die betont gerecht über die Angestellten urteilen und einräumen, daß es eben auch solche Leute geben müsse, bleiben in einer Beziehung mißtrauisch: es scheint ihnen äußerst fraglich, ob die Angestellten wirklich arbeiten. Wir denken hier nicht an die primitiven Identifikationen der Arbeit mit einer körperlich schweren Tätigkeit. Diese Identifikation wird nur noch selten bewußt vollzogen. Es handelt sich um ein anderes Phänomen, das verständlich wird, wenn man sich vergegenwärtigt, mit welchen Erfahrungen ein Arbeiter eine Bürostube betritt. Die Tätigkeit, die er selbst leistet, findet einen körperlich eindeutigen Ausdruck, sie ist als Arbeit sinnfällig. Er weiß nun selbst sehr gut, daß es auch geistige Arbeit gibt (z. B. vor einem Armaturenbrett), und er ist darüber hinaus durchaus bereit, auch Formen geistiger Arbeit anzuerkennen, die ihm selbst nicht vertraut sind. Aber die Atmosphäre in den Bürostuben ist ihm fremd; schon die Abgeschlossenheit der Räume hat etwas Distanzierendes, Ausschließendes. Er ist es gewohnt, daß er seine Arbeit jederzeit sichtbar, kontrollierbar, gleichsam „öffentlich" vollziehen muß. Hier fehlt die Öffentlichkeit, und die Kontrollierbarkeit ist für ihn nicht einsichtig. Hinzu kommen Momente, die von Fall zu Fall eine Rolle spielen können: Das gelassene Gehabe des Angestellten mag den Arbeiter oft an die Atmosphäre seiner Kaffeepausen erinnern. Er wird sich manchmal vergeblich fragen, womit sich so viele Leute den ganzen Tag hinter ihren Schreibtischen beschäftigen können. Bittere Erfahrungen mit bürokratischen Instanzen, mit denen er zu tun hatte, können diese Eindrücke verschärfen. Kurz, die Gelegenheit, nichts zu tun, scheint ihm in den Bürostuben und Vorzimmern vorzugsweise gegeben zu sein. Diese Vermutung erstreckt sich oft auch auf die leitenden Angestellten und – wie an einigen Beispielen gezeigt wurde – auf die Unternehmer. Auch wenn sich keine naiven Kurzschlüsse einstellen, bleibt doch das Gefühl, daß diesen anderen Tätigkeiten die Eindeutigkeit, Kontrollierbarkeit und

Öffentlichkeit des eigenen Arbeitsvollzuges fehlt. Und auch, wenn diese als sinnvolle Funktion durchaus anerkannt werden, ist dem Arbeiter die spezifische Belastung des Angestellten oder Unternehmers nicht zugänglich. Dagegen weiß er sehr genau, was er selbst aushalten muß. Die Belastung der körperlichen Tätigkeit ist ihm vertraut: sie ist überdies auch unmittelbar evident und ein ungewöhnlich klarer Maßstab für das, „was man getan hat."[10]

Es ist also erklärlich, daß die Körperlichkeit der Arbeit für den Arbeiter ein Differenzierungsmerkmal gegenüber den „Anderen" darstellt, ohne daß er sie notwendig als Nachteil oder als Vorzug betrachten müßte. Zu einem Moment seines allgemeinen Leistungsbewußtseins als Arbeiter wird sie erst durch die Verbindung mit der Produktivitäts- und Prioritätsvorstellung. Diese Vorstellung verschärft die Distanzierung und gibt dem eigenen Tun eine qualitative Auszeichnung: „Denn schließlich leben sie (die anderen) ja von der Produktivität der Arbeiter." Das ist eine Überzeugung, die der Polemik aller Typen – mit Ausnahme des ersten, der überhaupt nicht polemisiert – zugrunde liegt. Freilich darf sie nicht so intellektuell verstanden werden, wie sie hier formuliert ist. Man versteht sie vielleicht am besten, wenn man sich anschaulich die Perspektiven klarmacht, in denen die Arbeiter den Gesamtbetrieb sehen müssen: sie selbst sind die ersten, die ihre Knochen herhalten müssen und Eisen, Stahl und Walzprodukte herstellen. Die „da oben" – da oben in den Verwaltungsgebäuden – bewerkstelligen das übrige, was sonst noch zu tun ist. Ihre Distanz von dem, was eigentlich in einem Hüttenwerk geschieht, ist handgreiflich; ihre Funktion ist, vom Arbeiter und von der Produktion aus gesehen, sekundär; sie hat für ihn den Charakter der „schlechten Allgemeinheit". Die „Werte" schafft der Arbeiter. Vielfach wurde uns vorgerechnet, welchen Verkaufswert das am eigenen Arbeitsplatz produzierte Material habe. Diese Rechnungen stimmen nicht immer – der Wert wurde gelegentlich maßlos überschätzt –, aber sie zeigen doch, wie bewußt oft der eigene Anteil am Gesamterfolg abgeschätzt wird. An die Stelle der Relation „Verkauf der Arbeitskraft" – „Entloh-

10 An einzelnen Phänomenen der industriellen Gesellschaft läßt sich beobachten, wie mit der zunehmenden Fragwürdigkeit des individuellen Anteils an objektiven Leistungen die Diskrepanz zwischen einer offiziellen Leistungs-Version und der subjektiven Sinnfälligkeit der eigenen Leistung zunimmt. Damit kommt ein eigentümliches Wechselspiel von Leistung und schlechtem Gewissen zustande. Im Gegensatz zu den gehobenen Berufen und der Mehrzahl der Angestellten ist der Arbeiter heute noch nicht in dieses Wechselspiel einbezogen worden. Die Tatsache, daß dieses Reservat noch besteht, ist u. E. zum großen Teil auf die Körperlichkeit seiner Arbeit zurückzuführen. Diese bewahrt ihre prinzipielle Sinnfälligkeit als Arbeitsleistung auch dann noch, wenn sie sich auf wenige „abstrakte" Bewegungen reduziert. Allerdings ist auch hier schon eine Problematik in Sicht: „Es wäre schön", stellt ein Spezialarbeiter fest, „wenn der technische Fortschritt dazu führt, daß die Arbeit ganz von Maschinen gemacht wird und von den Arbeitern nur noch beaufsichtigt wird. Dann darf man diese Leute aber nicht als Faulenzer betrachten …"

nung" tritt besonders beim Typus zwei sehr deutlich der Vergleich zwischen produktivem und konsumptivem Anteil des Arbeiters. Hinter diesem Vergleich steht natürlich keine bewußte volkswirtschaftliche Theorie. Er ist vor allem ein polemisches Argument, dem ein bestimmtes Leistungsbewußtsein zugrunde liegt. Die Polemik gipfelt in der bewundernd-kritischen Feststellung: „Was müssen die verdienen!" Am häufigsten aber fällt der Satz, der zum Topos dieser Gesamtvorstellung geworden ist und alle drei von uns unterschiedenen Momente des Leistungsbewußtseins enthält: „Auf *unseren Knochen* können sie *erst* ihr *Geld verdienen!*"

Dieses Leistungsbewußtsein ist also in erster Linie ein Distanzierungs-Phänomen, eine Abgrenzung gegenüber den „Anderen". Daß der einzelne Arbeiter die Abgrenzung nicht als *Einzelner* vollzieht, haben wir schon betont: nur als Teil der Arbeiterschaft, nicht als dritter Schmelzer oder zweiter Konvertermann, hat seine Arbeitsleistung im Vergleich mit dem Kapital ein Gewicht. Als Einzelner ist er jederzeit auswechselbar und entbehrlich. Das Leistungsbewußtsein kann sich also nur dann geltend machen, wenn es durch ein Kollektivbewußtsein ergänzt wird: Das Selbstbewußtsein des Arbeiters als Arbeiter wird gesellschaftlich erst wirksam, wenn es ein Selbstverständnis als *Teil* der Arbeiterschaft impliziert.

Ein äußerst wichtiges Moment dieses Selbstverständnisses ist die Tatsache, daß der Industriearbeiter eine Geschichte, eine eigene Geschichte hat. Auch die Mitbestimmung kann er als Epoche *seiner* Geschichte verstehen. Wir haben allerdings gesehen, daß diese Aneignung von einem erheblichen Teil der Befragten nicht vollzogen wird und daß bei einer quantitativ bedeutsamen Gruppe von einem eigenen Geschichtsbewußtsein überhaupt nicht mehr die Rede sein kann. Diese Gruppe, die keine heroische Vergangenheit mehr kennt, resigniert auch gegenüber der Zukunft: Der Arbeiter bleibt Arbeiter – er wird niemals selbständig – in Wirklichkeit regiert doch das Kapital. Doch gerade in dieser Resignation liegt ein weiteres Moment des Selbstverständnisses, das zwar das Geschichtsbewußtsein nicht ersetzen, aber das Kollektivbewußtsein wachhalten kann.

Der Arbeiter bleibt Arbeiter: das ist objektiv so weitgehend zutreffend, wie es von einem pauschalen Urteil dieser Art überhaupt erwartet werden kann. In der Tat ist die Chance des Industriearbeiters, seinen Sozialstatus zu verbessern, ungewöhnlich gering. Natürlich kann er seine Kinder etwas lernen lassen. Aber er selbst wird sich nur in den seltensten Fällen selbständig machen können; die Sehnsucht mancher Facharbeiter nach einem eigenen Handwerksbetrieb, der angelernten Arbeiter nach einem kleinen Laden, der ehemaligen Landarbeiter nach einem Kotten wird in den meisten Fällen unerfüllt bleiben. Auch der Aufstieg im industriellen Betrieb zum Meister kann nur sehr wenigen gelingen. Es soll nicht verkannt werden, daß es gerade in einem Hüttenbetrieb zahlreiche Prestige-Abstufungen gibt, die zu deutlichen Differenzierungen zwischen den einzelnen Arbeitsplätzen und Arbeitskräften führen. Auch hier gibt es ein „Hochdienen". Aber im Gegensatz zum typischen Berufsweg des Angestellten fällt die Verdienst-Kurve des Arbeiters mit hohem Alter häufig wieder ab: Der hochbezahlte Spezialarbeiter landet am Ende sehr oft wieder „auf dem Platz" – dort, wo er vor vierzig oder fünfzig Jahren begonnen hat. Die Zahl der privilegierten Funktionen, die bis zur Pensionierung ausgeübt werden können, ist äußerst gering.[11]

Mit der relativ größeren Aufstiegschance für die einzelnen Angehörigen einer sozialen Schicht verstärken sich die psychologischen Störungsfaktoren, welche die Solidarität innerhalb dieser Schicht bedrohen. Umgekehrt begünstigt eine relativ geringe Aufstiegschance das Entstehen eines Kollektivbewußtseins, das positiv als Abfinden mit dem gemeinsamen Schicksal, negativ als resignierende Passivität und eventuell als Abwertung aller subjektiven Aufstiegstendenzen in Erscheinung tritt. Je enger das Tor nach oben wird, desto geringer ist in der Regel das Gedränge, das vor diesem Tor entsteht. Unsere Ergebnisse bestätigen diese Erfahrung. Nur die Vorstellungen des Typus vier, dessen Vertreter vielleicht die selbständigste und beweglichste Intelligenz besitzen, werden deutlich von Aufstiegshoffnungen beeinflußt. Die übrigen haben sich resignierend oder auch in unproblematischer Selbstverständlichkeit mit ihrer persönlichen Lage abgefunden. Die Arbeiterschaft wird daher nicht als ein Kollektiv gesehen, dem man entrinnen kann, sondern als der soziale Ort, dem man sich zugehörig fühlt. Damit ist allerdings noch nicht gesagt, daß dieses Zugehörigkeitsgefühl eine aktive, gesellschaftlich wirksame Haltung zur Folge hat. Das ist, wie wir gesehen haben, durchaus nicht immer der Fall. Nur eine Konsequenz läßt sich durchgehend feststellen: Die bewußte Abgrenzung der Arbeiterschaft nach „außen" (Angestellte) und nach „oben" (Unternehmer, Werksleitung, Kapital). Diese Abgrenzung erfolgt fast ohne Ausnahme und ist auch fast immer emotional „fixiert", das heißt mit Einzelargumenten nicht hinwegzudisputieren.

Die beiden Momente des Arbeiterbewußtseins (das Bewußtsein des Arbeiters von dem, was er tut – dem Leistungscharakter seiner Arbeit –, wie die Anerkennung des gemeinsamen sozialen Schicksals) sind also wesentlich bestimmt durch die Distanzierung, die Abgrenzung *gegen* die „Anderen". Sie sind nicht ohne die Vorstellung denkbar, daß die Gesellschaft in zwei eindeutig zu unterscheidende Teile aufgespalten ist. Arbeiterbewußtsein und Dichotomie-Vorstellung sind aneinander gebunden. Allgemeiner formuliert heißt dies nichts anderes, als daß eine Wechselbeziehung zwischen der spezifischen Verortung des Arbeiters in der Gesamtgesellschaft und dem Bild besteht, das er sich von dieser Gesamtgesellschaft macht.

---

11 Vgl. zu dieser Frage die Arbeitsmonographie der Umwalzer an der Draht- und Feinstraße des Walzwerks, Anhang S. 300 ff. Ferner *Theo Pirker, Siegfried Braun, Burkart Lutz, Fro Hammelrath,* Arbeiter, Management, Mitbestimmung, aaO, S. 142 ff.

Die Dichotomie-Vorstellung ist ebenso wie das Arbeiterbewußtsein in den einzelnen Typen verschiedenartig ausgeprägt. Wir können dementsprechend unterscheiden: Die Vorstellung einer *unabwendbaren* Dichotomie (als kollektives Schicksal: Typus drei, als kollektives Schicksal und individueller Konflikt: Typus vier); einer *abwendbaren* Dichotomie (als evolutionistisch zu überwindende Klassengesellschaft: Typus fünf, als revolutionär zu überwindende Klassengesellschaft: Typus sechs); einer *bedingt anerkannten* Dichotomie (als fortschreitender, aber die Gegensätze nicht aufhebender Ausgleich zwischen Kapital-Gebern und Arbeit-Gebern: Typus zwei) und einer als statisches Ordnungsgefüge *unbedingt anerkannten* Dichotomie, die als ein starres „Oben" und „Unten" hingenommen wird, ohne daß sie als bestimmte und besondere Gesellschaftsverfassung überhaupt bewußt wird (Typus eins).

Welchen konkreten Bezug hat diese Aufspaltung der Gesellschaft, die alle Typen in der einen oder anderen Weise vollziehen, zur Situation des Industriearbeiters? Handelt es sich überhaupt um die Transposition und Verallgemeinerung bestimmter Erfahrungen, um eine Vorstellung, die sich auf unmittelbare Anschauung stützt? Wir müssen uns zunächst vergegenwärtigen, daß die Arbeiter die Gesellschaft „von unten" sehen, weil sie sich selbst „unten" zu befinden glauben. („Wer einmal Arbeiter ist, befindet sich irgendwie unten in der menschlichen Gesellschaft".) Damit entsteht eine Perspektive, die mit derjenigen der bewußt herrschenden Klasse eine Gemeinsamkeit aufweist: die eindeutige und einseitige Richtung auf das andere Extrem hin. Die Übergänge werden unscharf. Der Angestellte dagegen kennt ein Oben, das sich über ihm, ein Unten, das sich unter ihm befindet. Er sieht sich selbst in der Mitte und entwickelt eine ausgesprochen scharfe Unterscheidungsfähigkeit und Sensibilität für soziale Abstufungen. Man kann daher annehmen, daß er die Gesellschaft nicht dichotomisch wie der Industriearbeiter, sondern *hierarchisch* sieht.

Zu der gleichen Vermutung kommen wir auch, wenn wir die Gegebenheiten und Chancen der alltäglichen Anschauung im unmittelbaren Erlebnisbereich vergleichen: Der Büroangestellte kennt in der Regel seinen Chef, dessen Arbeitszimmer sich in der gleichen Etage oder im gleichen Gebäude hinter einer gleichen oder ähnlichen Bürotür befindet. Diese Doppeltür mag für ihn ein Symbol des Nicht-Zugänglichen sein, des Zutritts zu einer neuen Welt, – aber er *sieht* diesen Zutritt im wörtlichen und im übertragenen Sinne des Wortes. Er kennt die Pyramide, die zum Chef führt: vom Buchhalter, Oberbuchhalter, Abteilungsleiter, Handlungsbevollmächtigten, Prokuristen bis zum Vorstandsmitglied, – um eine beliebige dieser Hierarchien zu nennen. Seine eigene Arbeit ist bestimmt durch den Ort, den er in seiner Hierarchie einnimmt, und sie ist auf die Hierarchie mit ihren permanenten Kompetenzproblemen ausgerichtet. Der hierarchische Aufbau ist in seinem Arbeitsvollzug gleichsam anwesend: Seine Leistung besteht zu einem erheblichen Teil darin, die Hierarchie zu tragen und ihren komplizierten Inklinationen gerecht zu werden. Für den Industriearbeiter in einem Großbetrieb wird die Hierarchie dagegen etwa vom Chefobermeister oder Betriebsingenieur ab unsichtbar und verschwindet hinter den Fassaden der Verwaltungsgebäude. Ihre Staffelung, Kompetenz-Verteilung und Wirkungsweise sind ihm nicht vertraut. Die Aufgaben der technischen Planung und der kaufmännischen Kalkulation unterscheiden sich grundlegend von den Vorgesetzten-Funktionen, die er an seinem Arbeitsplatz kennenlernt. Er selbst ist nicht Teil, sondern Objekt dieser Hierarchie. Es liegt also wenig Anlaß für ihn vor, sich mehr als eine ganz pauschale Vorstellung von dem zu machen, was in den Verwaltungsgebäuden vor sich geht.

Dagegen kennt der Industriearbeiter natürlich sehr genau die untere betriebliche Hierarchie, mit der er an seinem Arbeitsplatz zu tun hat. Sie wird aber nicht als kontinuierliche hierarchische Fortsetzung der eigenen Funktionen gesehen, sondern in zwei Teile geteilt: Der erste Teil (Vorarbeiter, Meister) hat eine spezielle, einleuchtende Funktion im Arbeitsablauf. Er ist ständig anwesend, seine Leistung ist kontrollierbar. In der Regel wird dieser Teil sozial noch zur Arbeiterschaft gerechnet. Die Konflikte, die mit den unteren Vorgesetzten entstehen, werden daher nicht auf die „Anderen", die Nicht-Arbeiter transponiert. Der zweite Teil (evtl. höhere Meister, Betriebsingenieure, manchmal auch der Betriebsführer des speziellen Betriebs) kommt hingegen nur gelegentlich einmal am Arbeitsplatz vorbei, er entzieht sich mehr oder minder stark der Kontrolle. Die Vorgesetzten, die zu diesem zweiten Teil zu rechnen sind, gehören nicht mehr „dazu". Ihre genaue soziale Einordnung wird allerdings meist nicht relevant, weil sie als „Techniker" eine weitgehend neutrale Funktion und eine Anerkennung eigener Art in Anspruch nehmen können.[12] Die Probleme der Hierarchie – dies kann allgemein festgestellt werden – spielen für den Arbeitsvollzug des Industriearbeiters in der Regel eine viel geringere Rolle als für die Funktionen der Angestellten: Falls der Industriearbeiter nicht ausgesprochene Einzelarbeit leistet (wie z. B. Facharbeiter an spanabhebenden Maschinen), überwiegen die sozialen Probleme, die sich aus der Kooperation mit anderen Arbeitsvollzügen, das heißt der Zusammenarbeit Gleichgestellter ergeben.[13]

Die Aufspaltung der Gesellschaft in zwei eindeutig zu unterscheidende Teile liegt also für den Industriearbeiter zumindest näher als für den Büroangestellten und andere Mittelstandsberufe. Damit aber die ausschlaggebende Wirkung

12 Selbstverständlich läßt sich im konkreten Fall die Trennung der beiden Teile und damit auch die soziale Einordnung nicht immer so glatt vollziehen. Vor allem die gehobene Meisterschicht bildet oft eine Zwischengruppe, deren soziale Zugehörigkeit fragwürdig ist: Wer dieser Zwischengruppe angehört, ist als Vorgesetzter zugleich Nicht-mehr-Arbeiter und Noch-nicht-Techniker. Aus der Literatur ist diese Situation hinreichend bekannt.

13 Vgl. Technik und Industriearbeit, aaO, S. 38 ff.

dieser Vorstellung verständlich werden kann, muß einerseits noch einmal an die historische Entwicklung und andererseits an ein allgemeines soziologisches Phänomen der modernen Gesellschaft erinnert werden. Es ist oft genug festgestellt worden, daß die Klassentheorie des Marxismus der konkreten Situation des Industriearbeiters weitgehend entsprach. Dagegen wird häufig übersehen, daß auch in der Weiterbildung dieser Theorie – trotz aller theoretischen Mängel oder gerade wegen dieser Mängel – eine Anpassung an die veränderte soziale und politische Situation des Industriearbeiters gelungen ist. Bis zum Ende der zwanziger Jahre war der Revisionismus der zweiten Internationale eine zureichende ideologische Grundlage für die sozialpolitischen Kämpfe der Arbeiterschaft. Heute zeigt sich, daß die Mitbestimmungs-Ideologie der Bewußtseinslage eines erheblichen Teils der Arbeiterschaft entspricht, – und zwar gerade desjenigen Teils, der noch am bewußtesten in der Tradition der Arbeiterbewegung lebt, wenn man von den Revolutionären und Evolutionären selbst absieht. Die Entwicklung vom Typus sechs unserer Typologie zum Typus fünf und Typus zwei kann sehr verschieden bewertet werden, – aber es handelt sich ohne Zweifel um einen verhältnismäßig kontinuierlichen und genuinen Bewußtseinsprozeß. Wir kommen auf die Bedeutung dieses Prozesses in einer abschließenden Bemerkung noch einmal zurück.

Unabhängig von der Entwicklung einer „offiziellen“ Ideologie der Arbeiterschaft hat sich ein Paria-Bewußtsein konserviert (Typus drei), das der sozialen Wirklichkeit des vorigen Jahrhunderts ebenso gut oder ebenso schlecht entspricht wie der heutigen Situation des Industriearbeiters. Dieses Bewußtsein kommt mit einer stereotypen Macht-Ohnmacht-Alternative aus, die es durch eine Informationssperre gleichsam absichert. Die Wirkungszusammenhänge der Macht werden im gleichen Maße mystifiziert, wie die Träger der Macht selbst in die Anonymität versinken. In dieser letzten Beziehung aber – auf diese Feststellung kommt es uns hier an – besteht kein wesentlicher Unterschied zwischen Paria-Bewußtsein und den Gesellschaftsbildern der anderen Typen. Schon die Marxisten neigen zu einer gleichen Mystifikation und Anonymisierung, ebenso wie der Typus fünf und der Typus zwei. Einige Ausnahmen, die ziemlich gleichmäßig über alle Typen streuen, können wir hier beiseite lassen. Auch das geschilderte verschiedenartige Verhältnis der einzelnen Typen zur „großen Welt“ und „hohen Politik“ wirkt sich nicht auf die allen gemeinsame Tendenz aus, die Macht der anderen Seite ins Imaginäre zu übersteigern. Gerade in dieser Übersteigerung aber liegt ein wesentlicher Grund für die Wirksamkeit und Festigkeit der Dichotomie-Vorstellung überhaupt. Sie antwortet auf ein spezifisches Dilemma des Einzelnen in der modernen Gesellschaft.

Was ist denn in Wahrheit diese „andere Seite“, die im Denken der Arbeiter eine so große Rolle spielt? Wer kann überhaupt gemeint sein, wenn von der Macht und Einigkeit „des Kapitals“ gesprochen wird? Es handelt sich offensichtlich um eine große Unbekannte. Aber nicht um eine erfundene Größe, ein Produkt der Phantasie, sondern um eine Unbekannte, die tatsächlich existiert. Man muß mit ihr rechnen, ohne ihre Wirkungen berechnen zu können. Wie jedermann in der modernen Gesellschaft hat auch der Industriearbeiter mit Wirkungen zu tun, deren Herkunft, Ursache und Absicht ihm weitgehend verschlossen bleiben, die aber seine soziale und individuelle Existenz entscheidend beeinflussen. Ihre Herkunft wird als „die andere Seite" wenigstens in einem negativen Sinne lokalisiert: Die Wirkungen sind nicht aus dem eigenen Erlebnisbereich zu erklären. Je weniger der eigene Erlebnisbereich aber ausreicht, das verständlich zu machen, was dem Einzelnen widerfährt, um so notwendiger wird die behelfsmäßige Orientierung durch negative Abgrenzungen.

Auch die Verwendung des Begriffs „das Kapital" gehört zu diesen negativen Abgrenzungen. Er wird in der Regel an denjenigen Stellen des Gedankenganges herangezogen, an denen der moderne Ökonom, der Soziologe oder der Philosoph in gleicher Weise und mit gleicher Unbestimmtheit auf das Gefüge sozialer, politischer und ökonomischer Verhältnisse hinweisen, oder, um eine einprägsame Formulierung von Arnold Gehlen zu gebrauchen, auf die „großartig komplizierten historischen Kettenreaktionen", die über uns „hinweglaufen".[14] Dieses unübersehbare Gefüge von Wechselwirkungen wird auf den überlieferten und handlichen Begriff des „Kapitals" reduziert. Zugleich aber versieht man dieses Kapital mit Attributen, die man selbst am meisten herbei wünscht: Einigkeit, Zielstrebigkeit, Klugheit und Macht. Der Defekt des eigenen Wissens und des eigenen Könnens führt zu der Vorstellung, daß dieser Defekt auf der Perfektion des Nicht-Gewußten und Nicht-Erreichbaren – des „Kapitals" – beruhe. Hierin liegt, verglichen mit den intellektuellen Beurteilungen unserer gesellschaftlichen Situation, sogar noch ein optimistisches Moment. Die „Gesellschaft" als Ganzes wird noch als autonom, beherrschbar und lenkbar verstanden. Es handelt sich also um eine rationalistische Fiktion. Das schließt nicht aus, daß sie häufig ausgesprochen affektbestimmt vorgebracht wird.

Erinnern wir uns daran, daß heute in einer umfangreichen zeitkritischen Literatur die Frage, „wer eigentlich die Geschichte macht", mit dem Hinweis auf die „Eigengesetzlichkeit" der Technik beantwortet wird. Ist diese Antwort weniger fiktiv, führt sie zu einem konkreteren Bild der Situation als der Glaube an die Macht und Zielstrebigkeit des „Kapitals"? Auch diese Hilfskonstruktion beruht auf der Hypostasierung einer grundlegenden Dichotomie: der Dichotomie zwischen dem technischen Gehäuse und den Menschen, die in ihm hausen. Auch hier ist es die *andere* Seite, die „die Geschichte macht". Auch hier schließlich sind Macht und Ohnmacht eindeutig verteilt und die einzelnen Theorien differieren

14 *Arnold Gehlen*, Sozialpsychologische Probleme in der industriellen Gesellschaft, aaO, S. 11.

lediglich darin, daß diese Machtverteilung entweder als abwendbar oder unabwendbar oder – im Sinne der herrschenden „Philosophie der Technik" – als „partnerschaftlich" ausgleichbar verstanden wird.

Wir haben also, das sollte dieser Hinweis zeigen, in dem Glauben an die Macht des Kapitals und in den fiktiven Momenten der Dichotomie-Vorstellung des Industriearbeiters lediglich eine der möglichen und verwendbaren Hilfskonstruktionen vor uns, mit denen wir heute alle auskommen müssen. Der Industriearbeiter hat diese Situation weder erfunden noch besonders dramatisiert. Er ist im Gegenteil selbst ein bevorzugtes Objekt solcher Dramatisierungen. Denn für die bürgerlichen Hilfskonstruktionen befindet sich der Arbeiter noch selbst – so will es die Ironie des Zeitbewußtseins – auf der so vieldeutigen „anderen Seite", deren Mystifikation die Orientierung im eigenen Bereich erleichtert. Die entsprechenden Beschreibungen des Verhaltens und Denkens der Industriearbeiter unterscheiden sich daher von den Vorstellungen, die er sich selbst von der unbekannten Größe „Kapital" macht, lediglich durch die Umkehrung der Vorzeichen: Die existenzielle Armut des an die mächtigen Prothesen der Technik „festgeschmiedeten" Industriearbeiters, heißt es zum Beispiel, die Gebrochenheit seines Denkens und seine Empfänglichkeit für die Ideologie entstammen „dem Umgang mit der Maschine". Hier, in der Arbeitswelt des Menschen, „liegt die wunde Stelle des Kollektivs". „Ihr Symbol ist das mit elektrischem Stacheldraht umgebene Konzentrationslager, um das herum Ketten von Türmen, Wachen und Hunden laufen."[15] Man vergleiche diese Vision mit der Vorstellung des gelegentlich zitierten Umwalzers (S. 204), nach der ein Kapitalist den ganzen Tag nichts tut, als mit Hilfe seiner Sekretärin die hereinfließenden Gelder zu verbuchen, und im übrigen ein beneidenswertes und sorgenfreies Leben führt. Dieser Kapitalist hat endlose Muße, – der Industriearbeiter ist nach Friedrich Georg Jünger zur Muße prinzipiell unfähig. Dem Kapitalisten fällt alles in den Schoß, – der Industriearbeiter müht sich fruchtlos in einem „riesenhaften Tretrad" ab.[16] Beide aber repräsentieren wechselseitig die „wunde Stelle" des Kollektivs. Beide sind wechselseitig die andere Seite, überlegen, gefährlich, aber letztlich anonym.

Die beiden Beispiele, die wir gegeneinander stellten, sind nun allerdings besonders hervorstechende Extreme. Die Aussagen des erwähnten Umwalzers sind bewußt überspitzt. Mit Ausnahme des Typus drei bemühen sich die meisten Arbeiter um ein konkreteres, oft auch um ein gerechteres Bild. Ihre entsprechenden Aussagen sind verhältnismäßig rational kontrolliert und vermeiden oft bewußt und ausgesprochen alle Phantasterei. Daß trotzdem in der Regel die „andere Sei-

15 *F. G. Jünger,* Die Perfektion der Technik, 2. Auflage, Frankfurt a. M. 1949, S. 80 ff.; ders., Maschine und Eigentum, Frankfurt a. M. 1949, S. 170.

16 Die Perfektion der Technik, S. 87.

te“ überschätzt, simplifiziert und uniformiert wird, liegt sowohl an der Enge des eigenen Erlebnisbereichs, wie an der Notwendigkeit, sich diejenigen Einwirkungen auf die eigene Existenz vereinfachend zu erklären, deren Bedeutung für die konkrete Anschauung nicht mehr kommensurabel ist. Ob die Formeln, die diesen Erklärungswert besitzen, noch von der marxistischen Theorie bestimmt sind („das Kapital“) oder ob sie einem konservierten Paria-Bewußtsein entsprechen („die hohen Herren“), – das spielt im Rahmen der dargestellten Problematik nur eine formale Rolle. Es hat allerdings entscheidende Bedeutung, wenn man nach den Konsequenzen der verschiedenen Gesellschaftsbilder fragt: setzen sich diese auch nicht immer in ein spontanes und aktives Verhalten um, so schaffen sie doch verschiedene Voraussetzungen für die Reaktionen auf die geschichtlichen Fragen, die an die Industriearbeiterschaft herangetragen werden. Eine abschließende Bemerkung soll dies deutlicher ausführen.[17]

Soweit sich dies aus unserer Übersicht erschließen läßt, haben die Gesellschaftsbilder zweier Gruppen eine ausschlaggebende Bedeutung: des Typus zwei und des Typus drei. Der Typus zwei hat das Erbe jenes proletarischen Bewußtseins angetreten, das einst die marxistische Theorie aufnahm und assimilierte. Der kompromißlose Glaube an die eigene Sendung ist allerdings weitgehend verloren gegangen. Erhalten aber hat sich ein spezifisches Selbstbewußtsein, das sich auf neue Gegebenheiten einstellen kann, ohne die Sicherheit einer eigenen Position zu verlieren. Dieses Selbstbewußtsein kann sich und anderen noch eingestehen, daß der Industriearbeiter eigene Interessen hat, die mit den Interessen anderer kollidieren. Und es nimmt das Recht in Anspruch, diese Interessen gegen andere zu vertreten. Der Gegensatz wird offen und ohne „gesamtgesellschaftliche“ Rechtfertigungsversuche formuliert – ein äußerst seltenes Phänomen in der modernen Gesellschaft. Gerade weil das spezifische Arbeiterbewußtsein vom Typus zwei am ausgeprägtesten vertreten wird, besitzt er die Fähigkeit und Legitimation zum Verhandlungspartner. Er kann Kompromisse schließen, ohne die Position zu wechseln. Er kann den anderen anerkennen, ohne den Glauben an seine eigenen Rechte zu verlieren. Er kann schließlich mit der „anderen Seite“ gemeinsame Sache machen, ohne eine Identität der Interessen vorzugeben.

Es ist freilich nicht zu übersehen, daß dieser Typus weitgehend von dem Auftrieb lebt, der die sozialpolitische Nachkriegsentwicklung in den deutschen Grundstoffindustrien auszeichnet. Daher ist er auch besonders empfindlich ge-

17 Es kann uns nicht darum gehen, aus dem vorliegenden Material Prognosen für die zukünftige ideologische Entwicklung der Industriearbeiterschaft ableiten zu wollen. Das wäre ein fragwürdiges Unternehmen. Nicht allein der Erkenntniswert, auch der Nutzen solcher Vorausberechnungen erscheint uns äußerst zweifelhaft. Möglich und sinnvoll dagegen kann eine Klärung der gegenwärtigen Fragestellung sein, auf die eine zukünftige Entwicklung antworten wird.

genüber den Gefahren dieser Entwicklung, von denen vor allem zwei hier zu nennen sind: Die Verwischung des Partnerschaftsverhältnisses durch eine allgemeine „Appeasement"-Ideologie, die letztlich darauf hinausläuft, dem Arbeiter auszureden, daß er Arbeiter ist, und die Schwierigkeit, den sozialen Aufstieg der Arbeitervertreter zu dirigieren und zu legitimieren. Wenn es gelingen sollte, dem Arbeiter sein spezifisches Selbstbewußtsein als Arbeiter zu nehmen, würde jedes Partnerschaftsverhältnis illusorisch werden. Die gleiche Konsequenz hätte die Isolierung der Arbeitervertreter.

Selbst der orthodoxe Marxist verfügt über keine Formel zur Legitimation des sozialen Aufstiegs seiner Repräsentanten. Er kennt nur das Bündnis mit einer anderen sozialen Schicht, die Kampfgemeinschaft zwischen Stirn und Faust. Auch er würde also einer Situation hilflos gegenüberstehen, in der die Arbeiterschaft sich daran gewöhnt hätte, ihre eigenen Vertreter als eine Art Verwaltungsbeamter zu betrachten, und der zum Betriebsrat gewählte Arbeiter in der Tat sicher sein könnte, später vom Werk in ein Angestelltenverhältnis übernommen zu werden. Es ist gut möglich, daß in dieser Situation sich die Probleme der Partnerschaft für beide Seiten vorübergehend auf ein Minimum reduzieren würden. Das Ergebnis wäre eine Sozialverwaltung, deren einziges hervorstechendes Merkmal ein exzeptioneller Berufsweg eines Teils ihrer Mitglieder wäre. Es ist aber sehr unwahrscheinlich, daß die Arbeiterschaft ein besseres Verhältnis zu diesem Gremium gewinnen könnte, als sie es in der Vergangenheit zu anderen Erscheinungsformen der „Obrigkeit" besessen hat. Näher liegt die Vermutung, daß sich die Spannungen erheblich verschärfen würden, – wir haben gesehen, wie stark das Mißtrauen gegen die Repräsentanten, die aus den eigenen Reihen aufgestiegen sind, heute schon ist. Diese Entwicklung würde jedenfalls die Voraussetzung des Partnerschaftsverhältnisses, das sich heute anbahnt, zerstören: Das spezifische Selbstbewußtsein des Arbeiters als Arbeiter, wie es der Typus zwei heute (mit dem Zuzug eines bedeutenden Anteils der jungen Arbeiter) am ausgeprägtesten vertritt. Dieser Typus würde entweder radikalisiert werden oder resignieren. Auch die zweite Möglichkeit, die Resignation, wäre wahrscheinlich nicht mit einer „Verbürgerlichung" identisch.

Im Typus drei haben wir eine bezeichnende Form dieser Resignation vor uns. Daß er sich selbständig in die gegenwärtigen politischen Gestaltungsversuche einschaltet, ist nicht zu erwarten. Seine „praktische" Bedeutung liegt weder in einer Art passiven Widerstands noch in seinem geistigen Einfluß. Sie wird vielleicht am deutlichsten sichtbar, wenn man die Frage aufwirft, ob dieser Typus nicht die stärksten Instinkte besitzt.

Er schirmt sich gegen alle höheren gesellschaftlichen Ordnungen ab, – wobei es ganz gleichgültig ist, welcher Art diese Ordnungen sind und welche Interessen sie vertreten. Seine schablonenhafte Dichotomie-Vorstellung ist nicht nur unabhängig von der geschichtlichen Entwicklung, sondern auch weitgehend von Veränderungen der eigenen sozialen Lage. Sie bedarf in keinem Fall einer Korrektur. Hier liegt eine „eingestellte“ Haltung vor, die sich grundsätzlich dem Wechselspiel von Bewußtsein und Wirklichkeit entzieht. Dieser Typus macht die Geschichte nicht mit. Er ist daher auch prinzipiell unempfindlich gegenüber *allen* Formen politischer Machtverhältnisse. Er läßt sich vereinnahmen, aber nicht engagieren. Man kann ihm nicht das Bewußtsein einer besonderen Bedrohung seiner persönlichen Lage vermitteln, weil er sich immer schon bedroht fühlt. Man kann ihm nicht das Gefühl der Sicherheit geben, weil ihn das Gefühl der Bedrohung schon viel zu sicher gemacht hat.

Dieser Typus wird seine jetzige Bedeutung bewahren, wenn der Typus zwei radikalisiert wird, und er wird in dem Augenblick ein überwiegendes Gewicht bekommen, in dem der Typus zwei resigniert. Damit müssen wir unsere Überlegungen beenden. Es ist fraglich, ob nicht auch der Typus vier mit seiner spätbürgerlichen Skepsis und Reflexion eine Rolle spielen kann, wenn er weitere Mutationen durchmacht. Doch das ist noch weniger als die bisher erwähnten Aspekte ein spezielles Problem der geschichtlichen Entwicklung der Industriearbeiterschaft. Es ist eine Frage, die dem spätbürgerlichen Bewußtsein überhaupt gestellt wird.

Anhang
Arbeitsmonographie der Umwalzer an der Draht- und Feinstraße eines Walzwerkes

Die Stellungnahmen der Hüttenarbeiter zu den Problemen ihrer Arbeit konnten im zweiten Abschnitt (S. 33 ff.) nicht systematisch behandelt, sondern lediglich durch die Wiedergabe einiger Einzelbeispiele veranschaulicht werden. Diese Einzelbeispiele wollen wir ergänzen, indem wir die Aussagen einer bestimmten Berufsgruppe, der *Umwalzer* an der Draht- und Feinstraße eines Walzwerks, zu einer Arbeitsmonographie zusammenstellen. Nach einer kurzen Orientierung über den Arbeitsablauf an einer Drahtstraße und die Aufgaben der Umwalzer geben wir den Umwalzern selbst das Wort und lassen sie ihre Monographie soweit wie möglich selbst schreiben.

Die Arbeit der Umwalzer ist hochspezialisiert, erfordert ungewöhnliche Fähigkeiten und wird ausgesprochen hoch bezahlt.

Zweifellos kommt also dem Beispiel, das wir ausgewählt haben, nicht der Charakter des Durchschnittlichen, des Mittelwertes zu. Doch sind die einzelnen Arbeitsvollzüge in einem Hüttenwerk so grundsätzlich verschiedenartig, daß es ohnehin keinen Sinn hätte, nach einem bestimmten Arbeitsvollzug zu suchen, der auch nur annähernd „repräsentativ“ wäre. Wir halten uns daher an einen exzeptionellen Fall, der zahlreiche interessante Besonderheiten aufweist und zugleich den Vorteil hat, daß eine allgemeine und latente Problematik der Industriearbeit sich hier gerade zur Zeit unserer Befragung aktualisierte: Die Weiterentwicklung des Produktionsapparates, der die Umwalzer einstmals ihre außergewöhnliche Position zu verdanken hatten, bedroht heute nicht nur ihre Vorrechte, sondern auch ihre Existenz als Berufsgruppe.[1]

1 Eine vergleichbare Untersuchung ist in Frankreich von *Maurice Verry* durchgeführt worden: Les laminoirs ardennais. Declin d'une aristocratie professionnelle (mit einem Vorwort von Georges Friedmann), Paris 1955.

1 Der Arbeitsablauf an der Drahtstraße und der Arbeitsvollzug der Umwalzer[2]

Der Arbeitsablauf an der Drahtstraße

Die Anlage des Drahtwalzwerkes stammt aus dem Jahre 1913, ist aber verschiedentlich modernisiert worden. Sie dient zur Herstellung von Draht in Stärken von 4,5 bis 8 mm in den verschiedensten Profilen und Qualitäten. Der gesamte Arbeitsablauf wird in jeder Schicht von einem Obermeister überwacht, der seinerseits wieder einem Schichtingenieur des Walzwerkes verantwortlich ist.

Wir unterscheiden sieben Abschnitte des Arbeitsablaufs:

1. Die Arbeit auf der *Rampe* (Knüppellager). Die Knüppel, die zu Draht verwalzt werden sollen, werden gestapelt und je nach Bedarf einzeln auf einen Rollgang gelegt, der sie zum Ofen transportiert und einfährt. Unter Leitung eines Aufsehers arbeiten hier zwei Knüppellader und ein Einsetzer, welcher den Transport der benötigten Knüppel zum Ofen reguliert.
2. Die Arbeit am *Ofen*. Die Knüppel rücken auf einer schiefen Ebene seitwärts durch den Ofen. Am unteren Ende der schiefen Ebene werden die erwärmten Knüppel ausgestoßen, von zwei Rollen erfaßt und über einen Rollgang in die Vorstraße geführt. Das Material wird von einem Ofensteuermann (Einfahrt) mit Hilfe einer Einziehvorrichtung in den Ofen eingeführt, während ein erster und ein zweiter Ofenmann (der auch als Ablöser der Steuermänner tätig ist) die Temperatur des Ofens kontrollieren. An der Ausfahrt bedient ein Steuermann oder „Knüppeldrücker“ eine Druckvorrichtung zum Ausstoßen der Knüppel aus dem Ofen.
3. Die Arbeit an der *Vorstraße*. Zwischen dem Ofen und den Walzgerüsten der Vorstraße befinden sich zwei Scheren, mit denen die Knüppel halbiert oder gedrittelt werden. Die Teile rollen über eine Weiche weiter in die hintereinander angeordneten (gestaffelten) neun Walzgerüste der Vorstraße, durch die sie kontinuierlich hindurchlaufen und vorgewalzt werden. Der Walzprozeß an

2 Wir müssen im Folgenden zur Orientierung des Lesers teilweise noch einmal bestimmte Informationen wiederholen, die wir bereits an anderer Stelle gegeben haben (vgl. Technik und Industriearbeit, S. 94 ff.; dort ist auch eine Analyse der Umwalzer-Arbeit versucht worden, die mit den hier im vierten Kapitel wiedergegebenen Aussagen der Umwalzer verglichen werden kann). Die Arbeit der Umwalzer an der *Feinstraße* wird nicht gesondert dargestellt, obwohl sie sich in mancher Hinsicht von der Arbeit an der Drahtstraße unterscheidet. Wir beschränken uns darauf, auf Unterschiede hinzuweisen, wo dies zum Verständnis der Stellungnahmen notwendig ist.

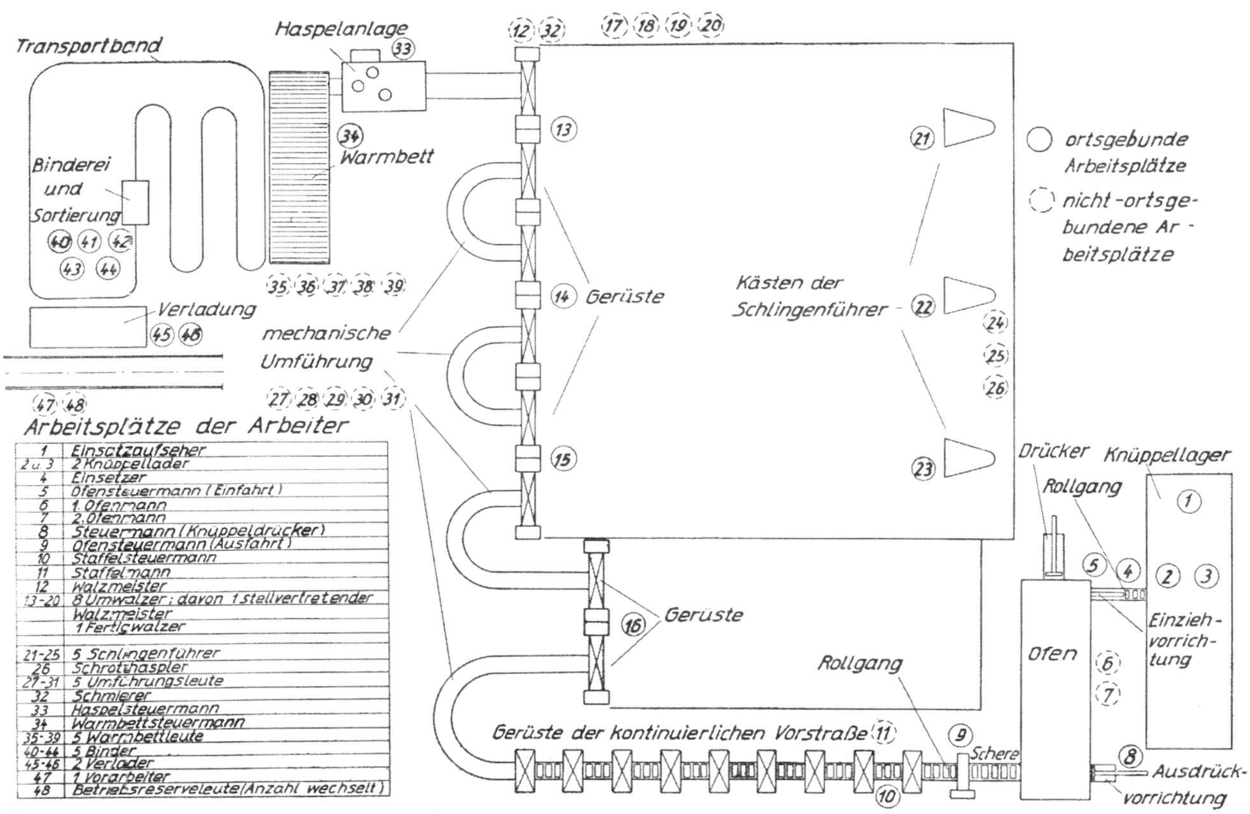

Arbeitsplätze der Arbeiter

1	Einsatzaufseher
2 u. 3	2 Knüppellader
4	Einsetzer
5	Ofensteuermann (Einfahrt)
6	1. Ofenmann
7	2. Ofenmann
8	Steuermann (Knüppeldrücker)
9	Ofensteuermann (Ausfahrt)
10	Staffelsteuermann
11	Staffelmann
12	Walzmeister
13-20	8 Umwalzer; davon 1 stellvertretender Walzmeister
	1 Fertigwalzer
21-25	5 Schlingenführer
26	Schrothaspler
27-31	5 Umführungsleute
32	Schmierer
33	Haspelsteuermann
34	Warmbettsteuermann
35-39	5 Warmbettleute
40-44	5 Binder
45-46	2 Verlader
47	1 Vorarbeiter
48	Betriebsreserveleute (Anzahl wechselt)

der Vorstraße wird von drei Arbeitern reguliert: Die Scheren und den Rollgang steuert ein Ofensteuermann (Ausfahrt), ein Staffelsteuermann bedient die Weiche und überwacht den Ablauf des Walzprozesses, ein weiterer Staffelmann ist für die technische Anlage verantwortlich. Den Kontakt zur Arbeit am Ofen hält der Ofensteuermann (Ausfahrt), während der Staffelsteuermann seine Arbeit präzis auf die Vorgänge an der Fertigstraße abstellen muß.

4. Die Arbeit an der *Fertigstraße.* An das Ende der Vorstraße schließt sich im rechten Winkel die Fertigstraße an, die aus acht nebeneinander stehenden Walzgerüsten besteht. Durch diese Gerüste laufen die Walzadern in einer Schlangenlinie, d. h. sie müssen zwischen zwei Gerüsten jeweils im Halbkreis umgeführt werden. Die Umführung vollzieht sich auf der einen Seite der Gerüste mechanisch, auf der anderen Seite erfordert sie Handarbeit: das Umwalzen. Die Walzadern, die aus einem Gerüst kommen und in das nächste gesteckt werden müssen, bilden zwischen den Gerüsten einen längeren Bogen, der auf eine schiefe Ebene gleitet und in Führungen, den sogen. Schlingenkanälen, eingefaßt wird. Aus dem letzten Gerüst, dem sogen. Fertiggerüst, laufen die Adern durch Führungen in die Haspelanlage, wo sie zu Bunden aufgehaspelt werden. An der Fertigstraße arbeiten 21 Leute, und zwar
   a) ein Walzmeister, der vor allem für die Qualität des Walzdrahtes verantwortlich ist; acht Umwalzer (darunter ein Reservewalzmeister und ein Fertigwalzer), von denen jeweils vier in halbstündigem Wechsel den Draht mit einer Zange umstecken müssen (also von Gerüst 1 in Gerüst 2, von Gerüst 3 in Gerüst 4 usw.);
   b) sechs Mann, von denen jeweils drei als „Schlingenführer“ etwa 10 m hinter den Umwalzern in einer Art Wanne zwischen den Schlingenkanälen sitzen und mit einer langen Zange die Geschwindigkeit des Drahtes abbremsen, damit die Walzadern nicht schlagen oder sich verhaspeln. Zwei weitere Schlingenführer – die sich mit den zuerst genannten ablösen – unterstützen den „Schrotthaspler“; sie müssen den Schrott wegräumen, der beim Umwalzen anfällt;
   c) fünf Umführungsleute, die auf der den Umwalzern abgekehrten Seite der Walzgerüste die mechanische Umführung überwachen und regulieren und beim Umbauen der Gerüste helfen;
   d) ein Schmierer, der für das Fertiggerüst sorgt, das einer ständigen Wartung bedarf. Im übrigen beseitigt der Schmierer den Schrott, der gelegentlich zwischen Fertiggerüst und Haspel anfällt.
5. Die Arbeit an *Haspelanlage, Transportband, Warmbett und Verteiler.* Der in der Haspelanlage zu Bunden aufgehaspelte, noch glühende Draht fällt auf ein Transportband und wird, jetzt wieder in der ursprünglichen Längsrichtung der Vorstraße, zum Warmbett geführt. Auch auf dem Warmbett rücken die Bunde,

die langsam erkalten, weiter vor, bis sie mechanisch auf die Haken einer Kettenbahn gekippt werden. Die Kettenbahn führt sie in mehreren Windungen weiter zur Binderei. In diesem Teil der Anlage arbeiten sieben Mann: ein Haspelsteuermann, ein Warmbettsteuermann und fünf Warmbettleute, die den Weg der Drahtbunde auf dem Warmbett überwachen, die Drahtenden in den Bund hineinstecken, nachschleifenden Draht abkneifen usw.

6. *Binderei und Sortiererei.* Fünf Binder sortieren und binden den auf seinem Wege über Transportband, Warmbett und Kettenbahn erkalteten Draht.
7. *Verladerei.* Die Drahtbunde werden nochmals in größeren Bunden zusammengefaßt, gewogen und mit einem Kran in die bereitstehenden Güterwagen verladen. Außer dem Kranführer – der zum Maschinenbetrieb gehört – sind hier in der Regel zwei Verlader tätig. Den Arbeitsablauf von der Haspelanlage bis zur Verladerei beaufsichtigt ein Vorarbeiter. Er kann über einige Reserveleute disponieren, die gewöhnlich Schrott wegschaffen, kehren oder Kaffee holen.

Der Arbeitsvollzug der Umwalzer

Wir haben gesehen, daß der Draht an der Fertigstraße durch acht Gerüste läuft und dabei viermal von Umwalzern umgesteckt werden muß. Jeder Umwalzer arbeitet also an zwei Gerüsten: aus dem linken kommt der Draht heraus, in das rechte muß er gesteckt werden. Jeder Umwalzer hat den Draht, der etwa mit der Geschwindigkeit eines Eilzuges (9 bis 9,5 m/sek.) aus dem Gerüst herausschießt, in einer halben Stunde etwa 250 mal zu schnappen und einzustecken.

Der Umwalzer steht vor seinen beiden Gerüsten – etwa so, daß die beiden Gerüste und er selbst ein gleichschenkliges Dreieck bilden – mit einer halben Drehung nach links gewendet. Seine Zange, die verhältnismäßig lange Griffe hat, öffnet er weit. Die glühende Ader schießt aus dem linken Walzgerüst. Er schnappt blitzschnell zu, faßt den Draht etwa 20 bis 30 cm hinter dem Kopf und hebt ihn etwas an, wobei die eine Hand vorschnellt und beide Zangenarme am unteren Ende umfaßt. Dieser Griffwechsel wird vollzogen, während sich der Umwalzer um seine eigene Achse dreht und den Draht herumschwenkt. Die Schlinge, die der Umwalzer um sich gebildet hat, wird indessen durch die aus dem linken Gerüst nachdrängende Ader rasch vergrößert und legt sich in den Schlingenkanal. Bevor der Umwalzer den Draht in das rechte Gerüst einstecken kann, muß er den Griff etwas lockern und die Zange, die zunächst den Draht rechtwinklig gefaßt hat, in einen spitzen Winkel zum Draht bringen: ohne dieses „Nachschnappen“ wäre es nicht möglich, den Draht in die engen Führungskästen des Walzgerüstes einzustecken.

Während die gerade umgesteckte Ader noch in das rechte Walzgerüst läuft, kommt aus dem linken bereits die nächste.[3] Der Umwalzer muß also die zweite Ader schnappen, ehe die erste im rechten Walzgerüst verschwunden ist. An den ersten beiden Gerüsten laufen niemals mehr als drei Adern gleichzeitig, an den letzten beiden Gerüsten dagegen bis zu sieben. Die Adern sind hier nicht nur zahlreicher, sondern auch schneller.[4] Der Reservewalzmeister und die Fertigwalzer, die an diesen beiden Gerüsten arbeiten, müssen folglich die geschicktesten und erfahrensten Umwalzer sein.

Von den zahlreichen weiteren Unterschieden zwischen den Arbeitsvollzügen an den einzelnen Gerüsten erwähnen wir nur die wichtigsten: Eine der größten Schwierigkeiten des Umwalzens besteht selbstverständlich darin, den Draht im richtigen Augenblick und an der richtigen Stelle zu *schnappen.* Kein Umwalzer kann warten, bis er den Draht aus seinem Gerüst herausschießen sieht. Er muß mit der Zange „ins Schwarze" greifen, d.h. den richtigen Zeitpunkt des Schnappens vorher bestimmen können. Der Umwalzer an den ersten beiden Gerüsten sieht die Walzadern aus dem letzten Gerüst der Vorstraße, der Umwalzer an Gerüst drei und vier aus dem Gerüst seines Vordermannes kommen. Beide können sich also wenigstens teilweise durch Beobachtung auf den rechten Zeitpunkt zum Schnappen des Drahtes einrichten. Die beiden anderen Umwalzer haben diesen Vorteil nicht, sie sehen den Draht nicht kommen. Meist orientieren sie sich an einem Knacken, das sie hören, wenn ihr Vordermann den Draht einsteckt, und packen eine bestimmte Zeit danach zu. – Ein weiterer Unterschied der Arbeitsvollzüge ergibt sich aus der Tatsache, daß die Köpfe der Walzadern meist deformiert sind, wenn sie aus der Vorstraße kommen. Der erste Umwalzer kann daher die Ader meist nicht sofort wieder einstecken, sondern muß die Köpfe vorher mit einer mechanischen Schere, die er mit dem Fuß bedienen kann, abschneiden. Die anderen Umwalzer sind nur gelegentlich dazu gezwungen. – Auch das *Schwenken* der Adern muß an jedem Gerüst wieder von neuem geübt werden, da Druck, Gewicht und Elastizität der Adern sich in dem Maß ändern, in dem sie dünner werden. Der erste Umwalzer braucht zum Schwenken und auch für die anderen Teilverrichtungen die meiste Kraft, der letzte dagegen in höherem Grade Geschicklichkeit, Schnelligkeit und gute Nerven. – Das Gleiche gilt auch für das

3 Durch jedes Walzgerüst können mehrere Adern gleichzeitig laufen, weil sich in jeder Walze mehrere Kaliber nebeneinander befinden. Führungskästen, die vor den Walzen angebracht sind, sichern die Einführung der Adern in die jeweiligen Kaliber.

4 Die Adern werden immer länger ausgewalzt und brauchen daher von Gerüst zu Gerüst immer längere Zeit zum Durchlaufen. Am letzten Gerüst laufen folglich mehr Adern gleichzeitig als am ersten. Andererseits erhöht sich von Gerüst zu Gerüst der Durchmesser der Walzen: daher laufen die Adern am letzten schneller als am ersten Gerüst.

Einstecken. Es wird von Gerüst zu Gerüst immer schwieriger, weil die Führungen, in die der Draht zu stecken ist, immer enger werden.

Ein kurzer Hinweis noch auf die übrigen Arbeiten des Umwalzers. Er muß vor allen Dingen darauf achten, daß er „sein Eisen hält", d. h. daß der Draht genau und gleichbleibend das gewünschte Profil hat. Hierzu genügen oft einige Handgriffe an den Gerüsten während der Arbeit. Größere Umbauarbeiten sind das Umstellen der Führungskästen – das gewöhnlich in jeder Schicht etwa 20 bis 30 Minuten beansprucht – und das Auswechseln der Walzen, wenn das Walzprogramm sich ändert oder die Walzen abgenutzt sind. Diese Arbeit dauert manchmal eine Stunde und länger, wenigstens aber 45 Minuten. Auf das Umbauen legen viele Umwalzer – zumindest diejenigen, die es selbst gut beherrschen – sehr großen Wert. Ein richtiger Umwalzer, so heißt es immer wieder, muß nicht nur „mit der Zange arbeiten" können, sondern auch alle technischen Finessen des Umbauens beherrschen.

Ein fehlerhaftes oder ungenaues Umbauen führt leicht zu schweren *Störungen* des Arbeitsablaufs. Zum Beispiel kann sich die Ader in den Führungskästen verklemmen. In solchen Fällen muß sie schnell gekappt werden, damit sie nicht Schlingen bildet, in die sich der Umwalzer verfangen kann. Weniger gefährlich ist es, wenn ein Umwalzer eine Ader nicht rechtzeitig schnappt und sie schießen lassen muß. Wiederholen sich solche Fälle allerdings kurz hintereinander, so daß nur noch drei oder weniger Adern gleichzeitig durch die Drahtstraße laufen, so erhalten auch die Adern, die „durchkommen", nicht mehr das maßgerechte Profil. (Das Profil kommt durch den Druck *und* den Gegendruck der Adern zustande. Durch den Ausfall der Adern wird der Gegendruck zu schwach.) Im Notfall wird die Zufuhr der Knüppel gesperrt. Augenblickliche Stillegung der Straße ist selbstverständlich bei größeren Störungen erforderlich, wie bei Walzenbrüchen und Maschinenschäden.

2 Der Berufsweg der Umwalzer

Aus unserer Übersicht über die Arbeit an der Drahtstraße geht hervor, daß der gesamte Arbeitsablauf in hohem Maße von den Fähigkeiten der Umwalzer abhängig ist.

Der Produktionsprozeß an der Drahtstraße ist fast durchgehend mechanisiert. Er erfordert vor allem eine aufmerksame Steuerung und Überwachung. Handarbeiten, wie sie die Schlingenführer oder die Binder leisten, haben mehr einen ergänzenden Charakter; sie greifen nicht unmittelbar in den Produktionsprozeß ein. Nur die Umwalzer füllen mit ihrer schweren, hochqualifizierten Handarbeit eine „Lücke" der Mechanisierung aus, die Stelle, an der die mechanische Kontinuität der Drahtstraße unterbrochen ist. Sie repräsentieren gleichsam die in den maschinellen Ablauf „vorgeschobene“ menschliche Arbeitskraft. Man muß sich darauf verlassen, daß sie ihre Arbeit beherrschen. Hilfeleistungen sind nur in einem sehr beschränkten Rahmen möglich. Jedes Versagen kann zu langwierigen Störungen und erheblichen Produktionsausfällen führen.

Die exponierte Position der Umwalzer kommt selbstverständlich auch in ihrer Entlohnung zum Ausdruck. Sie erhielten – zur Zeit unserer Untersuchung – einen Effektivstundenlohn von DM 3.30, während etwa die Umführungsmänner DM 2.20, die Knüppellader DM 2.05, die Binder DM 1.95 verdienten.[5]

Natürlich macht dieser hohe Lohn den Arbeitsplatz der Umwalzer begehrenswert. Aber es ist ziemlich schwierig, an die Arbeit „heranzukommen“. Einmal deshalb, weil der Neuling das Umstecken selbst ausprobieren muß, aber wenig Gelegenheit dazu erhält. Denn während des normalen Walzprozesses läßt man ihn nicht arbeiten, weil der Schaden zu groß wäre, den ein Fehler hervorrufen würde. Er wird daher in der Regel nur üben dürfen, wenn nach Anlauf der Walzen die ersten Adern durchlaufen, deren Qualität sowieso unzureichend ist. Oft dauert es Jahre, bis er schließlich die Gelegenheit hat, einen kranken Umwalzer zu vertreten und sich im Ernstfall zu bewähren. Bis dahin muß er auf irgendeinem anderen Arbeitsplatz an der Drahtstraße ausharren.

Aber selbst wenn der Anfänger eine Chance bekommt, hängt die Bewährung nicht nur von seinen Fähigkeiten ab: Es kommt sehr darauf an, was die anderen Umwalzer von dem Neuling halten. Akzeptieren sie ihn nicht, so hilft meist auch die Unterstützung des Obermeisters wenig. Die Umwalzer haben es nämlich in der Hand, jeden Anfänger „abzuwürgen“, d.h. ihn dauernd Schrott machen zu lassen. Wenn sein Vordermann nicht auf ihn Rücksicht nimmt – z.B. das Einstekken gelegentlich nicht etwas verzögert –, hat er sehr schnell „den (Schlingen-)Kanal voll“.

Da alle Anfänger von den älteren Umwalzern abhängig sind, ergibt sich eine sehr einfache Alternative für jeden Bewerber: „Man muß entweder schon gute Beziehungen haben oder ein dickes Fell“. (836) Diese Formulierung eines jungen

5 Der angegebene Effektivstundenlohn der Umwalzer an der Drahtstraße ist ein errechneter Durchschnitt aus fünf Monaten des Jahres 1953. Die Umwalzer an der Feinstraße („Feinwalzer“) verdienen etwas weniger als die „Drahtwalzer“. – Die Besatzungen beider Straßen arbeiten in einem Gruppenakkord. Das Produktionsergebnis wird durch das Produkt aus Walzstunden und Ist-Stärke dividiert und nach festgesetzten Anteilen auf die einzelnen Arbeiter verteilt. Der Walzmeister ist der 100 %-Mann, die Umwalzer erhalten 88 % (der Reservewalzmeister und der Fertigwalzer, die am letzten Walzgerüst umwalzen, 93,5 %), die Umführungsmänner 64,3 %, die Schlingenführer 61,5 %, die Knüppellader 53,8 %, die Binder 50,9 %. Der Schrott, der durch das Verschulden der Umwalzer entsteht, wird zur Hälfte vom Produktionsergebnis abgezogen.

Umwalzers (der selber ein dickes Fell haben mußte) trifft den Nagel auf den Kopf. Sehen wir uns zunächst die guten Beziehungen der Umwalzer an.

Familientradition und Protektion

Es wird oft behauptet, daß überhaupt niemand Umwalzer werden könne, der nicht aus einer Umwalzerfamilie stamme oder „einheirate". Das ist etwas übertrieben. Doch immerhin sind unter 40 Umwalzern, die wir befragt haben, 16 zu finden, deren Väter bereits Umwalzer waren. Zwei weitere haben in eine Umwalzerfamilie eingeheiratet; doch könnten es auch mehr sein, da der Beruf des Schwiegervaters im Laufe der Befragungen nicht systematisch festgestellt, sondern nur hin und wieder von den Befragten erwähnt wurde. Die Umwalzerfamilien werden also sicherlich im ganzen mindestens die Hälfte aller heute im Werk beschäftigten Umwalzer stellen. Nach dem Kriege hat sich diese Tradition allerdings nicht mehr so wirksam durchgesetzt: Der Anteil der Umwalzer-Söhne läßt deutlich nach. Doch kann sie sich auch heute noch mit der bekannten Berufsgebundenheit sehr exklusiver Handwerkerdynastien messen.

Ein wesentlicher Unterschied bleibt allerdings bestehen. Denn häufig ist der Beruf des Vaters – wie der Berufsweg der 16 Umwalzer-Söhne zeigt – zunächst gar nicht das erstrebte Ziel gewesen. Genau die Hälfte der Söhne hat zunächst begonnen, ein Handwerk zu erlernen. Erst der Wunsch, mehr zu verdienen, führte sie später ins Walzwerk, – und natürlich auch die Chance, durch die Vermittlung des Vaters sehr bald in den Kreis der Umwalzer aufgenommen zu werden. Die Protektion wird meist offen und sogar mit einem gewissen Stolz zugegeben. Ein Beispiel:

> „Hier ins Walzwerk bin ich nur auf Fürsprache gekommen. Damals, als ich herkam, hatten wir noch allgemeine Aufnahmesperre. Aber mein Vater war solange hier gewesen. Und da machte man eine Ausnahme. Mein Vater wollte eigentlich gar nicht, daß ich ins Walzwerk gehe. Aber dann kam es eben doch anders, weil man hier mehr als anderswo verdienen kann. Und so bin ich hierher gekommen. Heute gefällt es mir hier, und ich bereue nicht, daß ich gewechselt habe. Mein Vater, der nicht mehr arbeitet, hat auch nichts mehr dagegen. So geht es ja wohl immer. Die Väter wollen, daß ihre Söhne nicht mehr so schwer zu arbeiten haben. Aber dann bleibt zum Schluß doch nichts anderes übrig, wo man mehr verdienen könnte." (445)

Gewiß spielt der Wunsch der Väter eine Rolle, es ihren Söhnen leichter zu machen. Ebenso wichtig ist jedoch die soziale Bewertung des Handwerkerberufes. Denn trotz ihres Berufsstolzes empfinden die Umwalzer es meist als sozialen Aufstieg, wenn ihr Sohn Handwerker wird. Heute erklären fast alle, die noch nicht berufstätige Söhne haben, daß ihr Sohn einmal „etwas lernen soll". Trotzdem wird sich wahrscheinlich das Berufsschicksal, das oben erzählt wurde, in vielen Fällen wiederholen.

„Das dicke Fell" – Hochdienen und Bewährung

Die Vermittlung des Vaters erleichtert die Einstellung an der Drahtstraße, aber sie kann dem Anfänger das mühsame Hochdienen, von dem wir schon gesprochen haben, nicht ersparen. Besonders die älteren Umwalzer kommen im Laufe der Gespräche immer wieder auf die Schwierigkeiten ihrer Anlernzeit zurück. Die folgenden Auszüge entnehmen wir den Berichten von vier Umwalzern, die über 45 Jahre alt sind:

> „Die Einarbeit ist heute leichter: Die Jungen nehmen sich heute viel eher mal was heraus, als sie es früher getan hätten. Damals hat es gleich etwas mit dem Gummischlauch übergegeben." (695) – „Früher wurde nicht lange gelernt. Da hieß es: ‚Du willst Umwalzer werden! Gut, mach!' Und wenn man es nicht gleich konnte, wurde man sofort weggejagt. Heute ist das erleichtert, man ist humaner." (271) – „Ich wurde endlich an die Walze gestellt, als einmal zugleich drei Umwalzer ausfielen. Wenn nämlich nur einer ausfiel, dann taten früher die Umwalzer lieber die Arbeit für den mit, als daß sie einen anderen ranließen. Heute ist das schon einfacher." (261) – „Ich ging von hinten wieder an die Walze ran, wenn mich der Obermeister vorn verjagte." (262)

Die Älteren betonen vor allem, daß sich heute der Betrieb mehr um die Anlernlinge kümmere. Dies trifft im allgemeinen wohl zu; trotzdem sehen sie die Lage der heutigen Anfänger in allzu rosigem Licht. Es handelt sich offenbar um eine der Täuschungen, die zu entstehen pflegen, wenn die Generationen sich und ihre Chancen untereinander vergleichen … Drei jüngere Umwalzer (zwischen 24 und 27 Jahren) erzählen:

> „Der Obermeister sorgte dafür, daß ich als Umwalzer angelernt wurde, was aber durch den Widerstand der anderen Umwalzer nicht leicht war. Denn man hat kaum eine Gelegenheit sich einzuarbeiten. Die alten Umwalzer zeigen nichts und geben auch keine Ratschläge. So muß man sich schon selbst bemühen und immer aufpassen … Wenn man die Arbeit nicht gleich beim ersten Mal richtig macht, schwärzen die alten Umwalzer die Neuen auch bei dem Obermeister an … Erst als ein Umwalzer tödlich verunglückte und ein anderer wegen Erreichung der Altersgrenze ausschied, konnte ich richtig anfangen." (334)

„Wird der Anfänger einigermaßen unterstützt, kann er es in einem Jahr schaffen. Aber das ist meistens nicht so. Es fehlt hier ein Mann, der dazu abgestellt wird, die Neulinge anzulernen. Die müssen sich heute alles allein ausknobeln. Der Meister freut sich, wenn einer allein anfängt, mal etwas zu probieren. Aber wehe, wenn er Schrott macht. Dann wird jeder Anfänger so zur Sau gemacht, daß er vorläufig keine Lust mehr hat, nochmal einen Finger zu rühren. Das ist vollkommen falsch. Aber es ist nun mal so. Und jeder hat diese Schule durchmachen müssen." (547)

„Es war nicht leicht, Umwalzer zu werden ... Als ich im Keller arbeitete, habe ich immer zugesehen und schließlich auch schon einmal selbst versucht. Der Obermeister hat mich aber damals immer weggejagt. Ich habe es aber immer wieder versucht. Schließlich fielen in einer Schicht mehrere Umwalzer wegen Krankheit aus, da habe ich dann meine Chance gehabt. Ich bin dann Umwalzer geblieben." (836)

Die Angaben über die Zeit, die man braucht, um das Umwalzen zu erlernen, schwanken zwischen einem halben Jahr und drei Jahren. Bei geregelter Anlernzeit müßte es im allgemeinen möglich sein, nach spätestens einem Jahr sowohl das Walzen der verschiedenen Profile wie das Umbauen zuverlässig zu beherrschen.

Wanderungen

Eine weitere Besonderheit im Berufsweg der Umwalzer ist ihre außerordentliche hohe Mobilität. Nur 12 der 40 befragten Umwalzer (30 %) haben sich in dem Werk hochgedient, in dem sie jetzt arbeiten. Die übrigen waren bereits vor ihrem Werkseintritt Umwalzer. Freilich sind die Chancen eines Arbeitsplatzwechsels jetzt offenbar nicht mehr so gut, wie sie es in den „großen Zeiten" der Umwalzer – vor dem ersten Weltkrieg und in den zwanziger Jahren – gewesen sind. Übereinstimmend werden zwei Hinderungsgründe für einen Werkswechsel angegeben: Erstens die Furcht, die Pensionsrechte zu verlieren. („Seitdem es das gibt, wechseln die Umwalzer auch nicht mehr so häufig, wenn sie erst mal an die vierzig heran sind. Der Lebensabend muß ja auch gesichert sein." [124]) Zweitens glauben die Umwalzer – und führen auch entsprechende Erfahrungen an –, daß die großen Werke eine Abmachung getroffen hätten, sich die Umwalzer nicht mehr gegenseitig wegzunehmen. („Ich müßte schon auf einem anderen Werk eine ganz andere Arbeit übernehmen und mich erst nach ein paar Wochen als Umwalzer melden. Dann ist es aber fraglich, ob sie mir solange einen Platz freigehalten haben." [796]) Trotzdem haben auch die jüngeren ihre Pläne. Besonders das Ausland lockt. Drei, die uns von ausländischen Angeboten erzählten, haben inzwischen den Sprung nach Südafrika gewagt, – obwohl man ihnen versichert hat, daß sie in ihrem alten Werk nach ihrer Rückkehr nicht mehr eingestellt werden würden.

Aber die Freizügigkeit früherer Zeiten ist endgültig dahin:

> „Wenn es mir irgendwo nicht paßte, ging ich weg. Oder auch, wenn ich von anderswo bessere Angebote bekam. Die Hüttenwerke jagten sich damals gegenseitig die Umwalzer ab." (812) – „Alle Umwalzer kannten sich untereinander. Wir standen im Briefwechsel und fragten nach Stellen oder machten die anderen darauf aufmerksam. Wenn man den Obermeister kannte, wurde um dessen Vermittlung gebeten. Nach einiger Zeit kannte man allmählich auch die Obermeister. Ein Stellenwechsel wurde einem nicht übelgenommen, im allgemeinen wenigstens nicht. Es wurde allgemein anerkannt, daß ein Umwalzer sich verändern darf und daß man dabei dem höheren Lohn folgt. Die Wanderung von Werk zu Werk ging meist zu zweit oder zu dritt vor sich. Einer zog auch den anderen nach." (124) (Beispiele, die diese Aussage bestätigen, werden verschiedentlich angeführt.)

Sehr interessant sind die Erzählungen über Erfahrungen im Ausland. Von den zahlreichen Anekdoten, die unsere Notizen über den Berufsweg enthalten, geben wir eine wieder; wenn sie nicht wahr sein sollte, so ist sie doch gut erfunden:

> „Ich habe immer einen festen Vertrag abgeschlossen, bevor ich einen neuen Arbeitsplatz annahm. Immer wo man am besten verdienen konnte, da habe ich gearbeitet … Als Land hat mir es in Italien am besten gefallen … Nach Stalingrad kam ich durch die Vermittlung einer deutschen Firma, die nach Stalingrad eine Walzstraße geliefert hatte. Wir sollten probieren, ob die Straße auch soviel leisten konnte, wie angegeben war. Als wir ankamen, stellten wir fest, daß es eine Straße aus der Zeit Max I. war. Die russischen Funktionäre wollten von uns alles über die Straße wissen. Wir sagten ihnen die Wahrheit: daß es nämlich eine uralte und unmoderne Straße sei. Solche hätten wir in Deutschland schon vor 70 Jahren gehabt! Dann stellten die Russen fest, daß ein Betriebsleiter eine falsche Anlage aufgebaut und die echte Straße verschoben hatte. Er hatte einen Gewinn von hunderttausend Rubel eingestrichen. Er wurde dann sofort verhaftet, und es wurde nie mehr etwas über ihn gehört." (434)

3 Das Standesbewußtsein der Umwalzer

Daß die Umwalzer ein ausgesprochenes Standesbewußtsein haben, dürfte nach den angeführten Zitaten nicht mehr zweifelhaft sein. Auch die wichtigsten Merkmale dieses Standesbewußtseins sind bereits angedeutet worden. Wir zählen sie noch einmal im Zusammenhang auf und folgen dabei der Tendenz der Umwalzer, ihre Aussagen über sich selbst auf ein „Früher", auf ihre glorreiche, aber manchmal auch kritisch reflektierte Vergangenheit zu beziehen:

Der hohe Verdienst:

„Früher waren die Leute im Walzwerk ja die Herrgötter. Daran konnte keiner tippen. Die waren allein die Verdiener." (547) – „Früher war der Umwalzer eine noch mehr geachtete und besser bezahlte Persönlichkeit. Da hat sich jeder Umwalzer am Tag seine zehn Glas Bier und seine dicken Zigarren leisten können." (167) – „Früher verdiente ein Umwalzer drei Mark, wenn ein normaler Arbeiter eine Mark hatte. Und das ist auch das richtige Verhältnis." (812)

Die Exklusivität:

„Vor dem Krieg waren die Umwalzer eine richtige ‚Kaste', die keinen vorankommen ließ. Das ist heute nicht mehr der Fall." (263) – „Meistens vererben sich die Arbeitsplätze innerhalb der Familien der Umwalzer." (334) – (Vgl. die Aussagen über den Berufsweg.)

Die Überlegenheit wird auch handgreiflich demonstriert:

„Früher (so hat sich ein junger Umwalzer erzählen lassen) sind die Umwalzer kleine Könige gewesen. Dadurch hat sich ein richtiger Haß gegen sie herausgebildet. In den Wirtschaften hatten sie damals auch ihren eigenen Stammtisch gehabt, an den sich kein anderer Arbeiter setzen konnte. Wenn sie in ein Lokal gekommen sind, dann hat das Bier schon auf dem Tisch gestanden. Es hat immer einer aufgepaßt und dann gemeldet ‚Jetzt kommen Sie'. Und der Wirt hat gleich angefangen zu zapfen. Die anderen Arbeiter konnten warten ... Zu mir ist auch einmal ein alter Umwalzer gekommen und hat gesagt, ich soll mich nicht so viel mit Hilfsarbeitern abgeben." (796) – „Als ich anfing (Ende der zwanziger Jahre), setzte sich ein Hilfsarbeiter mal auf eine Bank, wo die Umwalzer saßen. Der hat gleich eine vor den Kopf bekommen, denn früher war das sehr voneinander getrennt." (262) – „Die Umwalzer halten sich auch von den anderen Arbeitern zurück. Aber heute ist das nicht mehr so stark mit der Absonderung, da viele

Leute aus dem Betrieb (!) als Umwalzer ausgebildet worden sind." (334) – „Früher war der Dünkel ja sehr groß, die sprachen ja nicht mit jedem Arbeiter." (261)

Der Berufsstolz:

„Man sieht an der Drahtstraße viele Umwalzeranwärter kommen und gehen. Aber ganz selten schlägt mal einer an … So richtige alte Umwalzer gibt es ja heute gar nicht mehr. Sie haben ja selbst gesehen, was heute für Schrott gemacht wird." (271) – „Ein Umwalzer soll nicht andere Stellen annehmen, wenn nicht aus Not. Die Werke kann er wechseln, wichtig ist, daß er immer in seinem Beruf bleibt." (124) – „Entweder einer kann umwalzen oder er kann es nicht. Jeder ist nicht geeignet. Das muß man auffassen. Das ist nicht so leicht wie Schusters oder Schneiders." (176)

Schließlich ein älterer Umwalzer, der ganz von seinem Standesbewußtsein erfüllt ist und das Wesentliche zusammenfaßt:

„Hier ins Walzwerk sollte man nur kommen, wenn man aus einer Walzerfamilie stammt. Alle anderen begreifen das auch nicht so schnell. Mein Vater hat immer erzählt, was er tut, und ich war theoretisch schon lange im Bilde, als ich auch noch keine Straße gesehen hatte. Ich habe ihm öfter das Essen gebracht. Da habe ich mir genau angesehen, was da vor sich geht. Mein Vater sorgte dann dafür, daß ich dieselbe Arbeit bekam, die er selbst tat … Daß es auch noch heute gute Leute gibt, erleben wir gerade an einem Jungwalzer. Auch aus bester Walzerfamilie. Der hat die Theorie schon weg, ehe er überhaupt anfängt … Dadurch zeichnen sich alte Walzer aus, daß sie immer gleichmäßig walzen … Der Walzer muß mit den Stäben spielen können." (544)

Das Bild, das hier entsteht, wird jedem etwas eigentümlich vorkommen, der an das graue Einerlei des Großbetriebes mit seinen Tendenzen zur „Uniformierung" und „Vermassung" glaubt. Natürlich ist das Beispiel der Umwalzer nicht typisch. Aber auch die Schmelzer am Hochofen, die Konverterleute oder die Blockwalzer haben ihren eigenen Berufsstolz und können sich – wenn es die betrieblichen Verhältnisse zulassen – äußerst exklusiv verhalten. Selbst weniger qualifizierte Arbeiter bilden oft mitten im großbetrieblichen Produktionsprozeß einen „Verein für sich", der eine ebenso ausführliche Beschreibung lohnte, wie wir sie von den Umwalzern geben.

Was entspricht nun von den Erzählungen der Umwalzer den Tatsachen, – welche Berechtigung hat vor allem die Unterscheidung von „früher" und „heute", die immer wiederkehrt? Zutreffend sind vor allem die Bemerkungen, die davon ausgehen, daß der Unterschied des Lohnniveaus zwischen Umwalzern und anderen Hüttenarbeitern früher größer war. Die Löhne haben sich nach dem Kriege dadurch erheblich angeglichen, daß der Lohn der Umwalzer nicht mehr dem Durchschnitt entsprechend angestiegen ist. Auch die Exklusivität ist früher zweifellos größer gewesen. Es ist richtig, daß sich die großen Werke zeitweilig durch Lohnüberbietungen gegenseitig die Umwalzer abspenstig gemacht haben. Daraus ergab sich auch die Gelegenheit für die Umwalzer, eine ziemlich eigenwillige Nachwuchspolitik zu betreiben. Der Versuch einiger Werke, durch Errichtung einer Drahtstraße für Anlernlinge dieses Privileg zu brechen, ist einmal mißglückt, – ein Kuriosum in der Geschichte der betrieblichen Sozialpolitik.

Der entscheidende Bruch in der glorreichen Geschichte der Umwalzer ist vorwiegend auf zwei Ereignisse zurückzuführen: Während der Kriegszeit war es unmöglich, gegenüber der Betriebsleitung irgendwelche Forderungen durchzusetzen. Wer aufmuckte, wurde eingezogen. Dadurch zerbrach auch, wie oft erzählt wird, der innere Zusammenhalt häufig.[6] Noch einschneidender, weil nicht mehr rückgängig zu machen, ist die Tatsache, daß die Werke heute kontinuierliche vollautomatische Drahtstraßen bauen können, die kein Umwalzen mehr erfordern. Darauf kommen wir im letzten Kapitel noch zurück.

Wie steht es aber mit der Behauptung, daß die „Absonderung", der „Dünkel" gegenüber den übrigen Arbeitern einer längst verflossenen Periode angehöre? Es liegt in der Natur der Sache, daß die Gespräche über diesen Punkt etwas weniger Aufschluß vermitteln als über die zurückliegenden goldenen Zeiten. Schade, daß wir aus organisatorischen Gründen nicht die übrigen Arbeiter an der Drahtstraße befragen konnten: der Reflex der viel zitierten „anderen" hätte uns in dieser Frage natürlich am besten unterrichten können. Immerhin lassen sich auch aus den vorliegenden Gesprächen einige Hinweise entnehmen.

Der kritische Ton, in dem von der früheren Überheblichkeit – gleichmäßig von alten und jungen Umwalzern – gesprochen wird, ist sicherlich ehrlich gemeint. Aber das Bewußtsein der eigenen Überlegenheit kommt verschiedentlich doch wieder zum Vorschein, wenn auch ganz am Rande und häufig unbewußt: Die übrigen Arbeiter an der Drahtstraße werden zum Beispiel recht selten und oft nur zögernd erwähnt, wenn nach der wechselseitigen Abhängigkeit der Arbeitsvollzüge an der Drahtstraße gefragt wird. Gelegentlich wird die Tatsache der Abhängigkeit auch einfach abgestritten: „Mit den Scherenleuten und Ofenmännern

6 Doch besteht auch heute noch außerhalb der Arbeit ein gewisser Zusammenhalt: Eine Schicht hat einen Kegelklub, eine andere hat auf eigene Faust eine Krankenkasse gegründet. (Man zahlt monatlich DM 3.– und erhält dafür, wenn man krank ist, täglich DM 2.–. Im Sommer entsteht gelegentlich ein Defizit …) Kameradschaftsabende, wie sie andere Gruppen haben, werden nicht veranstaltet. Dafür geht man häufiger nach der Schicht zusammen einen trinken. Neun Umwalzer haben allerdings nach eigenen Aussagen außerhalb der Arbeit keinerlei Kontakt mit ihren Kollegen.

haben wir nichts zu tun." (547) Durch die alten Zwistigkeiten sehen sich die Umwalzer sogar manchmal in die Defensive gedrängt und gehen dann zum Gegenangriff über: „Wenn die anderen da reden, die Umwalzer seien die versoffensten Arbeiter, dann ist das bloß Neid. Erstens stimmt das nicht, wenn auch einige tatsächlich ganz schön saufen, zweitens können sie das gar nicht beurteilen, wie denen zumute ist, die die ganze Zeit schwer durcharbeiten. Für die anderen gibt es ja auch genug Posten, wo die noch mehr ausgeschlafen sind, wenn sie von Schicht gehen als wenn sie kommen." (868) Etwas zäher wird sich der alte Stil wohl bei einigen Umwalzerfrauen erhalten haben, von denen uns eine bei einem Hausbesuch erklärte: „Wenn eine Umwalzerfrau in den Laden geht und Fleisch kauft, kauft sie ein halbes Pfund. Kommt die nächste Umwalzerfrau und sieht das, kauft sie ein Pfund, die übernächste kauft schon ein Kilo! Das soll nun was sein!"

Genug, die großen Zeiten sind vorüber, ein privilegierter Berufsstand verliert langsam seine Bedeutung, – doch sein Selbstbewußtsein hält sich zäher am Leben als seine Vorrechte. Natürlich tragen die Erinnerungen und Überlieferungen aus der Vergangenheit ganz entscheidend dazu bei. Denn wenn der Dünkel der Alten auch ehrlich kritisiert wird, bleibt doch der Stolz darauf, daß dieser Dünkel einmal *möglich* war … Die Umwalzer erzählten uns von früher, um uns zu zeigen, wer sie eigentlich sind. Sie haben eine Geschichte. Dies ist ein wesentliches Moment ihres heutigen Standesbewußtseins. Um diese Geschichte präsentieren zu können, bedienen sie sich kritischer Argumente, die ihrerseits ganz ehrlich gemeint sein können. Wir brauchen uns also nur der Erfahrungen zu erinnern, die uns aus den großen sozialen Umschichtungen der feudalen und bürgerlichen Gesellschaft geläufig sind, um die Bewußtseinslage der Umwalzer verstehen zu können.

4 Das Verhältnis zur Arbeit

Ein Standesbewußtsein, wie es die Umwalzer haben, wäre ohne einen ausgeprägten Berufsstolz gar nicht denkbar. Wir müssen uns aber davor hüten, das Verhältnis zur Arbeit allzu einseitig unter diesem Aspekt zu sehen. Es lohnt sich, die Stellungnahmen zu einzelnen Momenten der Arbeit gesondert zu betrachten, ohne vorauszusetzen, daß sich eine einheitliche Einstellung feststellen lassen müßte, die etwa mit so allgemeinen Begriffen wie „Arbeitsplatzzufriedenheit" oder „Betriebsklima" bezeichnet werden könnte.

Besondere Schwierigkeiten des Arbeitsvollzuges

Da wir bereits über den Arbeitsablauf an der Drahtstraße und die wichtigsten Phasen des Arbeitsvollzuges der Umwalzer informiert sind, können wir uns jetzt auf die „Berufsgeheimnisse" beschränken, von denen uns die Umwalzer erzählten. Grundsätzlich ist nur noch einmal daran zu erinnern, daß wir die Arbeit bereits eingehend analysiert hatten, *bevor* wir die hier wiedergegebenen Gespräche führten.

Ein Umwalzer kann das *Tempo* seiner Arbeit nicht selbst bestimmen. Die Geschwindigkeit hängt von der Einstellung der gesamten Walzanlage ab. Da es sich aber um Akkordarbeit handelt, kommt ein hohes Tempo jedem zugute: „Je schneller es geht, desto mehr Tonnen machen wir. Und viel verdienen wollen wir alle. Wir müssen Tonnen machen." (445) Der Gedanke an das „Tonnen machen" erfüllt besonders die jüngeren Umwalzer. Die Älteren dagegen haben Vorbehalte, auf die wir später zurückkommen.

Aber auch für die weniger Erfahrenen unter den jüngeren Umwalzern ist das hohe Tempo ein starkes Handicap. Denn „zunächst ist man sehr nervös. Da sieht man überall glühendes Eisen heranrutschen. Es geht einem alles viel zu schnell". (446) Ruhe und Selbstvertrauen, die vielbewunderten *„guten Nerven"* des alten Umwalzers erwirbt man sich erst langsam. „Zunächst einmal hat jeder kolossale Angst. Da kommt der glühende Stab: wo soll man ihn nun fassen?" (544) „Wenn man anfängt, hat man zuerst ein ganz komisches Gefühl. Da kommt das Eisen heraus, und man soll zusehen, daß man es richtig schnappt ... Man verliert leicht den Kopf, und dann ist es vorbei. Da kann man machen, was man will, das gibt nur Schrott." (547)

Nur auf Grund eines sicheren Selbstvertrauens, einer gewissen Überlegenheit über die einzelnen Momente des Vollzugs wie Schnappen, Schwenken und Einstecken können sich das *Zeitgefühl* und der *Rhythmus* herausbilden, die zum Umwalzen erforderlich sind. Die Teilverrichtungen müssen also bis zu einem gewissen Grade habitualisiert werden, um die notwendige Geläufigkeit des Gesamtvollzuges zu ermöglichen. „Das Entscheidende ist der Rhythmus, alles ist rhythmisch. Beim Schnappen der Drähte geht es um Sekunden. Anfänger gucken noch auf die Ader, aber später hat man alles im Gefühl. Wenn der Vordermann einsteckt, gibt es einen Knack, und wenn wir den hören, wissen wir genau, wann der Draht kommt – eins zwei. Die Intervalle muß man im Gefühl haben, denn wenn man den Draht aus der Büchse kommen sieht und dann erst zuschnappt, ist der Draht schon einige Meter davongeschossen." (313) „Man muß die Zeit bekommen, das heißt, daß man weiß: jetzt kommt der Stab, jetzt zupacken. Das muß man eben ausspekulieren." (263)

„Ausspekulieren" muß man auch einen Bewegungsablauf, der möglichst wenig *Kraftaufwand* erfordert.[7] Es geht eben darum, wie ein Umwalzer sich ausdrückt, „daß man Gefühl hat, daß man leger arbeiten kann". (167) Das ist sehr treffend gesagt. Das „Legere" beeindruckt gleich bei der ersten Beobachtung der Arbeit, verführt dann aber leicht dazu, die Anspannung zu übersehen, die keine Minute lang nachlassen darf. Einer der älteren Umwalzer, der ausdrücklich betont, daß zunächst „die Schnelle" der Arbeit am schwersten zu erlernen sei, setzt folgendes hinzu: „Vor allem muß man lernen, nicht mit dem ganzen Körper zu arbeiten, sondern nur mit den Armen, sonst ist man sehr schnell müde." (261) Der Bewegungsablauf ist allerdings an jedem Gerüst verschieden, so daß sich die Umwalzer beim Wechsel des Arbeitsplatzes jeweils umstellen müssen: „Der Körper hat sich darauf eingestellt, die schweren Drähte zu schnappen. Infolgedessen fällt man zunächst vorne über, wenn die Drähte leichter sind. Der Körper ist auf einen stärkeren Gegenstoß gefaßt." (313) „Man lernt nie aus. Wer mit aller Gewalt arbeitet, macht sich kaputt. Aber man lernt bald die Kniffe, jede Walze arbeitet anders." (445) Wir lassen hier die einzelnen Anweisungen und Ratschläge beiseite, die jeder aus seiner Erfahrung gegeben hat. Worum es eigentlich geht, drücken die Umwalzer zusammenfassend und anschaulich aus, wenn sie feststellen, daß man den richtigen Zeitpunkt, den angemessenen Rhythmus, den nötigen Kraftaufwand „in den Knochen" oder „im Körper" haben müsse. Der Arbeitsvollzug muß „in Fleisch und Blut" übergegangen sein. Dies ist hier, wie kaum betont zu werden braucht, keine unverbindliche Redewendung, sondern eine treffende Kennzeichnung der notwendigen Zusammenfassung psychischer und physischer Leistungen.

Die Ersparnis von Kraftaufwand, auf die so großer Wert gelegt wird, ist vor allem notwendig, weil die Arbeit unbedingt *Gleichmäßigkeit* verlangt. „Ein Umwalzer muß ausdauernd und zuverlässig sein. In der halben Stunde, die er hintereinander an der Walze steht, muß er in der letzten Minute noch genauso exakt arbeiten können wie in der ersten. Das Eisen wird nicht müde, das richtet sich nicht nach dem Menschen, also muß der Mensch sich nach dem Eisen richten." (124) Die Zuverlässigkeit, die hier gefordert wird, bezieht sich nicht nur auf die körperliche Ausdauer. Denn um gleichmäßig zu arbeiten, muß der Umwalzer ständig aufpassen, daß er seinen Draht *maßgerecht* walzt. Seine Zange ist auf den erforderlichen Drahtquerschnitt eingestellt. Sobald ein Umwalzer merkt, daß er „sein Eisen nicht mehr hält", muß er die Walzen entsprechend regulieren. (Dazu sind zwei Schrauben am Gerüst angebracht, die sich während der Arbeit schnell nachstellen lassen.) „Wenn der Draht 1/10 mm zu dick ist, fängt der Walzmeister oder der Fertigwalzer (am letzten Gerüst) schon an zu tanzen, weil ihm das Stecken schwer

7 Der erforderliche Kraftaufwand ist an der Feinstraße erheblich größer als an der Drahtstraße. Die Feinwalzer gehen daher auch in der Regel ausführlicher auf dieses Thema ein.

wird. Ich spür jedes Zehntel zu dick oder zu dünn in der Zange. Früher kam alle Stunde der Walzmeister, heute muß das Stellen jeder selbst können." (271)

Auf die *technischen Kenntnisse,* die zum Umbauen (Verstellen der Führungen, Auswechseln der Führungen und Walzen) notwendig sind, haben wir bereits hingewiesen. Eine genauere Beschreibung ist nicht erforderlich. Es handelt sich auch hier im wesentlichen um ein Erfahrungs-Wissen. „Das kann man nicht messen, das kann man nicht fühlen, das steckt einem im Auge." (124) Häufig wird erwähnt, daß nicht jeder Umwalzer das Umbauen genau genug beherrscht. Man muß hin und wieder aushelfen. Einige der Jüngeren haben die Neigung – wohl mit einem Blick auf die Facharbeiter –, die technischen Schwierigkeiten des Umbauens zu übertreiben.

Völlig übereinstimmend wird jedoch betont, daß Umwalzen eine Sache der *individuellen Begabung* sei. Dies ist nicht *nur* als Abgrenzung gegenüber den „Anderen" zu verstehen, den vielen, die nicht die nötigen Fähigkeiten haben. Es wird auch immer wieder hervorgehoben, daß jeder einzelne Umwalzer seine Arbeit individuell ausführt. „Wenn man längere Zeit an einer Walze gearbeitet hat, weiß man natürlich genau Bescheid. Dennoch ist es komisch, daß wir alle verschieden arbeiten. Der eine faßt das Eisen so, der andere ganz anders." (445) „Es ist bei jedem verschieden. Man muß Genie haben." (434) Das Wort „Genie" gehört zum Repertoire der Umwalzer, es hat nahezu die Gültigkeit eines terminus technicus wie „Eisen halten", „im Körper haben", „den Kanal vollhaben" usw. Offensichtlich soll es bedeuten: besondere, individuelle Fähigkeiten, – mit dem Akzent, daß es sich vor allem um das richtige „Gefühl" für den Arbeitsvollzug handelt. Diese Betonung des Gefühlsmäßigen, Individuellen könnte manchmal wie eine fixe Idee der Umwalzer erscheinen, die ihrem Berufsstolz zuzuschreiben ist und eine Kompensation für die fehlende Qualifikation des Facharbeiters darstellt. Ausschlaggebend ist aber wahrscheinlich die Tatsache, daß die Arbeit des Umwalzens eine Erfahrung mit sich bringt, die stets zum „Spekulieren" veranlaßt: die Erfahrung des Mißlingens aus unbekannten subjektiven Gründen. „Der Mensch ist keine Maschine. Das merkt man besonders bei unserer Arbeit. Den einen Tag walzt man wie ein Herrgott, den anderen Tag macht man bloß Murks. Dagegen kann man nichts machen." (796) „Noch heute ist es so, daß man an manchen Tagen sehr gut arbeitet und alles flott von der Hand geht. An anderen Tagen geht es überhaupt nicht." (868) Einmal werden sogar als Ursache für schlechte Tage „seelische Depressionen" genannt.

Diejenige Schwierigkeit der Umwalzer-Arbeit, die am stärksten belastend auch auf die eingearbeiteten Umwalzer wirkt, sei zuletzt genannt: „Das Schwerste ist die Hitze. Wer da nicht gegen ankann, der ist arm dran. Im Sommer haben wir an der Walze schon Temperaturen bis zu 70 Grad festgestellt. Die Ventilation bläst nur gegen Kopf und Rücken. Aber die Beine werden so bestrahlt, daß man es nicht einmal sofort merkt, wenn die Hose Feuer fängt.“ (271) „Besonders für die alten Umwalzer ist es im Sommer unerträglich. Sie fallen dann oft aus. Wenn man dann nicht mehr mit so viel Ablösung arbeiten kann, weiß man nach jeder Schicht, was man getan hat.“ (334) „Im Sommer müßten zwei Mann mehr da sein. Wir wechseln uns allerdings dann oft alle 10 Minuten ab, aber die wollen auch nicht vergehen.“ (262) Heftige Kritik gilt den Ventilatoren, die falsch angebracht und viel zu schwach seien. Der zitierte Vorschlag, im Sommer zwei Mann mehr einzustellen, wird unter anderem mit dem Hinweis abgestützt, daß dann auch die Produktion noch etwas anstiege. Das wirksamste Hilfsmittel aber, über das die Umwalzer selbst verfügen können, bleibt das Trinken. Der Umwalzer-Durst müßte eigentlich zu den Merkmalen ihres Standesbewußtseins gerechnet werden ... Zwar betont eine ganze Anzahl ausdrücklich, daß sie die „ständige Sauferei“ nicht mitmachten, aber das bleibt, wie man will, ein individueller Vorzug oder ein persönliches Manko. Statt vieler Stimmen führen wir diesmal nur die sachkundigen Betrachtungen eines einzelnen an, die in ihrer Anschaulichkeit keiner Ergänzung bedürfen:

> „Auch wenn im Sommer alle Leute vollzählig sind, ölen wir alle furchtbar. Der Schweiß läuft in Strömen vom Körper herunter. Daher trinken alle Umwalzer. Ich habe auch schon früher getrunken, aber seit ich Umwalzer bin, trinke ich besonders viel. Wenn die Schicht aus ist, gehen wir alle erst mal einen halben Liter nehmen. Wir gehen in den Bahnhof, dort gibt es noch halbe Liter. Und das erste Glas muß ein großes sein, damit wir in den ausgedörrten Organismus erst mal einen ordentlichen Schluck hineinschütten können. Nachher werden kleine Helle getrunken. Dazu trinken wir jeweils einen Schnaps. Dabei sprechen wir über die verschiedensten Dinge, über die Betriebsereignisse und über Politik. Sonst haben wir nicht viel Gelegenheit, uns in Ruhe auszusprechen. Dabei bleiben wir manchmal einige Stunden sitzen. Manchmal wird es sehr spät, und wir haben alle einen kleben. Denn das Trinken ist für einen Umwalzer wichtiger als selbst das Essen. Wir müssen zwar gut essen, aber alles schmeckt uns auch wieder nicht, wenn wir den ganzen Tag in der Hitze gearbeitet haben. Doch ein halber Liter schmeckt immer. Während der Arbeit trinken wir auch stark, allerdings keinen Alkohol, weil das schlapp und müde macht. Wir nehmen uns Kaffee mit, meist eine Zwei-Liter-Kanne – und wenn wir nur die trinken, müssen wir uns schon mäßigen –, oder wir trinken den Tee des Werks. Und wir holen dann immer neuen. Am liebsten aber trinken wir Sprudel. Wir müssen etwas haben, was aufstößt und kribbelt. Das ist das Beste, danach verlangt der Körper. Alles andere ist zu blaß, zu eigenschaftslos, wenn man einen solchen Durst hat.“ (313)

Unfallgefahr, Krankheiten

Die Gefährlichkeit der Arbeit ist ein bevorzugtes Thema aller Gespräche über den Arbeitsvollzug. In den Stellungnahmen mischen sich die berechtigte Sorge und ein gewisses Pathos des „Exponierten", der jeden Tag mit der Gefahr fertigwerden muß. Wir übergehen die Schilderungen einzelner Unfälle und beschränken uns auf die Frage, wie die Unfallgefahr auf die Umwalzer wirkt.

Ein Unfall, das ist eine bekannte Tatsache, macht sehr oft den Betroffenen unsicher. Er stört vor allem den Prozeß des Einarbeitens: „In der ersten Zeit ging es ganz schnell. Dann habe ich mich mit der Zange einmal verletzt, sie ist mir aus der Hand gerissen worden. Da bin ich nicht weitergekommen und habe einen toten Punkt gehabt." (293) „Ich habe mich anfangs einige Male verbrannt. Mein Rücken und mein Hintern sieht heute dementsprechend aus. Dann wird man ganz verwirrt. Da weiß man plötzlich nicht mehr weiter." (447) „Ich habe Leute gekannt, die arbeiteten gut, bis sie ihren ersten schweren Unfall bekamen. Da konnten sie nicht mehr und waren nicht mehr zu gebrauchen. Dann gehen einfach die Nerven durch." (645)

Der „tote Punkt" kann natürlich auch wieder überwunden werden. Sowohl an der Drahtstraße wie an der Feinstraße arbeiten Umwalzer, die schwere Verbrennungen und Knochenbrüche hinter sich haben. Sie entwickeln ein gewisses Veteranen-Bewußtsein, das sich in eingehenden, aber betont nüchternen Schilderungen ihrer Unfälle niederschlägt. Zugleich wird eine Souveränität hervorgekehrt, eine Überlegenheit gegenüber den Schwierigkeiten der Arbeit, die oft übersteigert ist: der Umwalzer, der davon sprach, daß man „mit den Stäben spielen können" müsse (544, vgl. S. 284), hat bezeichnenderweise selbst mehrere Unfälle hinter sich, darunter einen sehr schweren.

Nur selten wird die Unfallgefahr in einen Zusammenhang mit finanziellen Plänen gebracht: „Ich muß etwas zurücklegen. Man muß einen Notgroschen haben. Zu leicht hat man einen Unfall. Für diesen Fall müssen wir Vorsorgen." (455) Hier wird wahrscheinlich an einen Unfall gedacht, der einen Berufswechsel notwendig macht und damit zu einer meist sehr erheblichen Verringerung des Verdienstes führt. Davor haben die Umwalzer Angst. „Denn so schnell kann sich der Mensch nicht umstellen, wenn er ein gutes Leben gewöhnt ist." (262) Häufiger aber als Unfälle werden bestimmte Krankheiten genannt, die zur Aufgabe des alten Arbeitsplatzes zwingen können. Die älteren Umwalzer klagen vor allem über Rheuma. Der häufige Wechsel zwischen großer Hitze und normaler Temperatur, die Zugluft und angeblich auch die Windvorrichtung führen zu ständigen Erkältungskrankheiten und Bronchitis, falls sich der Körper auf die ungewöhnlichen Bedingungen nicht einstellt.

Offensichtliche Übertreibungen haben wir selten feststellen können, nur gelegentlich setzt sich das Veteranen-Bewußtsein etwas in Szene: „Jeder leidet, wenn er älter wird, unter Bronchitis. Das ist eine schöne Quälerei. Und dann der Staub. Unsere Lunge ist sicher genau so schwarz wie unser Gesicht, wenn wir Feierabend machen." (646) „Eine Brille zu tragen ist nicht gut, das Auge bekommt nicht genug Sauerstoff. Es ermüdet bei der Arbeit am meisten. Meine Frau weiß genau, von wo der Wind kommt, wenn sie meine Augen sieht." (261)

Zusammenarbeit

Das Verhältnis der Umwalzer untereinander, ihre Hilfsbereitschaft, Verträglichkeit und ihr Zusammenhalt, ergibt sich – wie überall – zum größten Teil aus den objektiven Gegebenheiten ihrer Zusammenarbeit. Wir haben die Art ihrer Zusammenarbeit, die durch die technische Anlage bedingt ist, an anderer Stelle[8] als „gefügeartige Kooperation" – im Unterschied zur „teamartigen Kooperation" – charakterisiert. Die Stellungnahmen der Umwalzer sind jedoch auch ohne diese theoretischen Überlegungen hinreichend verständlich.

Die Kontinuität des Arbeitsprozesses erfordert eine ständige Rücksichtnahme jedes Einzelnen auf den Arbeitsvollzug der anderen: „Die Umwalzer sind alle voneinander abhängig ... Die Arbeit vollzieht sich in einem bestimmten Rhythmus, an dem alle teilhaben. Der Draht geht von Walze zu Walze, wird geschnappt und eingesteckt, geschnappt und eingesteckt. Diesen Rhythmus muß man im Körper haben. Und die alten Umwalzer haben das auch." (313) Aber die Anfänger haben den Rhythmus noch nicht im Körper, man muß also aufpassen: „Einer sieht ja, wie der andere weiterkommt. Hält er sich mal einen Moment länger auf, dann muß ich auch etwas warten, bis ich wieder einstecke. Viel kann es ja nicht sein, aber ich kann notfalls auch rasch abhacken, wenn mir klar ist, daß der andere nicht fertig wird. Abhacken aber kostet Zeit, also kann ich das auch nur machen, wenn *mein* Vordermann gut aufgepaßt hat. Sie sehen, ganz aufmerksam und geistesgegenwärtig sein, das ist die Hauptsache bei uns." (124) An anderer Stelle faßt derselbe Umwalzer den Sachverhalt sehr treffend in einem Satz zusammen: „Einer kann dem anderen helfen, wenn er die Übersicht hat." Freilich ist diese Hilfe gleichsam eine Unterstützung aus der Ferne, eine Korrektur, die lediglich durch eine Modifikation des *eigenen* Arbeitsvollzuges möglich ist. Man kann nicht unmittelbar helfen, indem man die Arbeit des anderen mitvollzieht, ihm zur Hand geht, sich ihm zur Verfügung stellt. Dieses unmittelbare Helfen, das nur in einer teamartigen Kooperation möglich ist, wird durch die Gegebenheiten der technischen Anlage einer

8 Technik und Industriearbeit, S. 66 f. u. S. 178 f.

Drahtstraße eo ipso verhindert. Das ist gemeint, wenn lakonisch festgestellt wird: „Dem Umwalzer, dem kann kein Teufel helfen." (812)

Eine besondere Situation ergibt sich natürlich, wenn ein Umwalzer in *Gefahr* gerät. Dann spielt die Kontinuität des Arbeitsprozesses, von der wir zunächst ausgingen, keine Rolle mehr. Jeder springt hinzu und versucht, Hilfe zu leisten: „Wir müssen uns gegenseitig beispringen, denn dabei geht es manchmal um Leben und Tod. Davon, daß man rechtzeitig reagiert, hängt alles ab. Denn der Draht neigt dazu, Schlingen zu bilden. Und da kann man reingeraten. Die Schlingen ziehen sich dann zu, und dann ist es aus, wenn nicht einer hinzuspringt." (716) Eine solche Ausnahmesituation, in der alles auf den persönlichen Mut und die Geistesgegenwart der Beteiligten ankommt, beeinflußt natürlich auch das alltägliche Klima der Zusammenarbeit.

Viel wird von den besonderen Gefahren der Arbeit erzählt, oft wird auch die Zuverlässigkeit Einzelner oder der Schicht, in der gearbeitet wird, besonders hervorgehoben, – aber der Ton, in dem man über Zusammenarbeit und Zusammenhalt spricht, hat niemals den Akzent der Kameraderie. In diesem Punkt wird kein Umwalzer sentimental. Man muß helfen, wenn jemand in Gefahr ist: selbstverständlich. Man muß ihn unterstützen, wenn er sich verhaspelt oder verzögert: auch gut, denn die Straße soll ja nicht Stillstehen, es müssen *Tonnen gemacht* werden. Wer nach dem Zusammenhalt fragt, wie wir es getan haben, wird auf diese einfache Tatsache verwiesen: „Das geht nur so, daß alle aufeinander aufpassen. Das ist ja unser Geld. Jeder hat Interesse daran, daß Tonnen gemacht werden." (796) „Wir arbeiten ja schließlich alle in einen Pott." (263) „Wenn es irgendwo stockt, leidet der ganze Betrieb. Das bedingt eben der Akkord ... Das ist die wichtigste Seite. Wir sind ja alle hier, um möglichst viel zu verdienen." (541) „Wir müssen Zusammenarbeiten. Sonst wäre aller Akkord Mist." (447)

Die Umwalzer kennen also die handfesten Bedingungen, auf denen ihr Zusammenhalt beruht. Sie sind sich über die Wirkungen der grundlegenden Gegebenheiten ihrer Zusammenarbeit auf ihr persönliches Verhältnis zueinander durchaus im klaren. Dieses Verhältnis halten sie im großen und ganzen für befriedigend, – allerdings mit einer Einschränkung: Zwischen alt und jung besteht eine ungewöhnliche Spannung, auf deren Ursachen und Auswirkungen wir noch zurückkommen.

Verhältnis zur Maschine

Die Umwalzer müssen Tonnen machen, aber das Tempo der Arbeit „macht" die Maschine, sobald sie auf eine bestimmte Geschwindigkeit eingestellt ist. „Solange die Maschine läuft, müssen wir mit." (178) Jeder Umwalzer muß zum Schnappen immer wieder rechtzeitig bereit sein. Allerdings: „Das Eisen geht seinen Weg, doch *wie* es geht, das liegt an allen Leuten, die es vorher stecken und durch die Gerüste laufen lassen.“ (845) Welche Tatsache überwiegt nun im Bewußtsein der Umwalzer: die Abhängigkeit von der technischen Anlage oder die Selbstbestimmung, – die Bedingtheit oder die Überlegenheit? Wir erwähnen diese beliebte Frage nur um festzustellen, daß sie falsch gestellt ist. Sie setzt eine Konfliktsituation voraus, die dem heutigen technischen Industriearbeiter im allgemeinen fremd ist. Ein junger Umwalzer hat allerdings, wie er selbst erzählt, von dieser Fragestellung gehört und versucht, sie auf seine Weise zu beantworten:

> „Wichtig ist, daß wir immer Herr der Maschine bleiben. Und das müssen wir. Denn wenn ich die Maschine nicht mehr beherrsche, ziehe ich den kürzeren. Das ist wie beim Autofahren. Da fährt das Auto mit mir, wohin es will, das heißt vor den Baum. Nein, die Maschine muß ganz fest in meiner Hand bleiben. Ich stelle mich auf sie ein. Richtig. Aber ich werde deswegen nicht ihr Sklave. Davon kann keine Rede sein. Erst wenn ich einmal ganz müde werde, verliere ich die Herrschaft. Und dann ist es besser, ich suche mir schnell einen Ersatzmann, damit kein Unsinn gemacht wird. Darauf kommt es an. Ich glaube nicht daran, was man im Osten erzählt. Da werden so kleine Gedichtchen gemacht: Der Arbeiter, der ganz zur Maschine wird. Das ist Quatsch. Der soll sich mal an eine Maschine stellen. Da weiß er, was man braucht, um sie richtig zu führen. Wer bei uns nicht schnappen kann, gehört nicht an die Walze. Wer kein Auto fahren kann, soll sich nicht ans Steuer setzen.“ (547)

Solche Argumente sind zwar äußerst selten, sie geben aber die Einstellung und die entsprechende Verhaltensform nicht nur der Umwalzer, sondern des Hüttenarbeiters überhaupt richtig wieder. Schon der Vergleich mit dem Autofahren ist bezeichnend. Er wird oft herangezogen, um das eigene technische Können und Wissen zu demonstrieren. (Auch abgesehen von dem Symbol-Wert des Autos ist dieser Vergleich meist sinnvoll und anschaulich.) Es besteht kein Gegensatz zwischen dem „In der Hand haben“ der Maschine und dem Einstellen auf sie. Beides sind Seiten derselben Sache, die nicht mehr gegeneinander abgewogen werden, wenn sich eine dem technischen Gegenstand angemessene Verhaltensform herausgebildet hat.

Schließlich kommt alles darauf an, daß die Maschine in Gang bleibt, daß *„kein Unsinn“* entsteht. Der Defekt ist auf jeden Fall zu vermeiden. An diese Voraussetzung wird nicht gerührt, auch dann nicht, wenn man keinen Akkordlohn erhält. Nur ein einziges Mal in sämtlichen Befragungen haben wir einen Verstoß gegen die „Defekt-Aversion“ feststellen können: „Im Sommer ist die Hitze beinahe unerträglich. Da braucht man alle Energie. Ich habe noch nicht erlebt, daß einer umgefallen ist. Und wenn man das spürt, gibt es immer noch einen Ausweg: man macht Schrott. Dann steht der ganze Betrieb." (545) Es handelt sich um einen jungen Umwalzer, der aus einer bürgerlichen Familie stammt, einen kaufmännischen Beruf erlernt und inzwischen das Hüttenwerk wieder verlassen hat.

Verhältnis zu den Vorgesetzten

Wer ist in den Augen der Umwalzer überhaupt Vorgesetzter? Als *nächster* Vorgesetzter wird niemals der Meister, sondern durchgehend der Obermeister bezeichnet. Aus einem einfachen Grunde: der Walzmeister hat eine eigene und spezielle Arbeitsfunktion; er „macht das Eisen". Sein Anweisungsrecht übt er gewöhnlich nur innerhalb seines speziellen, sachlich begrenzten Verantwortungsbereichs aus. „Der Walzmeister, das ist eigentlich kein richtiger Vorgesetzter, der ist mehr ein Arbeitskollege. Der ist dazu da zu kontrollieren, daß der Draht die richtige Qualität hat. Wenn wir arbeiten, stellt er auch schon selber mal die Kaliber enger." (695) Die Umwalzer gehen also davon aus, daß ein „wirklicher" Vorgesetzter keine Sonderfunktion im Arbeitsprozeß, sondern eine allgemeine Aufsichtsfunktion hat.

Wenn man besondere Wünsche vorbringen oder sich beschweren will, geht man zum Obermeister. Das Verhältnis zu den Obermeistern scheint in allen drei Schichten der Draht- und Feinstraße nicht schlecht zu sein. Ein rauher Ton wird nicht übelgenommen: „Der Obermeister schimpft auch manchmal etwas, aber dafür wird er bezahlt." (117) Entscheidend ist, daß er auf Grund überlegener Fachkenntnisse anerkannt werden kann, und das scheint durchweg der Fall zu sein. Unter die Gruppe der „weißen Kragen", die im allgemeinen verdächtiger ist, fällt der Obermeister noch nicht. Die jungen Ingenieure, die sich erst über die besonderen technischen Gegebenheiten der Drahtstraße orientieren müssen, haben es viel schwerer; denn jede scheinbare fachliche Unkenntnis kann zum Verlust des Vorgesetzten-Prestiges führen: „Da gibt es ja öfters welche, die gar keine Fachkenntnisse haben von ihrer Arbeit. Die kann man auch nicht anerkennen. Wie die das geworden sind, ist auch noch so eine Frage." (868)

Der Obermeister, der die Gesamtaufsicht über die Drahtstraße hat, ist in allen Fällen aus der Gruppe der Umwalzer hervorgegangen. Im Sommer, wenn mehrere Umwalzer ausfallen, springt er auch selbst mit ein. Er gehört also noch dazu, – nicht nur zu den Arbeitern im allgemeinen, sondern auch zu den Umwalzern im besonderen.

Auf unsere Frage, was im Werk seit Kriegsende (bzw. seit dem Werkeintritt) in der Hauptsache anders geworden sei, wird von den Umwalzern recht häufig das bessere Verhältnis zu den Vorgesetzten hervorgehoben. Dabei werden selbst „die Herren" manchmal mit eingeschlossen: „Die Herren sind umgänglicher geworden. Früher behandelten sie die Arbeiter von oben herunter. Sogar der kleinste Assistent war schon ein großes Tier gewesen. Das ist heute anders. Man kann doch ruhig mit den Leuten sprechen ... Auch sind sie viel freundlicher zu den Arbeitern, weil sie gesehen haben, daß der Arbeiter in der allerersten Zeit die Aufbauarbeit hier gemacht hat, – zu einer Zeit, wo die meisten von den Herren noch gar nicht hier waren ..." (313) – „Früher war hier ein richtiger Polizeistaat. Wer da nicht richtig arbeitete, den ließen sie gleich über die Klinge springen ... Heute sind die Vorgesetzten alle einigermaßen friedlich ..." (262) – „Das Verhältnis zwischen den Vorgesetzten und den Arbeitern ist besser geworden. Vor allem im Dritten Reich haben sie von oben Deckung gehabt. Das ist jetzt anders geworden ..." (695)

Alle drei begründen diese Tatsache nicht gerade freundlich: der erste erklärt, daß „die Herren" heute im Grunde nur vor den Russen Angst hätten; der zweite behauptet, sie hätten noch immer die Sorge, für ihr früheres politisches Verhalten zur Rechenschaft gezogen zu werden; der dritte führt das bessere Verhalten der Vorgesetzten auf den Druck der Gewerkschaften zurück. Sobald „die Herren" eingeschlossen werden – und dies geschieht meist, wenn nicht von bestimmten Vorgesetzten, sondern von den Vorgesetzten im allgemeinen die Rede ist –, macht sich eine stärkere Skepsis bemerkbar. Selbst wenn irgendeine Verbesserung sachlich anerkannt wird, bleibt man gegenüber den Motiven der „anderen Seite" mißtrauisch. Besonders ausgeprägt zeigt sich das in den Stellungnahmen zur Mitbestimmung. (Vgl. Abschnitt IV, S. 167 ff.) Als anerkannte Tatsache können wir hier aber zunächst festhalten: „Alles ist ruhiger geworden mit den Vorgesetzten, auch der Ton." (271)

Aufstiegschancen

Als Umwalzer beginnt man, wie wir wissen, am ersten Gerüst: bewährt man sich dort, kann man nach einiger Zeit an den mittleren Gerüsten arbeiten. An das letzte Gerüst – an dem der „Fertigwalzer" und der „Reservewalzmeister" arbeiten – kommen nur besonders zuverlässige und geschickte Umwalzer. Der Reservewalzmeister ist designierter Nachfolger des Walzmeisters. Der Walzmeister wiederum rückt im allgemeinen zum Obermeister auf, wenn die Stelle frei wird.

Unsere Frage, ob sie „hier weiterkommen" könnten, bejahten 24 Umwalzer. Von diesen 24 wiederum glaubten 12, daß sie es bis zum Meister oder Obermeister bringen könnten. 13 Umwalzer sahen keinerlei Aussichten: meist mit der sachlich zutreffenden Begründung, daß sie zu alt seien, um sich noch einmal in eine neue Aufgabe hineinfinden zu können. Drei der vierzig Befragten gaben ausweichende oder unentschiedene Antworten.

Verglichen mit dem Gesamtresultat, sind die Stellungnahmen der Umwalzer optimistisch: von allen 600 Befragten glaubten nur 40 %, daß sie weiterkommen könnten (Umwalzer 60 %), 55 % glaubten es nicht (Umwalzer 33 %). Auch aus den einzelnen Antworten der Umwalzer ist zu ersehen, daß hier kein besonderes Problem vorliegt: Es wird ohne weiteres anerkannt, daß im allgemeinen der Ältere aufrückt, falls sich ein Jüngerer nicht ganz besonders auszeichnet. Die Reihenfolge des Aufstiegs ist meist schon vorher bekannt und akzeptiert. Wer allzu viel Ehrgeiz zeigt, erweckt Mißtrauen. Außerdem steigen die Anforderungen mit jedem Aufstieg so offensichtlich, daß sich das „Vordrängeln“ nicht besonders lohnt. Der finanzielle Anreiz wirkt verhältnismäßig wenig: Auch mit dem einfachen Umwalzer-Lohn kann man auskommen.

Zufriedenheit mit dem Lohn

Aber sind die Umwalzer deshalb mit ihrem Lohn zufrieden? Die Frage hat mehrere Aspekte, die wir unterscheiden müssen. „Lohnzufriedenheit“ ist keine eindeutige Größe. Vor allem ist sie nicht ohne weiteres identisch mit der Höhe des Lebensstandards oder auch nur mit der subjektiven Relation zwischen Bedürfnis und Bedürfnisbefriedigung.

Zunächst müssen wir davon ausgehen, daß die Umwalzer ihren Arbeitsplatz nur deshalb erstrebt haben und nur deshalb behalten wollen, *weil* der Lohn verhältnismäßig hoch ist. Sicherlich ist auch das soziale Renommee dieses Berufs ein Anreiz, – aber man würde dieses Motiv doch weit überschätzen, wenn man es allein für zureichend hielte, eine so schwere Arbeit wie das Umwalzen erstrebenswert zu machen. Die Umwalzer sind auch in diesem Punkt frei von allem euphemistischen Pathos:

> „Wenn ich ehrlich sein soll, muß ich sagen, daß keiner hier freiwillig arbeitet … Die meisten hat das Geld bewogen, hier zu bleiben. Das ist sehr verständlich. Und jeder sehnt sich doch danach, leichtere Arbeit zu finden. Ich auch. Ohne weniger zu verdienen. Ich möchte gern einen selbständigen Betrieb haben, ein kleines Geschäft. Das wäre nicht schlecht …“ (547) – „… Soweit sind wir ja doch alle Materialisten. Unsere Heimat ist da, wo wir das meiste Geld verdienen. Das ist doch nicht so, daß wir an der Hütte hängen. Wir sehen sie doch lieber von hinten.“ (796) – „Ich will Ihnen sagen, wie es wirklich ist: Es macht das Geld, daß wir diese Arbeit überhaupt machen.“ (272) – „Wenn ich schon arbeiten gehe, dann will ich auch an den bestbezahlten Posten.“ (262) – „Man muß für jede Arbeit etwas Liebe mitbringen. Die habe ich auch. Aber wenn ich bei nicht schlechterer Bezahlung eine leichtere und angenehmere Arbeit bekäme, würde ich sofort wechseln.“ (868) – „Wenn ich nicht das Geld nötig hätte, würde ich diese Arbeit nicht machen. Aber sonst kann man im Werk nichts verdienen. Daher muß ich schon diesen Arbeitsplatz behalten.“ (836)

Weiterhin ist zu beachten, daß die Einschätzung der eigenen Lohnhöhe vor allem auf dem *Vergleich* mit den Löhnen anderer beruht. Im allgemeinen werden zu solchen Vergleichen in erster Linie naheliegende und bekannte Arbeitsvollzüge ähnlicher Art herangezogen. Von den Umwalzern wäre danach zu erwarten, daß sie ihren Lohn vor allem am Verdienst der Umführungsleute, Ofenmänner, Drahtbinder etc. messen. Sehr wahrscheinlich tun sie das auch, – aber sie sprechen selten davon. (Ein Umwalzer auf die Präge nach der sozialen Lage der Angestellten: „Als Umwalzer habe ich ja einen guten Verdienst. Wenn ich Drahtbinder wäre, würde ich schon eher die Parallelen ziehen." [263]) Meist werden die Arbeiter der Drahtstraße bei Lohnvergleichen jedoch nicht erwähnt, wahrscheinlich aus folgenden Gründen: Erstens muß der Vergleich mit den Drahtbindern, Ofenmännern etc. günstig ausfallen, es besteht also kein Grund, sich damit aufzuhalten. Zweitens sind sich die Umwalzer darüber im klaren, daß sie einen Spitzenlohn innerhalb der Industriearbeiterschaft verdienen; deshalb halten sie auch eine höhere Warte der Betrachtung für angemessen. Drittens – und dies ist der wichtigste, schon erwähnte Punkt – hat sich ihr Verdienst in den letzten Jahren weniger als das allgemeine Lohnniveau erhöht; allgemeinere Vergleiche sind also im Augenblick auch sachlich naheliegender:

> „Gegenüber anderen Berufen ist unser Lohn zurückgeblieben. Vor dem Ersten Weltkrieg, als der Handwerkerlohn durchschnittlich 100 Mark war, bekamen die Umwalzer bereits 400 Mark. Heute haben wir höchstens 40 bis 50 % mehr als die Handwerker. Heute wird dieser Beruf nicht mehr richtig bezahlt ..." (167) – „Wir verdienen nicht mehr genug im Verhältnis zu den anderen. Da fehlt aller Anreiz." (547) – „Der Betriebsrat sollte hauptsächlich für die Löhne sorgen. Aber was machen sie? Die Umwalzer bekommen heute kaum mehr als die anderen Arbeiter. Früher verdiente ein Umwalzer drei Mark, wenn ein normaler Arbeiter eine Mark hatte. Und das ist auch das richtige Verhältnis. Aber wie ist es heute? (Winkt ab) Wenn ich davon rede, bekomme ich jedesmal die Wut." (812, ein Auszug bereits oben zitiert.) – „Im Drahtwalzwerk wird ja ganz gut verdient – sagt man –, aber ich bin anderer Ansicht. Früher haben wir im Verhältnis viel mehr verdient ... Für diese Arbeit ist das kein Unterschied mehr, für diese gefährliche Arbeit!" (271) – „Die Umwalzer bekommen zu wenig Geld. Das ganze Lohnniveau des Werks müßte gehoben werden ... Der Lohnunterschied muß jedoch bleiben, um den Ehrgeiz anzuspornen." (176) – „Sparen kann ich nicht, es ist alles zu teuer.[9] Früher hat ein Umwalzer das Dreifache von einem Blocklagerarbeiter verdient, heute nur knapp das Doppelte." (793)

9 Diese letzte Behauptung – man kann nicht sparen – ist selbstverständlich kein allgemeinverbindliches Urteil, obwohl es von zwei anderen Umwalzern geteilt wird. Weitere vier Umwalzer *wollen* – aus den verschiedensten Gründen – nichts zurücklegen. Die meisten – zwan-

Die Umwalzer sind sich also erstens darüber einig, daß sie an ihren Arbeitsplatz der hohe Verdienst bindet. Sie sind aber zweitens auch der Meinung, daß ihr Lohn vergleichsweise zu niedrig sei. Das Verhältnis zum allgemeinen Lohnniveau halten sie für ungerecht. Kann man daraus den Schluß ziehen, daß sie mit ihrem Lohn unzufrieden seien? Das hängt ganz davon ab, was man unter dem Wort „Lohnzufriedenheit" verstehen will. Denkt man vorwiegend an das Gefühl, gerecht behandelt, vom Werk angemessen anerkannt zu werden, – dann sind die Umwalzer unzufrieden mit ihrem Lohn. Aus der Einschätzung ihres Lohnes folgt jedenfalls keine, auch noch so bescheidene, gefühlsmäßige „Betriebsverbundenheit". Wir haben diese Relation von „Lohnzufriedenheit" und „Betriebsverbundenheit" auch sonst nirgends feststellen können. Mißt man dagegen die Lohnzufriedenheit an einer einfachen Alternative: wollen die Umwalzer ihren Arbeitsplatz wechseln, weil der Lohn ihnen verhältnismäßig zu gering erscheint, oder wollen sie das nicht? – dann sind die Umwalzer mit Sicherheit „lohnzufrieden". Mit anderen Worten: die Lohnzufriedenheit ist groß genug, um die Umwalzer an ihren Arbeitsplatz innerhalb des Werkes zu binden, soweit nicht bessere Angebote von anderen Werken gemacht werden. Nun kann man aber den Begriff der Lohnzufriedenheit auch unabhängig vom Verhältnis des Arbeiters zum Werk und zum Arbeitsplatz ausschließlich auf den privaten, familiären Bereich anwenden. Dann lautet die Frage: glauben die Umwalzer, ein zufriedenstellendes „Auskommen" zu haben oder nicht? Sind sie mit dem, was sie sich leisten können, verhältnismäßig zufrieden, oder sind sie es nicht? Eine solche Frage ist so allgemein und spielt auf so verschiedenartige Tatsachen, Ideen und Gefühle an, daß die Antwort, wenn man unbedingt eine geben will, von vornherein klar ist: In diesem Sinne sind die Umwalzer teils mit ihrem Lohn zufrieden, teils sind sie es nicht.[10]

Auf die Frage nach der „Lohnzufriedenheit" erhalten wir also drei verschiedene Antworten, die jede für sich mehr oder minder aufschlußreich sind, die sich

---

zig – bereiten sich gerade auf bestimmte Anschaffungen vor und haben dazu einen mehr oder minder großen Fonds. Ersparnisse im engeren Sinne des Wortes (für das Alter, die Aussteuer der Kinder u. ä.) haben zehn Umwalzer angegeben.

10 Wir haben folgendes festgehalten: Vier Umwalzer klagen ausgesprochen über ihre finanzielle Lage. Vier weitere erklären im Lauf des Gesprächs, daß sie mit ihrem Lohn gut auskämen. Zehn weisen mit Stolz darauf hin, was sie sich leisten könnten: ein Motorrad, einen Fernsehapparat, einen Urlaub in einem Heilbad, Küchen- und Waschgeräte für die Frau usw. Fünf erklären – im Zusammenhang mit der Lohnhöhe –, daß ihre Kinder etwas lernen könnten oder eine gute Aussteuer erhielten. Die übrigen 21 sind in ihren Stellungnahmen weniger akzentuiert, meist sprechen sie mit einer wohltemperierten Skepsis von ihren finanziellen Möglichkeiten. Ein gewisser Zweck-Pessimismus erklärt sich leicht aus der Tatsache, daß die Umwalzer mit einigem Recht vermuten können, die „Anderen" machten sich ein allzu optimistisches Bild von ihrer ökonomischen Lage.

aber weder addieren noch multiplizieren noch sonstwie zu einem Ganzen zusammenfügen lassen.

Die gleiche Erfahrung ergäbe sich, wenn wir Begriffe wie „Arbeitsplatzzufriedenheit“ oder „Betriebsklima“ an die Aussagen der Umwalzer anlegten. Wir müßten die Rechnung wiederholen, die wir am Beispiel des Begriffs der „Lohnzufriedenheit“ dargelegt haben; d. h. die Frage spezifizieren und jeweils verschiedenartige Antworten formulieren, wie sie die einzelnen Teile dieser Übersicht enthalten. Die genannten Begriffe haben zweifellos einen gewissen Verständigungswert, weil sie die Richtung einiger Reformbestrebungen der betrieblichen Sozialpolitik andeuten. Sobald aber diese Reformbewegungen konkret werden, müssen sie sich den konkreten Fragen der Arbeitssoziologie zuwenden und damit auf so allgemeine Umschreibungen verzichten.

Mit welchen Fragen hätte sich aber eine betriebliche Sozialpolitik im Falle der Umwalzer in erster Linie zu befassen? Das wollen wir im folgenden Kapitel zeigen.

5 Altersprobleme

Das Dilemma der alten Umwalzer

Wir haben zunächst zwei Tatsachen festzustellen. *Erstens:* Etwa mit 45 Jahren beginnen die Umwalzer darüber zu klagen, daß ihnen die Arbeit zu schwer werde. Ungefähr zehn Jahre später – für die Fünfundfünfzigjährigen und Älteren – ist sie eine Quälerei. Die folgenden Aussagen stammen von Umwalzern, die sich in diesen kritischen zehn Jahren befinden, also 45 bis 55 Jahre alt sind:

> „Das schwere Stück, das einem an und für sich im Anfang am leichtesten fiel, fällt mir jetzt am schwersten, da ich die Stücke in meinem Alter nicht mehr so heben kann.“ (485 – „Schwere Stücke“ = größeres Profil, Feinstraße) – „Selten wird einer 65 Jahre an der Walze. Mit 50 bekommen wir Rheuma, was kein Wunder ist: auf der einen Seite die Hitze, auf der anderen Seite der kalte Wind. Das bleibt nicht in den Kleidern hängen.“ (178) – „Ich wollte immer dort arbeiten, wo ich das meiste verdienen konnte. Aber langsam wird die Arbeit zu schwer. Ich glaube nicht, daß ich noch lange aushalten werde … Ich möchte bald diese Arbeit aufgeben.“ (646) – „Mit 57, 58 kommt man nicht mehr mit.“ (791) – „Den älteren Leuten zittern die Hände, die können sie gar nicht mehr ruhig halten …“ (262)

Aussagen dieser Art macht fast ausschließlich die Altersgruppe von 45 bis 55 Jahren. Daß die Jüngeren sich über die Schwierigkeiten der Alten meist keine besonderen Gedanken machen, ist verständlich. Aber wie verhält es sich mit den über 55jährigen? Von den acht Umwalzern dieser Altersgruppe, die wir befragt haben, äußert sich nur ein einziger über das Thema: „Wenn man älter wird, macht die Arbeit schon langsam Schwierigkeiten. Besonders wenn größere Profile gewalzt werden (Feinstraße), weiß man immer nach Schichtschluß, was man getan hat. Früher machte es mir nichts aus. Aber jetzt wird es von Jahr zu Jahr schlimmer." (434) Die übrigen sieben schweigen. Weshalb? Fällt ihnen die Arbeit nicht so schwer, haben sie sich irgendwie umgestellt? Dies mag teilweise der Fall sein. Aber der eigentliche Grund für die Zurückhaltung ist ein anderer: Die alten Leute versuchen – dies ist unsere *zweite* Feststellung –, unbedingt bis zum Pensionsalter an ihrem Arbeitsplatz auszuhalten. Sie leben ständig in der Sorge, daß sie es nicht mehr schaffen könnten oder daß man sie einfach fortschickt. Daher geben sie zwar ihre Absicht zu, möglichst lange durchzuhalten, – aber sie sprechen gar nicht oder nur andeutend von ihren Altersschwierigkeiten:

> „Ich will bleiben bis zu meiner Pensionierung. Früher war es üblich, daß die Umwalzer mit 57, 58 aufhörten und den Jüngeren Platz machten. Aber das ist heute anders. Da versucht man, bis zur Pensionierung an der Walze zu bleiben. Ich will auch bleiben, wo ich großgeworden bin." (716) – „Ich bin jetzt bald zwanzig Jahre hier und hoffe, noch einige Jahre zu machen, dann erhöht sich die Rente mit den Jahren." (167) – „Ich möchte solange, wie es geht, als Umwalzer arbeiten, wenn möglich, bis ich 65 Jahre bin. Wenn sie eines Tages zu mir sagen: ‚Sie sind doch nun schon etwas alt, Sie müssen eine andere Arbeit übernehmen', dann kann ich nichts machen. Aber für einen älteren Menschen ist so eine Umstellung nicht leicht, besonders, wenn man womöglich eine Arbeit machen muß, die körperlich anstrengend ist. Für mich wäre es schlimm, wenn ich in einen Kaltbetrieb müßte. Ich bin mein Leben lang im Warmbetrieb gewesen. Ich kann gegen alles an, bloß nicht gegen Kälte." (695) – „Was man gelernt hat, möchte man nicht aufgeben ..." (176)

Einige der 20- bis 30jährigen, die dieses zähe Beharrungsvermögen der Alten beobachten, nehmen sich vor, es später klüger zu machen: „Wenn ich älter bin, etwa 40 Jahre alt, möchte ich eine andere Arbeit machen. Es gibt welche, die bleiben, bis sie 65 sind. Aber die sind dann auch verbraucht. Das hat keinen Zweck, mit 55 als alter Mann herumzulaufen." (693) „Ende 50 sollte man aufhören, dann ist man bereits genug verschlissen." (814) Es ist aber wahrscheinlich, daß auch diese jüngeren Umwalzer ihren Vorsatz nicht ausführen werden. Weshalb gelingt der Absprung nicht zur rechten Zeit?

Wir haben die Antwort schon gehört: Einmal ist es schwer, den vertrauten Arbeitsplatz aufzugeben und sich im Alter noch einmal umzustellen. Besondere Abneigung besteht gegen die Umstellung auf einen Kaltbetrieb. Vor allem aber sind die Älteren bestrebt, *sich eine gute Pension zu sichern.*

Alle Umwalzer, die auf Pensionsfragen zu sprechen kamen, waren der Meinung, daß für die Pensionsberechnung der durchschnittliche Bruttolohn der letzten *fünf* Dienstjahre maßgebend sei. Nach der zur Zeit unserer Befragung geltenden Pensionsordnung konnte hingegen auch der Durchschnittslohn der letzten *zwanzig* Jahre zugrunde gelegt werden, wenn sich dies im Einzelfall als günstiger erwies. Diese zweite Möglichkeit ist zweifellos gerade für die Umwalzer entscheidend wichtig, – sie war ihnen aber nicht bekannt! Es handelt sich hier keineswegs um eine exzeptionelle Uninformiertheit einer bestimmten Berufsgruppe. Auch die übrigen befragten Arbeiter hatten äußerst mangelhafte, teilweise abenteuerliche Vorstellungen von den Maßstäben der Pensionsberechnung. Welche Auswirkungen eine unzureichende Information der Belegschaft gerade in diesem Punkt auf das Verhalten und die Einstellung zur Arbeit haben kann, läßt sich an unserem Beispiel sehr gut zeigen.

Für die Umwalzer, die lediglich die Fünf-Jahres-Klausel kannten, mußte sich folgendes Bild ergeben: Wenn sie etwa mit 50 Jahren ihre hochbezahlte Arbeit aufgäben, wäre es wahrscheinlich, daß sie an einen besonders niedrig bezahlten Arbeitsplatz gestellt würden. (Denn erstens sind die „mittleren Posten" meist nicht frei; oft besteht auch bereits eine Anwartschaft jüngerer Arbeiter, die sich allmählich einarbeiten sollen. Zweitens ist anzunehmen, daß sie selbst nur noch körperlich leichte Hilfsarbeit leisten können, weil sie die Schwerarbeit als Umwalzer bereits *zu lange* durchgehalten haben.) Die Konsequenz wäre, daß sie nach Erreichen der Altersgrenze eine weitaus geringere Pension erhielten als der mittelmäßig entlohnte angelernte Arbeiter, der als Scherenmann oder als Zurichter im Walzwerk ohne weiteres bis zur Pensionierung an seinem alten Arbeitsplatz bleiben kann. Die Umwalzer, die vielleicht zwanzig oder mehr Jahre zur „Verdienstaristokratie" des Hüttenwerks gehört haben, würden folglich zur untersten Einkommensgruppe der Pensionäre zählen, die sehr hart an der Grenze des Existenzminimums liegt. Was liegt also näher, als daß der ältere Umwalzer krampfhaft und bis zum Verbrauch seiner letzten Kräfte an einem der anstrengendsten Arbeitsplätze des Hüttenwerks durchzuhalten versucht? Der Einwand, daß er ja rechtzeitig sparen könne, ist nicht stichhaltig: Wenn er wirklich etwa bis zum 55. Lebensjahr planmäßig von seinem Lohn etwas zurücklegte, mit 55 eine leichte, schlecht bezahlte Arbeit übernähme und später die Pension mit Hilfe seiner Ersparnisse aufbesserte, – womit hätte sich dann die schwere Arbeit als Umwalzer bezahlt gemacht?

Nun beruht dieses Dilemma zunächst nicht auf der Pensionsordnung des Werkes, sondern auf den irreführenden Vorstellungen, die sich die Umwalzer von der Pensionsordnung machen. Aus unserem Beispiel ist daher vor allem die Folgerung zu ziehen, daß Tarif- und Betriebsvereinbarungen nur dann ihren vollen Zweck erreichen, wenn sie der Belegschaft bekannt und verständlich gemacht werden. Weder Betriebsversammlungen noch die Werkszeitung sind als Informationsmittel gerade in diesen Fragen ausreichend. Denn es ist nicht damit zu rechnen, daß etwa eine neue Klausel der Pensionsordnung später gesprächsweise weitergegeben wird. Um eine solche natürliche Informationskette in Bewegung zu setzen, ist die Zahl der jeweils unmittelbar Interessierten und Betroffenen zu gering. Es ist also notwendig, die Informationen systematisch an die Arbeitsplätze heranzubringen, – wozu übrigens alle institutionellen und organisatorischen Voraussetzungen im modernen Großbetrieb gegeben sind. Außerdem muß für eine periodische *Wiederholung* der entsprechenden Informationen gesorgt werden.

Das Dilemma der alten Umwalzer hat aber noch einen zweiten Aspekt. Auch die Berechnung der Pensionshöhe nach dem Durchschnittslohn der letzten *zwanzig* Dienstjahre beseitigt natürlich nicht die Tatsache, daß ihre Pension um so höher ausfallen wird, je länger sie als Umwalzer durchhalten. Die Kenntnis dieser Klausel würde zwar wahrscheinlich den Entschluß erleichtern, sich nicht unbedingt bis zu den allerletzten Dienstjahren an den alten Arbeitsplatz zu klammern. Trotzdem ist anzunehmen, daß der beschriebene Konflikt nicht befriedigend gelöst werden kann, solange die Umwalzer und ähnliche Spezialarbeiter nicht eine konkrete Chance erhalten, ihre Arbeit rechtzeitig aufzugeben, ohne damit sofort in die untere Schicht der Lohnempfänger abzusinken. Das ist nur möglich, wenn sie von einem bestimmten Lebensalter an (etwa mit 45 bis 55 Jahren) ein *Vorrecht* auf geeignete Arbeitsplätze erhalten. Die Umwalzer müßten also in einem Warmbetrieb bleiben und einen „mittleren" Posten übernehmen können. Auch das ist allerdings leichter gesagt als getan. Die Schwierigkeit ist vor allem, einen geeigneten „Reserve-Arbeitsplatz" zu finden. Wir haben diese Frage nicht nur bei den Umwalzern, sondern auch bei anderen Spezialarbeiterberufen untersucht, die sich in der gleichen Lage befinden. In einigen Fällen glauben wir, einen durchführbaren Vorschlag gefunden zu haben. Eine sinnvolle organisatorische Regelung sollte aber nicht nur von Fall zu Fall, sondern im Rahmen einer *umfassenden Planung des innerbetrieblichen Berufsweges überhaupt* getroffen werden.

Hier stellt sich u. E. eine der dringlichsten Aufgaben für die betriebliche Sozialpolitik: Auf die mangelhafte Lenkung des innerbetrieblichen Berufsweges ist heute ein sehr erheblicher Teil der sozialen Konfliktsituationen im Industriebetrieb zurückzuführen. Es sei nur, als Ergänzung zu dem angeführten Beispiel, auf die Probleme der Nachwuchsförderung, der Überalterung, der Aufseher- und Meisterschicht und der beruflichen Umschulung verwiesen.

Die Spannungen zwischen den Altersgruppen

Auch für die Umwalzer entstehen aus dem Dilemma ihres Berufsweges neben den individuellen Problemen, von denen wir gesprochen haben, besondere soziale Konflikte. Die Zähigkeit, mit der die Alten an ihrem Arbeitsplatz festhalten, die körperlichen Schwierigkeiten, mit denen sie fertigwerden müssen, die ständige Sorge, fortgeschickt zu werden, – all dies schafft eine Atmosphäre, in die sich die Jüngeren nicht fügen wollen. Wir dürfen freilich nicht vergessen, daß es an allen Arbeitsplätzen Reibungen geben kann, die aus den unterschiedlichen Mentalitäten, Temperamenten und Interessen der Altersgruppen zu erklären sind. Solche „natürlichen" Zwistigkeiten kommen selbstverständlich auch unter den Umwalzern vor. Ihre Tragweite sollte man nicht überschätzen. Einige Beispiele:

„Mit den Jungen kann man sich ja nicht an einen Tisch setzen. Die wollen ja sowieso schon nicht arbeiten, dann würden sie noch unverschämter und frecher." (270) – „Die Jüngeren haben ein besseres Verständnis, die Alten, die sind ziemlich komisch …" (814) – „Die jungen Leute sehen bei ihrer Arbeit nicht nach links und rechts, sie arbeiten stur weiter, wenn sie auch den andern die größten Schwierigkeiten machen." (434) – „Mit den Gleichaltrigen (Jüngeren) kann man sich besser unterhalten. Die verstehen einen auch besser. Die Alten wollen alles besser machen …" (845) – „Die Älteren haben das richtige Arbeitstempo heraus und arbeiten nicht so schnell und so nervös. Die Jüngeren sind oft viel zu hastig und zu unsicher." (261) – „Bei den Jüngeren ist immer etwas Humor dabei. Und bei der schweren Arbeit geht es nicht ohne Humor. Die Älteren sind schon ruhiger." (693)

Differenzen dieser Art gibt es überall. Sie haben keine unmittelbare Beziehung zu den Problemen der alten Umwalzer. Das geht schon daraus hervor, daß in den zitierten Aussagen mit „Älteren" in der Regel alle Umwalzer gemeint sind, die über 35 Jahre alt sind. (Dies ist im Sprachgebrauch allgemein die entscheidende Grenze.) Ernster sind die Bemerkungen zu nehmen, die auf das Nachlassen der Kräfte bei den alten Umwalzern anspielen, auch wenn sie letztlich versöhnlich gemeint sind: „Die Alten haben uns ja schließlich unterwiesen – da müssen wir sie eben auch mit durchschleppen." (445) Gelegentlich fehlt diese versöhnliche Wendung aber auch: „Die Alten werden nur noch so mitgeschleift. Die Arbeit können sie schon gar nicht mehr richtig machen … Eine Drahtstraße ist weder ein Altersheim noch ein Kindergarten. Da soll Draht gemacht werden. Da muß man arbeiten können." (812) Zum Ausbruch kommt der Konflikt aber erst, sobald es um das Verhalten bei der Vertretung gemeinsamer Interessen geht:

„Es könnte in einer Hinsicht besser sein. Wir sind niemals einig, wo es um den Lohn geht. Die Jüngeren würden schon mal eher protestieren und zu Gewaltakten übergehen. Die Alten sind aber vorsichtiger. Deswegen kommen wir zu nichts. Wenn die Einigkeit bestünde, würden wir bestimmt manches durchdrücken. Aber solange einer Angst hat, daß er hinausfliegen könnte, kann man nicht viel erwarten.“ (645) – „Die Alten wollen sich nicht mit der Betriebsführung anlegen, auch nicht, wenn es manchmal nötig ist. Sie haben Angst, daß man ihnen eines Tages sagt, sie dürften nicht mehr an der Walze arbeiten, weil sie zu alt wären. Früher ist es nämlich so gewesen, daß über 55 keiner mehr an der Walze arbeitete. Jetzt stehen welche mit 60 Jahren noch an der Walze, und die wollen natürlich ihre Jahre noch herunterwürgen. An sich darf ja keiner wegen eines Streitfalles vom Arbeitsplatz weggeschickt werden. Dazu gibt es ja auch den Betriebsrat. Aber in Wirklichkeit kann man das doch nicht verhindern ... Wenn es im Sommer heiß ist, kommen die Alten einfach ein paar Tage nicht, und dann können wir Jungen die Arbeit machen.“ (796)

Ein anderer, sehr bezeichnender Fall: Der Betrieb möchte eine Sonntagsschicht einlegen – die Umwalzer nicht. In Anwesenheit einiger Vorgesetzter wird öffentlich abgestimmt: Die Alten „fallen um“ und stimmen für die Sonntagsschicht ...

Dieses Beispiel enthält einen aufschlußreichen Interessenkonflikt. Für die unteren Instanzen der Betriebshierarchie ist es zweifellos bequem, daß die Umwalzer einen schwachen Punkt haben. Mit Hilfe der Sorge der alten Umwalzer, ihren Arbeitsplatz zu verlieren, läßt sich die ganze Gruppe dirigieren. Wir unterstellen nicht, daß der Druck bewußt und in voller Kenntnis der Zusammenhänge ausgeübt wird. Es kann jedoch kein Zweifel darüber bestehen, daß hier ein Mangel der betrieblichen Sozialpolitik die Aufgaben der Arbeitsorganisation *erleichtert.*

Ein solcher Konflikt ließe sich durch die Verbesserung des „Betriebsklimas“ vielleicht zeitweilig übertünchen, aber nicht aus der Welt schaffen. Unser Beispiel zeigt, daß man die unteren betrieblichen Instanzen überfordert, wenn man ihnen sozialpolitische Entscheidungen überläßt: In dem gleichen Maße, in dem durch eine planmäßige Lenkung des Berufsweges den älteren Umwalzern geholfen und damit die Solidarität der Umwalzer-Gruppe gestärkt werden würde, müßten sich die Aufgaben der unteren betrieblichen Instanzen erschweren. Nur eine übergeordnete, zentrale Sozialpolitik ist in der Lage, Interessen-Konflikte dieser Art zu überblicken und zu lösen. Sie kann die Organisation und Funktionsaufteilung der betrieblichen Hierarchie den veränderten Aufgaben anpassen.

Aus dem gleichen Beispiel ließen sich noch eine ganze Reihe weiterer Probleme entwickeln. Wir beschränken uns hier darauf, eine Fragestellung anzudeuten: Wäre es nicht besser gewesen, wenn der Betriebsrat im vorliegenden Fall auf ein Plebiszit der Umwalzer verzichtet und selbständig die wirtschaftlichen und sozialen Argumente abgewogen hätte, um eine unabhängige Entscheidung zu fällen? Ein Betriebsrat, der sich zu einer solchen Entscheidung entschlösse, handelte angesichts der Lage der Umwalzer sicherlich vernünftig, – auch wenn er den Idealen der Betriebsdemokratie nicht ganz gerecht werden könnte. Aber wird er durch die vernünftige Lösung solcher und ähnlicher Konflikte nicht allmählich in eine Rolle hineingedrängt werden, die mehr mit der Fürsorge eines Landesvaters als mit den Funktionen einer Betriebsvertretung gemein hat? Diese Problematik wird heute zwar allgemein gesehen; aber man unterschätzt oft, wie objektiv schwierig es gerade für einen tüchtigen Betriebsrat ist, den Wirkungsbereich der übernommenen Interessenvertretung nicht nur nach oben hin sondern auch nach unten eindeutig abzugrenzen.

6 Eine technische Neuerung bedroht den Berufsstand der Umwalzer

Die Periode der industrietechnischen Entwicklung, der die Umwalzer ihre Sonderstellung verdanken, geht zu Ende. Die Lücke im mechanischen Produktionsprozeß, die sie heute noch mit ihrer Arbeitskraft ausfüllen, wird geschlossen. Neue, kontinuierliche, vollautomatische Drahtstraßen machen das Umwalzen von Hand überflüssig. In unserem Werk ist eine solche moderne Drahtstraße bereits gebaut worden. Zur Zeit unserer Untersuchung wurde sie in Betrieb genommen, mußte aber während eines längeren Versuchsstadiums noch ausprobiert und vielfach verbessert werden. Die alte Drahtstraße lief ohne Einschränkungen weiter. Die Umwalzer bekamen also die „Konkurrenz" noch nicht zu spüren, hatten aber Gelegenheit genug, sich Gedanken über ihre Situation zu machen. Offiziell wurde ihnen nicht gesagt, ob und wann ihre Straße stillgelegt werden würde. (Das war, soweit wir wissen, auch noch nicht entschieden.) Sie konnten sich die neue Drahtstraße ansehen und sich über ihre Vorzüge und Nachteile ein Urteil bilden. Aber im übrigen war es völlig ihnen selbst überlassen, sich auf die neue Situation einzustellen.

Das war die Lage, als wir mit unseren gelenkten Gesprächen begannen, also die Umwalzer unter anderem nach ihren Erfahrungen mit technischen Neuerungen und ihrem Urteil über den technischen Fortschritt im allgemeinen fragten. Es war nicht nötig, das Thema „neue Drahtstraße" ausdrücklich zu stellen, – das Netz der Fragen, das wir sowieso vorgesehen hatten, war dicht genug. Mit einer Ausnahme kamen alle Umwalzer an der alten Drahtstraße von selbst auf dieses Thema zu sprechen.[11] Das hatte zwei wesentliche Vorteile: Erstens stand es den Umwalzern frei, das Problem, das sie besonders bewegte, vorzubringen, wann sie wollten,

11 Auf die Stellungnahmen der Umwalzer an der Feinstraße, die durch den Bau der neuen Drahtstraße nicht unmittelbar betroffen werden, gehen wir in diesem Zusammenhang nicht ein.

und es im Laufe des Gesprächs sukzessiv unter verschiedenen Aspekten zu behandeln. Zweitens wurden sie durch unsere letzten, sehr allgemein formulierten Fragen zum technischen Fortschritt veranlaßt, ihren „Fall" in größere Zusammenhänge zu stellen (vgl. den Gedankengang des Fragebogens). Die verhältnismäßig freie und elastische Gesprächsführung zwang sie also nicht, sich ein für allemal festzulegen; sie konnten sich ergänzen, sich korrigieren und – was am wichtigsten ist – überlegt urteilen.

Wie fanden sich nun die Umwalzer in der neuen Situation zurecht? Schätzten sie ihre Lage überhaupt sachlich und nüchtern ein, – oder wurde der Tatbestand von vornherein durch Gerüchte und Redereien vernebelt? Reagierten sie auf die Bedrohung ihres Berufsstandes affektbestimmt, etwa mit aggressiven Sentiments gegen die technische Planung des Werks oder mit Verdammungsurteilen gegen den technischen Fortschritt überhaupt? Hatte ihre besondere Situation – das ist unsere wichtigste Frage – überhaupt einen erkennbaren Einfluß auf ihre Stellungnahmen zum technischen Fortschritt?

Wir müssen uns darauf beschränken, einige Auszüge aus den Protokollen wiederzugeben, die teilweise stark gekürzt wurden. Vor allem die allgemeinen Stellungnahmen zum technischen Fortschritt werden jeweils nur angeführt, soweit sie in diesem Zusammenhang aufschlußreich sind.[12]

„Die neue Drahtstraße arbeitet noch nicht hundertprozentig. Seit etwa einem halben Jahr ist sie schon in Betrieb, aber sie arbeitet noch nicht mal zwanzigprozentig … Viele Alte sagen, solange sie noch arbeiten, werden sie auch noch hinkommen, und die Jungen gehen viel ins Ausland. Ich denke, daß bei der neuen Straße ältere Umwalzer übernommen werden, denn die Störungen, die dabei auftreten, müssen ja von Fachleuten behoben werden … Die alte Straße arbeitet sehr gleichmäßig, daher kann man eine sehr gute Qualität herstellen. Auf der neuen Straße geht der Draht von Walze zu Walze und kommt so unter Zug. Dadurch wird der Draht an einigen Stellen dünn, er hat nicht mehr an jeder Stelle genau den gleichen Durchmesser. Diese Mängel sollen ja behoben werden. In Amerika wird ja auch schon so gewalzt. Ich selbst bin etwas pessimistisch, denn bis jetzt hat sich gezeigt, daß man z. B. den besonders guten Stahldraht nur an der alten Straße machen kann, an der neuen gar nicht … Wir müssen natürlich mit dem technischen Fortschritt mit. Vor allem müssen wir mit den anderen Ländern Schritt halten, da wir sonst nicht mehr konkurrenzfähig bleiben. So ist das bei den Umwalzern nicht, daß sie den technischen Fortschritt nicht mehr wollten, weil sie vielleicht einmal ihren Posten verlieren. Die Technik ist immer vorangegangen und

12 Weitere Stellungnahmen von Umwalzern zum technischen Fortschritt finden sich auf S. 203 f. (Befragungsprotokoll Nr. 485), S. 206 f. (Nr. 124), S. 214 (Nr. 695), S. 220 f. (Nr. 178, 796, 891, 271 und 270).

hat noch keinen brotlos gemacht … Sicher, es gibt schon finanzielle Nachteile. Früher war das so, da konnten wir unseren Lohn fordern, der wurde dann auch bezahlt, heute wird uns schon mal gedroht damit, daß man uns bald nicht mehr brauchen wird.“ (167)

„Über die neue Drahtstraße braucht man ja nicht viel zu sagen. Es ist wohl nicht mehr damit zu rechnen, daß sie noch einmal vollständig funktionieren wird … Wenn man eine Neuerung erfunden hat, die die Arbeit erleichtert, dann werden meistens Leute überflüssig. Sie werden dann entlassen und liegen auf der Straße. Sie werden auch keine Arbeit mehr finden. Man sagt zwar, daß man auch Leute brauche, um die Maschinen zu bauen, aber eines ist doch sicher, daß in den Produktionsbetrieben heute mehr Menschen arbeiten als in den Betrieben, die Maschinen bauen. Man kann also nicht damit rechnen, daß diese Leute alle in Maschinenfabriken unterkommen werden … Für die Arbeiter und die anderen normalen Menschen ist der technische Fortschritt schlecht …“ (836) „Spezialdrähte wird man dort nicht so leicht machen können, der Kopf und der Schwanz werden wohl gut, aber in der Mitte sitzt Zug im Draht. Auch in der Staffel (kontinuierliche Vorstraße) an unsrer Straße kommt schon Zug in den Draht … In Amerika hat man jetzt auch in die kontinuierlichen Straßen zwei Umstiche (zum Umwalzen) eingebaut … Unsere jetzige Straße kann später noch als Spezialstraße verwendet werden … Früher, so kann man wohl sagen, wurde auf Qualität, heute wird auf Quantität gearbeitet. Doch der technische Fortschritt ist gut, denn früher war alles Knochenarbeit … Arbeitskräfte wird man immer brauchen … (263)

„Der technische Fortschritt wäre ganz gut, wenn er der Arbeiterschaft zugute käme. Davon kann aber keine Rede sein. Das sieht man ja hier an der alten Straße. Jetzt haben sie die neue fertig – obwohl sie ja noch nicht richtig läuft! aber da heißt es bei jeder Gelegenheit: ‚Wenn Ihnen das oder das nicht paßt, dann können Sie ja gehen; Sie können sich freuen, daß Sie überhaupt noch Arbeit haben, das wird ja bald ein Ende haben!‘ So geht das heute schon wieder. Da haben die Arbeiter nichts zu sagen. Niemand wagt mehr, den Mund aufzutun. Und von Lohnforderungen kann keine Rede mehr sein … Das ist die fortschreitende Amerikanisierung. Die Straße, die neue, die haben sie in Amerika gesehen und mit amerikanischen Geldern gebaut. In Chicago läuft auch eine solche Straße. Aber da ist das auch etwas anderes. Da haben sie bessere Erze. Hier hingegen verarbeiten sie Eisen, das aus deutschen Erzen gewonnen ist. Diesen aber fehlt Mangan. Da können sie gar keinen guten Stahl draus machen, wie sie ihn für die neue Straße brauchen. Darum geht die auch nicht. Einmal fehlt ihr dies, dann das. Erst klappte das Haspeln nicht. Jetzt klappt das, aber nun können sie die Straße nicht umbauen. Das dauert sechs Wochen. In *der* Zeit haben sie mit der alten Straße wieder aufgeholt, was die neue mehr produzieren soll. Das lohnt sich gar nicht. Und schließlich haben sie drei Leute von der alten an die neue Straße geholt, die aber gar nichts können. Da kann das ja auch nicht funktionieren … Ich frage mich, was man denn eigentlich mit den Leuten machen will, die durch den Fortschritt freiwerden. Es scheint mir kein Zufall zu sein, daß gleichzeitig mit dem Steigen der Arbeitslosigkeit die Remilitarisierung anläuft. Aber damit kommen wir auf die Politik, und damit befasse ich mich nicht mehr, damit habe ich zu schlechte Erfahrungen gemacht …" (716) „Handgesteckter Draht ist doch besser, denn bei dem neuen System wird der Draht ja doch gespannt, weil die Walzen nicht nachgeben … In Amerika sollen sie schon eine neue Art von Walzenantrieb haben … Es geht immer weiter. Warum? Um Leute zu sparen. Das ist die ganze moderne Technisierung … Die alte Drahtstraße wird aber noch lange in Betrieb sein, bis sie kaputt ist … Es werden zwar immer mehr Leute eingespart, aber das ist nicht so schlimm. Früher hat man für die Walze die Hälfte der Leute gebraucht wie heute, schon durch die Unfallverhütung und durch die Bürokratie." (176)

„Die neue Drahtstraße habe ich mir schon einmal angesehen, aber ich kenne sie nicht genug, um ein Urteil über sie abzugeben … Für den Arbeiter ist der technische Fortschritt gut, wenn er Erleichterung bringt. Aber es werden ja immer Menschen dadurch brotlos, das sieht man bei der neuen Drahtstraße." (793) „Wenn die neue Drahtstraße einmal läuft, wird die alte wahrscheinlich überflüssig werden. Aber das wird noch einige Zeit dauern … Die neue Drahtstraße wird viel weniger Leute brauchen als die alte, die Arbeit ist viel leichter, man wird nur danebenstehen müssen und achtgeben, daß alles richtig läuft. Aber die anderen, die nicht mehr gebraucht werden, liegen auf der Straße. Was soll aus denen werden? Soldaten! (262)

Es liegt auf der Hand, daß die verschiedenartigen Akzentuierungen der einzelnen Stellungnahmen teilweise von den Folgerungen abhängig sind, die jeder einzelne für seine eigene berufliche Zukunft aus der neuen Lage zieht.

So rechnen sich die Älteren noch eine Chance aus, bis zu ihrer Pensionierung an der alten Drahtstraße bleiben zu können. Einige der Jüngeren hoffen, in die Überwachungs- und Reparaturmannschaft der neuen Straße aufgenommen zu werden, oder spielen mit dem Gedanken, ins Ausland zu gehen.

Die objektive Lage wird, von wenigen Ausnahmen abgesehen, realistisch beurteilt. Gerüchte, die den Tatbestand verdunkeln, sind kaum aufgekommen. Nur ein Umwalzer will gehört haben, daß nächstens eine zweite moderne Drahtstraße gebaut werde, in der wieder ein Umwalzen von Hand vorgesehen sei. Häufiger wird die Vermutung ausgesprochen, daß in die neue Drahtstraße zwei Umführungen zum Umwalzen nachträglich eingebaut werden müßten, – aber diese Hoffnung beeinflußt die Stellungnahmen nicht wesentlich. Obwohl die augenblicklichen Mängel der neuen Anlage mit kritischem Kennerblick abgeschätzt und peinlich genau verzeichnet werden, überwiegt doch meist das fachmännische Verständnis für die Kinderkrankheiten einer technischen Versuchsperiode. Die Hoffnung, daß die technische Entwicklung sich noch einmal umdrehen und das

Walzen von Hand sich letzten Endes doch als das Nonplusultra des Drahtwalzens erweisen könnte, taucht zwar einige Male im Laufe der Gespräche auf, bleibt aber im ganzen doch unverbindlich und ohne bestimmenden Einfluß auf die Schlußfolgerungen.

Wir können also festhalten, daß die Umwalzer den Problemen, mit denen sie konfrontiert worden sind, nicht ausweichen. Zufällige Gerüchte, Unklarheiten oder Illusionen haben folglich den Test-Fall nicht wesentlich beeinträchtigt, den die Stellungnahmen der Umwalzer für unsere wichtigste Frage darstellen: Welchen Einfluß hat die drohende Entprivilegierung eines Berufsstandes durch die fortschreitende technische Entwicklung auf die Urteile der Betroffenen über den technischen Fortschritt im allgemeinen?

Die als Beispiele angeführten Zitate reichen zu einer Beantwortung nicht aus. Auf Grund unserer Übersicht über sämtliche Aussagen können wir jedoch feststellen, daß die Aussagen der Umwalzer *nicht* merklich von denjenigen der übrigen befragten Hüttenarbeiter abweichen. Weder ein quantitativer Vergleich (der angesichts der kleinen Zahl der Umwalzer an der alten Drahtstraße allerdings nicht schlüssig sein kann), noch eine qualitative Analyse decken Differenzen auf, aus denen hervorgeht, daß sich die negativen Erfahrungen der Umwalzer mit einer technischen Neuerung auf ihre Urteile über den technischen Fortschritt besonders ausgewirkt haben. Auch die übrigen befragten Hüttenarbeiter bringen, wie wir gesehen haben, zu einem erstaunlich großen Teil den technischen Fortschritt in einen Zusammenhang mit der Gefahr der Arbeitslosigkeit. Sie können lediglich nicht immer ein so naheliegendes Beispiel anführen wie die Umwalzer.

Weshalb sprechen die Umwalzer aber nicht häufiger und eindringlicher von dieser Gefahr als ihre Arbeitskollegen, die meist weniger Anlaß dazu haben? Um diese Frage beantworten zu können, scheint uns eine Vorfrage zweckmäßig zu sein: *Wer* spricht hier eigentlich, wenn im Laufe der Befragung die allgemeinen Probleme des technischen Fortschritts angeschnitten werden?

Solange es um die Gegebenheiten der alltäglichen Arbeit ging, waren die Aussagen der Umwalzer – mit wenigen Ausnahmen – auf einen Nenner zu bringen. Wir konnten von Urteilen und Eigenarten *der* Umwalzer sprechen. Der Bau der neuen Drahtstraße aber ist ein Ereignis, das in jedem einzelnen Arbeiter viel stärker als die alltägliche Arbeit besondere Vorstellungen und Werturteile anspricht. Wir sprechen hier bewußt vom *einzelnen Arbeiter* und nicht mehr vom einzelnen Umwalzer. Denn wenn eine Gemeinsamkeit der Vorgegebenheiten aller einzelnen Stellungnahmen zur täglichen Arbeit darin bestand, daß die befragten Arbeiter *Umwalzer* waren, so besteht die Gemeinsamkeit beim Thema „neue Drahtstraße" gerade darin, daß alle befragten Umwalzer *Arbeiter*, Lohnarbeiter in der Großindustrie, waren. Mit anderen Worten: Die Gefährdung des Arbeitsplatzes, des Spitzenlohnes, der privilegierten Stellung im Betrieb ist weniger das Problem eines

Mannes, der Drähte schnappt, umschwenkt und einsteckt, als das Problem eines Arbeiters, der in einem bestimmten Lohnverhältnis steht, ein Objekt der großbetrieblichen Arbeitsorganisation ist und seine Familie ernähren muß. Es versteht sich von selbst, daß jeweils der Umwalzer *und* der Lohnarbeiter antwortet, daß also ein gradueller Unterschied und keine Alternative gemeint ist, wenn wir betonen, daß die „Instanz" der Stellungnahmen sich jetzt verlagert.

Die Stellungnahmen der Umwalzer zum Bau der neuen Drahtstraße – das ist die Konsequenz unserer Überlegungen – können nicht mehr als Aspekte einer speziellen Arbeitsmonographie gedeutet werden. Sie sind vielmehr als Reaktionen auf eine typische Situation des industriellen Lohnarbeiters zu verstehen.

Im zweiten Abschnitt (S. 65 ff.) wurde gezeigt, daß jedes Abwägen zwischen dem „guten" und dem „schlechten" technischen Fortschritt durch die Auseinandersetzung mit der Gefahr der Arbeitslosigkeit bestimmt wird. Das ist auf den ersten Blick erstaunlich. Besonders die jüngeren Arbeiter können sich ja meist weder auf schlechte Erfahrungen noch auf unmittelbare Gefahren berufen. Wenn es sich hier ausschließlich um das Fortleben einer Tradition oder gleichsam das Weiterwirken eines Schocks handelte, müßten sich immer noch erhebliche Unterschiede zwischen den Stellungnahmen der einzelnen Generationsgruppen nachweisen lassen. Da dies nicht der Fall ist, muß eine andere Erklärung gesucht werden. Wir glauben sie, wie im zweiten Abschnitt näher ausgeführt ist, in der Tatsache gefunden zu haben, daß das Wort „Arbeitslosigkeit" nicht nur im Sinne der Auflösung des Arbeitsverhältnisses überhaupt, sondern auch und vorwiegend in der Bedeutung von *„Arbeitsplatzverlust"* gebraucht wird. Damit erklärt sich sowohl die allen Generationsgruppen gemeinsame Besorgnis, wie der enge Zusammenhang mit den Aspekten des technischen Fortschritts. Der Arbeitsplatzverlust durch die fortschreitende technische Entwicklung und die damit oft verbundene Auflösung eines besonderen Berufsstandes ist eine allen Industriearbeitern gemeinsame Berufsgefahr. Es hat nichts zu bedeuten, wenn man darauf hinweist, daß die Ersparnis an Arbeitskräften immer nur vom Einzelfall her gesehen eine Konsequenz des technischen Fortschritts sei. Denn der Industriearbeiter *ist* eben dieser Einzelfall: Dem Umwalzer ist nicht damit geholfen, daß man an der neuen Drahtstraße eine größere Zahl gelernter Facharbeiter braucht. Dem gelernten Dreher nützt es nichts, wenn er einsieht, daß moderne Drehbänke auch von angelernten Arbeitern bedient werden können, die damit eine neue Aufgabe erhalten. Sowohl die Umwalzer wie die gelernten Dreher verlieren ihre Arbeitsplätze und eventuell auch ihre Berufsprivilegien. Jede Weiterentwicklung des Produktionsapparates, die zu einer prinzipiellen Veränderung – Erleichterung oder Erschwerung – der Anforderungen an die Arbeitskräfte führt, gefährdet das Arbeitsverhältnis, das Prestige, die erreichte Arbeitsroutine und den Lebensstandard einer mehr oder minder großen Zahl von Industriearbeitern. Dies ist für den *einzelnen Industrie-*

arbeiter mindestens ebenso wichtig wie die meist bereitwillig anerkannte Tatsache, daß technische Neuerungen häufig die Arbeit erleichtern.

Da es sich hier also um ein typisches Problem der Berufs- und Lebenschancen des Industriearbeiters handelt, ist es verständlich, daß selbst augenblicklich weniger gefährdete Arbeiter immer wieder wie gebannt auf die Gefahr blicken, die sie „Arbeitslosigkeit" nennen, und sie ständig „besprechen". Das Wort „Arbeitslosigkeit" ist hier lediglich ein traditioneller, anschaulicher und auch hinreichend dramatischer Begriff für einen Komplex von Fakten, der sich in der Tat schwer auf eine andere, ähnlich schlagende Formel bringen ließe.

Damit ist freilich noch nicht entschieden, welche Arbeiter nun den technischen Fortschritt und die „Arbeitslosigkeit" in einen grundsätzlich unabänderlichen Zusammenhang bringen und welche es nicht tun. Wir können lediglich feststellen, daß weder die mehr oder minder große persönliche Gefährdung ausschlaggebend ist, noch bestimmte Lebenserfahrungen, die durch Sozialdaten fixierbar sind. Aus der Gesamtbeurteilung der Gespräche ist jedoch rückblickend zu entnehmen, daß diese Frage für jeden Einzelnen von zentraler Bedeutung ist: Das Bild, das sich ein Arbeiter überhaupt von der Gesellschaft macht, und die Weise, wie er sich selbst als Arbeiter versteht, manifestiert sich unter anderem in der Entscheidung zwischen einer positiven und einer negativen Beurteilung des technischen Fortschritts, zwischen der Hoffnung auf die Abwendbarkeit oder der Resignation vor der Unabwendbarkeit der „Arbeitslosigkeit".

Ob man umwalzt oder einen Kran fährt oder Sand schippt, ist allerdings für das Selbstverständnis weniger ausschlaggebend, als wir angenommen hatten, – ebenso wie die Einstellung zum technischen Fortschritt als Ausdruck dieses Selbstverständnisses nicht merklich beeinflußt wird, wenn die permanent empfundene Gefahr der „Arbeitslosigkeit" sich im Einzelfall konkretisiert.

Druck:
Canon Deutschland Business Services GmbH
im Auftrag der KNV-Gruppe
Ferdinand-Jühlke-Str. 7
99095 Erfurt